华南两大族群的文化人类学建构

谭元亨 著

中山大学出版社
·广州·

版权所有　翻印必究

图书在版编目（CIP）数据

华南两大族群的文化人类学建构／谭元亨著.-- 广州：中山大学出版社，2024.8. --（谭元亨文萃）.-- ISBN 978-7-306-08157-5

Ⅰ.K208.6

中国国家版本馆CIP数据核字第202406Q0K0号

HUANAN LIANGDA ZUQUN DE WENHUA RENLEIXUE JIANGOU

| 出 版 人：王天琪
| 策划编辑：吕肖剑
| 责任编辑：吕肖剑
| 封面设计：林绵华
| 责任校对：王旭红
| 责任技编：靳晓虹
| 出版发行：中山大学出版社
| 电　　话：编辑部 020-84111996，84113349，84111997，84110779
| 　　　　　发行部 020-84111998，84111981，84111160
| 地　　址：广州市新港西路135号
| 邮　　编：510275　　传　　真：020-84036565
| 网　　址：http://www.zsup.com.cn　E-mail：zdcbs@mail.sysu.edu.cn
| 印 刷 者：广州市友盛彩印有限公司
| 规　　格：787mm×1092mm　1/16　16印张　318千字
| 版次印次：2024年8月第1版　2024年8月第1次印刷
| 定　　价：68.00元

如发现本书因印装质量影响阅读，请与出版社发行部联系调换

作者简介

谭元亨，1947年12月30日出生于广东四会大沙镇三界市，祖籍广东顺德龙江南坑村，成长于广州与湖南湘潭。祖上为广州"十三行"八大家"潘卢伍叶，谭左徐杨"的谭家，谭家后来侨居马来西亚彭亨州关丹。20世纪初，其祖父返回顺德龙江南坑，1949年出任南顺桑园围围董会副董事长。

谭元亨1968年上山下乡到湖南酃县（今炎陵县）。1963年创作长篇小说《幼苗》，1971年创作长篇小说《山花烂熳》。《山花烂熳》以集体创作的名义改编为花鼓戏《新教师》，旋即又被改编为湘剧《园丁之歌》并拍摄成戏曲电影。

1973年作为《园丁之歌》原作者，成为湘潭市京剧团专业编剧，不久因《园丁之歌》被审查而下放劳动，1976年8月身陷囹圄，1979年出狱。旋即创作有《一个年代的末页》《抓来的老师》等名作。80年代任湘潭市文联文学专干，湖南省作家协会专业作家，毕业于武汉大学作家班，历任省市青年联合会委员、政协委员、作协副主席等。中国作家协会会员，中国电视艺术家协会会员，国际儿童文学学会（IRSCL）会员。

1990年调回广州，任职于广州师范学院，并任儿童文学研究所副所长。1999年调入华南理工大学新闻传播学院，并任客家文化研究所所长。教授、博士生导师，广东省人民政府原参事，中国新文学学会副会长，广东省客属海外联谊会顾问，广东省广府人海外联谊会副会长，广府学会会长。著名的客家学学者，"广府学"的创立者，在海内外享有广泛声誉。获人雅风义学奖等国际奖2项，全国"五个一工程"奖、骏马奖、中国图书奖等国家级政府奖4项；全国性奖5项，长篇电视剧奖及北京十月文学奖多项；"广东省热爱儿童奖章"等各类奖20余项；《客家文化史》获全国第六届高校科学研究优秀成果奖（人文社科）。

已出版文史哲工各类著作逾200种、4000多万字，主要代表作有理论系列作品《元亨文存》（6卷）、长篇系列作品《谭元亨文集》第一辑（12卷）及《谭元亨自选集》。理论著作《中国文化史观》《华南两大族群的文化人类学建构》《广府寻根》《客家圣典》《城市建筑美学》等40多部。文学著作《客家魂》（三部曲）、《后知青·女性三部曲》《开洋》等40余种。纪实与史传《无效护照》《潘氏三兄弟》《东方奥斯维辛》《十三行世家》《十三行史稿》（三卷）《无声的虐杀——侵华日军粤港细菌战调查报告》等30余种。以及地方历史文化研究合著本"珠三角水利灌溉工程系列作品"《桑园围史话》《甘竹滩史话》《横琴中心沟史话》等。除文学创作、理论研究外，还有《客家女》《客家人》《国门十三行》《正道沧桑》《中华民族风情录》等数百部（集）电影、电视作品及若干戏剧艺术作品。另有译作数部。其作品有的被译为英、法、日、朝等多国文字。曾应邀到欧、美、亚、非十多国作中国文学、客家文化讲演。

目　录

导　言 ………………………………………………………………………… 1

第一章　重绘广府文化与客家文化地图 ……………………………… 11
　一、重绘广府文化地图 ……………………………………………… 11
　二、重绘客家文化地图 ……………………………………………… 21

第二章　汉文化的历史轨迹 …………………………………………… 32
　一、两次统一战争带来的中原文化南下 …………………………… 33
　二、世界民族大迁徙推动的南北文化变局 ………………………… 51

第三章　广府文化的历史节点 ………………………………………… 61
　一、番禺时期——北方的天，南方的地 …………………………… 67
　二、广信——广府族群的"汉化定型" ……………………………… 73
　三、广州——广府文化中心的战略转移 …………………………… 79
　四、珠玑—良溪——国运衰落时汉文化自尊的强化 ……………… 84
　五、穗港——轴心期世界文化的历史碰撞 ………………………… 97

第四章　客家文化的整合与重构 ……………………………………… 104
　一、赣州——孕育客家族群的摇篮 ………………………………… 105
　二、石壁——"创世纪"的葛藤坑神话 …………………………… 109
　三、上杭瓦子街——写在大地上的客家谱牒 ……………………… 118
　四、梅州——从文化中心到世界客都 ……………………………… 123
　五、惠州——面向南洋的客埠 ……………………………………… 129
　六、百年宝安——迁海复界客人来 ………………………………… 134
　七、特区深圳——当代客家文化开放的窗口 ……………………… 139

第五章　跨文化传播 ································ 143

一、广府人与客家人 ······························ 145
二、客家人与潮汕人 ······························ 161
三、客家人与湖南人 ······························ 171
四、客家与畲族 ·································· 178

第六章　传承与变异 ································ 186

一、华夷之辨：祖地的解读 ······················ 188
二、自梳女与客家女 ······························ 193
三、试论十三行精神与广府文化的双向度建构 ······ 200

第七章　方言地图 ·································· 212

一、客家方言与"祖宗言" ························ 214
二、广府方言与自立自强 ························ 219
三、潮汕人与生意经 ······························ 223
四、不卖祖宗言 ·································· 224

第八章　文学地图 ·································· 229

一、广府文学的地图 ······························ 230
二、客家文学的地图 ······························ 237

结束语 ·· 245

参考文献 ·· 247

后　记 ·· 252

导　言*

华南的两大族群——广府与客家，在改革开放的这30多年间，所引起的关注可以说超过历史上的任何时期。广府族群是一个地域族群的命名，两广（广东、广西）则是其全部的生活地域。客家却非地域的命名，它广泛地分布在南方10多个省中，中心地则是粤闽赣三省的交界地。所以，它不仅仅是华南的一个族群，还分布在华东、中南乃至西南。但是，广东作为客家第一大省是毫无疑义的。广东的客家人口远超过任何一个省份，在广东也是第二大族群。因此，论及华南族群，是不可以忽略掉客家的。至于被称之为"福佬"的潮汕族群，从名称上亦可以归入华东福建人特别是闽南人中，其研究也每每被纳入华东族群，加上"潮学"自有人在做，所以，本人不敢班门弄斧，只能付阙。只是在论述中，亦难免有所涉及，乃至有所展开，却不可能做到面面俱到。开宗明义，先作以上界定，以释读者疑虑。

（一）

人类学宗师马林诺夫斯基在中国的影响是不可低估的。当年，费孝通在翻译其《文化论》时曾经说过：

> 马氏为人类学功能学派一代之大师。马氏之前，人类学者受进化论之浸染，每以摸索猜测社会生活之原始状态为能事，其对于非白种人之文化，不斥之为野蛮，即贬之为半开化，观自傲之态，溢于行间字里，此种论断不能以科学视之。此后有历史学派兴起。考据之严，博引之勤，固其长处，然每失之纤细微末，不足以确立文化研究之科学基础。功能派始一反陈旧观点，略文化形式之变异，而重文化对于人类生活之效用及功能。盖往昔学派，常以文化为自生自长，自具目的之实体，功能派始确认文化为人类生活之手段。人类之目的在生活，此乃生物界常态，文化乃人类用以达到此目的之手段。在形式上虽有种种变异，但自其所满足人类生活需要之功能上言，则绝对相同。此乃功能学派在理论上对于人类学基本贡献也。①

---

* 此导言作者写于2011年，此书2012年9月由人民出版社初版，此次为修订再版。
① ［英］马林诺夫斯基：《文化论》，费孝通等译，中国民间文艺出版社1987年版，译序第1—2页。

人们认为，马林诺夫斯基这一贡献，是吸取了涂尔干的理论，强调社会生活是互动的产物，进而要研究关于社会行为的一般法则，这一来便又与比涂尔干早半个世纪的马克思主义人类学的观念遭遇上了，即在现实中，人是其社会关系之总和。尽管马克思主义人类学当时没对整个人类学产生影响，但是在整整一个世纪之后，直到20世纪的中叶，文化人类学才回过头来，重新在马克思主义理论中吸取到丰富的营养。

由于人类学早期较孤立、封闭地研究某些远离主流社会的原始部落状态，每每以臆测、猜度为能事——这如今对田野作业仍不无影响。这才有了马克思、涂尔干力主的观念——社会契约、作为累积变化的进化、由于交换产生的社会关系，由此推动了论证充分、完备的人类学理论的发展。而后马林诺夫斯基采用了涂尔干的理论推断，认为人类之宗教一方面"反映"了其社会制度结构，另一方面也起到了维系现有制度的作用。

但这一论断，具体落实到广府、客家两大族群上，又难以自圆其说。

如果仅以客家族群为例，或许还勉强说得过去，因为这个族群的"统治思想"即主流思维模式当为儒家学说。儒学当然不能称之为"宗教"。但是，我们还是可以清楚地看到，儒学的核心，即"家国同构"的思想，正是从一方面体现出这一个族群所坚守的文化、所恪守的社会制度结构，同时从另一方面也起到了如马林诺夫斯基所认为的维持现有制度的作用——不仅在现在，还是在中国2000多年的朝代更迭，儒学始终是统治阶级的圭臬。

颇值得玩味的是，在写此书的前几天，作为广州十三行研究中心主要负责人的我，在某一政府部门召开的咨询会上，谈到十三行行商在本质上是自由商人或民商时，竟惹得一位客籍的同志勃然大怒。他硬要说十三行行商是国商，是大清国商，是政府的商官，认为我的说法贬抑了他们。这的确让我哭笑不得。显然，他是以"国商"为荣。

然而，早在十三行之后成为买办，并是启蒙思想家的广府人郑观应，在一个半世纪前便已断言，官非但不能护商，而只能病商。

因此，广府文化所具有的"远儒性"，使得马林诺夫斯基的论断在这样一个族群身上是不怎么行得通的。广府人的市民化、世俗化和重商性，也与客家人的儒家思想相去甚远。那么，怎么去研究其社会结构呢？

广东流行的一句话颇有这方面的意味：

广府人散沙一团，客家人山头一堆，潮汕人铁板一块。

这是对社会结构的直观描述。

广府人的"宗教"自然不是客家人的儒学。他们遵奉的更多是对现时的享受、利益的追求，是一种非常清醒的现实主义、务实主义。

郑观应无疑对官商持否定态度，也不以"国商"为荣，而我认为十三行行商本质上是民商，是自由商人。这也绝对不是侮蔑他们，相反，这也许有些过誉了。

"散沙一团"当是对广府人相对的独立性、个人化、单门独户、不再聚族而居等种种特征的表述，看上去是一个贬义词，但未必就不可取。而这与其"远儒性"的特点正是一种契合。换句话说，"远儒性"体现出其社会结构，并维系了这种"散沙一团"的现状，不可以是非、好坏加以简单臧否。

这一比较当更能说明问题：不一定是人类宗教，而是某个族群的主导思维模式或文化选择，反映了这个族群的内在社会结构，并同样起到了维持这一社会结构现状之功用。我们在对东方的族群进行文化人类学建构之时，不可以死搬硬套西方的某些东西。

（二）

"纸上得来终觉浅，绝知此事要躬行。"

陆游的这一名言，在当下已被延伸到人类学的田野调查作业之中。其实，无论是哪一门学科，"事必躬亲""实践出真知"，均为其研究中的金科玉律。

自从20世纪80年代完成《中国文化史观》① 之后，我一直从事具有"两栖"色彩的社会科学研究，一面继续我的文学创作，一面则从事文化理论研究。其实，即便是文学创作也发生了转型，更注重于文化模式的表现，既有对宏观的历史文化的把握，也有对地方文化及民俗的展示。这有150万字的三部曲《客家魂》② 为证——这是对华南客家族群的文学描述；正陆续出版的亦是上百万言的三部曲"十三行遗嘱"③ 也可为证——这同样是对华南广府族群的文学描述。而作为文化研究，则有出版了的百万言的《客家文化史》④、再版五次的《客家圣典——一个大迁徙民系的文化史》⑤ 以及《广府寻根——华南最大一个移民族群探奥》⑥ 等。对于华南这两大族群的研究，在我也算得上是"文化自觉"。毕竟，我身上流淌的正是这两大族群的血脉：父辈一脉，是十三行行交商"潘卢伍叶，谭左徐杨"八大家中一家；母亲一脉，则是从梅州迁往粤北的客家人；外祖父则是当年民国全民直选的第一任国会议员。无论对先人，还是对自己的专业，这"两栖"式的研究均责无旁贷。也正是文学创作的"走进生活"，与文化研究的田野作业，如此有机地结合在了一起，才帮我在这两大族群的文化研究上奠定了坚实的基石。

只是不可忽略的是，半辈子在湘文化中浸泡的我，却是以湘文化的"霸蛮"与灵气，来楔入这两大文化的研究当中。一如《中国文化史观》写于湖南，进而

---

① 谭元亨：《中国文化史观》，广东高等教育出版社1994年版。
② 谭元亨：《客家魂》，花城出版社1994年版；北京十月文艺出版社1997年再版。
③ 谭元亨：《赝城：十三行遗嘱之一》，岭南美术出版社2009年版。
④ 谭元亨：《客家文化史》，华南理工大学出版社2009年版。
⑤ 谭元亨：《客家圣典——一个大迁徙民系的文化史》，广东高等教育出版社1997—2004年版。
⑥ 谭元亨：《广府寻根——华南最大一个移民族群探奥》，广东高等教育出版社2003年版。

回到广东，开始了广府文化与客家文化（湖南也有客属地）的研究。如果没有在湖南生成的文化品格，我在家乡的文化研究也就不会如此执着并卓有成效。

当年在湖南，我的视野始终没离开过广东。它不仅仅是我的祖籍地，更是我的精神家园。尤其是改革开放之初，我每年都得回来几趟。探亲、改稿只是表面的理由，更多的是与这里的朋友交往，在聊天中获得无数的思想营养。当年内部出版的如《1984》等书，我都是在家乡读到的。而老家顺德成为广东"四小虎"之首，更令我对这里的历史无比痴迷。

近代以来，中国历史的改写与这里密切相关。太平天国、辛亥革命自不消说，而土地革命，与广州农讲所和"农民运动大王"彭湃也是分不开的。这三大革命运动扭转了中国的命运。而启动于广东的改革开放，也同样成为中国历史的一个转折点。是怎样的历史文化底蕴及当代契机，使这里成为中国复兴的一片热土？是怎样的两个华南族群，成为中国"三千年未有之变局"中崛起的主角？

（三）

孔夫子的"礼失求诸野"言犹在耳。

不是吗？正是这几千年中，中原的汉文化几度被挤压到南方。其中最惨烈的，莫过于永嘉之乱、宋元之交。正是汉民族一次又一次的南迁，才促使广府族群形成，也促使闽南族群部分迁入潮州成为"福佬"（潮汕人）。而他们在各自不同时期的迁入，都带来了迁出前的顽强的历史记忆。广府人的"广"字源自"广信"，而他们的口头禅"七国咁乱"则指的是他们大规模迁徙到广信周遭前在汉景帝时期爆发的七国之乱，而非指战国七雄。客家人的"二次葬"，即类似堪舆术。所以，他们才背负先祖的遗骨一次又一次地寻找风水宝地做阴宅，以荫庇后人。而远古的记忆当追溯到仰韶文化的遗存中亲属关系的有序排列。所谓"九葬九迁，十葬万年"，不正是一个大迁徙民系的文化追求吗？当我们来到闽西、粤北，目睹无数的金斗罂置于龛之中，你不能不感受到客家人对先人遗骨的深厚情感与崇敬。史载客家人洗骨迁葬为"惑于风水之说"，也从另一面证实古汉族的"礼失求诸野"。没有开展田野作业，不少学者认为的"二次葬"源于畲族或古越族也未免太过于武断。

其实，广府、客家的祠堂之盛、谱牒之盛，无一不是来自中原古汉族的礼俗。"求诸野"所求的，正是中原所失去之"礼"矣。这恰恰证明，南方这两大族群深厚的文化底蕴，正是来自中原最古老的华夏汉族。没有如此深厚的文化沃土，又怎会有客家和广府族群在近代坚挺、刚毅的崛起？

迁徙，当是人类永恒的主题，更是文化的大熔炉。如果简单地把当地发现的古人类遗存作为证据，并以此认为今日在这上面生活的文明人群就源自几千上万年前的古人类，而从来不曾有过迁徙，当是大谬也。

连两千五百多年前的孔子都发出过"礼失求诸野"的浩叹，可见人类的迁徙是如何早早便触动了先哲们的神经。因此，从迁徙的视角来研究华南这两大族群的文化，就是很好的突破口。无论他们对自身的移民身份是敏感，还是不敏感，这都是本书力图表达的一个宗旨。

（四）

正因为"纸上得来终觉浅"，方须"礼失求诸野"，深入前人足迹到过的地方。

前文讲到客家的"二次葬"与风水的关系。这里再回过头来讲广府人。在20世纪90年代前，几乎绝大多数学者都认为广府族群形成于宋末元初。而民间更认为，广府人均为宋末南下的珠玑巷的后裔。其依据是胡妃传说与罗贵率36姓97家人自珠玑巷南下至崀的族谱记载。当然，神话、传说当是族群精神所系，是一种真实的思想。但是，如果没有历史严格的考证，一个族群的来龙去脉是不可能理清楚的，仅靠神话、传说不足为据。

而20世纪90年代中期，作为广东珠江文化研究会的一员，我与同仁先后到了广东封开及与之相邻的广西梧州进行文化考察。考察后才证实，封开及与之相连的梧州，均为古广信的所在地。而广信则是整个南方的交趾刺史部的治所。无论是南海，还是合浦、苍梧、郁林、九真、日南、交趾，这七郡均为其所辖。正因为有广信，才有东吴的广州。该州辖南海、苍梧、郁林、合浦四郡。"广"字，正是来自"广信"。而后来，则以广信为界，分出广南东路、广南西路。这才有了今日的广东与广西。无论沿西江走，还是沿两广边界过鬼门关至合浦，我们都发现，粤语的源头正是广信周遭。而设广信之际，周围所立的县的密度不亚于今天。可今天中国的人口已有十多个亿。当日，全国人口也就3000万左右。可见，汉武帝平南粤，要"广布恩信"，曾怎样大规模移民至此。而广府族群的汉化定型，无疑正是在这个时期。我针对这一考察写出的论文迅速获得广泛的认同。

那么，珠玑巷移民与广府族群的关系又如何呢？其实，从方言而言，五邑是广府次方言区，与其主方言区西江流域还是有很大差别的。造成这一差别的原因当是移民进入的时间不同。即，虽说珠玑巷移民与西江移民如今同属一个族群，可由于移民的时间、到达的地点不同，才造成同一方言的差别。那么，珠玑巷移民最终到达的"崀底"又在何处？

在2005年之前，人们只把"崀底"泛泛地解释为长有红树林的海边，并没有去考证过。我请教过几位著名的地理学家，他们均如是说。因为"崀"在古文中指的正是红树林，是一种生长在海边的植物。包括几位勤做田野调查的老人类学教授专门写过关于珠玑巷移民的文章，但也不曾找到过这个崀底。所以，更有人认为，关于罗贵的故事也只是传说，甚至罗贵恐怕更是个子虚乌有的人物。这些传说只有思想史、精神史上的意义。

不期这一年，在我出版《广府寻根》之后两年，因写散文到了江门的蓬江区，上了一个叫"良溪"的地方。在那里，我竟与罗氏大宗祠遭遇，发现其门联是"发迹珠玑，开基蓢底"。"良"字，正是"蓢"字的一部分。这一下子把谜一样的历史捅破了。很快，我们又找到了罗贵及其儿子们的墓地。已有过的迁徙史，就这么变得豁然开朗了。自然，新版《广府寻根》也必须补充上这一节了。

广信的"发现"、蓢底的"发现"，对一个族群的来龙去脉无疑是至关重要的。一是证明这个最早在广东、广西形成的族群，并不是迟到宋末元初才有。这便足以解释在这之前众多史籍及文学作品对广人的种种表现与描述。二是自珠玑巷南下的移民，之所以形成广府又一个次方言区，是因为无论是迁徙的时间还是地点，他们与第一波移民都不同。虽然这次移民都的规模相当之大，却非广府族群的全部。

破译广府和客家的族群记忆后，历史与逻辑达到一致，并与人类学理论相契合，使我们对这两大族群的生命体验与文化变迁有了更完整的描述和更到位、更可信的精细分析。历史叙事也就这样与族群记忆如此不可解地纠葛、交互到了一起，使之有了肌理，有了血脉，更有了形而上的学理轨迹，求诸野的"礼"也便包含了更多、更深的内容。

（五）

刚才我们讲到了"生命体验"，不知生活在广东的学人们是否注意到，几大族群连喝粥的习惯都完全不一样，更遑论其不同的菜系。

广府人讲究喝"无米粥"。那是把粥熬得不见米的痕迹，完全成了米浆，含到口里，便觉幼滑、甘醇。而客家人则不一样，米粥就是米粥，每颗米都熬烂了，但不曾完全化掉，仍能感到米的存在。也许他们饥饿的日子太久，不容粥中"无米"，让人有实在的米感。而福佬人（即潮汕人，因民间称之为"福佬"，明确其为华东的族群。虽说其从闽南延伸到粤东潮汕平原一隅已生活上千年，也正因为此，本书没把他们列入华南族群之内）则说，粥就是水还是水，饭粒还是饭粒，好似江浙人的泡饭一样，吃下去亦有甘甜的味道。饮食上颇讲究精细的福佬或潮人，在喝粥上强调的则是冲淡的本味。

这自然与各自的生命体验分不开。

同样，达观、自信的广府人称"粤人社会太阳永远不落"，而与生俱来便带有忧患意识的客家人则说，"凡有咸水的地方都有客家人"。大家同样强调自己的族群遍布了全世界，可各自的境遇却感觉不一样。前者是阳光永远照耀，后者则是又咸又涩的海水泡浸。

人们更熟悉的还有"客人开埠，广人旺埠"之说。似乎客家人所承担的，永远是在不毛之地开垦出港口与城镇来；但要搞得风生水起、兴旺发达，不得不靠颇具商业头脑的广府人。这似乎成了一种社会分工，但也同样是作为生态群落。一如某些地域，山上是原住民，山腰是客家人，而山下、水边则是广府人或福佬。即便最早在水边开埠的仍是客家人，但他们擅长于垦殖，却搞不活流通，所以便退居到了半山腰。而从水边到山腰，则是文化变迁的过程。不过，这段话还有后边一句，是"潮人占埠"或"潮人霸市"（"埠"字全更替为"市"字）。后一句显然带贬义，前一句当为中性词。但潮人（福佬）的占有意识则是显而易见的。当然，剖析三大族群的开埠、旺埠、占埠，当有篇大文章，不是这三言两语所能讲彻底的。在本书中，我们自然会从不同侧面做一些剖析。

  反过来，我们亦不难以这些谣谚及其文化分析去锁定不同族群各自的身份。历史与文化积淀出这样颇具身份标识的"口号"，从而为族群赋予了兼具可塑性、兼容性、象征性、群落性的相对的稳恒结构。虽说在今日"全球化"的背景下，其间的差异亦未可消融或同化。其实，和而不同，正是族群的"君子"属性。所以，历史的进步，对于两大族群的和睦相处当是一种保证与推动。

  广府人的谚语"马死落地行"与客家人的"不卖祖宗言"，正集中体现出其文化的独立性。前者的自立自为，后者的坚守自信，都是非同一般的不可动摇。

（六）

  费孝通曾自称为"一匹野马"，不受学科划分地驰骋在人类学、社会学、历史学等学术领域上。[①] 其实，中国治学传统讲究文史哲不分家。无论学科划分怎么细，中国学人的视野亦不可能被收窄。在做广府、客家两大族群研究中，除上述视角外，当还包含有语言学、地理学、经济学、传播学、文化学、美学诸方面。任何一方面的关涉与深化，对研究只会有益无害。因此，在这本书中，我所取的态度，是开放而非固化，由此形成跨文化研究的格局。任何学术壁垒的架设，都只会让自己失去生命空间。研究中所取的开放姿态，只会引八面来风，健壮自己。20 世纪 80 年代我在武汉大学求学时，被允许修校内任何课程。我当是选修科目最多的学生，不仅选修文史哲，还选修心理学、法学乃至若干理工科的课程。这让我获益匪浅，也为我后来在大双栖（教学与研究）和小双栖（理论与创作）上的"游刃有余"（这是一位学者的评述）做了充分的准备。例如，当我在选修脑科学后，方可理解科学心理学（潘菽所挑头的，后来亦为他写过传记[②]）与社会心理学（吴江霖领军，后来曾与我共事）之间的"对垒"。

  只有取开放的态势，学科方可得以进步而不会故步自封，不断吸取新的成果来滋养自身。当然，学科的进步并不等于进化论，而进化论亦不可归为线性且非

---

① 费孝通：《论人类学与文化自觉》，华夏出版社 2004 年版，第 4 页。
② 谭元亨：《潘氏三兄弟》，北京十月文艺出版社 1998 年版。

多元。正如唐诗宋词在中国文化史上是一个无可企及的巅峰，今人不可能在同样的艺术形式上超过它们，但我们仍可以在不同的文学创作领域上建造起新的巅峰。人们把美学亦归于文化人类学中，而文学创作中对文化的把握，尤其是对民俗的引入，难道不一样可以成为人类学的研究材料吗？局限自己的视野，是不可以让学问丰富壮大起来的。因此，在本书中，我亦引入了多部文学作品的材料，至少在形象上丰盈了本书所做的研究。

本书可以说是华南两大族群的文化比较研究，也可以说是广府学与客家学各自的体系建构——唯有比较，方可找出其族群界线的维系（boundary maintenance），即维系族群独特性的过程；找出所发生的同化（assimilation），即相互之间的交叉并逐渐契合、模糊或消失的过程。而这均发生在两个族群在迁徙、拓殖乃至如万花筒式的生活过程之中。

没有比较，也同样没有族群的认同，这是不言而喻的。上面引证的生活习俗（如喝粥）、民间谣谚等，凸显了族群的文化界线。当然，方言本身、方言的文化负载，更可以揭示族群的标识，包括族群的迁徙线路。对此罗常培有相关论述。[①] 无论如何，广东是中国最大的一个移民省，人们把它比拟为中国的加州。其人口构成到经济容量皆如此，但这只是皮相而已。两个族群的文化差异、生态落差乃至历史"分工"，都拥有不可并置的内容，这为改革开放后的发展预设了很多的前提。例如顺德一百年前便有着"顺德银行"的名声，为其在20世纪80年代从一穷二无（无资金、无科技力量）骤然跻身于广东"四小虎"首位积蓄了历史能量。再穷的顺德人头脑中也有个"银行"，一旦有了机会，他们就如猛虎下山，大展拳脚了。我认识一位顺德的"布衣市长"，他的文化程度并不高，可一开口，就能感受到他的市场意识不同凡响。所以他在任期间把一个南方大都会搞得"风生水起"——这个词也源自顺德。

人们甚至认为，广府人的思维乃至价值观更接近"以商立国"的美国。广府人先考虑的是赔不赔本，而客家人却想的是应不应该。前者遵循的是历史的实然之则，后者讲究的是伦理的应然之则。不久前，有人去干了一件极为冒险的事，我的广府亲戚说起此事，便认为他是有利可图才为之，而客家亲戚则认为他为的是讲义气，若说是有利可图则侮蔑了他。两族人的价值判断就是这么迥然不同。

（七）

在近代史上，客家人很在乎自己的民族认同，非常强调自身的汉族血统。早在二百年前，徐旭曾便在《丰湖杂记》中阐述了这一条，20世纪著名学者罗香林也在《客家源流考》等名著中重申这一条。自然，这是因为当时有人称客家"非

---

① 罗常培：《语言与文化》，北京出版社2004年版，第198－199页。

粤种，亦非汉种"所引发的反弹。所以，客家学的兴起是有相当长的历史了，相关研究专著数不胜数。相形之下，广府学的兴起与研究则滞后得多。我2003年出版的《广府寻根》被视为较早的独立的正式的学术专著。在过去，广府研究被大而化之，置于珠江文化、岭南文化或广东文化研究之中，未曾独立出来。这也许与广府人不大在乎其身份认同有关系，而且每每以"粤人"身份与"汉人"相区别，虽说粤语中沉积的古汉语比其他族群要多。当然，广府人到达两广太久了，长达2000多年，已被视为当地人，并以地域作命名，不似客家人，千年之后仍为"客"。

但客家研究的众声喧哗，却又在消解这一个族群。最具冲击性的，莫过于一个颇有名气的客家研究的学者，在近年提出客家无非是一个"历史的误会"，并不存在这么一个族群。它当是广府人，尤其是四邑人的一部分。因此，一部客家史只能是"误会的历史"。客家作为一个"想象的共同体"，无非是近百年方被"误会"所建构起来的。①

当然，有这么一种说法，宋代末年中原或江南汉人，南逃至赣州之际，沿章江西行，过梅关古道，经珠玑巷南下的，成了广府人；而沿贡水东行，过"闽粤通衢"，越过武夷山，进入汀州、梅州的，则成了客家人。所以，在章、贡二水汇合之处，他们本是一家人。因此，连语言也有相似之处。无可否认，当年沿章江西行者进入珠玑巷不乏其人，但珠玑巷移民的形成却非此时，而是在张九龄凿通大庾岭之际，后者早了四五百年。其时，粤北人口聚集，甚至超过了广州。天宝元年，韶连户为63210家，人口数为312481，而广州户数为42235，人口数为221500。所以，把宋末迁徙西入梅关的人取代全部广府人或四邑人，显然缺乏有力的史证。而且，咸丰年间的土客大械斗，各自死伤半百万。所谓"土籍"恰好是四邑的广府人。如果把客家人划入四邑人中，则无论如何解释不了这场历史惨剧，这显然不是"误会的历史"。

因此，我试图在《客家新探》一书中，以"神话的还原"来与"历史的误会"相抗衡，理出客家真实可信的历史的来龙去脉，使其不至于被解构掉——当然，现实也不会这样，已连续举办22届的世界客属大会，一届比一届要红火，其凝聚力显而易见。把不同时期进入两广的客家人"并入"广府人中，显然只是一种"想象"而已，这与那篇文章的作者生活在香港有关。香港客家人由于受强势的粤语影响，大都已不会说客家话。正是香港客家人身份的丧失引发的恐慌，才有了"误会的历史"一说。

客家学的众声喧哗并非坏事，可一旦与"客家人山头一堆"的历史传统联系在一起，却又另当别论了。至于"广府人散沙一团"的状况对于广府学的构建，

---

① 刘镇发：《客家：误会的历史，历史的误会》，载《学术研究》2001年第11期。

当然也是一种消极的力量。但近年来这方面的研究，毕竟已有了起色，我们的努力是不会被消解的。尤其是在比较研究之中，对"误会的历史"之反驳，当更强化了对广府学的构建。而在广府次方言区，四邑（或五邑）文化的研究方兴未艾。这当对广府学的整体构建，起到一个重大的推动作用。

末了，还须对来自香港的另一种声音，即把客家学划归为潮学的一部分的说法，谈谈自己的看法。这一说法，是潮学家饶宗颐提出来的。饶氏如今颇有名气，有大师之称，甚至有"北钱（锺书）南饶"一说，尽管钱锺书并不认同。但众所周知，潮学是受客家学影响而发展起来的。客学在前，潮学在后，虽说历史上有过很短的一段时间，部分客家属地（如大埔等）曾隶属于潮州府。即便这样，当年潮州府内也有"大埔无潮，澄海无客"的民谚。而且，无论福建、江西的客属地，还是粤北及河源、惠州等客属地，都不可能曾作为潮州的一部分。以潮学囊括客家学的学者，至少在历史地理上的常识都不具备。

当然，无论把客家并入广府还是潮州，在历史事实以及学理上都是无法成立的。问题在于，为何在"全球化"的今天会出现这样的想法？这则不是那么简单，当引发更深层的思考。有人视其为"客家学的危机"，亦不无道理。而这一危机对于广府学而言，当等量齐观矣。或者说，华南族群的人类学研究，已经到了一个关键性的时刻了。

对于华南两大族群的识别，光凭上面涉及的内容，显然是很不够的。本书所要展开的，也未必全面、到位，尚需要结合时下的情状、历史的脉络有所变通。无论是历史与心理、习俗与语言，还是血缘与文化，乃至宗法与社会，都不可能定于一尊。况且，在当今社会激变之际，任何固化、武断，都无法对处于动态的两大族群作出准确的描述。毕竟，族群问题并非纯理论的问题，它涉及实践、认知、情感、信仰，尤其是历史与文化建构诸方面。在今日的中国，它们更与本土化、全球化相关。唯有将其当作动态的系统，取开放的姿态，我们方可能在不断的演变中把握住不同族群的存在，拿出真知灼见来。

第一章　重绘广府文化与客家文化地图

一、重绘广府文化地图

华南族群中，广府与客家，在相对意义上说，前者要理性化一些，因为其商品意识、市场观念要较早发育起来，故有"中国加州"之称；而后者则感性化一些，重传统、重教化、讲义气，讲农耕文化，儒家文化意识要强一些。因此，研究两大族群，不可以用同一参照或标准。其实，同一门学科，理性轨迹与情感轨迹，孰重孰轻亦因对象而异。广府人务实、重商，市场上每每可见"平、靓、正"的排列，第一位讲究价格便宜，第二位才讲审美，至于正不正统，则排在第二位了。这与客家人先讲正统、正朔，则倒了个个儿。广府人凡事比较量化，科学头脑要发达一些，审美观念也不大一样。早在一个半世纪前，来自德国的人文地理学家利希霍芬便已感觉到了这一点，当年他写下的《中国——亲身旅行和据此所作的研究成果》一书中，就已详细地作了描述：

> 金融业属山西人，大商业属广东人。①
> 广东商人作为大商人，要求和欧洲人一样的价格……②
> 在广东，居住和杂居着语言、相貌、肤色、社会地位千差万别的不同种族。广州市及其附近的开化种族，在所有的智能、企业精神、美术情趣方面优于其他所有的中国人。广东人几乎掌握着中国所有的工业，其工业制品数百年前就传到了欧洲，说不定这个种族是当年海洋殖民者中有才能的人种的后裔。省内都市、商市中，没有客家族人，或者说，处于上层的是广东人。广东人对经营大商业和大交通业有卓越的才能，他们生长在自古形成的氛围中，受其熏陶，形成了一个典型的人种。广东人活跃在其他各省，尤其是沿海诸省的大城市中。他们受过良好的礼节和学校教育，肤色淡黄、有色、体格健壮、肥硕，这种肤色和体格，在客家族中是看不到的。③

---

① 转引自沙莲香主编：《中国民族性》（一），中国人民大学出版社 1989 年版，第 300 页。
② 转引自沙莲香主编：《中国民族性》（一），中国人民大学出版社 1989 年版，第 299 页。
③ 转引自沙莲香主编：《中国民族性》（一），中国人民大学出版社 1989 年版，第 301 页。

有些话，自然有给殖民者脸上贴金的味道。毕竟，广东人，即广府人只是起步得较早，为两千年海上丝绸之路所濡染，所以其企业精神、审美情趣与内地拉开了距离。的确，早在19世纪，缫丝业便已在珠江三角洲形成相当大的规模；顺德的工人总数，比当时上海、天津的工人总和还多。而这带来人的自立、自强、各司其职的观念，使得"自梳女"这一独特的广府文化事象在近代如此惊世骇俗，可与名声在外的"客家女"现象产生鲜明的比照。审美情趣方面，当时正是岭南画派脱颖而出之际，其讲究色彩、亮度诸方面，与西方画派颇为接近。

至于说商业、工业、交通业，尤其是航海业，利希霍芬的感觉当是不错的。其时，十三行已不复存在了，可上海、香港的买办，大都是广府人。他们沿袭的，仍是十三行的商业传统，并且他们努力挣脱官督商办的束缚，做自由商人。从本质上说，十三行行商是自由商人，而非官商，而广东后来的商业格局也主要是民族工商业而非洋务官商。关于这一点，在过去的研究中是未曾被涉及的。或者说，不敢这么提。十三行行商背着清朝政府，在海外经营着大航海业，甚至投巨资在美国的太平洋铁路上。这都是不久前才为人所知的，而当时所冒的是杀头的风险，比落个"汉奸"的骂名要厉害得多。因此，十三行行商才得以跻身于世界首富的行列。而在十三行兴盛时期，中国的GDP甚至占世界的32.9%，接近三分之一，比当今的美国所占的世界GDP比重还大得多，直到一场鸦片战争才让中国的商人风光不再，也使广府遭到了重创。

正因为这些，对广府学的研究，所遵循的路线，自有异于客家学。且其重心，则在其自古以来的"忧贫不忧道"的自身传统。

而自20世纪90年代以来，对广府文化的研究有了突破性的进展。我们珠江文化研究会的同仁们，先后沿西江、北江流域进行了实地考察。"纸上得来终觉浅"，一旦深入"历史现场"当中，果然就如古人说的，"行万里路，读万卷书"，得益匪浅。"行万里路"，正是阅读一路上的历史遗迹和山山水水，自不比"读万卷书"弱。因此，便有了更多的历史发现。汉代广信，被论证为岭南文化古都，并已得到学术界普遍的认同。而西江流域，则是岭南最大的民系——广府民系诞生的摇篮。广府文化也就是在西江流域上汉化定型的。于是，我们终于寻回了"广"的本来意蕴及历史根源，这也是前人所未发现的。

同样，良溪作为珠玑巷移民在珠江三角洲最终落籍地的发现，也是从珠江流域的实地考察中获得的。唐宋年间，粤北集聚了大批中原移民。因胡妃事件，由罗贵率36姓97家自南雄珠玑巷南下，沿北江来到了西、北二江汇合交互的珠江三角洲，落籍冈州蓢底。珠玑巷传说人所共知，但罗贵最后到达的地方也都是纸上说说而已，几乎没有学者去实地寻找、考证。也是我们珠江文化研究会最早找到了良溪，终于确认其后珠玑巷的意义。正是在这里，广府移民走向了世界。良溪成为广府文化的一个重要的节点。

从广信（肇庆封开）到良溪（江门），西江流域作为中国最大一个移民族群的摇篮、祖地，迄今已是毋庸置疑的了。随着一系列突破性成果的出现，重绘广府文化的历史地图的历史时机，已经日趋成熟。因此，在这部专著中，我将就这点阐明我新的见解。

（一）

就广信而言，我们已经作了较详尽的论证。这包括一本专著《封开——广信岭南文化古都论》。书中已从多个侧面论证了广信早在汉代作为交趾刺史部治所的所在地，对岭南文化、广府民系的形成所起到的"汉化定型"重大作用。

首先，我们当从一个族群形成的区域与相对持续的时间——即时空条件上加以论证。

我们可以从地理上看出广信位置之重要——自灵渠沿漓江而下，正是在广信这个地方，进入珠江的干流——西江，也就进入了广府腹地。这正是秦五十万大军后勤粮草得以顺利入粤之处。汉武帝设"刺史部"于此，自是有一番苦心。若取番禺作南方的政治中心，显然危机四伏。而设部于广信这里，则与中央政权相对接近，并易于联系得多。广信作为中央政权统辖岭南的首府持续了300多年，一直延续到黄武五年（公元226年）。因龙编侯、交趾太守士燮去世，孙权采纳了吕岱的意见，分交州之南海，将苍梧、郁林、合浦等四郡置广州，治番禺即历337年后。但不久，吕岱诛杀了拒不成命的士徽兄弟，又撤广州，复为交州。直到永安七年（公元264年）才又复分交州置广州。这便有375年了，接近4个世纪。

因此，岭南的重心，或者说，真正作为中央政权在岭南的重心，最初应是这300多年的广信。

同时，我们更要看到当时聚居的移民的密度与深度。令人惊奇的是，汉代在广信周遭设立的县治，其密度竟可以与今天相比。我们从古地图上可以看出，诸如猛陵（今藤县）、临贺（今贺州）、富川、谢沐、冯乘……可今天中国人口超过10亿，汉代仅3000多万。一旦设县治，人口是最重要的因素，这亦说明其已达到的开发程度。

在湖南马王堆出土的西汉文物中，有"广信令印"一枚。此外，在一幅地图上，又有"封中"二字标于"封水"（也就是今天的贺江）流域。由此可见广信在当时的影响力，这自然是与经济、文化的发达分不开的。而史料记载，广信所在的苍梧郡的人口也远远多于南海郡近一倍。王莽篡位时，鲁国汶阳士氏也避到了广信，后来成了此地的望族。

仅以上两条也还不够，那么，文化的定型则更有说服力。

大量的史实证明，当日的广信，是中原文化大规模南下时，也是外来文化进入中国时的一个较早且极为重要的交汇点。在长达375年间，这里始终是中外文化、南北文化碰撞的热点。这对于广府文化的定型有着相当大的分量。我们不难看到，正是这个时期内，广信出现了开岭南经学之先的"三陈"——陈钦、陈元、陈坚卿父、子、孙三人。陈钦甚至自命其著作为《陈氏春秋》，可见当日并不以中原文化为尊的傲气。而后的士燮，一度游学京师，并在汉献帝时任交趾太守。《三国志·吴志》中说他"体器宽厚，谦虚下士"。于是，往南方避难的士人纷纷投奔他而去——由此可以证实，当日广信作为南方的文化学术中心当非虚言。著名学者罗香林曾撰文指出：

> 各种学术思想的发展，多数在人才聚集的区域。秦和西汉国都均在西安一带，关中为当时国都的外围，人口比较密集，故当时中国的学术思想，都总汇于西安，以至关中各地。此时广东与中原的交通，亦以西安为中心，由西安经汉中沿汉水南下，至洞庭湖，溯湘江至粤桂交界。中原的学术思想，由此交通孔道，向广东传播。东汉时代，印度佛教，以至海外各国的文化，亦多自越南河内以及广东的徐闻、合浦与番禺等地的港口传入，而扼西江要冲的封川，就是汉代交州刺史驻地及苍梧郡治的广信。[①]

由此，他得出结论，当日的广信乃"中原的学术文化与外来学术文化交流的重心"。

显然，仅就学术文化而言，早在汉代广府文化在"汉化定型"之际便开始形成自身的特质。这特质在其后的两千多年历史中则更鲜明地呈示出来，并形成了广府民系相对稳定的文化心理与价值观。也就是说，在中原文化的底色上，广府文化有了自身独有的个性——这才是一个民系成熟的标志。这一标志则是其富有商业文明及海洋文化色彩。

我曾多次引用过唐代大诗人白居易区别中原传统文化与广州习俗的名言：中原是"忧道不忧贫"，而南方则"忧贫不忧道"，二者可谓泾渭分明。

广域文化这一条特质，我们将在下边更深入论述。

我想，以上几点，对广府民系及其文化形成，已经有了相当清晰的梳理。

依照这一轨迹，当重绘广府文化之历史地图。

（二）

既往关于广府民系形成，似乎已有定论，即于南宋末，在珠玑巷移民大举南下珠江三角洲之际。然而，在本书的前一部分已对此予以了质疑。如果追问下去，有两点是很明白的：一是，在珠玑巷移民南下前，生活于广州及西江流域的，并在汉唐创造辉煌的历史文化的会是谁？他们若不是广府人，能是俚人、瑶人吗？二是，广东来得最迟的，一直被认为是客家人，并认为客家形成于宋代。正因为

[①] 罗香林：《世界史上广东学术源流与发展》，载《广东建设研究》1947年第2卷第1期。

迟来，海边的平原（如珠三角、潮汕平原）便已使早到的广府人、潮汕人与闽人有血缘关系。而"八姓入闽"是在晋代。所以，说广府人早于潮人并于汉代入粤，当是不刊之论。

但是，对珠玑巷移民，尤其是他们大规模南下到达良溪（古新会蒗底）对整个广府文化的历史格局的影响，确实更需重视。因为这里作为五邑人主体的便是珠玑巷移民，他们在到达良溪后一枝散五叶，分布到了整个珠江三角洲，才有了今日号称中国最大侨乡的五邑。因此，良溪的意义再怎么高估也不为过。我曾在《重绘广州文化地图》中讲过：

> 约八百年前，以罗贵为首的珠玑移民，历尽千辛万苦，从粤北来到珠江三角洲，落籍新会蒗底，也就是今日的蓬江区良溪。这是广东移民史乃至中国移民史上惊天动地的一件大事。它不仅改写了广东的历史文化版图，甚至改写了世界华人华侨的历史版图。正是罗贵们的后裔，从珠江三角洲走向了南洋，走向了全世界。尤其是今天，这批移民的后裔们，对祖居地的反哺，在经济、文化上的杰出贡献，有目共睹。
>
> 而罗贵本人，在整个广府民系中，拥有无可替代的崇高威望，被誉为"贵祖"。他在珠江三角洲搞大规模开发，垦殖拓荒，兴修水利，更是功不可没。作为一次成建制的大规模迁徙，其作为领袖人物及所发动的这一伟大历史事件，将永远彪炳于史册。

于是，无论是罗贵墓，还是罗氏大宗祠，都成了广府民系具有象征意义的历史殿堂。随着这一文化资源的进一步发掘，日后前往当地拜祭的广府人会更多，尤其将吸引来更多的从珠江三角洲走向世界的华人华侨。这是广府民系的聚焦点，更是江门最为亮丽的一个文化品牌；如何对其进行保护性的开发，无疑是至关紧要的大事，必充分认识历史文化品牌的重大意义，名正则言顺，这样开发起来，才可以到位，做大做强。

多年前，我在《广府寻根——中国最大一个移民族群探奥》一书中便已指出：

> 珠玑巷人南迁后主要居住地是珠江三角洲，由于他们南下时正是中国积弱、外族入主中原的历史转折点，因此，也就激起了他们更强烈的汉民族的自尊。于是，对珠玑巷这一祖居地，更视为一个历史圣地，甚至带上了准宗教色彩。这也无疑影响了周遭的广府人，尤其是先后来到广东融入广府民系的中原人。他们彼此都有了认同感，而且相当强烈，以至并非经珠玑巷而来的，也自觉不自觉一样认下了这个"开基"地，以证明自己汉民族的血统。其实，在这之前，"粤人"每每与"汉人"有所区别，直至近代，仍有学者在著作中把二者分开。这也说明了二者之间的一个融合过程。此外，有人认为，珠玑巷是"广州士族俱发源于此"的地方，有较高的文化修养素质。尤

其是宋代，其后儒对社会有着很深影响，对程朱理学、陆王心学都有相当造诣。他们来到珠三角后，也就对当地产生辐射，如南宋以后，广州周遭的九所书院，均为珠玑巷人所兴……

其实，这里讲的便是到达荫底，即良溪的开拓者、垦殖者们。

（三）

珠玑巷本身还含有另一重意义。这便是，自古以来凡是商业繁华、流通发达的地方，都有珠玑巷的名称，在南京有，在苍梧有，在湖南有，在江西亦有……可以说，这是一个共名，是一个符号，代表了中国历史上的商业通衢。

这也同样塑造了广府人的历史品格。

广府人历来重商，这是人所共知的。凡是广府人所在的地方，商业一定搞得风生水起。所以，南洋几百年间，有"广人旺市"的谣谚，概括了广府人的历史作用、人文品格以及价值取向。在近现代，商业文明始终是历史进步的一大推动力。市场带来了自由、平等的观念。良溪所在的江门自古以来都是侨乡。海外江门籍的华人华侨主要也是从事工商业。

我这里补充一条是，在明清二朝"一口通商"之际，富可敌国的十三行中就有不少三邑（南番顺）五邑（江门原五属）的行商。我想，当今治史、修志部门也正在努力发掘这些史料。

清道光年间，流行有这么一个民谚：

> 潘卢伍叶，谭左徐杨。
> 虎豹龙凤，江淮河汉。

这里把当年十三行的"八大家"比喻为"虎豹龙凤"、人中豪杰。而他们经商的范围则是"江淮河汉"——当然，这也可作为民间的赞美之词。对于早早"弃仕从商"的广府人来说，这是符合他们的价值观的。

这八大家中的第一位潘家是早年迁至番禺的福建人。潘，为同文行、同孚行两大商行，自潘启官即潘振承始，历潘有度、潘正炜几代，几乎与十三行同时归于寂灭。其后裔潘刚儿与黄启臣教授一同著有《潘同文（孚）行》一书，考证得非常清楚。

这八大家中的第二位卢，即卢观恒，出自江门，也就是新会潮连乡（现江市门蓬江区）。

我们可以查阅到他的有关史迹。

卢观恒，字熙茂，1746年出生于新会县棠下乡石头村蓬莱里（现属江门市蓬江区），1812年12月20日在广州病逝，享年66岁。

卢观恒原来不是棠下人，据《潮连乡志》载，卢氏祖居新会潮连乡（现属江门市蓬江区），后来才迁往棠下石头村的。

卢观恒家境贫寒，自幼丧父，与母亲相依为命，40多岁仍未有妻室。他大器晚成，在十数年后竟成为广利行的老板，拥有千万家财，是新会历史上最大的富翁，也是当时全国最大的富翁之一。他从身无分文到千万富翁，令史家叹为观止。据马士《东印度公司对华贸易编年史》载，乾隆五十二年（1787年），卢观恒出资13万两白银，与英国两家公司订立出口茶叶合约。又据英公司特选委员会称：1786—1788年，卢观恒与英国东印度公司有大量的棉花交易。他以后一直成为与英公司进行该项贸易的主要商人。此外，卢观恒还从港脚商人（英国散商）处购入许多棉花，以至在广州找不到足够的货栈贮存。

再据荷兰公司的档案载："1790年左右（前后），（中国）对外贸易就集中垄断在几家大的行号手中，其中潘启官和石琼官占了所有进出口货物约三分之二，茂官（卢观恒）和沛官占了九分之二，剩余的行商占了九分之一。"这说明当时的广利行已是一个大行商，其贸易额仅在潘家的同文行、而益行之后，与伍家的怡和行并驾齐驱，各显身手。

广利行在十三行中的排名，1796年位居同文行、怡和行之后排第三位，1797年则超越怡和行晋升为第二名，仅次于潘有度的同文行。故当时谚谣有"潘卢伍叶，谭左徐杨"排序，直到鸦片战争爆发前的1837年，广利行仍仅次于怡和行，始终居于第二位。

广利行行址在广州源昌街（今文化公园中段），西面是经官行，南面是粤海关货仓，东面隔一街巷与怡和行相邻。据《广州十三行商馆区的历史地理》载："普安街，清代为卢广利行，长133米，宽3米。"其规模仅次于伍秉鉴的怡和行（长198米，宽4米），是十三行最大的行馆之一。

十三行的行商都是全国首屈一指的大富翁。据说潘有度的家产超过1亿法郎，伍秉鉴则拥有2600万两白银的总资产。卢观恒从不肯向外界透露资产，但单是他分给四个儿子的家产就每人100万银圆。据估算，最盛时其总资产应在2000万两白银左右，是全国最大的富翁之一。而当时世界上除王室外，百万富翁也没几个，因而他也是国际级的大富豪。

第三位伍家是南海人。我在一部历史报告中介绍过：

鸦片战争刚开始，潘家与伍家及十三行的行商们就积极募捐，出资修建堡垒、建造战船、制造大炮。作为商人的伍秉鉴对此也有所抱怨，在写给一位美国商人的信中，他说他们承受巨大负担，而这"对我这把可怜的老骨头来说实在是有些沉重"。

1842年，鸦片战争结束。中国战败的后果，却还得由伍秉鉴和他的行商们承担。《南京条约》第四至第七条规定，中国赔偿英国2100万银圆，相当于1470万两白银。而此时清政府国库存银仅不到700万两，广东十三行首当其冲地成为清政府的榨取对象。其中伍家被勒缴 100 万元，行商公所认缴 134 万元，其他行商摊派 66 万元。

据伍秉鉴自己估算，在战争中，伍家损失了不下 200 万两白银。但这笔数字，对于这位号称拥有 2600 万两的世界首富来说，并不至于伤筋动骨。而深谋远虑的伍秉鉴早把生意拓展到了海外，使其进可攻，退可守，东方不亮西方亮。

1842 年 12 月 23 日，他写信给在马萨诸塞州的美国友人 J. P. Cushing 说，若不是年纪太大，经不起漂洋过海的折腾，他实在十分想移居美国。通篇流露出怆然难禁之情。陈国栋在《东亚海域一千年》中写道："看来鼎鼎大名的伍浩官（伍秉鉴）不但对洋行的工作失望了，对整个中国的社会制度也失望了。"伍秉鉴甚至写信给罗伯特·福布斯（Robert Forbes）说："据说行商制度将被废除，我衷心地希望如此。我愉快地期待我将成为一名自由人的时代。"

岭南名士谭莹为伍秉鉴所撰的墓碑文说："庭榜玉诏，帝称忠义之家；臣本布衣，身系兴亡之局。"以一介布衣之身，欲担国家兴亡之责，虽为世界首富而不能也，这不仅是伍秉鉴的悲剧性命运，也是整个十三行的悲剧。

伍家是十三行最后一位，也是最大的富豪。伍秉鉴的经商魄力，不仅在当日中国，而且在整个世界，也都是数一数二的。他清醒地看到，清政府在面对世界的近代化进程所采取的鸵鸟政策与抗拒态度。因此，没有理由把资本砸在一个奄奄一息的王朝身上。

史料显示：伍秉鉴于 1843 年病逝后，由其子伍崇曜（1810—1863）继承家业。伍崇曜与旗昌洋行合伙继续做大规模的投资。他从其父通过巴林洋行（Baring Brothers）在美国铁路和其他项目的投资中，收到定期的效益。1858—1879 年，伍氏家族似乎收到了 125 万美元的红利。当旗昌洋行于 1891 年宣布破产，约翰·默里·福布斯成为伍氏家族的受托人时，记录显示旗昌洋行拥有属于伍氏家族的 100 万多美元受托基金。在 1878—1891 年间，该家族的代表每年从此项基金得息 39000～45000 美元。

叶即叶仁官叶上林，较早全身而退。从 1720 年到 1804 年间，叶氏家族有五位商人在广州商界非常活跃，他们分别是：Cudgin、叶隆官、叶义官、叶朝官、叶仁官。他们的经营范围与其他商人相似，包括茶叶、布料和丝绸，有的则主要经营瓷器。

谭家排行第五，来自顺德。我专门写过《十三行的顺德商人》等文章加以介绍。谭家与潘家是世交，过去有来往。如今，我与潘家后人潘刚儿同在华南理工大学任教。华南理工出版社亦出过《潘同文（孚）行》一书介绍潘家。著者之一为黄启臣，是珠江文化研究会的副会长。他还写过另一位十三行行商梁经国及其后人的书《梁经国天宝行史迹》。梁家曾被赐"左垣公"，民间误以为其姓左，故有"谭左"并称。

至于"徐杨",都应是中山人。徐是指著名买办徐润的伯父徐廷亭等人,徐润正是托庇他们才在十三行之后到上海经营房地产、招商局的。

(四)

由于十三行最后的历史悲剧,十三行的后人无论潘、伍,抑或谭、左,都不为"继承祖业"去经商,而是改行去搞学问,做科学研究。如梁经国的后裔梁嘉彬就成为研究十三行的大学者,著有《广东十三行考》。潘家的后人则有著名的诗人潘飞声。十三行的后人中,更有不少科学家、教授、文学家、学者。有人认为有个"十三行遗嘱",其实是历史创伤所致。当然,从事科学研究与做学问,也都一样对历史的进步发挥作用,这一"历史转型"也同样反映在江门这里。

江门不仅是中国第一侨乡,也是广东第一院士之乡。出自江门的中科院院士、工程院院士有30多位,居广东之首,是任何一个地级市所不能相比的。仅梁启超的后人中,就出了好几位院士。

我想,广府人不仅重商,而且重实业,重科学,这是无可颠扑的历史事实。仅列举中国铁路之父詹天佑、中国飞行之父冯如、岭南画派一系列著名画家……就足以证明。

可以论证的还很多,例如,陈白沙、朱九江、康有为、梁启超这样的大思想家、大学问家,之所以大都出生在当年罗贵率众到达的良溪近侧,与其间营造的历史环境是分不开的。他们自珠玑巷而来,挟有宋代商品发达的市民社会之长风。到达良溪后,他们又迅速与世界的海洋文化接轨,从而不仅在珠门三角洲培育出一个中国最大的侨乡,而且为近代中国推出了一大批洪钟大吕式的大实业家、大文化人、大学者来,为广府文化近现代的突飞猛进壮行色。

而肇庆,素有广肇合称,在明清二朝更有相当长的时间作为两广总督府的所在地。当年,最早进入中国传播西方先进文化的利玛窦,首先是到了澳门,经珠海,上肇庆,在那里留下不少西方文化的先进器物。

至于广州,更是3000年不衰的古港,是海上丝绸之路的重要发祥地,一直雄踞于国际大都市的行列之中。明清两朝的十三行、新中国成立以来的广交会,均是中国对外贸易历史的辉煌见证。

因此,重绘广府文化的历史地图,在今天尤显重要与迫切。

(五)

与客家文化不同,广府文化无论其地域名称还是生存特色,都是地地道道的地域文化,虽说早期有移民的印记,却已在地化了。

地域文化是中华文化的一道特殊风景线。丹纳曾经说:"一个民族永远留着它乡土的痕迹。"① 这位哲学大师的话是对整个人类艺术历程的一种概括，而在中国，这种乡土特征又带有民族以外的象征意义。中国地域辽阔，各个地方的山水气质又孕育着不同的文化个性。这种地域特征不是在民族界线这个意义层面的，而是在于由"地"到"人"再到"文化个性"这个以地域为线索的文化考究点上。

广府文化发展千年，由南蛮之地，到对外经贸之都，再到革命起源地，又发展为现代化经济中心，不断改变着的现实让这片土地上的人在岁月摩挲中酝酿出独特的性格风貌。林语堂先生在论及广东人时，曾经做过一番很有滋味的评价："复南下而至广东，则人民又别具一种风格，那里种族意识之浓郁，显而易见，其人民饮食不愧为一男子，工作亦不愧为一男子；富事业精神，少挂虑，豪爽好斗，不顾情面，挥金如土，冒险而进取。"② 这里的"冒险而进取"精神，直至今天仍然是广府民性的一个核心内容。水赐予岭南特殊的经贸往来优势，也塑造出这里人民包容、冒险、进取、务实、变通等特质。

广府民性，可以说正是一种"水"的性格。"广府民性的海洋或'水性'，本就如水一样"，"对广府民性的研究，当从这'上善若水'入手"。③

老子云："上善若水，水善利万物而不争，处众人之所恶，故几于道。居善地，心善渊，与善仁，言善信，正善治，事善能，动善时。夫唯不争，故无尤。"④

水，作为中国的一种传统文化象征，尤能折影在形而上思维领域人们最为理想的价值期盼。上善若水，其浩渺深广之态，足能藏污纳垢而于色无形；其涓涓细流之姿，亦可润泽万物而不动于声。长居善处，却又无争于苍穹人世。中国人对水的向往崇敬，从来不是规条戒律式的墨守，而是一种在灵动形象中发展而来的哲理领悟，因而也是随着生命足迹逐渐流塑出的溪形汀貌。水之为"上善"，正在于它的完美理想境界，集众善德于一身。郦道元在《水经注》里曾有"水德含和，变通在我"⑤ 之语，能居于任何形态而不断修葺自我。这种"变"，是水之大德，也是广府民性里的一大特征。

广府文化的中心，亦在"变"之中。早期广信因此得名，后它又一度到了肇庆（明清间），但商业中心则绝大多数时间在广州。如仅以珠江的主干西江文化而言，则由广信，至肇庆，又抵佛山、江门。它近代及现代仍在变位，这与文化和商业格局的流变都是分不开的。

---

① [法]丹纳：《艺术哲学》，傅雷译，安徽文艺出版社1998年版。
② 林语堂：《吾国与吾民》，陕西师范大学出版社2003年版。
③ 谭元亨：《广府寻根：中国最大的一个移民族群探奥》，广东高等教育出版社2003年版。
④ 奚侗集解：《老子》，上海古籍出版社2007年版。
⑤ 郦道元：《水经注（上）》，华夏出版社2006年版。

这里，我强调了早年的广信及后来的良溪，作为广府文化重要的节点，当是对已有的广府文化地图的一次"颠覆"，而非简单的补充。因此，才有"重绘"的思路提出。当然，这也是一次"变"，一次重大的求变，对于一个崇尚水的民系而言，这确是题中之义。

只有在变中，在重绘中，广府文化才会愈加凸显出强大的生命力！

二、重绘客家文化地图

约10多年来，客家学的研究呈多元化的发展，不再拘泥于历史学、谱牒学的线性轨迹。也就是说，终于对罗香林雄踞客家学领域半个世纪的主要学术观点有了重大的突破与有力的修正，尤其是在研究范式上有了可喜的拓展。

对此，不少研究者已有了各种各样的概括或解说，这里就不一一赘述了。然而，无论这些阐释怎么力图做到自圆其说，到头来总是出现这样或那样的偏颇，总不是无懈可击的。因此，即便在这本书里，我也不企望能做到面面俱到。毕竟，体系神话的时代在20世纪里就已终结了，自圆其说到底是心造的幻影。我们所致力的，只是去逼近真相，而不可能重建所谓真实的历史。

这一来，研究工作大致可归于两条轨迹：一种是人们业已公认的与认识论、科学观、逻辑判断密不可分的、实证的轨迹。它自然是理性的，这与罗香林开启的源流考是一致的，与当今强调历史学研究方法是一致的。以至于有人宣称，以历史学，也包括部分人类学为基础的研究，才是正宗的学术研究，而其他的包括文化研究在内的研究则很难为学术界所认同。至少，其中能被认可的东西不多。

其针对性是显而易见的。

其实，依国际范例，研究上亦同时存在另一种轨迹。尤其是20世纪以来，更强调这一范式。这便是非理性的或情感历程，诸如历史哲学、文化学、人类学。当人类学强调过程、历史、结构之际，如仅仅是过程研究，而没有人文关怀，没有意义上的阐释，那就是浅薄的、苍白的——这似乎已有了情感色彩。A.斯特恩在其《历史哲学与价值问题》上就论证过，历史哲学是"人类把握历史真实的痛苦而产生的"，这就更具非理性了。当唯美主义向文化靠拢，出现诸如野兽派尤其是毕加索等大师之际，请问"学术界"（请注意我加上了引号）又是如何"认同"的呢？

如果客家学的研究，只局限于历史学（这显然也是非常狭义的）研究，而不关涉语言学、艺术学、文学，或者，连地理学、社会学、经济学也不相关，那么，客家学还能成为其客家学吗？这里，我还不曾提到哲学、文化学、传播学……

其实，无论是谢重光强调的"文化认同"对客家民系的意义，还是周建新强调的族群意象与文化建构，以及罗勇、钟俊昆等研究者对客家文化精神的探讨，大都已是从另一种轨迹着手的，是情感历程。我并非始作俑者，但我很感佩台湾客家学学者罗肇锦在评价《客家圣典——一个大迁徙民系的文化史》中画龙点睛的一笔，这便是："建构一部诗史，传说神话部分正是族群精神所系"。只有"真诚融入客家文化的人"，才会有书中的"千古惆怅"①……这是更明显的"情感历程"了。我也很感激周建新的评述："将'在路上'的客家族群意象演绎得最经典、最富有诗意的人可算是谭元亨，他认为客家人是一个迁徙的民系，宿命与使命，主客意识与边缘地位，特立独行与融合等都是客家式的命题。"②

的确，在我这里也是情感历程。10多年前刚完成《客家魂》三部曲（文学作品），觉得意犹未尽，便一下子写出《客家圣典》，而后更是一口气拟出了诸如"宿命与使命"等约10个"客家式命题"——时至今日，仍有人在为这些"命题"写了一篇又一篇论文。当然，是毋庸置疑的学术论文。但《客家圣典》却没这份幸运，虽然它已有三个版本，多次数以万计印刷，甚至在境外也被列入研究生课程，但总被说成是大散文、通俗读物之类，不承认其为学术著作。

有的人也很狭隘地去理解人类学的概念，把田野调查（这当然是不可偏废的、主要的研究范式）视为唯一途径。殊不知，自人类学形成以来，诸如传播理论、文化与人格理论、意象论、解释论、反思……本身就是人类学在进一步深入探讨中开拓的新课题、新理论，而这正是在通过田野调查与撰写民族志的方法拓展出来的。

在《客家文化史》的后记中，我曾感慨，不少研究者只是钻故纸堆，却很少到实地考察。其实，"行万里路"每每胜过"读万卷书"，每每还可纠正书上的谬误。我列举了好多自己实地考察、田野工作中获得的真正材料。"纸上得来终觉浅"，也许，我抱定的宗旨是我只写仅仅只我才能写得出来的。

我想，如果仍继续抱残守缺，排斥、无视当今学术研究的已有的新的成果，客家学本身也就会被窒息掉。早在20世纪，当人类思维从理性阶段，深入到潜意识或深度心理学，即纳入非理性时，学术本身也就不是因循第一个轨迹演进了。这里没必要重复非理性、悟性、解构主义等。一切，都已是不言而喻的。即便有人认为《客家圣典》"在于打破了客家学中的历史考据与哲学之间的壁垒"，那也已是20世纪的语言了。

时至今日，我们已无可否认，作为客家学，难道不正是"人类把握历史真实的痛苦而产生的"吗？这如同历史哲学一样，它当更被赋予非理性的、感情的色彩。客家学已有的研究，当已充分地证明，"客家"的称谓是由他称到自称、不得已为自我接受的产物，即"主客意识"与边缘地位冲突的结果。客家人强烈的身份认同与族群意识，正是在与其他族群，尤其是广府人互动过程中作为自我意识

---

① 转引自谭元亨：《客家圣典》，海天出版社2004年版。
② 罗勇：《客家文化特质与客家精神研究》，黑龙江人民出版社2006年版，第12–13页。

的觉醒而发生的。这是经历了自明、清、民国这么漫长的历史时期才萌发、成长、才提升起来的。所以，才有人分别以明、清乃至民国为界确定客家这个族群的产生，甚至称其为"历史的误会，误会的历史"——这里边，实在有太多的非理性成分，是不可以用理论理清的。这有徐旭曾的《丰湖杂记》与罗香林的《客家研究导论经》为证，它们均面临非理性的土客械斗以及教科书中种种的非理性的侮蔑，从而被"激发"出来的，而非被所谓学术研究上的逻辑论证出来。"客"字边上加上"犬"旁，本就是一种偏见，是一种无知，与理性是挂不上钩的。

也许，我这一自辩也未必理性。

这一新方向，当然不会取消各个学科的差异，而是为其建造起跨越的桥梁。它是跨历史、跨地域即跨时空的，这将扩大我们的学术视野，扩大我们的认知世界。一门学科的成熟，必然伴随视野的拓宽，伴随思路的开阔，"八面来风"，会产生愈来愈多的互相贯通、互相融洽的思想。学术壁垒最终只能是作茧自缚。这早已有前车之鉴，线性的轨迹将被多元、立体的时空所取代——那将是一门学科得以辉煌的时刻！

现在，我们再把重心落在文化人类学上面。自从这一学科在中国，尤其是在南方渐渐形成规模之际，我曾与中山大学人类学教授黄淑聘有过合作，参与撰写两度获得国家"骏马奖"的《中华民族风情录》。虽说我是撰稿专家组组长，但我绝不敢掠人之美。专家组的灵魂是黄淑聘教授及她带来的中大的班子。每每当她回忆自己如何到海南岛，到广东各地深入山寨，历尽坎坷做田野调查时，我总是深受感染。那是20世纪90年代初期。所以，这20年间，当是受她的影响，我的足迹也遍及两广各地，寻找"行万里路"上的学问。当然，这不独独为的是客家，还为广府，为整个珠江文化。众所周知，广府文化中广信的"发现"、"后珠玑巷"良溪的"发现"等，均是在这"行万里路"中获得的。自然，这亦不仅仅限于文化人类学上的考察。

早在聆听黄淑聘教授那充满情感色彩的关于进山下乡做田野调查的回忆之际，我就隐隐有一个疑问，人类学这一门学科，它究竟是属于理性历程，还是情感历程？理性，抑或非理性？

从这一门学科产生的大背景而言，显然是后者而非前者。因为，从19世纪末至20世纪，人类已经意识到，主宰我们思维的成分，不仅仅只有理性。关于这点，我在《断裂与重构——中西思维方式演进比较》中就已经讲到：

> 人类并不是纯理性的动物，人们从如醉如痴的宗教仪式、疯狂变态的流行音乐处于"迷狂"状态中的文学艺术，及至于千变万化的政治、经济等社会生活中，分明还可以感觉到一种内在的、盲目的、冲动的、无法抑制的力量。一种与科学、逻辑或理性不相干的力量，在相当程度上支配了人的思想与行为。而这种力量，则是理性成为人类思维两翼中的另一翼——非理性。

也就是说，人的直觉、意欲、本能，也深深地嵌入到人类看来是有迹可循的思维活动之中，关于这点，中国的直观思维已作出了明证。①

似乎已不需要太多的论证，因为这已成为学术界的共识，其间的叔本华-尼采为代表的唯意志论，席美尔-柏格森的生命哲学、海德格尔-萨特的现象学和存在主义。当然，特别是弗洛伊德，他是这么说过："我们相信人类在生存竞争的压力之下，曾经竭力放弃了原始冲动的满足，将文化创造起来，而文化之所以不断地改造，也由于历史加入社会生活的个人，继续地为公共利益而牺牲其本能的享乐。"所以，他要释放这种非理性的、原始的冲动或本能，来一次解放。

在确认这一学术乃至整个时代大背景之后，我们再来审视文化人类学自身。

其所关注的，便是人类的各种文化现象，且着重于描绘、分析、阐释人们的思想与行为方式、社会与文化的异同，即人们在生活方式、风俗习性、婚姻、宗族、亲情、宗教信仰、经济模式乃至原始仪式与艺术上的共性与差异——这一概括，是美国学者霍尔姆斯（W. H. Holmes）在20世纪初提出来并为人类学界所接受的。

而上述的"字眼"即内容，显然与理性逻辑之类相去甚远，更是一种情感的、原始的、非理性的描述。

而从西方哲学的观点出发，建立在理性的认识论上的，当是逻辑学；而研究人的意志，介乎于理性与非理性之间，当为伦理学。那么，研究人的感性经验的，从以上阐述来看，人类学无疑当在其中。换句话说，它是相对于情感或感性认识的一门学科，属感性学范畴，更多地以感性经验为基础——这便是人类学为什么如此注重田野工作并视为研究重心。

因此，当我们愈深入探索文化人类学之际，尤其是愈重视实际调查、愈重视经验接受——如大量的田野工作报告之际，我想，中国的文化人类学者应当大都有这样一种体会，它似乎愈来愈接近中国传统做学问的宗旨，那便是强调感性直觉，强调生命的体验，穷理尽性以至于命，从而重构一种时空记忆或历史地理记忆，或岁月与场景的记忆。我想，这也已是一种共识了。中国文化重在生命，重在体验，重在感应，而这种体验自与相感历程相通，虽不可完全画等号，它只会更深入、更具意味……这里绝非虚构什么中国式的文化人类学，但对于中国学者而言，当有自身的拓展与深化，切切不可照样画葫芦，甚至于拾人牙慧，失去了自身。本来，中国文化中的整体观，贴近事物的经验论等，当与文化人类学的整体论、实践性有着很大的相似性与契合度。当我们寻求这么一个"情感历程"的描绘之际，势必会调动出中国文化诸多元素来，使之得到丰富与充实。

到大学任教之后，我每每痛感，在做学问上由于过分强调分科，强调专门性，

---

① 谭元亨：《断裂与重构——中西思维方式演进比较》，广东高等教育出版社2007年版，第141页。

不少学者的学术视野实在是太狭窄了。懂西方的不懂东方甚至鄙夷东方，搞哲学的不懂历史、文学甚至鄙视历史文学……而许多从事客家学的人类学研究的，不仅无视文学艺术（这似乎可谅解），也无视哲学、美学乃至科学，这确是不应该了。其实，无视文学艺术也是不可以的，大量的客家文学艺术中包含有人类学研究的对象，如通过文学艺术作品保留下的民间习俗、原始艺术等。而没有哲学的提升，客家学的"形而下"恐怕更不能让学术界认可吧？缺乏科学常识，则更会成为笑柄——这一类故事实在太多了。偏偏，相当多的客家学研究者，就守住自己的一亩三分地，目不旁骛。殊不知，井蛙观天，不仅仅会造成夜郎自大，更会导致人格萎缩——这其实也是人类学的内容。而我在此讲的"情感历程"，也不知道他们了解与否？

当我们沿着这"情感历程"往下走，以文化人类学的视野去观照客家学的发展，我们能看到什么呢？

现在，我们可以明确地表述，重绘客家文化的地图当是怎样的一幅地图了。

这就是说，我们是沿着"情感历程"去重绘这么一幅文化地图——也就是文化人类学观照下的客家地图。简而言之，它是一幅情感的地图。

"情感历程"所包含的是什么？它自会更深厚、更丰富多彩，或者说，带有某种"虚拟"的成分——这已近乎网络世界了。

当然，最早描绘客家地图的，是客家学的创立者罗香林。他在《客家研究导论》及《客家源流考》中，已非常清晰地画出了客家人的"五次大迁徙"的路线图。这一直是作为非常权威的历史地图，是客家源流史的表述，这里就不多说了。

此外，方言地图方面已经有不少客方言的研究者在做了。严修鸿、庄初升等人对客家人最多的省份广东所做的客方言地图，有很多突破性成果。王东更提出以"方言群"来取代民系、族群的概念。由此可见，方言的分布图，对客家的生存状态、文化变迁诸方面，有着重大的意义。本来，罗常培早就说过，"如果有人把客家问题彻底地研究清楚，那么，关于一部分中国民族迁徙的途径和语言演变的历程，就可认识了多一半。从事这件工作，一方面固然可以拿语言的系统去推迹民族迁徙的途径，一方面也可以拿民族迁徙的历史去联络语言的关系……"①他甚至提出"整个客家语组纵横两方面"的说法，这分明也是构建方言文化地图的努力。

当然，如客家民居的演变，从赣南"土围子"到闽西的方圆楼，再到粤东的围龙屋……这也可以成为客家建筑的历史地图，已有不少这方面的学者在做了。还有，从赣南客家的食文化、闽西小吃，一直到广东的"东江菜系"，也自有历史线索可寻。

---

① 罗常培：《语言与文化》，北京出版社2004年版，第199页。

这均是移民史、方言史、建筑史、饮食史诸方面的地图，也都有各自的依据，对客家历史地理都不可或缺。然而，就是罗香林的"五次迁徙图"，也不是无可挑剔之处。事实上，"五次迁徙论"一直都受到这样那样的质疑。历经大半个世纪后，客家研究本身也有了很大的进展。尤其是各大学科的进入，让人们的认识更非同日而语，从什么角度上去重绘客家文化地图的问题，也就推到了我们面前。

这也应该是我们半个多世纪努力的结果。这更意味着，我们当有一个更坚实、更高的起点去推动这一学科建设。

即便是上述的历史地图，固然某些可以成为或者已经成为客家族群的物质或形象的标志。但是，与汉民族其他民系仍有不同程度的近似，如客家土楼，这似乎已沿袭了很久的标识物，近日却因福建土楼"申遗"而变得有几分可疑或模糊了。因为，福建土楼包含有相当大一部分的闽南人的土楼在内，并非客家所独有。无论怎么抗辩，称闽南人的土楼均是客家人所建，一般都无济于事。因为别人也可以提出更多的理由证明闽南人与土楼之间为深远的渊源，这一来，作为族群的文化具象记忆，已被规范化为地域文化的具象，失去了其更广阔的文化与历史背景。所以，今日如何重新整合客家建筑这一独特的文化遗产，又成了更严重的问题。而这类"文化遗产"一旦被周边或地域的文化所"剥夺"的话，包括许多与汉民族其他民系共享的文化记忆——例如永嘉之乱、安史之乱、黄巢之乱导致的大迁徙或移民潮被化解后，所谓客家人的"移民印记"究竟还余下多少自身的东西，从而与地域文化区别开来？

这甚至"危及"众多的物质民俗、行为民俗，如龙的图腾、麒麟之舞、香花佛事等，更危及传统伦理中的敬祖孝宗、崇文重教等。那么，到最后，我们是否只余下一个徒有虚名的"客家"之称外，就再也剩余不下什么可以自诩的了？因此，强调"情感地图"对客家文化地图重绘的意义，在今天则有一种急迫的、全新的，亦无可避免的感知。

这是否又再回到一直被人诟病为无学术含量的诸如文学、艺术上的研究上呢？其实，我们亦可理直气壮，文学、艺术作为精神文化的"阳春白雪"，从来就是一个族群至为高扬的文化旗帜，应该承认文学艺术作品对凸现、塑造一个民系或族群历史形象的重大作用。这是显而易见的，一旦我们在客家文化史中抽掉如宋湘、黄遵宪、丘逢甲的著名诗篇，抽掉袁崇焕、文天祥气贯长虹的诗篇，那么，这样一部"文化史"又该怎么干瘪，怎么颓靡，还能称之为"文化"吗？

"情感地图"无疑当坚定不移地去努力体现这样一个族群相对定型的心态、相对成熟的人文理念所构成的精神文化。这样一种精神文化，当可以外化为物质文化，如可以火龙、拜太阳等仪式来表达，亦可以建筑乃至雕塑作为载体，更可以文化艺术，以理想信念来体现，表现在人际关系、宗教信仰、品格塑造、处世方式、价值判断等各个方面——只有通过这些方面的差异，人们方可分辨出客家人来。诸如南洋几百年间的民谚所区别的:"客人开埠、广人旺埠、潮人占埠"给各自的定位。正是在这更高的层次上,客家精神方可以是"这一个"而不与他者所混同,方可以在历史记忆中留下清晰的"情感历程"来,从而真正勾勒出一幅客家文化地图。

只有学科的多样性——尤其是不可摒弃文化艺术这类形而上的学科,以及视野上的多角度——包括伦理的、历史的、审美的角度,方可以重构这么一幅客家文化的情感精神地图,从而揭示这一文化地图的内涵之丰富与深刻,并且令人信服地划出这样一条文化的边界,让客家人与其他人都能认可,各自也都能维护自身的文化尊严,而不至于互相混淆并争吵不休。

从20世纪80年代末动笔创作150万言《客家魂》三部曲之际,我便在尝试重绘这样一幅客家文化地图。而近日,在完成约120万字的《客家文化史》的时候,我想我已基本已完成了这一重绘计划,并以这样一部称得上狭义的学术著作对这一重绘作一个全面的、深入的总结。

在《客家文化史》中,我把客家史划分为三个阶段:客家前史、客家古史与客家血史,而没有似我不久前的《客家图志》将以罗香林五次大迁徙为基础加以补充、修正而展示的"全史"。这就意味着,"前史"部分,已从"全史"中划了出去。

这一划分当从20世纪80年代末的尝试说起。当时,我已在《客家魂》第一卷中写到了公元三、四世纪世界民族大迁徙之际,东方亦出现了移民潮,这就包括客家先民在内的因"永嘉之乱"引发的衣冠南渡。而东西方同时发生的大迁徙都有一个共同的肇因,这便是欧亚大草原千年不遇的大旱,迫使匈奴人分西匈奴与南匈奴两部分,分别向西部与东南部挺进,从而造成西方与东方大规模的移民潮。

我的创作意念让一位著名的哲学家、史学家得知后,他认为可写成一篇论文。于是我就写了出那篇《古希腊罗马文明的断裂与华夏文明的延续——世界民族大迁徙中客家先民南渐新论》。[①] 发表后,国内外不少地方都予以转载,这也是我的第一篇客家学论文,它的影响是出乎意料的。

但更出乎我意料的是,在这之后的国内若干世界史与中国史的著作及教科书中,都加上了世界民族大迁徙的东方部分,即把永嘉之乱引发的流人潮纳入其中且引入了国外的历史著作之中。

但是,在得意之余,我却发现或者说意识到,这次流人潮是整个汉民族也包括其他民族的,并不为所谓的"客家先民"所独专。尽管罗香林只把"司豫流人"视为其先民,还提到其他如"秦雍流人"等,但把这视为客家的"第一次大

---

① 饶任坤、卢斯飞:《客家历史文化纵横谈》,广西教育出版社1993年版,第71-79页。

迁徙"也就难以成立了。因为在晋代"八姓入闽"就成为闽人的先祖，不更比"客家先民"更确切吗？凭什么把这世界范围内的（其实是欧亚大陆，即当时所认为的世界）大迁徙，当作一个民系先民的背景，而先民又如何界定与确认呢？当日位于闽南、粤东的义招，招的自是中原流人。

而所谓"第二次大迁徙"中，中原汉人离开固始（处于中原与江淮的边界）进入江南并继续南下越过武夷山，大部分汇入闽南粤东，即晋代的义招等地，主要也是闽南人。所以，闽南人视固始为"祖地"则不无道理。至少，这是客家先民与他们共同再出发的地点……当我读到河南大学出版社出版的《客家迁移万里寻踪》几度写到了固始，却无法回避闽南人的历史时，难免为客家人感到尴尬。

因此，在客家正式形成之际，我们不可以把什么都往客家身上贴。正是出于这样一种思考，经反复论证，我才把宋以前客家孕育的历史称之为"客家前史"，从而避免了这一尴尬——第一篇客家学的论文，就这样来了个否定之否定。我只是为整个东方民族归入世界民族大迁徙的范围正了名，而不只是为的客家，并视客家为这次流人潮的重心。

的确，重绘、重塑或重组客家人，从而重构重现客家文化，只能在比较之中、在动态研究之中，尤其是在与其他族群、族群文化的互动中方可以找出其独特性。在这方面，我持续写了一系列的论文，如将其与广府人、与福佬人、与湖南人、与畲族的比较。这里有区域发展方面的比较，更有文化角色上的比较，而不仅限于文化的接触、互动与交叉，从而去探讨客家文化是怎样在不同文化的周边环境下选择自身的角色，遵循的是怎样的文化逻辑，诸如"山话"与"海语"，诸如"无山不住客，无客不住山"……这些论文，当然也是一种重绘的努力，是为今日这部总结性的著作做准备的并构成其中的重要部分。当然，它们也达到了预期的反响，不独限于学术界。毫无疑问，研究本身与民系发展当具有历史与逻辑的一致性，它揭示了客家民系是如何在各个不同的历史遭际及自身的历史轨迹中被建构、被塑造出来的。

这归根结底还是一个身份识别、身份认同的问题。我很早便涉及这个问题，那是20世纪末，我在欧洲参加学术会议，他们即在酝酿召开这一类会议。马约扩大，欧洲的国界不再那么重要；欧元推行，欧洲统一货币了。那么，再过些年，欧洲人怎么区分法国人、比利时人、德国人，或者高卢人、日耳曼人、斯拉夫人呢？身份认同也就成了一个非常严重的问题，会议主题自然便是"身份认同"了。身份认同说到底，也就是文化认同，只有文化才是区别民族与国家最根本的，也是最后的标志。在10多年前我提出"坚守文化边界"一说后，已经有不少学者在这个论题上做了不少阐释与论证；而当时所提出的"客家式命题"，一个个也有人加以发挥了。如今，10多年过去了，客家学"形而上"的气象不能不说业已形成，但可以做的还很多。虽说面对的"抵制"也不少——但这一"抵制"恰恰证明其已形成气候。不承认为"学术正宗"也罢，不把文学艺术研究放在重要位置也罢，但其存在已不可否认了。问题只在于，没有创造又何来的研究，简而言之，没有客家人创造出的活生生的文化，又何来客家学之研究？不同的文化层面的研究，本就不存在哪是学术的，哪是非学术的。否则，怎么进行身份的识别、文化的认同呢？每每很简单的问题，却被学术化地弄得复杂、艰涩起来。平心而论，如今客家学的学术水平到底达到怎样的层次，并不是人云亦云、炒冷饭，我想大家也是心知肚明。这些"抵制"或非议，只是一种不成熟的表现而已，这正是大家所痛感的。

客家学的尴尬，其实还是自身所造成的。自己都不认同自己，那还有什么可为？坦率地说，当前客家学研究者，如何拓展学术视野特别是提升多学科的基本修养，应是当务之急。否则，把客家学当作圈中厮养的玩物，那是永远长不大，也不会为人所承认的——没有文史哲的支撑或作基础，没有中西学术的贯通，这门学问的前景堪虞，未可期待有什么人可"文起八代之衰"！

我一直在强调，客家是汉民族中唯一不以地域命名的民系；客家话，也是汉民族中唯一不冠以地名的方言。这些意味着什么？

客家的独特性就在这里，客方言的独特性就在这里。所以，客家文化，当是一种跨地域的文化传播，这才使其周边色彩跌宕生姿、纷纭杂沓。仅一点便可以说明这一条，在当年章太炎的眼中，客家理所当然是属于东南沿海的一种文化，它与海洋文化无疑是一致的——这从大的地域上看当然无可非议。可来到广东后在不少人的眼中，客家理所当然是属于"山"的文化，即中原文化。因为他们是在"耕山"而非"耕海"，是南人中的北人，是农耕文化在南方的代表。公说公有理，婆说婆有理。其实，正是客家文化具有跨中原文化与沿海文化，或者跨农耕文化与海洋文化的特点，所以，在中国近代史上的三大革命运动中，它才那么如鱼得水，表现得那么出色。一方面，它喜于吸收外来的海洋文化——毕竟从大范围来说它还是处于沿海地区；另一方面，它又能与内地中原文化勾连，并为其所认同，从而把新的理念引过去——当可说"左右逢源"。因此，客家之所以在中国历史转折时期中发挥出巨大的潜能，并由此凸现出自身优势，不能不说其跨文化传播功能达到了极致。我们与美国学者联合成立一个跨文化传播的学术机构，其研究对象首选也正是客家文化，因为它具备较为完整的跨文化传播的特征。

这里说的跨文化传播，当然不仅仅局限在跨地域上。从大的方面而言，在中国，则是跨南北两大文化传播，在世界，其不仅遍布东南亚，也遍及五大洲，跨中西文化。也难怪美国、法国不少著名作家如米切纳、杜依斯等，都在其名著中塑造了客家人的形象。他以一位作家的良知与敏感，触及客家人本质性的特征，从而也在丰富作为"世界客家人"的形象。

因此，在"情感地图"而言，它也是一种跨文化传播。它跨越不同学术模式，跨越不同的心理，包括文学创作。于是，"文学地图"自然也纳入这"重绘"之中。诚然，文学、艺术更是一种情感形式，更有其情感历程的踪迹可寻，也就更非"情感地图"莫属了。且不说文学作品，每每是"历史的未尽之言"，揭示出比正史更真实、更厚重、更深刻的内涵。而文字本身，亦展示出当日社会政治、经济、人文生态种种，每每比政治学、经济学之类可以读出更多的东西，且不说内中包含民俗风情、礼仪习惯等东西。因此，其中绘制上一幅文学地图，不仅仅在于其永恒的艺术魅力、扣人心弦的历史情节。笔下生花的方言谚语，在于完整地表达出真正的人文生态状况，引发出更深层、也更隽永的思考。这一"文学地图"便是高层次的文化之旅，是追随作家艺术创作的心灵之旅。

如《客家魂》中，不仅可以了解粤北客家的风俗民情，还对客家人的崇文重教予以尽情地抒写。"魂"者，可以称得上是精神地图，而客家人近代的情感历程更是历历在目。

《英雄无语》亦包含众多的民俗、神话的元素，把闽西的山水尤其是著名的"客家神山"冠豸山演绎得云蒸霞蔚、气象万千。它超出了一般的红色经典的套路，上升到文化生成与延续的层面，而不是一味地歌颂或批判。

这两部长篇都是再版多次，研究或评论文章较多的。比起那些仅一版便告终的作品，读者已投出了他们的心水票。所以，我才选录在这"情感地图"当中，同时也希望它们为这部严谨的学术著作增添若干"异类"的色彩。

末了，当强调一下，正由于客家文化不仅仅在南北文化的交汇与冲突，更于漫长的历史与辽阔的空间中，在不断变化的文化生态中孕育、形成与发展，这种大迁徙场景的不断变换，无论是垦殖、开埠，还是迁移、定居，都有着说不尽的磨砺、辛劳与艰难，在观念上是必有很大的冲击。那么，如何确认其相对稳定的价值观、世界观，则是至关紧要的。固然，我们可以从历次土客冲突中予以发现、论证，如中原意识、崇正观念（这是最早的客家社会组织的命名），甚至以此催生了罗香林的客家学。但仅仅是文字论述却还是不足的，因为这渗透了客家文化的方方面面。为此，我们在重绘客家文化地图上，着重对客家的"祖地"加以解读，从而在事实（地理）与意念上，认识作为汉民族这一支系深深刻录在思想文化里的"华夷之辨"或"华蛮之分"。思想毕竟是"文化地图"绘制中最基本的色调，也是最大的历史真实，更是最恒稳的历史——一切历史都是思想史。离开这一条，任何一种构建完整的客家文化地图的努力，都是难以奏效的。

随着资讯的发达、交通的迅捷，跨文化传播更成了难以阻遏的大势，而这对客家的文化版图产生的影响，更是今非昔比。这既给我们的"重绘"既带来挑战，又赋予机遇。及时作出这份"总结"，当是为更坚实的起步做准备。只是本人研究的范围，不仅仅是客家学，也包括广府学——其成果当与客家学等量齐观，亦有待完成的对广府文化地图的重绘。在高校，我则是美学学科点的学科带头人，这当是我的职责范围,由美学而哲学、文学,都得认真做好。在专门史上,十三行研究是我的强项,近日更成了这个项目的召集人,任务之繁重自不在说。

而我所钟爱的依然是文学创作。虽然在著作比重上,文学作品超过了一半,但只能算是我的业余工作而已。

对客家学的一往情深,在我更多出于对已过世的母亲的怀念。这自是情感历程,做到今天这一程度,于我已勉为其难了,但愿后来者比我更出色。

我已经尽力了。

文章千古事,得失寸心知,谨以此与同仁们共勉。

第二章 汉文化的历史轨迹

还是在 20 多年前,我着手完成《中国文化史观》这部论著时,确实有点初生牛犊不怕虎的意气。不过,幸而当时得到我在读学校的武汉大学的副校长、著名历史学家吴于廑先生的指导与鼓励,才得以一鼓作气于 20 世纪 80 年代后期完成。从书名上不难看到,我梳理的是中国的文化史观的演进史。文化史观,其实亦为历史哲学。而当代批判历史哲学的开创者 W. 狄尔泰则视其是"对历史理性的批判"——这与我在导言中把历史哲学划出"理性历程"当是不谋而合。不过这并不是我的见解,A. 斯特恩早在他的《历史哲学价值问题》中就这么做了。不过,.狄尔泰最后把他的《历史理性批判》一书又更名为《思维科学导论》。一如我在《断裂与重构——中西思维方式演进比较》中说的:

> 历史哲学或历史观研究自身,便是一门思维科学,或换句话来说,思维科学本身是历史哲学的引导或基础,对历史哲学的阐释是无法离开人的思维模式的。[①]

这似乎是不经意写下的一段话,在 10 多年后重读,竟又似这一部书的思路,仿佛早就被确定下来了。的确,文化史观研究是一种宏观的把握,也是思想史的再现。这种再现,也就必然重构了历史演进的另一条轨迹。这一条轨迹也就在吴老给《中国文化史观》中的序中说出来了:

> 世界由古至今,其历史演变过程,正是由原始的、闭塞的、各个分散的人群集体的历史,发展为彼此密切联系形成的全局的世界史。中国史作为世界史的一部分也是如此。我很欣赏作者提出的文化相互"激活"等一系列新的观点。春秋战国,中原各国文化相互交融、激活,才有思想史上的伟大一章。魏晋南北朝,则已超出中原文化,而形成南北文化的大交汇。正如作者指出的,盛唐文化实质上是整个亚洲文化的大交融,是对中国文化一次强有力的激活。那么,到了近代,自然是整个世界文化的大交融及新的激活了。这一来,中国史就更不是独立于世界之外的国别史。[②]

[①] 谭元亨:《断裂与重构——中西思维方式演进比较》,广东高等教育出版社 2007 年版,第 21 页。
[②] 谭元亨:《中国文化史观》,广东高等教育出版社 1994 年版,第 5 页。

这当是中国文化地图的一种绘法。而中华文化的"多元一体",也正是这么构筑起来的。也正是基于这一认识,或沿着这一历史轨迹,我走进了客家文化、广府文化。这其间,同地域文化不一样,客家文化当是汉文化中不以地域命名,甚至不为地域所限的一种文化形态,有着其独特、不同寻常的研究意义。当然,它也卷入了历次的"激活"之中。自然,这也许比任何客家文化的解读更逼近历史的真实,不是大而化之,而是更凸显其之个性和特异性。

一、两次统一战争带来的中原文化南下

秦扫六合,统一中国,五十万大军南下,当是中原移民成规模地进入了五岭之南地区。虽然《史记》上不乏记载,但仍留下不少历史之谜。不过有一点是确凿无疑的,那便是南越王赵佗最早经略的地方——龙川,如今是客家居住的地方,有"客家古邑"之誉。而其他线路,如打通湘桂两地的灵渠或潇贺古道,则不曾成为别的族群的通衢或祖地。

直到汉武帝平定东南,再度统一中国,这才有了桂江、贺江入西江的两江之间古城广信的出现。"广信"源自汉武帝的"广布恩信"。而"广"字一直发展到了广州,再分为广东、广西,并成为一个族群的命名——广府人。所以,广府人源自广信建立之际的大规模的中原移民,这是为历史学家、文化学者的共识。因为广信周遭当日设立县治的密度堪比今日,可见那时来到的中原移民不知有多少。

两大族群无疑都是由中原移民构成。只是,一个自山而下,进入岭南;另一个顺水而来,到了珠江三角洲。一个操的"山话",一个说的"海语"……几千年的沧海桑田,很难评说当今地面上的族群已更换了多少批,如同埃及人、犹太人、阿拉伯人,各有不同的兴盛时期。"先民"一说,似乎太泛,也太含混,无法界定。因此,对岭南而言,统一谓"中原移民"似要合适一些。所以,把这次中原移民的南下,称之为"前客家史",这也许只有客家族群才独有。只是,"中原"这么一个概念,是如何与客家人血肉相连、生死与共,并不是那么简单可以解读出来的。

"尊祖炎黄,中土发祥",永远是客家人割舍不了的情结。

古越人:族群底色

华南文化的负载者,当是从远古走向今天的土著以及入粤的一波又一波的移民。据历史学家研究,早在西周前后,华南各个部族便已基本形成。在先秦的历史文献中,他们已各具不同的名称。当今桂、琼及越南北部为骆越,部分叫西瓯;而在粤北江、西江、东江一带,便是南越——由此有了"百越"的泛称,大抵族名与地名相混。

"越"字的含义,则为水或海。按《越绝书》的解释,越人称海为夷,夷即指海,越与夷同义。"越人",也就是水上人家。可见,越人与海是密不可分的,珠江与南海之水,共同哺育了越文化。

因此,整个珠江流域上文明最早的创造者,便是越人,无论滇越、骆越还是南越——而越文化,便是水文化、海的文化,这当是毋庸置疑的。文明之源便是珠江,是南海,故这里很早便有原始的水神崇拜。但一种文化并不是孤立存在的,不可能与周边隔绝,尤其是一旦有强势文化影响之际,其演变便更为剧烈。越人与今天的广府民系究竟有怎样的因缘,这正是我们文化研究中最为突出的一个问题——它远远不同于客家民系的源流乃至潮汕或福佬民系的产生,有必要多下一点功夫深入探讨。

在交通不发达的古代,由于山的阻隔、海的阻挡,形成了相对封闭的地理环境,各自的族群以及相应文化的发展倒是比较有利于特色的形成以及日后的"认祖归宗"。大的如古希腊罗马文明相对于中国春秋战国诸子百家蜂起的时代;小的如中原文化相对于早年的百越文化。由于广府(这是后来所得的区域名)最先是百越人生息的地区,与中原基本隔绝——当中横亘着南岭山脉,中原人对这里基本上是一无所知,抑或知之不多。中原人南来的概率也几乎等于零。反之,百越人也罕有机会越过五岭而进入中原。这一来,在相当长的一段时间内,百越与中原的沟通近于无。于是,各自经济、政治、文化的发展,哪怕是同步的,也还是相对独立的。所以,广府民系与广府文化直至今天,仍相对中原保持着极其鲜明的个性与特色,迥异于诸如江南文化、巴蜀文化。它与中原文化的距离远远大于与这些文化的距离,正是因为这种独立性——当然,这里尤其不要忽略海洋文明的基因,才与中原文化有着根本区别。

所以,由于相对的来自中原的影响少一些,本根文化的形成及承继便容易自成系统,并颇具地方特色一些。而海洋文明的影响又比中原大得多,这也使其与中原文化的距离拉得更远,更有异样的色彩。总而言之,广府民系的形成、广府文化的特征及其旺盛的生命力,都不能不说与这里的地理环境与历史传统有很大关系。

当然,我们尚不可以简单地把考古发现的古人类化石作为证据,说十余万年前的马坝人、柳江人乃是百越人的祖根。它只是证明在这个地区很早便有人类活动及其进化状况,除非做DNA测定,对此我们只能存而不论。

较早的文献,则有《史记·五帝本纪》,称颛顼"南至于交趾",继而又称"(尧)申命羲叔,居南交"。《索隐》中解释"南交"亦为"交趾",并称"放驩兜于崇山,以变南蛮"。兜何许人也?据汉孔安国注"臣名";当代著名民间文学学者袁珂则在其《山海经校注》中经研究得出结论,认为这是尧子丹朱一名的异称。这就是说,颛顼之际,已远涉交趾;到了尧,其子丹朱也流落到了南方。这应是最早记录中原人与"南蛮"相融合的证据了。既然要"以变南蛮",肯定不是一支规模很小的人马。《史记》还记载舜"南抚交趾,北发"。"北发"据考证为"北户"之误,即后来的"日南",这已是今天越南中部了。典籍中,更有尧巡狩至"含县",即今英德境内。颛顼、尧、舜,均为古代传说中的人物。可这也说明,岭南一带早已是中原人类关注的地方,且民族的融合,或大或小,或广或狭,已经在进行。而这里的原住民或土著,在先秦时代或之前则是"百越"人。据《汉书·地理志》注引臣瓒的话:"自交趾至会稽七八千里,百越杂处,各有种姓。"这个范围很大,东至浙闽,西至越南中部,其间便是今日广府的广大地区。至于百越族人,则主要有南越、西瓯与骆越。

"南越"人,应是广府民系先民的一个源头,南越一族本也是当地土著汇聚而成的。总的来说,其所居住的地区,基本上是岭南,尤其是当今广东境内。其进化的程度、文化的滋生,均可以算得上是岭南土著中的主干。南越人是原住地的原始先民发展形成的,是岭南土著当无疑义。至于有人称其为"夏后裔""越国南迁"等,却是与后来的中原正统思潮相关,不足为据。据考古发掘出土的文物考证,珠江三角洲、北江地区、西江地区、东江地区与韩江地区五个地区,则为"五个发达的新石器时代晚期的经济文化区域,是南越人最先结合成部落联盟的地区,时间相当于我国夏商时期,继新石器时代晚期发达的几何印纹陶文化之后,岭南地区进入了青铜器时代,青铜器时代上限达商末西周,下限到战国,战国晚期已经使用铁器"。① 请留意,前边我们已经提到,尚在周初越人已向周王室"献舟"了。可见,其经济仍与中原一同在发展,在舟楫交通上还有超出。而且,在这五个区域内,彼此的经济文化交流已经达到相当程度。可见,南越人在"百越"人中,其文明程度是处于领先地位的。把他们作为广府民系源头之一的当地土著人,是一种客观的肯定。

至于"西瓯",是岭南西部的一支部族,范围大致在今广西境内。南越称其"西有西瓯""东有闽粤",也就是"西瓯"与他们为邻。这应是"柳江人"所在之处。秦征伐岭南,是从湖南西部沿湘江上游推进的,首战则在西瓯。但西瓯与广府民系似无直接关系,这里就不细说了。同样,从考古发掘的文物来看,骆越地区,主要分布在左江流域到越南的红河三角洲,也就是今天的广西南部与越南北部。"骆"与"雒"通,《水经注》有:"交趾昔未有郡县之时,土地有雒田,其田从潮水上下,民垦食其田,因名为雒民。"② 由此得"骆越"之名。

在确定了"南越人"作为广府先民之一的土著后,我们再来看其文化特征。先秦时期,这里的文化是以青铜器与几何印纹陶为特征,与磨光石器和杆栏式建筑共存。从西周至春秋晚期,为夔纹陶类型文化期;战国时期,则为米字纹陶类

---

① 徐恒彬:《南越族先秦史初探》,转引自《百越民族史论集》,中国社会科学出版社1982年版。
② 《水经注·叶榆水》,引《交州外域记》。

型文化期。其青铜器的器形和纹饰颇有自身特色，又有与周边各越族交流的印记及受楚文化、中原文化影响的痕迹——这已有不少专家撰文论证了。其纹饰中的"王"字形纹，则为岭南仅有，铜鼓更是百越族同时创造的，可见百越文化这一时期的文化精神。

稻作农业已有了相当发展，但渔猎经济更加突出，故有"陆事寡而水事众"的记载。南越人在河网纵横的三角洲及河流上谋生，进而走向大海，熟习水性，善于用舟，并且很早就掌握了造船技术，远远走在中原之前。为此，他们的道德风尚、民性与楚人、中原人大相径庭，"越人之俗，好相攻击"[①]。江河大海，滋养了他们崇尚生猛、敢于冒险、勇于开拓的精神，并且很早便着眼于开拓海外市场。在春秋之际，沿海便已有了相当规模的徐闻港、合浦港。

在语言上，《国语》《说苑》《越绝书》均保留了古代南越人的语言记录，南越语以其轻利急切的发音，形容词或副词置于名词、动词之后的倒置语序，以胶着语为特点的语词结构，与中原语言及楚语有显著的不同。迄今的粤语，仍保留有以上的特点——换句话说，古南越语正是粤语或广州话最初的形态。尤其是今日口语之所以不少用词无法用文字符号标出，正说明古越语源流之远。

语言上的差异，却还赶不上这里原始商品观念形成与中原的差异。有一俗谚："以水为财。"自古以来，广府先民便把大海视为无限的商机，通过前文所述的徐闻港、合浦港，早早把岭南的物产如陶器、葛布等输出海外，而来自异域的文物银盒、金花泡饰、香料、非洲象牙、串珠、犀角等亦传到了岭南。当时的海上航线，不仅到过马来半岛、缅甸，而且已远至印度半岛的南部，直至锡兰岛（斯里兰卡），这已是海上丝绸之路的初始阶段了。正是这一原始商品意识加上海洋文明的熏风，使南越人走上与中原文化不同的历史道路，由此与中原文化产生反复的、多次的碰撞……可以说，这才是广府的"底色"，后来的一切，都是在这上面累积的。

"汉越杂处"中的"和辑百越"

岭南土著，主要是南越人，是广府民系形成的基础或源头。那么，尔后的"汉越杂处"则是广府民系最终形成与定型的主要方式。由于没有汉民族或中原文化所具备的强大内聚力，这么一支民系恐怕还需要漫长的历史演进才可能定型，或者消解掉。因此，追溯广府民系形成与发展，不能不注意发掘最早记录下的与中原的各种关系。前所提及的尧之子丹朱被"放"逐此地，"以变南蛮"，无论它是传说还是事实，至少证明记载者本身也在强调中原对"南蛮"很早的关注。

下面，我们继续往下寻索。

---

① 《汉书》卷1，高帝纪。

《史记·楚世家》中，有这么一段文字：在西周夷王之时（约在公元前880年稍后——而夷王则在周成王之后七世，前文已述番禺人向成王"献舟"一事），楚王熊渠"甚得江汉间民和，乃兴兵伐庸、杨粤"。这里的"杨粤"也就是后来的广东。这说明，楚人已经开始入粤了，至于规模怎样，恐怕不会太大。不然，会有较多的详尽记载。到了公元前339年稍后，即东周显王时期，楚威王熊商入粤。这又过去了500年，这与一个历史人物有关，即高固。他是南海人，时以才学知名，晋裴渊《广州记》称他曾为楚威王（前339—前329年）相五年①。《百越先贤志》中有："高固，越人也，世在越，称齐高奚之族，楚熊灭越而臣服之，是为楚威王。固归楚，为威王相。"其时左丘明的《左氏春秋传》，楚威王不能尽读，铎椒作《铎氏微》四十章，由高固进献威王，于是楚国文教日兴。或以南越有文事，自高固始。这是秦发五十万大军下岭南之前，越为楚所灭的一次记载。这应是"汉越共处"的又一次一定规模的交融。

同在《百越先贤志》中还有一位公师隅，说他是周赧王（公元前314—前256年）时之人。即在高固之后不久，南越又有"自立为王者"，因"无疆初避楚"，正是他出主意筑南武城，"而越王不果迁"。越与魏交好，隅"往南海，求犀角象齿以修献"②。南武城一说有学者质疑，但贡奉 事不会假，可见南北交往已经不再是偶然事件了。

不管怎样，上边的数次记载，对南越的冲击，都不算很大。民族的融合、文化的冲突，有时是需要经历巨大的痛苦的，乃至于流血。那么，在秦灭六国，底定南方之际，这一次的冲击才算是空前的，也是具有相当规模的。《史记·秦始皇本纪》中有记载：

> 三十三年（前214年），发诸尝逋亡人、赘婿、贾人略取陆梁地，为桂林、象郡、南海，以适遣戍。西北斥逐匈奴。③

《资治通鉴》中则是：

> "发诸尝逋亡人、赘婿、贾人为兵，略取南越陆梁地，置桂林、南海、象郡；以谪徙民五十万戍五岭，与越杂处。"④

五十万，这在当年是一个很大的数字，尤其是南越地尚地广人稀。在大军南下之际，"越人逃入深山林丛"，不少转移到了东南亚一带。如今越南、泰国、缅甸等国人，大都为越族后裔。因此，这五十万人对越地而言是一个相当不堪的重负。当然，有人考证，并不是都抵达了粤地，不少还戍守在湘桂赣的战略要地。

---

① 《太平御览》卷185"厅事"，第897页。
② 《百越先贤志》"公师隅传"。
③ 《史记·秦始皇本纪》卷6，第253页。
④ 《资治通鉴》卷7始皇帝三十三年，第242页，中华书局校点本。

读《淮南子》，便可见这次民族融合的惨烈过程：

> （秦皇）利越之犀角、象齿、翡翠、珠玑，乃使尉屠睢发卒五十万，为五军，一军塞镡城（今湖南靖州西南）之领（岭），一军守九疑（今湖南宁远南）之塞，一军处番禺之都，一军守南野（今江西南康南）之界，一军结余干（今江西境内）之水，三年不解甲弛弩。使监禄（无以）转饷，又以卒凿渠（灵渠，沟通湘、漓二水）而通粮道，以与越人战，杀西呕君译吁宋，而越人皆入丛薄中，与禽兽处，莫肯为秦虏。相置桀骏以为将，而夜攻秦人，大破之。杀尉屠睢，伏尸流血数十万，乃发谪戍以备之。①

也许这并不是古粤地第一次遭军事征服，但无疑是最大规模也是最血腥的一次征服。通过内中的"三年不解甲弛弩""伏尸流血数十万"，可见战争的激烈、残酷。而"一军处番禺之都"则表明其大军在番禺的占领。历三年血战，终收复岭南，且在番禺设下了南海郡——这无疑为三郡中最重要的一郡。烽烟甫定，秦始皇更下令已入岭南的兵卒，"行者不还，往者莫返"，全部留守在原处。在屠睢阵亡后，"使尉佗将率以戍越"。由于士卒皆为男性，而当地越人恐怕一时也难以与士卒融洽相处。赵佗亦不得不让秦王遣送一批妇女过来。这样，大规模的移民戍边便得以实现，南下的中原士卒也同样得以逐步地方化了。

而这时，发生了一件对日后与中原沟通产生重大影响的事件，这便是灵渠的开凿，当时目的是解决后勤粮草的供应问题，但对后世却功德无量。《太平寰宇记》中记载有：

> 秦凿渠在（兴安）县南二十里，本漓水，自柘山之阴，西北流至县，西南合灵渠，五里始分为二水。昔秦命御史监禄，自零陵凿渠至桂林，故汉归义侯赵严为戈船将军，出零陵，下漓水，即此郡。《郡志》："后汉伏波将军马援开湘水为渠六十里，穿度南城。"今城南流者，是因秦旧渎耳。至唐宝历，渠道崩坏，舟楫不通，观察使李渤遂垒石造堤，如铧嘴劈水分二，水置石斗门，因便制之，在人开闭。开漓水则全入于桂江。拥桂江则尽归于湘水。又于湘水凿分水渠三十五步，以便行舟。②

这一来，由湘水至漓水，又经桂江、西江，水运便可以直达珠江三角洲了。这对岭南无疑是具有重大的经济、文化、军事诸方面意义的。因此，第一次大规模的"汉越杂处"，当从此时算起。

纵然赵佗是中原人，但由于长期生活在以越人为主的地域，再加上南海尉任嚣临终时，得悉秦王朝已朝不保夕，"恐盗兵侵此"，授意赵佗立国，独立于中央

---

① 《淮南子·人间训》卷18，第203页。
② 《太平寰宇记》卷162"兴安县"，旧学山房藏版。

朝廷。赵佗则把握机会，立即封闭通道，聚兵自守。同时，将秦所置的官吏一一抓了起来，亲自派党羽取代。而后，赵佗出兵桂林、象郡，把整个岭南归于他的统治之下，即宣布建立"南越国"，并且自立为"南越武王"——这是约公元前205年的事，终于实现了任嚣的临终嘱托。从国名便可得知，赵佗并不认为自己是中原人，就要实行汉化的政策；相反，包括他自己，也"越化"得相当可以了。

三年后，刘邦战败项羽，登基称帝，但内乱未平，无暇顾及南越国的事。过了十年，即高祖十一年（前196年），中原平定，百废待举，为了避免再动干戈，让百姓休养生息，汉高祖采取了封立的政策，以朝廷的名义封赵佗为"南越王"，承认既成事实，又确立其为朝廷属国。可当他派陆贾出使抵达番禺时，陆贾竟见到一个完全不同于中原人的赵佗了。《史记》《汉书》中称，"尉佗结箕倨见贾"。原来，南越人"椎结箕踞，乃其旧风"，即把头发结成椎状，为"椎结"；而伸两脚而坐，则为"箕踞"，不似中原人，不结椎发，坐态为跪坐——史书有载，由于古人跪坐一久，"未尝箕股榻上，当膝处皆穿"，①可见越人的坐法与汉人坐法不一样。《论衡》更称："南越王赵他（佗），本汉贤人也，化南夷之俗，背畔帝制，椎髻箕坐，好之若性。"

这一事实说明，即使是秦发五十万士卒入粤，对于南越文化而言，中原文化当时仍很难在此称得上为强势文化，而南越本根文化更不一定就是弱势文化。正因为这样，南越人才令中原来的赵佗及其部属迅速地同化——即"越化"了。有人认为赵佗这样做是出于"笼络南方越人的需要"，"有利于他的统治"。这固然有一定道理，但从根本上还是由于当时的汉文化内聚力，远远还抵御不了越文化的离心力。本来，海洋文明就不同于中原文明，不承认定于一尊的，而始终为一开放的态势。所以，越化是一种必然，而不仅仅是需要。

这一"越化"的过程，也为后来广府民系最终形成、广州几度漂移于中央集权之外提供了最早的依据。这也是海洋文明对塑造广府民系及其民性、文化埋下的伏笔——"山海经"的对外一面。

"汉越杂处"中的"汉化定型"

平心而论，也只有在秦始皇统一中国，统一全国的文字、法律、货币、度量衡之际，中原文化才逐渐形成强势文化。由于秦王朝的短命，汉初实施黄老之学，直到汉武帝接受董仲舒的"天人三策"，"罢黜百家，独尊儒术"，中原文化才最终作为强势文化，在岭南产生重大影响。也只有这个时候，"越化"才被削弱，汉化方可加强。

其时，广府民系也才由于汉文化的强大凝聚力，最终"汉化定型"。事实上，

---

① 《太平寰宇记》卷706"床"，引《唐高士传》，第3147页。

广府的"广"字，也只是在这个时候才用在岭南这片疆域上。这固然是"得名"，却可"循名责实"，最终完成了广府民系的内塑。在赵佗的"南越国"，显然不以中原为尊。在汉初之际，赵佗一度称臣，又一度反叛，汉王朝也始终采取一种又拉又打的姿态，直到汉武帝时才灭了南越国，将岭南府治北移至广信——广信则因汉武帝一语"初开粤地宜广布恩信"而得名，取"广布恩信"之义。

应当说，南越国之际，"汉越杂处"，越是处于高势能的位置上，所以连赵佗都越化得相当可以，更不用说一般的中原人了。换过来，到了以广信作府治之际，"汉越杂处"中汉则换到了高势能的位置上，对越实施了汉化。"越化"可以说是入乡随俗，百越文化本身又是多元、松散的，因此这时说民系形成则依据不足。只有到了广信府治时期，广府民系才有了内聚力，从而得到定型。

当年陆贾见赵佗时，南越国正呈示出对中央王朝无可否认的离心力。这对于汉王朝当时也是无可奈何的，由于连年征战，只能是虚张声势。赵佗也不买账，陆贾怎么说刘邦了不得，赵佗也只是大笑曰："吾不起中国，故王此。使我居中国，何渠不若汉？"也就是说，如他参与中原战事，不见得就输给刘邦。陆贾唯有劝赵佗毋忘自己是中原人的根本，且认为这足以说动赵佗：

> 足下中国人，亲戚昆弟坟墓在真定。今足下反天性，弃冠带，俗以区区之越与天子抗衡为敌国，祸且及身矣。……天子闻君王王南越，不助天下诛暴逆，将相欲移兵而诛王，天子怜百姓新劳苦，故且休之，遣臣授君王印，剖符通使。君王宜郊迎，北面称臣，乃欲以新造未集之越，屈强于此。汉诚闻之，掘烧王冢先人，夷灭宗族，使一偏将十万众临越，则越杀王降汉，如反覆手耳。①

《史记》中称：

> 于是尉他（佗）乃蹶然起坐，谢陆生曰："居蛮夷中久，殊失礼义。"②

话是这么说，陆贾表面游说成功，并且升了官，可南越国对汉王朝的臣属关系却不是那么牢固的。到了高后四年，便因中原断绝铁器供给，这一君臣关系即告破裂。赵佗发动"叛乱"，自称为"南越武帝"，拓展疆域，东至闽越，西抵夜郎，俨然一大国矣。直到高后死，陆贾奉文帝之命再度来说服，才偃旗息鼓。赵佗主政南越70年，岭南基本上是安定的，中央王朝几乎没有多少干预——仅高后禁运铁器一事为插曲。所以，南越国一直是自行其是，没有多少"汉化"的有力措施，尽管赵佗被一再提醒为"中国人"——当时称中原人即为中国人。

赵佗死，凡传五世，经93年。及至汉武帝，国力增强，边患不再，这便着手

---

① 《史记·陆贾传》卷97，第2697 – 2698页。
② 《史记·陆贾传》卷97，第2697 – 2698页。

解决南越国的问题。汉武帝终于找到借口，发兵南下，剿灭颇得越人信赖的两朝元老吕嘉，这才真正一统中国。当时汉武帝正东巡至左邑桐乡，听说南越已灭，喜形于色，便把所在地名改为"闻喜"。汉军破南越大军后，乘势攻入夜郎，扫荡东越，从此东南沿海至西南均在中央王朝的统治之下了。

汉武帝着意经营岭南，将交趾府治北移到了广信——广信正处于漓江下游桂江与西江交汇处，而秦时凿通了灵渠，沟通湘水，使来自中原的水路得以贯穿。无疑，从这里去施加中原的影响，实施中央政权对岭南的统治与改造，都比原南越国的番禺要有利得多。毕竟，刚刚灭掉的南越国仍有不少遗患，番禺可谓危机四伏。就这样，从西汉至东汉，直至三国之际，广信作为岭南的府治所在地持续375年，将近四个世纪。而这近四个世纪，对广府民系的"汉化定型"无疑起到了重大的，甚至可以说是决定性的作用。汉文化当时已成为强势文化，加上得广信之地利，更具有高势能。而湘漓水路，又进一步在这近400年间里，大批引入了中原人即汉人，在这里实施统治。开岭南经学之先的"三陈"，打的正是汉文化印记。后来，南海、苍梧诸郡，更是"风序泱泱，衣簪斯盛"，以汉文化为尊，蔚然成风了。来自中原的学术文化如此，其制度文化、伦理观、城市格局等也同样对岭南产生了重大影响。

当然，这是借助强大的中央政权才产生的。一旦中央政权被削弱，这种"汉化"色彩又会相对让位于"越化"之后的海洋化了。所以，南北分裂之际，府治便又从广信拉回到了番禺，番禺后来成为广州，雄踞于全国对外交往的港口之首。这在后文将另有述及。

还是回到"汉越杂处"上。广信时期，应是由南越国的"杂处"走向了交融。这才形成一个民系，不再分彼此，广府文化也成了官方文化和强势文化。近四个世纪的和平环境——不排除局部的叛乱，但每每能慰诱招降，化干戈为玉帛，更加快了这一融合过程。尤其是东汉初年，五岭中，"凿山通道五百余里，列亭传，置邮驿，于是役省劳息，奸吏杜绝，流民稍还，渐成聚邑"，① 更促进了汉越的交融。

其间，有任延与锡光二太守，致力于传播中原礼仪，被称赞为"领（岭）南华风，始于二守焉"②。任延与后来另一太守陶基，还全力设立学校，传播中原文明。

在隋唐文明前夕，岭南冼夫人的事迹从另一个侧面说明当地越人是如何积极参与这一"汉越交融"之中的。冼夫人为高凉郡越族一支俚人女渠帅。她与汉人交往，"诫约本宗，使从百姓礼"，让俚人上层社会较快地与汉人礼仪合拍，促进了俚人社会的进步。她又亲自与汉联姻，与高凉郡太守冯宝结为夫妻，积极推行

---

① 《后汉书·卫飒卷》卷76，注引《东观记》第2460页。
② 《后汉书·任延传》卷76，第2462页。

先进的制度、礼仪，从而使岭南"渐袭华风，休明之化，沦洽于兹，椎跣变为冠裳，侏化为弦诵，才贤辈出，科甲蝉联，彬彬然埒与中土"。①

显然，汉越由此走向更深的、更大规模的融合，在上千年间不曾停歇过。因此，广府民系在广信时期"汉化定型"后，也绝非一成不变，仍在持续发展之中。所谓"汉化定型"是指其凝聚的最初结果，而非固化，否则，纯然的汉化也就不会保留这么一个颇具个性与特色的民系了。事实上，广府民系形成后，在后来的漫长历史中，仍有地域的变化乃至于族群的变异，但其根性或本质可以说是相对稳定的。

为此，在这一节中，我们大可以作出这么一个并非武断的结论。这就是说，古百越中，南越人是广府民系的主要源头，而广府民系则是在"越汉杂处"走向"越汉融合"中得以形成，广信时期正是广府民系"汉化定型"而凝聚产生的重要历史阶段。

写到这，很多人会问，如今一般人都认为，广府民系是形成于宋明年间的珠玑巷阶段，广府人视珠玑巷为祖上开基的圣地，这又怎么解释呢？

广府：汉民族色彩的强化

要了解广府民系的形成，不研究其"开基"地珠玑巷，显然是说不过去的。尤其是珠江三角洲上的广府居民，其族谱、家谱，大都声称自己的远祖来自珠玑巷。有人甚至认为，珠玑巷移民后裔"约占今日整个广府民系人数的60%"。② 这个比例无疑是惊人的。然而，人们不禁又会反问，在宋末元初珠玑巷人迁徙至广州周遭之前，广州已有的原住民究竟还存不存在呢？这个答案是肯定的。在这之前，广州已经在南北朝至唐宋间非常兴盛，人口众多。而且，广州说的也是广府方言了，也就是说，广府民系早已生息休养于广州周遭了。珠玑巷人南下，无非是又一次整合的过程。不能说有了珠玑巷人，才形成广府民系。所谓60%的结论，显然有点言过其实了。

那么，为什么又有相当一部分广府人，仍认为珠玑巷是他们的"开基"之地呢？首先，无可否认，宋末元初，是有不少居住在珠玑巷的中原人，被迫再度南迁，抵达珠江三角洲。其实，这样的南迁在这之前或之后都或多或少发生着，只是这一次是规模最大的。较著名的便是日后学者反复考证的罗贵率33姓97户人家离开南雄珠玑巷南下的历史记载。因此这一说法颇具代表性。其次，我们也要看到，早在南北朝之际，南雄、始兴、曲江一带，便已是中原人南下的一个重要的落脚点，根据当年户籍记载，这里人口已经相当兴旺了。吴就曾置始兴郡，府治在曲江。阴铿所存不多的诗中就有几首写到始兴。到唐张九龄，史志上均有一

---

① 《高州府志》"风俗"。
② 曾祥委、曾汉祥：《南雄珠玑移民的历史与文化》，暨南大学出版社1995年版。

笔，为"唐开元四年，张九龄开凿大庾新路"。在大庾新路未开通前，岭南与中原的联系，一是水路，靠灵渠沟通湘、漓二江。它绕道至南岭的西部，迂回曲折，极为不便，而且常因年久失修而中断。二是陆路，由连州而桂阳，或经武水上泷口，一有战乱便封闭、断绝了。这都大大地限制了南北往来。大唐亦有故道，但如史载："初岭东废路，人苦峻极，行径夤缘，数里重林之表；飞梁嶪嶪，千丈层崖之半。颠跻用惕，渐绝其衷。故以载则曾不容轨，以运则负之以背。"① 只是因张九龄"缘磴道，披灌丛，相其山谷之宜，革其坂险之故"，② 利用农闲，终凿成全长15公里"坦坦而方五轨""有宿有息，如京如坻"③ 的新路。从此，最艰难的险径一下子变成了南北沟通的最便利、最重要、最快捷的大道。后宋人余靖《武溪集》笔下如行云流水："……溯大江，渡梅岭，下浈水，至南海之东西江者，唯九十里马上之役，余皆篙工楫工之劳，全家坐而至万里。故之峤南虽三道，下浈水者十七八焉。"④ 可见，大庾新路一下子涌入了入岭南的"十之七八"的旅客。

这一来，在大庾新路南，即南雄一带滞留的中原人也就更多了，张九龄后裔也住在这里相当长时间。如今珠玑巷出名的张昌故居，便是他后人所筑，甚至珠玑巷得名也缘于此。据清初屈大均著《广东新语》："珠玑巷得名，始于唐张昌，昌之先，为南雄敬宗巷孝义门人。其始祖辙，生子兴，七世同居。敬宗宝历元年，朝闻其孝义。赐兴珠玑绦环以旌之。避敬宗庙谥，因改所居为珠玑巷。"从这一段文字中可以看出，其旌表的，正是人口繁衍、家族和睦这样一种中国式的伦理观。张昌是张九龄第十四世孙，后张家也于宋末元初南迁至新会、开平等地，据称此间张姓已有20余万人了。

由此可以断定，唐宋年间珠玑巷周遭已聚居了更多的来自中原的汉人。至于珠玑巷南迁中一则关于胡妃的传说，因史实关系留待后边关于文化发展一节再谈。屈大均在《广东新语》中也仅录张昌一史实而未收胡妃传说，自有道理。

但话又说回来，无论南岭广东一侧在这些年间聚居或作短暂停留、休整（其实应是有来有去）的中原人乃至士族再多，从当地发展的程度看，还是不可以与当时的广州相比，人口基数也不可能很大。南雄一带作板块位移，也不可能把珠三角原住民大部分都挤走。因此，把珠玑巷移民定位为南北交融当中的一次整合而非广府民系的最后形成，则是更加合乎历史事实的。

珠玑巷人南迁后的主要居住地是珠江三角洲。由于他们南下时正是中国积弱、外族入主中原的历史转折点，因此，也就激起了他们更强烈的汉民族的自尊。于

---

① 见《曲江集·开凿大庾岭路序》。
② 见《曲江集·开凿大庾岭路序》。
③ 见《曲江集·开凿大庾岭路序》。
④ 见余靖：《武溪集·韶州真水馆记》。

是，珠玑巷这一祖居地，更被视为一个历史圣地，甚至带上了准宗教色彩。这无疑影响了周遭的广府人，尤其是先后来到广东融入广府民系的中原人，彼此都有了认同感，以至并非经珠玑巷而来的人也自觉不自觉地认下了这个"开基"地，以证明自己汉民族的血统。其实，在这之前，"粤人"每每与"汉人"有所区别，并不以汉人为尊。这也说明了一个融合过程。此外，有人认为，珠玑巷是"广州士族俱发源于此"的地方，这里的人有较高的文化素质修养，尤其是宋代其后儒对社会有着很深影响。他们对程朱理学、陆王心学，都有相当造诣，来到珠三角后，也就对当地产生辐射，如南宋以后，广州周遭的九所书院，均为珠玑巷人所兴。

如果说，广信时期，广府民系属于"汉化定型"内聚而成的话，那么，珠玑巷则是从思想上进一步强化了"汉化"的进程，成为他们的一个精神故乡。因此，关于珠玑巷传说还是放在广府文化形成与发展中，作为一个思想与情感的轨迹去认定与理解更合适一些。

关于民系的形成，我们就说到这里了。似乎更多讲了来自中原文化产生的内聚作用，不错，这的确是广府民系的黏合剂，没有这一条不足以凝聚为一个民系。不过，作为海洋文化的特性，始终又显示出这个民系的开放姿态，没有这一条，也不足以使广府民系与其他民系区别开来，使其有着自身五彩斑斓的特色，并充满勃勃生机，在近代对中国主流或整体文化产生重大的影响。因此，在此特地重复或强调广府民系形成过程中海洋文化的作用，更是非常必要的。毕竟，这才是这样一个民系的底色或本色。

客家古邑：龙川史地

两千多年前，秦始皇派遣大军挥师南下，越过南岭山脉，一路设置城池、关隘，平定南越，任命年仅23岁的赵佗为首任龙川县令。打开谭其骧主编的《中国历史地图集》，在当时所设的南海郡中，只见龙川、博罗、番禺三个县名，郡治在番禺，而龙川是最北面的县。毫无疑义，它承担了南北交通的枢纽的作用。[①]

两千两百多年后，中国贯穿南北的大动脉——京九铁路建成通车。龙川，则是这一大动脉中广东最北端的一个枢纽大站。虽然在这之前，龙川在现代交通上一度相当落后，失去了古代曾有的优势，但是现在，除京九铁路外，梅河高速、205国道也都自龙川经过，还有早已建成通车的广梅汕铁路——粤东通往各地的交通线，都不曾绕过龙川。

不少古城，因古代与现代交通方式的变换，失去了历史上作为交通枢纽的作用，并随即丧失了作为文化节点的意义。这可以找出很多的范例，如商朝的故都

---

① 谭其骧：《中国历史地图集》（第二册），中国地图出版社1982年版，第11–12页。

朝歌，又如作为客家首府的汀州……然而，任凭历史风雨的剥蚀，任凭古今交通方式的更迭，古邑龙川直到今日仍以其深厚的历史文化底蕴，更以今日发达的现代方式历两千年不衰，傲然地屹立在新世纪的阳光下！

我出生在可以说是与龙川同时诞生的岭南古邑四会（秦属桂林郡），自小对龙川便有一种神秘的向往。龙川是客家人属地，我母亲的祖籍兴宁当年就是从龙川分出去的，而四会则是广府人、客家人居住的地方，各自有一半左右。

老人常说，不知道龙川，就不知道广东的过去。那么，我们也一样可以说，不了解龙川，就不知道广东的今天与未来。这是怎样的一部历史，是怎样的一种机遇，使龙川始终凸显在南方的辉煌之中？

下文试图从自然地理与人文地理角度，去破解龙川这么一个古老而又年轻的文化之谜。

提起秦王朝统一岭南，人们马上就会联想到灵渠的开凿。秦始皇下令开凿这条沟通长江水系与珠江水系的运河，其历史意义非同小可。它大大加强了中原与岭南的政治经济、文化学术的往来，尤其是促成了岭南从渔猎文明向农耕文明的进步。灵渠一头是湘江的支流潇水，另一头是珠江的支流漓江，而湘江则为长江的重要支流。因此，两大水系在粤西桂北从此得以贯通。

然而，始终有一个不解之谜。标志粤西文化兴盛的古广信（两广正是因它而得名），是在西汉元鼎六年（前111年）之后才设立的，也就是秦统一岭南后一百多年。按理，灵渠凿通后，粤西、桂北当率先成为沟通中原的通衢，应当设立相应的行政建制。然而事实上没有，反而在粤东这边，设立了龙川、博罗两个县，而四会则挨近粤中。所以，秦代的行政设置，侧重在粤东，而在粤东治理龙川的赵佗，后来更到南海郡治所番禺，并受到任嚣的器重。后来，秦汉改朝换代，他便自立为王，建立南越国了。

还可进一步追问，当年秦王五十万大军，兵分五路，到底是哪一路进入了岭南？进入岭南的又是经怎样路径大规模进入岭南的西线？《淮南子·人间训》中载："三年不解甲弛弩，使监禄无以转饷，又以卒凿渠而通粮道，以与越人战，杀西呕（瓯）君译吁宋，而越人皆入丛薄中，与禽兽处，莫肯为秦虏，相置桀骏以为将，而夜攻秦人，大破之，杀尉屠睢，伏尸流血几十万，乃发適戍以备之。"五十万大军，"伏尸流血几十万"，当所剩无几了，这难免有所夸大。后来，才有《史记》中所说的，"秦兵大败。秦乃使尉佗（即赵佗）将卒以戍越"。尉屠睢"发卒五十万为五军，一军塞镡城之领（岭），一军守九疑之塞，一军处番禺之都，一军守南野之界，一军结余干之水"。镡城为湖南靖州一带，乃"塞"，即以岭为要塞；九疑亦为今湖南宁远县南，乃"守"而已，"处番禺之都"，即打到番禺止步；"南野"为江西南康市，为赣江上游，余干则稍远，即今江西上饶的古名，"结"者，即集结待命。

不少人是见书抄书，很少到实地考察，大都是想当然。因此，也没人问赵佗为何到达龙川并建立县治的。其实，只要到实地走一走，就不难发现事实。如果说，沟通长江、珠江水系的西线在灵渠，那么，这边也同样有一条东线。这东线便在龙川以北江西南部，赣江注入鄱阳湖联结长江。余干则在湖的一侧，溯赣江而上，进入其支流贡水，往南则是贡水分支桃江，经信丰等与安远著名的古圩鹤子圩只咫尺之遥。而鹤子圩则在定南水上，定南水又汇入了东江，这便顺流直下达龙川了。从余干、南康（信丰之西经贝岭）到龙川，主要是水路，一旦到了龙川，便可以作为中转站，大批物产便可以进入广东的腹地。其实，这条东线在唐宋元明清年间更成为交通的大动脉。

有人称在龙川发现了秦军几十万大军的下落，依据是在佗城拥有138个姓、48个古祠堂。其实，这未必可作铁证。因为人的流动，在这两千年间实在是太大了。但是，古航道、古驿道的勾连与发现，可作为最终的物证。

让赵佗镇守龙川，正是因为他既善战，又能和辑百越。向南，可稳定已控制的南越地区；向东，则可看住反复无常的闽越，这自是秦始皇的战略。而当时的龙川地境，含广东东部大部分以及福建的东南角部分，东至九连山，西至福建云霄、诏安等县，北接江西、福建地界，南临南海，有"当江赣之冲，为汀漳之障，则古三省咽喉，四州门户"之称，为"水陆之要道"。

这样，加上粤北"中线"，也就是我们熟知的梅关古道，当年与中原相通的东、中、西三线也就比较清晰了。当年，西线广信周遭于西汉年代，成为"中原文化与外来文化交流的重心"（罗香林语），这已为人所公认。而粤北于南北朝至隋唐宋年间，亦成为岭南文化的中心。自始兴、曲江、连县至英德等地，经济更是最先发展起来，这也成为共识。那么，在东线，于岭南最早立县的龙川，又担任了怎样一个角色？

著名学者谭其骧先生认为："一地方至于创建县治，大致即可以表示该地开发已臻成熟。"他还进一步断定："所以，知道了一个地方是什么时间开设县的，就大致可以断定在那个时候该地区的开发程度已达到了一定的标准。"

无论是广信（粤西），还是始兴、曲江（粤北）设县，都比龙川要晚，有的甚至晚得更多。这说明，龙川的文明开发早于广信与粤北。这是毋庸置疑的。

换句话说，中原文化南下并推动其文明开发，当是按东线、西线、中线的先后次序进行的。也就是，粤东的开发当为最早，中原文化的南下最早产生文明发酵效应的，只能是龙川、博罗一线。只是，后来广信、粤北的发展，掩盖住了这里曾有过的辉煌，让龙川在历史上淡出。就像珠江三角洲后来居上，比广信、粤北更能汇聚岭南文明的光辉一样。

但是，历史毕竟是历史，一时的遮蔽并不等于永久的忘却。当京九铁路再次把龙川当作南方又一重要的枢纽之际，人们也就免不了"旧事重提"，从而追溯并发掘龙川昔日的辉煌。

其实，今日的河源包括已有"世界客都"之誉的梅州地区，当年也都在古龙川的行政区域内。粤东最早立县是秦代，即龙川；而在汉代，才析出兴宁（今梅州市所辖）；直到南北朝，方又析出程乡，也就是今日的梅县、平远、丰顺的大部或小部分。据考证，程乡始建制的年代，是在萧道成建元元年，即公元479年间。而被推崇为当地客家先民第一人的程旼，是东晋年间从中原下来的，程乡正是因为他的德行而得名。如以古龙川境为界，他自然比进入龙川的中原人如著名的赵佗晚了近700年。当然，程旼也只能是客家先民。因为，作为一个民系的客家，当又在500年之后才形成。

所以，在这个意义上，当日抵达龙川的中县人（即中原南下的移民）没有随赵佗上番禺而在龙州留下的，也同样是客家先民的一部分，虽然在人数上不是那么多。从史志上我们可以看到，至明洪武年间，龙川户口只有850户，人口只有1692人，几经战乱，已所剩无几。但是，在这之前，客家民系业已形成有几百年了。人们一般认为明清年间尤其是明嘉靖之后，大批的汀江（梅江）流域的客家人进入东江流域。他们在人数占了绝对优势，大都是从闽西及梅县等地西迁而来的。这是更东的一条线路，即汀州、上杭、梅县、兴宁。这是一条公认的客家迁徙的传统线路，但这条线路当是宋代以降才形成的。有人把这视为唯一的客家线路，并排斥其他的线路。毕竟，被誉为"客家祖地"的石壁、葛藤坑就是这一条线路的起点。

但是，这却把另一条更久远的客家迁徙线路掩盖了。如果纸上谈兵，汀梅线路自是唯一的，但只要实地考察，情况就大不一样了。这样，我们又回到了秦代大军南下的东线上。这条东线，我们已在前边详细勾画了出来。自秦以来尤其是唐宋年间，由于东江航运发达，它更成了一条交通的大动脉。而这大动脉的节点便是在龙川。不难看到，在明洪武年人口锐减之前，作为湘、赣、闽、粤四省或"四州门户"，龙川的航运业、商业是何等发达，人丁是何等的兴旺。这条线路先于汀梅，且长久得多。

其实，从龙川、长宁（含今紫金、五华等大部分地方）这样的纯客县的方言区中，也可以看出客家南迁的又一条线路。《长宁县志》卷八有云："开建之始祖，自福建而来则为客家音，自江西而来则为水源音。"经语言学家考证，所谓"水源音"，也是客家话的一种。这一条，是几经争论并被确认了的，这里就不赘述了。毕竟，江西赣州，一直被视为"客家摇篮"，也就是客家民系孕育并诞生的地方，这也凸显了赣南在客家民系发生中的重要地位。在赣南，客家人则有"老客""新客"之分。老客，是南下后一直生活在赣南的族群，而新客则是南下继续迁徙到粤东梅县、兴宁的族群。他们在明中叶至清代一枝分五叶，其中一部分人又返流回到了赣南，"新客"一词就是这么来的。他们操的自是相对成熟的梅县、兴宁的客家话。没有走闽西线至粤东的老客,却有不少人走贡水、桃江水一线,到了龙川、河源、惠州一带。他们的语言也就不曾经过闽西一线发生的变化。而他们又是沿东江上游支流而下,所以他们说的话也就顾名思义,被称为"水源音"。而后到的绕道福建来的,则被称为"客家音"。二者同大于异,只是有些发音不一样。水源音又被叫作"蛇话",这与其他地方把客家话叫作"蛇话"是一致的。《长宁县志》也称水源音与客家话只"大同小异耳"。这种大同小异,正类似于赣南的"老客"与"新客"。

方言亦是一大证据。这一条也是著名语言学家罗常培讲过的,"一方面固然可以拿语言的系统去推迹民族迁徙的途径,一方面也可以拿民族迁徙历史去联络语言的关系"。[①] 这就是说,贡水、桃江、定南水至东江的迁徙线路,亦可印证"水源音"为老客语音。水源音,其方言是从水的源头而来的,那么东江的源头在江西寻乌水、定南水等。如前所述,这里是中原进入岭南的东线,是粤赣之间的一条很重要的交通要道。因此,历史上的中原人、江西人(含赣南人)也就是沿东江及其支流进入龙川。早期则是秦汉,中期为三国两晋南北朝,后期则为唐宋,所以它比明代才进入的客家要早很多。从江西过来的方言,又被称为"蛇音"。光绪《惠州府志》(河源市是新从惠州划出后立市的)称和平县(龙州近邻)"谓父为亚公,风气与赣州近,语稍类赣"。所以,水源音因为比客家话到得早,才被视为本地话。

这里有两点值得研究:一是水源音与赣州的"老客"的客家音的关系。语言学家如今已公认水源音是客家话的一种,当然是从发音上研究得出的结论。那么,水源音与老客的基本一致,当是很好的证明。二是水源音作为惠州的本地话,如何解释它与广府方言的关系?所谓"惠河片"是否仅仅作为客家话与广府话过渡、混合、交叉地带?众所周知,广府方言形成于汉代。这与秦汉之际赵佗治龙川时间大致相近,广府方言自广信沿西江东行进入珠三角地区,而水源音则是沿东江西行进入珠三角边缘。因此,其源头都应是先秦的雅言,所以必是有相当多的共同之处。因此,两种方言应是相对独立的,不存在水源音作为广府方言与客家方言交叉混合而形成的"过渡性方言"。确认这一点,龙川作为客家古邑的地位也就无可动摇了。由于各自进入、形成的路线不同,也就形成不同的方言,即便是客家方言内部也一样。所以,水源音作为客家方言的一种当是较早形成的,且形成的路线也不一样。我们在考察中发现,说水源音的客家人,比讲梅县话的客家人占有比较优势的地理环境。即河源到惠州,大都与东江的方向相关,故形成"惠河片"方言区,而惠州的文明开发显然也早很多,并在梅州之前一度成为客家文化的中心。[②] 希望做方言研究的学者们,能更深入地做好调查与考察。

[①] 罗常培:《语言与文化》,北京出版社2000年版,第199页。
[②] 吴永章:《民族研究文集》,民族出版社2002年版,503页。

我们还可以找到更多的证明，例如饮食习俗、商贸变迁等等。

这里不妨引用《揭开 2000 年岁月佗城的面纱》中一段话：

赣南、闽西、粤东、潮汕经济区之间的经济发展有极强的互补性。龙川之路自古以来就是连接粤东、闽西、赣西的运输干线。龙川之路，曾直接影响和维系着整个客家经济的发展与进步。

客家商业，自盐业开始。自古以来，盐政关系国计民生，古时国用所出，盐利居十之八九，故历代政府都将盐业统管。两宋以前，赣南食淮盐，溯长江贩运，质差而价高，有渔盐之利；宋时潮州盐业已相当发达，潮盐质高而价廉。于是"民多盗贩广南盐以射利，每岁秋冬，田事才毕，恒数十百为群，持甲兵旗鼓往来虔、汀、赣、漳、潮、梅、循、广八州之地"（《宋史·食货志》），以贩卖私盐为目的，去时往往将潮州沿海需要的土产运出，返程时贩盐并捎带海货。古龙川以河流或古道与赣南各地沟通，客家大三角原始的商业通道逐渐打通。

据现有资料看，早期的私盐大多经过山间小道、河流溪圳，水陆联运以避开官府缉拿。南宋以后，政府必食潮盐，逐步开通一些驿道。明初大力发展水陆交通，一些河流得到疏通，驿道拓宽，古道修复，于是客家大三角地带的商业活动逐渐发展和繁荣起来。明中叶以后，农产品商品程度提高，赣南、闽西等客家山区大力发展经济作物、粮食产品进入流通渠道。茶叶、烟草、蓝靛、土纸、茶油、桐油、夏布、粮豆、竹木等可以流向龙川中转的货物逐渐增多。同时粤东沿海潮汕等地商品经济发展起来，贸易日益扩大，除了盐运以外，需要经龙川一带中转销往同地的手工业产品、日用百货也日益增多。至清五口通商后，梅州洋货、兴宁布匹、潮汕日用百货亦有相当部分经过龙川中转运输各地。自贝岭至安远鹤子墟，昔日航运非常发达，终年可通五吨之民船，使东江沿线与赣南各属县连成一片。以佗城为中转站前往东江沿线至广州，赣南、闽西山货及土特产贸易也日益扩大。①

如前所说，唐宋元明时，东江更成为粤东水运交通大动脉，佗城亦为水陆驿站。闽、赣、潮、梅的山货，广州、惠州的海货，都必须经佗城转运。清代中叶，佗城占漕运、盐运、河务三大政要之利，经济达于鼎盛。

再补上一笔，直到民国，老隆（龙川城关）也仍是交通枢纽。东江纵队当年从香港救出的文化名人也大多数是在老隆转移到内地的。

在文化上，赵佗开基则无须重复了。虽说几经战乱，龙川一地也一直作为"客家古邑"显示出深厚的古文化底蕴。嘉庆年间的《龙川县志》序中有云"访越王之踪，而井瓮石枯，徒切白露苍霞之戚；吊苏公之泽，而驼迁鹿毁，空怀侠

---

① 许名桥：《揭开 2000 年岁月佗城的面纱》，载《客家风情》2006 年第 3 期。

云媚月之思",乃是哀叹古迹"更不知凡几也"。后来民国县志,更记载"自汉迄今,朝代递嬗,名号未变。地灵人杰,彪炳于志者,犹斑斑可考"。的确,早在唐代,韩愈南下潮州赴任,过龙川蓝关,后人在此建有韩祠以纪念。韩诗名句"雪拥蓝关马不前"亦有人考证为此蓝关,因后一句为"好收吾骨瘴江边"以作佐证。及至南汉,龙川(佗城)亦成为循州的治所。宋代,不仅有著名文学家苏辙贬为化州别驾,安置在龙川,其兄苏轼亦来此探望,筑鳌湖堤灌田,此堤后来亦得名为苏堤;还有著名思想家王阳明,析出一县为和平县,亦一度称阳明县,凸显了这位思想家对这里的历史文化建树。

由于东江的优势,民国初年,小电船便始航老隆了,其交通枢纽的作用再度显现了出来。后来,在土地革命期间,它更成了东江特委确定的五(华)兴(宁)龙(川)革命中心根据地,并建立过县苏维埃政府。著名革命家古柏亦牺牲于此。值得大书特书的,是香港沦陷后,东江纵队抢救文化人士这一轰动世界的历史事件,与龙川密切相关。其中,第一批从香港脱险出来的文化人士,在春节前后乘船到了老隆。他们以老隆为中转站,由连贯负责,各自转送到韶关、桂林、重庆等地。这第一批文化人士中,就有茅盾夫妇、张友渔夫妇、宋之明夫妇、胡风夫妇,还有戈宝权、叶以群、胡仲持、廖沫沙、周钢鸣等。他们是由东江的短枪队护送到茶园,再由淡水区委护送,经永湖三栋到的惠州后才乘船来到龙川的。后来到达老隆的文化名人还更多,这就不一一列举了。不难想象,对于20世纪的中国而言,失去这么一批文化名人,一部现代文化史都无以为继了。他们当中,除文学、艺术、出版、新闻界外,还有法律界、历史学界、哲学界的,均是黄钟大吕式的人物。他们在中国的政治、经济、文化生活中,均是无可替代的。龙川,当为这一批历史文化名人受到庇护而增色。

以上讲的是商贸之路、文化之路、语言之路,正由于龙川如此之深厚的历史底气,今日京九以它为粤东的交通枢纽也就顺理成章了。可以说,龙川作为"客家古邑"的历史文化定位,是相当准确的。它甚至可以分享石壁的"客家祖地"的一份荣誉。因为,操水源音的客家人,并未经过闽西进入广东,而龙川实际上承载了石壁同样的历史文化功能。同样,从"水源"出发,联系到广东把客家菜系称为"东江菜",那么,对于广东而言,东江当更纯粹为客家的母亲河了。因为汀江接梅江,而梅江下游则为韩江,已是另一个民系潮汕人的所在地了。

龙川,当之无愧地作为客家大迁徙中的一个重要的文化节点,当之无愧地承担起"客家古邑"的美誉!我们有理由期盼,在客家文化今日的再度振兴中,龙川将发挥更为独特、更为重大的历史作用!

二、世界民族大迁徙推动的南北文化变局

3—4世纪的世界民族大迁徙,当分为东西两部分,缺少任何一部分,那都是不完整的——关于这一点,我已经在文中提到过的。3—4世纪欧亚大草原上的"小冰川期",迫使匈奴人西进与南下,东西方的历史学家们都关注到了这一点。世界民族大迁徙在西方人看来,是人类历史上前所未有的历史大劫难,没有任何一个历史事件,会像这一次如此深刻地、骤然地改变了人类的历史命运。罗马的洗劫,洛阳的陷落,都只是一般的血腥。

让我们把目光投向东方。东汉末年,北方的游牧民族便已陆续渗入了中原,其中以匈奴为主,还有乌丸、鲜卑、羯、羌等。早在3世纪末,便发生了多起北方民族的起义。西晋"八王之乱"后,这类起义更接连不断,大批胡人涌入了中原。

随后便是中国历史上有名的"五胡乱华"了。这是世界民族大迁徙的东方部分。如果缺少这一部分,"世界民族大迁徙"这一重大历史事件就是不完整的,或者说只是其中一半。人们可以看到数个"蛮族"的互战和古老文明都城的陷落。天灾人祸并起,这在东西方均是一样的,而且前后相距也不过十几或几十年。

衣冠士族的南下,是汉民族文化一次颇具象征意义的举措。流民,历史上也叫作"流人",在这巨大的灾荒与战乱中一批又一批地不绝南奔——他们无疑都是当年在中原创造了华夏古代文明的先驱者的后裔。他们不仅仅是逃亡,而是"衣冠南渡",他们负载着一个古老民族沉重的文化遗产,这远远超越了任何个体的生命保存的意义。不难设想,一批又一批南徙的流民,又能有多少逃脱得了被剿杀、被沉江、被消灭的命运。但这种南徙却日益增加。终于,有了个"淝水之战"。"北府兵"仅以区区的八万精锐,抗击了苻坚号称的百万大军。8∶100,是何等悬殊,这其中,"文化力"却不可轻估。

正如犹太人当年需要一位摩西率领他们走出埃及一样,在客家民系形成的历史的前奏中,人们经历了五胡乱华、晋室南渡,直到谢安、谢玄赢得淝水之战,从而守护住了半壁江山,使得汉文化传统不至于为此无所寄托且重新滋养。这业已充满了神奇的色彩——当然,这是不争的历史事实。故国学大师陈寅恪认为这一大战,"抵抗外侮,民族因得以独立,文化因得以续延",乃为不刊之论。至此,因世界民族大迁徙引发的南北文化变局,终于尘埃落定。

在这里,须明确的是,北人南下,如在秦汉,终得形成岭南一个可以地域命名的族群,即广府人;而两晋,则是"八姓入闽",终得形成的,亦是一个可以地域命名的族群,即福佬(闽南)人。而在这两次中原移民南下中,则还不曾有客家族群形成的多少先声……我们仍只能把这归于客家前史。

所以，在这一文化地图中，固始主要仍是福佬人的祖地，而不为客家人所认同。而当年的义招设县，亦为王东称的"罗氏（香林）客家东晋源流说的提出，显然也与他的'原乡视野'密切相关"，只能从"思想史"的角度上加以探讨。这似乎有点"虚"了。但文化毕竟也是有虚有实的。而"永嘉之乱"中的衣冠南渡，毕竟强调的是一种文化、一种身份、一种永远的认同……

光州固始：两个族群先民最后的分手

可以说，光州是属于中原地区的，固始更一直是客家、福佬两大民系共同所拥有的"节点"。要强调自身中原的文化身份，这个节点具有异乎寻常的意义。因为它位于河南东南部，再往东南走出几十公里，也便进入了安徽。这也就是传统上被视为江淮的地区，也就不再是中原了。说到这里，其文化意义便凸显了出来。可以说，固始成为两大民系最后告别中原的地方。他们正是在这中原的边地作了最后的停留，才惜别了中原，进入了江淮。众所周知，两者正是这么从中原逃亡，再偏安江南的。还在1991年，广东梅州组织了一个客家历史文化考察团，专程上了光州。考察团成员有客家学的老前辈陈美豪、刘南彪、黄火兴等。归来后，关于光州、固始，考察团写有如下一段文字：

> 据旧《光州志》（清顺治十七年版）载：唐玄宗天宝年间，是光州户口鼎盛时期，州属四县有三万一千四百七十二户，一十九万八千五百八十口。至宋徽宗崇宁年间，户口骤减至一万二千二百六十户，一十五万六千四百六十口。迨至明洪武二十四年，光州户口降到最低点，仅剩二千一百六十七户，一万四千零六十三口。从唐天宝至明洪武二十四年（742—1372年）的630年间，光州户口的大变动情况，反映出历史上中原地区曾经发生过的三次社会大动荡：第一次是唐末"黄巢起义"，继而出现的五代十国大分裂局面；第二次是发生在北宋末年金兵三次入侵中原的战乱；第三次是南宋末年元兵入侵及元朝统治者入主中原后的所采取的残酷民族歧视和压迫政策，造成"中原地区荒凉残破、人口逃亡、生产衰微"。继西晋"五胡乱华"以后中原地区发生的三次社会大动荡，是造成中原先民大迁徙的重要原因。在这三次历史大劫难中，当时中原人民所遭受的苦难是十分深重的，豫南一带就有"黄巢起义死人八百万"和"七平光州"的传说。《中国通史》中也有一段记述：五代前期，北方地区频繁地遭受战争和自然灾害的破坏。昔日生产比较发达的山东、河南、河北等地，满目荒凉，疮痍千里。山西和关中地区也是"赤地千里"、人烟断绝，水旱灾害特别多。朱全忠为阻止沙陀兵南下，曾开掘滑县（今河南省东北部）附近的黄河堤，泛滥数千里，漂溺数万户，人民生命财产的损失难以数计。百姓流离失所，土地大量荒芜，中原许多地方"田无麦禾，邑无烟火者，将近十年。有的地方因灾害而逃亡者千万"。"……北宋

末年，随着金兵的南侵、中原人民纷纷南迁，到南宋建炎以后，江南、两浙、荆湖、岭南、福建等地，出现'西、北流离之人偏满的现象'。这次流民南徙是继西晋末年'永嘉之乱'后，中国历史上第二次人口迁移"。①

由于光州是客家、福佬拥有共同的历史记忆的节点，所以，后人在评述客家与福佬之间拥有的共同点很多。只是，福佬人"一次到位"上了福建，而客家人还辗转于万里征途之中，二者之间拉开了距离。

为什么两大民系的族谱中，都有光州固始的记载？这应是其始发点与最初线路都相一致的缘故。故两大民系均有"源自河洛"一说。这个节点的根本意义当在"中原身份"的确认。

固始县历史悠久，始建于公元26年。西汉初置寖县。东汉时光武帝刘秀封大司农李通为固始侯，意取"通与帝首事，欲取坚固初始欤"，固始由此得名。

固始历史上有四次大规模移民至闽、台地区，因有"中原第一侨乡"之誉。县名沿袭至今近二千年。这里是孔子公祖句兹的出生地，也是我国古代水利专家、楚国宰相孙叔敖和清代世界著名植物学家吴其濬及道光皇帝太傅，曾任四部侍郎、尚书祝庆藩的出生地。固始还是众多闽台同胞和海外侨胞的祖籍地。西晋永嘉年，固始八姓衣冠入闽；唐初，陈政、陈元光父子两次率固始籍将士南下闽粤，开垦戍边，并定居福建，陈元光被誉为"开漳圣王"；唐末，固始将领王审知率大批义军南下平倭，因得统一而正式建闽，被封为"闽王"。这里也是民族英雄郑成功、"华侨旗帜"陈嘉庚的祖籍地。

追根溯源，还得回到汉武帝平南之际。当时，东南底定，汉武帝对南越、东越采取的是两种截然不同的政策。对南越，他颁布的圣旨是"初开粤地，宜广布恩信"，用的是怀柔政策。这才有了"广信"的设立并成为交趾刺史部治所的出现，催生了以"广"命名的广府民系——大量的中原移民因之进入广信周遭。而对东越，由于东越王的反复无常，脚踏两只船，令他觉得东越不好治理。于是，他把整个闽地"清空"，强迫土著迁移到江淮一带。其中一部分就到了固始东南的黎集镇。及至东汉末年，固始便有100多户迁返福建。永嘉之乱，带来有名的"八姓入闽"，即陈、林、黄、郑、詹、邱、何、胡等八姓入闽。至此，福佬（闽南）民系开始有了雏形。

其实也不仅仅是八大姓。由于固始建制早，其地在古豫州与扬州交接处，因此许多姓氏不仅直接起源于固始，而且经历史上的几次大规模南迁后它还把中原的100多个姓氏移居全国各地。

打开固始的历史长卷，可知早在夏初，舜的后裔就分封在这里建番国。城墙

---

① 见《客家源流考察纪行——广东梅州客家历史文化考察团赴中原、赣闽考察报告》，载《宁化客家研究》1991年第2期。

至今屹立，堪称全国最为古老的城垣，现已列为全国重点文物保护单位。之后又有蓼（廖）、蒋、英、安、黄姓封邑于此，成了这些姓氏姓源所在。其地与古代某些封国密切相关，与华夏某些姓氏起源密切相关。因此，直接起源于今固始县地或与今固始县地有历史关系的姓氏有以下 12 个，即安、娄、潘、英、蓼（廖）、甄、黄、蒋、寝、沈、期等。他们大都以封地、封邑、封国为姓氏，或以人名、地名为姓氏。

固始与闽、台及东南亚诸国真正意义上的姓氏渊源，是有比较明晰的历史脉络的。这主要还是归功于历史上的几次南徙姓氏。闽、台 60 多个姓氏，都与固始有着密切的关系。由于一系列的重大历史事件，这些姓氏多数可以直接追溯到他们的先祖离开中原的出发地——河南光州固始。

如前所述，永嘉之乱导致"八姓"入闽。据考证，此次入闽的远不止八姓，实际上还有张姓等诸姓，其中以固始士族入闽尤为显著。据史书和漳州云霄姓氏族谱记载，唐初，随陈政、陈元光入闽的 87 个姓氏一成多人，特别是陈敏、陈敷与魏敬（女中豪杰，陈政之母，陈元光之祖母）所带的"58 姓"军校，皆在固始招募，基本上都是固始的乡勇。陈政所带的府兵军校，为陈政之父陈克耕在隋末建立固始义军的后代，也是开唐功臣的后代。现在的漳州、泉州、莆田一带，尚有不少家庭的门槛上仍挂着"浮山陈氏""颖川世家"的标志，这些就是来自固始的标志。漳州之名，据府志称，则来自魏老太太南下到闽地，在江边的一句感叹"此水如上党之清漳"。清漳，即如今太行山的漳水。唐末随王审知三兄弟由固始入闽的将士与眷属，究竟有多少个姓氏，史书历来说法不一。北宋末年与南宋末年，因为战乱，河洛姓氏、中原士族也多由固始因循入闽。

综上所述，千百年来，朝代的兴衰，争战的需要，灾难的逼迫，使固始人多次多姓南徙落籍闽地。他们入闽后与闽越女子通婚，加快了闽地人口素质的提高。因此，今天闽台方言仍然通称男子为"唐部人"或"唐部"，以闽、粤、台为主要播迁源的海外侨胞称自己为"唐人"，把华人聚居的地方命名为"唐人街"。据 1953 年台湾人口统计资料表明：台湾共有 82.9 万户、737 个姓氏，其中 500 户以上的大姓有 100 个。在这 100 个大姓中，有 63 个族谱均记载其先祖自河南光州固始迁福建，再由福建迁台湾。尤其是影响和改变台湾历史的两个重要历史人物郑成功和施琅的祖籍皆在固始，固始也因之成为闽、粤、台、港同胞以及海外侨胞世代萦怀的乡关祖地和蜚声海内外的"中原侨乡"。仅台湾，陈元光祠就有 300 座。

固始在中原移民南迁过程中的重要地位，在海内外华人中有极为强烈的认同感。固始不仅是闽台姓氏之根，也是客家先民南迁之根。因此，改革开放以来，到固始寻根谒祖、旅游观光、探亲度假的闽台同胞、海外侨胞以及国内外知名人士络绎不绝。近年来，到固始寻根的闽南人非常多。同时，播迁于世界各地的固始后裔也情牵祖地、心系桑梓，纷纷组织庞大的宗亲代表团到固始寻根考察，亲如一家。台湾的詹氏、余氏都曾到固始寻到祖籍的先祖遗址，福建晋江李氏也曾受台湾李氏委托到固始寻根。仅2004年，固始就接待了来自香港、马来西亚等地的施氏、潘氏、何氏、尹氏等10多个宗亲寻根团到固始寻根问祖、观光旅游，并进行投资考察、商贸洽谈和文化交流活动。

《闽中记》中更有一语："今闽人皆称固始人"，而固始人则有"愿往南迁一千，不愿北挪一砖"，由此可见两地之血肉相连。

应该说，固始与福佬人的关系，要比客家人的关系更直接、更密切。所以，福佬人认固始为自己的祖地，而客家人则只视其为南迁中的一个节点。当然，这个节点也非常重要，是他们离开中原的最后一站，并由此进入了江淮地区。而他们承传的姓氏，则集中到了龙川、石壁才最后得以辨认，从而把客家中的祖地认在了"华夷之界"上。

的确，走出固始，就是离开了具有中原意义上的故土——河南，而进入了江淮地区的安徽了。所以，回望固始，当为之兴叹：

> 固始南依大别，北临淮水，此间河流如梳，支蔓缠绕。山间多库坝，平原多塘堰，民风近山则乎仁义，临水则乎灵秀。固始为关头楚尾之地，又为南北文明之分野，除独具的文化底蕴外，更兼有中原文化、荆楚文化、东岳文化之特色。固始古来风俗敦厚，重教化，尚礼仪，人杰地灵。春秋出有孔子弟子七十二贤人之一公祖句兹，时称寝丘硕士，唐玄宗诏赠之为期伯，宋真宗诏封之为墨侯。清代出有十九世纪我国杰出的植物学家吴其濬，所著《植物名实图考》把植物学发展到一个新水平。自公祖句兹至吴其濬，其间二千余年，进士、单人辈出。唐代，进士陈显，官至户部尚书，徽宗赐擎天宝砚一方，金花一对。元代，固始学宫"规模宏大，冠于淮右"。明、清进士近百名，其中多有著述。康熙年间固始县令杨汝楫书曰："汝南人文，固始为最"。[①]

从义招到程乡：历史遗存之密码

一代大诗人、大外交家亦是思想家的黄遵宪，在其《己亥杂诗》中写道：

> 筚路桃弧辗转迁，南来远过一千年。
> 方言足证中原韵，礼俗犹留三代前。

28个字高度地概括了客家民系的南迁史。而"中原韵"的方言，"三代前"的礼俗，则是最具凝聚力的文化，其构成了逐渐形成的客家文化的根基。这也同

---

① 见固始网站。

样是破译客家文化的一把钥匙。

其中"远过一千年",是认定客家先民南迁乃在唐宋之前。其时,尚未有罗香林"五次迁徙说"。他的依据自然是祖上的遗训以及族谱等。在他之后二三十年,罗香林则把客家先民的第一次大迁徙,确认在两晋南北朝间。这与黄遵宪的"远过一千年"是相吻合的。因为,两晋南北朝正是在唐宋之前,"远过一千年"。

罗香林的学说,奠定了整个客家学的基础,其中,"五次大迁徙"是其中最精髓的部分。所以,在其《客家研究导论》出版后约20年,他又抽出其中关于迁徙的部分,改写为《客家源流考》。这无疑是他的得意之作,也是经过严格考证的。他的这些作品一直是客家研究的经典之作。为此,我们亦曾说过,今日的客家研究,是以他的肩膀高度为起点的。

随着视野的扩大,我们对罗说不仅加以补充、夯实,而且更有了深化与拓展。一个学说,没有深化与拓展,就会失去其生命力,从而走向沉寂与消亡,罗香林的学说也是这样。应该说,他对客家迁徙的来龙去脉,在总体方面的考证与描述有着不可磨灭的贡献,而且对于史料的梳理而言,无人可出其右。只是,在文化精神上,在人类学视角上,客家研究仍留下不少空白,有待后人来填补。

就拿第一次大迁徙来说,从时间及历史动因而言,当是确定无疑的。但就这次迁徙前锋抵达的地方,却有不少可商榷之处。罗香林根据手头已有的史料及谱牒,认定"避难的汉族,向南播迁,远者已达赣省的中部南部,其近者则仍淹滞于颍淮汝汉诸水间,浸至隋唐,休养生息,劳困渐苏,慢慢地乃得度其比较安适的生活,故自东晋至隋唐,可说是客先民自北南徙的第一时期"。① 避开客家不谈,从中国的移民史来看,权威的说法也与罗香林的观点较为相近。他们均认为,衣冠南渡,这次移民的浪头或前锋,当涌到五岭之北及武夷山之西北便停止了,没能进入五岭之南与武夷山之东南,即今天的广东与福建地域,也是后来的客家大本营的中心地带。但这一观点,如今受到了全面的挑战,无论是考古学,还是谱牒学以及人文地理、文献学上,均为如此。而程叹一例,也是如此。

考古学上,梅县程江长滩村,清理出南朝"蜈蚣吐珠山墓群"中的5座,1座为土坑墓,4座为砖室墓。砖室墓用叶脉纹、方格纹砖砌筑,墓长3.8～5.2米,宽、高各约1米。出土有青釉陶罐、壶、盘、碟、杯等以及3件直耳盘口铁鼎、残铁刀与铜镜。而往南至潮安、揭阳,所发掘的砖室墓,既有东晋年间"泰元×年"的铭文墓砖,又有南朝"大明×年"的铭文墓砖。这些墓室从形制到殉葬品,完全是中原的风格,与江南地区同期的墓葬几乎完全一致。这里就不一一列举了,可见汉文化此间已进入粤东。②

而在文献学上,如《晋书·地理志》《宋书·州郡志》《元和郡县志》《太平

---

① 罗香林:《客家源流考》,《崇正总会30周年纪念特刊》(内部资料)1950年,第15、16页。
② 《梅州市志》,广东人民出版社1999年版,第1572–1574页。

寰宇记》及众多的地方志上，均有这一期间内开始建制的记载。

这里先说明一点，粤东最早设县的是龙川。这是秦朝时赵佗镇守于此的缘故。秦龙川不仅含今广东东部，还包括江西、福建一部分。而如今梅州区域内第一个立县的则是兴宁。那是在东晋咸和六年（331年），位于龙川县的东部，包括紫金川东北部等大片地区，县治在今五华县华城镇紫金山，当时名雷公墩。南朝时，又分为兴宁、齐昌二县，治所未变，时为齐永明元年（483年）。及至梁天监年间（502—519年），废齐昌并入兴宁，县治则改到了佗城即今龙川县老隆。几经分并后，明代及清初兴宁一直为惠州所辖，直至清雍正十一年（1733年），程乡升格为嘉应直隶州，兴宁才为嘉应所辖。①

在兴宁之后，按《宋书·州郡志》所记载，东晋义熙九年（413年），才在粤东设立义安郡。义安郡下有5个县，即海阳、绥安、海宁、潮阳与义招。义招的范围，大致在今大埔县境，当时是以东官郡五营地所立。县治设在当今湖寮镇古城村，历史上先后归广州南海郡、东官郡及义安郡所辖，后又归东扬州、瀛洲所辖，至陈才复归义安郡。隋大业三年（607年），义招方更名为万川县，唐代一度被废，并入海阳。

明成化十四年（1478年）立饶平县，大埔县境则在该县内。及至明嘉靖五年（1526年），又分饶平的清远、恋州二都置大埔县，县治在茶阳。如今，海外大埔客家人，都用"茶阳会馆"称号。② 至于程乡，则在兴宁、义招之后，是在南齐年间（479—502年），一说从海阳，一说从义招析出部分地方设置程乡县，县境包括当今梅县、蕉岭、平远的全部及丰顺的一部分，当时属义安郡。梁、陈先后隶属广州义安郡，东扬州，再又隶属广州义安郡。隋开皇十年（590年），撤程乡县归入义安县。第二年，又重立程乡县，隶属潮州。后来隶属变化很多，包括江南道、福建经略史、敬州、梅州、潮州等。至清朝雍正十一年，升格为嘉应州；及至嘉庆十二年（1807年），又复设程乡县，仍隶属嘉应州。③

打开一部中国历史地图集，我们不难看到，最早出现的是龙川、兴宁、义招，及至程乡。其中，兴宁、义招、程乡均为晋代及南北朝所立。兴宁情况稍复杂，与龙川时分时合，亦原为龙川地域。其立县当与赵佗治龙川之际有汉人跟随相关。龙川自是粤东最早有汉人聚居的地方。当赵佗到了番禺，并建立了南越国，追随去的汉人恐为相当部分。余下的，则后来融入客家先民之中。史家没有把他们划入两晋南北朝的移民之中，也就是未作为客家先民系统。④ 这样，义招当是最为典型的客家先民聚居地。

---

① 《梅州市志》，广东人民出版社1999年版，第223页。
② 《梅州市志》，广东人民出版社1999年版，第223页。
③ 《梅州市志》，广东人民出版社1979年版，第223页。
④ 《梅州市志》，广东人民出版社1999年版，第223页。

一个地方，当人口聚集到一定数量，文明开化到一定程度，尤其是在编人口增加到一定规模，方可以促成朝廷设立郡县的治所。显然，东晋义熙九年（413年）义招所在地方的人口，激增到了一定程度。这里，除开早已迁入的移民及原已汉化的土著外，大量增加的当是这一期间南迁的中原移民，即我们所认定的客家先民。从永嘉（307—313年）之乱，到义熙年间（405—419年），其间长达100年。100年间，中原流民潮此起彼伏，连绵不绝。其前锋当已不受五岭与武夷山的阻隔，已进入了粤东地方。

"义招"的得名，则是一个明证。《舆地纪胜》引《南越志》称：

义招，昔流民营，义熙九年立为县。

"流民营"是什么，就是中原移民的管理区域。当移民达到了一定数量，就将他们收编一籍，以营为编制，最后则设县以管理。

但其意义不仅于此。在这里"义"是颇具文化意蕴的，它是汉语言中独具深意的辞藻。正如当时的史书中，每每记录的是，"百越土著，断发文身，好相攻讨"，还有"人杂夷獠，不知教义"等。所以，义当是汉文化的集中表现，也是与土著的一个重要区别。当然，它更是一种文明程度的表现。这也就为梅州日后从蛮夷之地演进为文化之乡埋下了伏笔。

因此，"义招"当解为以"义"来招徕汉人，以汉文化来聚集中原移民。我在为大埔编写的客家文化丛书的序中，就是这么理解的：

一部客家史，可以说，处处少不了大埔。大埔之所以早早成为客家文化的中心地，正是在于其文化底蕴之深厚。早在晋义熙九年（413年），这里便设立了粤东最早的县份之一——义招。义招者，以民族之大义，招集南下汉人至此集聚开埠创业也。可以说，如果没有晋代南下汉人在粤东等地的沉积，从而产生凝聚力，就不会有日后客家民系的诞生。这，正是解开客家民系形成之谜的一个关键。大埔的古县名"义招"，当包含怎样的千年沧桑。凭此，我们便可以解读出这八百年定位不移的客家文化中心之厚重内涵。

如前所述，此期间的墓葬，无论从形制上，还是从陪葬品而言，为何有那么鲜明的中原文化的风格，且与同期江南墓葬如此一致？只有一个解释，那就是这些"流民"们顽强地坚守着自己的文化边界。其墓葬风格，则反映了汉族移民与当地土著之间的严格区分。因此，不存在这一阶段汉文化过早与当地土著文化融合统一的可能性。

而程旻的存在，则可透析"义招"的历史遗存之密码。换句话说，正是处于这样特定的历史时期，务必推出这样一个具有号召力、代表性的"义招"者，即用汉民族的大义，去召唤、聚集已来到粤东的中原移民。客家先民就是这么最早在粤东聚落的。

程乡县的设立,是在南北朝时期。据余蔚文先生考证,是在南齐建元元年(479年),也就是东晋义熙九年(413年)设义招县之后近70年。

值得注意的是,冯君实主编的《中国历史大事年表》中,有"以义安郡五营地含后程乡县小部分,于义熙九年癸丑(413年)设义招县"。也就是说,程乡县本身有一部分是属原义招的。这也说明,在设义招县之际,后程乡的地头上是已经有了中原移民的"流民营"存在。因此,我们从程旼的历史记载中不难认定,他便是其中一个流民营的首领、一个有名望的首领。其"德孚于乡""信义著于乡里",并被尊称为"处士",这正符合当时汉人所在"流民营"的文化状态。《年表》中还记有,建元元年二月,齐检定民籍。而《资治通鉴》则载,民籍总册,分黄、白二种,白籍为"登记北方南迁人口",于此时设县治,当顺理成章。而程旼所在的地方,更被命名为"义化都",这"义"亦一脉相承。

关于程旼如何到达粤东,是否贬谪而来,当可存而不论。因为,自永嘉之乱,大规模的移民潮在上百年间几乎不曾止遏。他的家族,也必然受这大潮流所裹挟而来,当为避乱、求生也。正因为有中原文化背景,方有后人称道的"秉义怀仁,化行俗美。奋起南齐之世,丕变东海之区。一介布衣,俨操谳决之柄,阛邑雀角,咸服是非之公"①。于是,"后人思之,名其都曰义化,乡曰程乡,源曰程江,最后以程乡名县……"②

这一来,在粤东一带程旼自闻名遐迩。所以,直至清代,程乡县令王吉人,在《重修七贤祠记》中称:

> 盖程乡为程处士义化之乡,而昌黎韩公过化之邑,其祀二公也,固也。至若曲江张公以客游至此(止),元城刘公以迁谪留徽,武襄狄公(青)之以平寇驻节,以及信国文公之以勤王恢复,取义而成仁,进士蔡公之以邑绅统兵,捐生而殉国,均非为邑有官守权势,足施政教而行董戒者。③

这七贤,均与粤东有着密切关系。程旼不说了,韩愈也不用说,张九龄亦到过此地,刘元城在这里创立了第一个书院,狄青亦在这里平寇驻节,至于文天祥、蔡蒙吉更在这城高举抗元义旗。

因此,几百年间,七贤祠成为粤东的人文亮点。

其时,宋徐庚诗就写道:

> 程旼当年一匹夫,不操三尺正群愚。

---

① 转引自平远政协文史资料编辑委员会:《平远文史》(第十二辑)(内部资料)2003年版,第57、59页。
② 谭其骧:《中国历史地图集》,中国地图出版社1982年版,1996年新版。
③ 转引自平远政协文史资料编辑委员会:《平远文史》(第十二辑)(内部资料)2003年版,第62页。

>　　片言能使争心息，万里江山姓与俱。①

　　其核心，亦在"义"上，即以"义"服人，以义聚人，以义传人，而这，无疑是中原移民带来的汉文化的精华。

　　因此，对程旼的研究，不仅仅是对五次大迁徙中较早的一次大迁徙的确认，更重要的是对中原移民来到南方带来的汉文化传统的一个重要的证明。也就是说，既是对历史的一种确认，更是对一种文化精神的弘扬。而对这一文化精神的研究、发扬，则成为罗香林客家学研究的一个重要拓展。

　　从程旼身上，我们可以解读出客家人精神之源头，那便是中原的深厚文化传统以及对"义"的承传。可以说，离开了这一源头，也就没有了客家人文精神的演进。否则，连"出身"都成了问题，还奢谈什么精神、道德、操行呢？客家民系以"万古江山与姓俱"的程旼为荣耀，自豪的不仅仅是这个姓，而是他的布衣身份与"处士"的品格，他的"以德化人，秉义怀仁"——这正是我们今天所需要弘扬的人文精神。

　　这一点意义不同寻常，它奠定了梅州日后成为客都的文化与精神基础，没有深厚的文化积淀，没有精神的延伸与发扬，客都是不足以从文化中心提升出来的。地域固然是不可忽视的重要因素，但更重要的还是由精神文化所决定。

　　于是，我们借助"义招"中的这么一个历史人物，补充与纠正了罗香林学说中关于较早一次大迁徙中缺漏的部分：客家先民在这次迁徙中，并未全受五岭、武夷之阻隔，其前锋业已抵达了粤东。而这一条我们得到了实与虚的两个方面的证明："实"即是考古、文献、历史地理方面的详尽可信的考证；而"虚"，则在思想史上，人文精神自中原至粤东的传播。离开了"中原说"，也就失去了客家人文精神的锻造，也无以确认客都形成的历史文化之必然。

　　不妨再以黄遵宪《己亥杂诗》中又一首诗来结束本章：

>　　野外团焦岭上田，世传三十子孙千。
>　　元时古墓明朝屋，上覆榕阴六百年。

---

① 转引自平远政协文史资料编辑委员会：《平远文史》（第十二辑）（内部资料）2003年版，第68页。

第三章　广府文化的历史节点

中华民族多元一体的格局,对中华文化多元一体的构成所起到的作用是显而易见的。民族本身就是文化的载体。在我们认同中华文化的共性之际,则需要对现象作更深层的分析,这是研究的深化及对认同的进一步肯定。而辨异,则立足于"多元"之上,关注多元与一体的关系。

一般来说,从大的区域上辨异,我们大致可以看到中华文化的三大色块。当中最大一个色块,自然是黄土地上的农业文化。它是以中原为突出代表的,可谓农耕文化区。长城以北、阳关以西,则是大漠与草原上的游牧文化,而东南沿海一带当是蔚蓝色的,即海洋文化区域。当然,这三大色块并不是截然分开的。各大色块交互之处,自然会出现边缘模糊的状况。无疑,农耕文化的色块是最浓重的,无论是其面积、人口、自然资源乃至文明程度,都有着显而易见的较强势能。这一色块上的文化模式,无疑是以小农经济或自给自足型的自然经济为基础,以儒家正宗观念为主导,并且相当稳固。

中国古代的文化冲突,其主调恐怕是游牧文化与农耕文化的相互碰撞——长城便是这一历史的产物,无论是"五胡乱华",还是元兵南下、清兵入关,均是强悍的游牧民族长驱直入,横扫天下。但到后来,他们仍不得不以中原文化为尊。于是,便有了两千年的"武力南下、文化北伐"的中国文化演变的大格局。武力南下者也被厚重的中原文化给融合了,有的甚至丧失掉了自己的族属及名称,消失在大汉民族当中。毕竟,游牧民族的文化相对滞后一些,武力是不可以征服强势文化的,相反,文化却可以化解武力。

正是这两种文化的冲突,造成了中华文化的起伏跌宕,乃至往复循环。最典型的莫过于魏晋南北朝及清代了。一个落后的游牧民族在征服了一个业已腐败得相当严重的王朝,却把这个王朝的正宗文化当作先进的文化重新祭起,并试图注入活力,从而再苟延残喘地来个回光返照,却严重地拖住了历史的后腿。

这种局面,直到另一个色块的文化有了发言权后才真正得以改变——这便是海洋文化区域的崛起,也是李鸿章所惊呼的"三千年来未有之变局"。太平军,首先在南方发难,直逼中州,虽功败垂成,但在改变三千年中国文化格局上却是"先声夺人"。随后的康梁变法、辛亥革命,均可称在南方启动或因南方而启动,从而最终改变了昔日只由游牧民族武力逞威的历史。

于是，原先绿、黄（游牧区草原与黄土地）交互的色彩，也就让位于黄蓝交互的色彩了。虽然这蓝色的浓淡仍不确定。这便是中华文化在大的色块上的反差：绿、黄、蓝，先是绿、黄为主，而后则是黄、蓝为主，作为边缘的绿、蓝先后都往中心浸润……现在，前者已让位于后者了，而后者也由昔日的隐性、弱势转向显性、强势。

大的反差如此，具体到各自区域呢？游牧文化区自有新疆、内蒙古这样较纯粹的游牧文化区及东北、陇宁半牧半农文化区。而农业文化区，以黄河中下游为中心，延伸到长江中下游，本身也呈示出多个层次。这里，我们着重来看海洋文化区内的落差。

海洋文化区，当包含吴越、闽台与岭南——近日，有不少学者力主将岭南内涵延伸，称之为珠江文化。作为其边缘地带的吴越文化区，应算是半海半农的文化区域。因为那里与农业文化区几乎没有阻隔，况且历史上从中原位移过来的族群一直占有优势。所以，连他们的学者，也只敢自称为"海洋农业文化"，究其实质是想把二者糅合起来。这恐怕跟那里的实际状况是相吻合的，甚至可以认为，其农业文化的比重还大一些。到了闽台文化区，海洋文化与农业文化是并重的，二者平分秋色，所以，闽台人"义利并重""学商并举"，可见其人生观、价值观处于平衡之中。

再往南的岭南或者具体到两广的广府文化区，情况就迥异了。这里黄的色彩已淡化很多，其主调是湛蓝色的了，即海洋商业文明占了主导地位。所以，近代的"大变局"，则全在此启动。

无疑，岭南，主要是广府，在海洋文化的三个区域中，它的海洋文化色彩是最为浓重的——当然，即便在岭南，同样也存在文化的落差。这便是潮汕文化与客家文化。潮汕文化实际上是闽台文化，这就不用多说了。客家文化作为最典型的移民文化，是中原文化的板块位移下来，形成的一个个"文化岛"（姑且借用一下"方言岛"的用法）。尽管其根仍是中原文化，但亦已受到海洋文化相当大的影响。所以，从总体来说，岭南的海洋文化特征是最为典型的。这应得益于南岭。从文化区域的视角来看，恐怕很难有比南岭造成的阻塞，更大地造成内地与沿海的文化质态的落差——于吴越，并无高山大岭之隔；于闽台，武夷山也不如南岭。至于长城划出的游牧与农业文化的落差，恐怕更模糊了。这也许正是岭南之福、广府之福。在封建大一统的钳制下，这里的文化能保有较大的自由度，正可谓"山高皇帝远"。岭南海洋文化色彩之所以较吴越、闽台更明显，这无疑与南岭的阻隔有很大的关系。但也正因为南岭的阻塞，使得岭南对中原的影响才那么微弱，几乎引不起关注。除了要钱、要珍宝时，帝王们才想起这里乃是"天子南库"。这是幸运还是不幸，姑且不予评说。但这也说明，作为中华文化中的海洋文明成分，在相当长的历史时间内，是处于一种蛰伏状态或"隐性"地位。它虽然存在，但没产生多大影响，更别说产生辐射。当然，不能否认它的存在，如果没有长期的蛰伏，它是不会在相应的气候下勃发起来的。只是它对于整个中华文化格局而言，暂时处于弱势。但没有弱，就不会有强——强须由弱转化而来。正如梁启超所言，广东人，对内呈弱势，对外却充满了竞争力。他们善于在大海中当弄潮儿，却每每望山兴叹。换句话说，对封建大一统的帝制，海洋文化暂时只取守势，可在海上丝绸之路上却如鱼得水，迭创奇功。所以，弱势、强势也是相对而言的。显性与隐性同样也是相对而言的。在世界上众多的典籍中，广州作为一个国际贸易的中心，确实被描写得相当精彩。如果它对于内地早早表现出自身的强势，那中国历史可能很早就会被改写了，而不至于在近代如此落后挨打。

这里来说"三千年未有之变局"，李鸿章是有历史眼光的。三千年曾有过的变局是什么？那便是前边所提到的武力南下、文化北伐。遗老遗少们总是抱着自己那食古不化的观念，认为博大精深的儒家文化，总能化解掉只靠武力逞能的草原骑手们。到头来，还是儒家文化一统天下——无论当权的是胡人、蒙古人还是满人。不管怎样，历史上怎么发生战乱，到最后还得由中原正宗文化来收拾天下，三千年皆是如此。

可是，当李鸿章说这话时，情况却大不一样了。

这回并不是胡人什么的，而是地地道道的汉人，他李鸿章犯不着这么大惊小怪吧？可是，他看到的已不是什么人的问题，而是整个中华的帝统能否延续下去而非简单的改朝换代的问题了！过去游牧民族入主中原，不仅为中原文化所"化"，而且，无论是"酋长"还是"大汗"，总归与皇权一脉相通。这样，"道统"也就不至于中断了。三千年恒久不变的，正是这种"稳态"的皇权政治。

可来自南方的发难，却完全不是那么一回事了。

海洋商业文明带来的，是全新的平等，不是一人之下人人匍匐的平等。它无视帝王的权位——早在几百年前，广州就有人提出改所谓的"贡舶贸易"为公平的商品交易。这在事实上已对皇权提出了挑战，由此带来的自由、民主观念，就更是大逆不道了——别指望日后还可以把这些"化"掉，重新回到"道统"上来。可怕的就在这里。恰好岭南或广府人，最能接受的便是这些，并以此为武器，为最终结束三四千年的"帝统"作出了很大贡献。

海洋文化的实质与表现，就是这样与曾数度威胁过中原文化的游牧文化如此地不同。三千年不改的历史走向，势必也有了根本的"变局"，难怪李鸿章惊呼！

其实，三千年才发生这样的"变局"，实在是太晚了。

但是，广府文化作为中华民族文化三大色块中的蓝色主调，毕竟从"隐性"走向了显性，由弱势成为强势——这是历史的大气候所赋予的。它注定要在中华文化的大格局中脱颖而出。虽说它早已名播海外，在海上丝绸之路上搏击风浪已久！

面对昔日中原的权力轴心——君臣父子尊卑有序等理念，它当日自然是不会有什么竞争力的，且早被视为"南蛮"了。可现在，挟海洋文明与世界先进文化的骀荡长风，它却可以大展拳脚，有了用武之地。蕴积在其深处的众多特质，都可以充分地展示出来，一时间是何等的壮观。

珠江文化，首先是与整个中华文化的形成分不开的。相对而言，它是整个中华文化主体的另一面，也是中华文化的一个重要组成部分。离开它，便不可能谈中华文化。同时，由于它是与世界文化较早接触的，并且世界文化通过它对中华文化产生深远的影响，珠江文化或广府文化的形成与发展中，与世界文化的浸润、融合也是分不开的。因此，研究广府文化，同时也得结合外来文化来予以探究。平心而论，广府文化在吸收世界文化、融会多元文化上，是颇为典型、较为成功的。

所以，在中华文化一体化的运作中，广府文化也与世界文化产生互动。无疑，它属于一体化中相当出色的部分，但仍保留了自己的个性色彩。同样，在与世界文化的互动中，它也并没有失去主体性，仍相应地守护了中华文化的边界。也正是与中华主体文化一体化的进程中，它与世界文化的交融才溅射出了璀璨的光辉，成为世界认识中国的一座无以替代的桥梁。

因此，我们在研究广府文化的形成与发展历史时，首先注重的是中华文化对其的浇铸与定型，使之有了相对恒稳的文化内核，从而又不断地吸收外来文化——从亚洲文化到世界文化，进而转化为自身的曲折过程。

著名史学家吴于廑，有过关于从国别史到世界史的精辟论述。从较为封闭的部族，到州郡；从某个地域到全国；由国家，到各大洲，一直到全世界。这正是文化与历史共同的演进过程。作为广府，从其先民部族与中原汉人的融合，一直到汇入中华整体文明之中，与亚洲、世界的互动大体上是相一致的，而且在不少历史阶段中也是同步的。但并不能因此一概而论。任何一个地域文化之所以有自己的特色和个性，恰恰在于其不同步的地方，正是这种不同步才使其更有研究价值，使之不可以被抹杀。如果简单地把一般的历史阶段、发展规律硬套在上头的话，恐怕世界也就不成其为世界了——世界正是由于有着千差万别才成其为世界。

没有异质便没有整体，没有个别也就没有一般，没有边缘同样便没有中心——这对于广府文化而言，可以说是至关重要的。因为广府文化的异质性、独特性、边缘性是极为突出的。由异质转化为本质，由独特形成一般，由边缘走向中心，这正是今日广府文化之所以引人注目的地方。这也许是中国其他地域文化所不能相比拟的，以至在近代它深刻影响了中国的整个历史进程，让人大觉其似乎是"后来居上"而耳目一新，从而"重新发现"了它——中国竟然还有这样一类文化，又似自身，又不似自身，早已存在，又似乎刚刚呈现……

探索广府文化的历史进程，不能不注重这几点演进。

为此，在中国文化演进的进程中，我们先尝试勾勒出广府文化与之同步和不同步的相应轨迹或节点，以让读者有着大致的、宏观的把握。

先秦时期，中原各国文化的相互碰撞、交融激活出"百家争鸣"这一中国文化史上最早最光辉的一章。它与古希腊的鼎盛时代几乎同时发生在欧亚大陆两端，一同在世界文明史上相映生辉。可以说，这一时期，中华文化得以浇铸并定型，开创了今后两千多年的思想史、哲学史、文化史。此后中国任何一个文化流派的出现，均可以在此找到它的"根"来。

尽管这个时期，"越人"也向周王朝献上过木舟，中原的青铜器亦有流入珠江流域，但是，这个地区的文化应当说还不曾参与到中原文化的碰撞之中。珠江流域尚属"化外之地"，还处于相对隔绝的历史阶段——当然，也可以说已经有了自己的文化——水的文化、舟的文化、海洋的文化，且不同于中原文化。但这种文化也还处于混沌的阶段，不足以影响中原。因此，在这个意义上，在中华文化发展的第一个重要历史阶段，两广（这也是后来才得名的）地区可以说是"缺席"了的。也就是说，不曾与之同步，而在走着自己蹒跚的步子。哪怕传说中的"番人"也是从中原来的，而且属于黄帝后裔中的一支，也一样与"百家争鸣"没有关系。

当汉武帝"罢黜百家，独尊儒术"，了断中原文化"百家争鸣"的局面之际，中原的儒家文化才在经"筛选"后强势地进入了岭南。这时才与岭南相对滞后的文化发生碰撞。此时期岭南府治由番禺北移至广信，于是，广府地区才有了一个独特的文化"广信期"——而这已不是中原文化百家争鸣的延续了，而被定于儒学一尊。所以，广府文化不可以与中原文化发展作相应的比较，它们同样是不同步的。

但这个时期对于广府而言是非常重要的。作为文化的载体——粤方言可以说是形成乃至成熟于这个时期，其书面语言规范于中原汉语，而口头语言则相应存在有大量的古越语——直至今天也没多大改变，而广府文化也同样由此被"汉化定型"。所以，对广信期的研究尚有大量的工作可做。对于这个时期对广府民系、文化产生的影响，可能会有不同的认识，产生不同的观点。但有一点，它是绝对不可忽略的，而过去对其未曾注意到则是相关研究的一大疏忽。

魏晋南北朝时期，华夏文化已超出了中原文化，形成南北文化大交汇的格局。先是北方民族南下入主中原，形成南北对峙的局面；而后中原士族举室南迁，在江南形成新的文化重心；随后则发生了文化的北伐……于是，古汉族的面目得到了更新。其间，文学艺术更出现了鲁迅所称的"自觉的时代"，出现了文化史上不亚于先秦"百家争鸣"的昌盛。在这次南北文化的激荡中，广府地区成了南方文化的重心，不少南方的著名文化人都曾在这里崭露头角、大展才华。可惜，过去对这一阶段的研究，对这些名人如何"开吾粤风雅之先"，似乎还没有多少有分量的研究。

同时，我们更要看到，在这个阶段，府治由广信移回广州，从而使广府文化从被动接受转向主动发展——尤其是在吸收外来文化基础上所获得的长足发展，意义重大。如果说内地正是南北文化交汇之际，这里却已与整个亚洲文化早早"接轨"了，所以，这里同样也成了中外文化交流的重心。

如果说，中国的南北文化交汇以及中国文化与亚洲文化交汇，尚呈现出相应的两个阶段的话，那么，在广府地区，它们却已经是无法分开、浑然一体了。这里不但有同步，而且还超前地比内地更早接受了亚洲文化，进而影响内地，带动随后的隋唐文明的发展。

可以说，隋唐文化已远远超出了南北文化交流范畴，是整个亚洲文化的大交融。这是对中国文化一次强有力的激活，盛唐文明雄踞于当时世界之首。其时，因为有广府的海上丝绸之路的畅通，西域文化、印度文化被源源不断引入，人们的生活方式和观念形态较之以往大相径庭。鲁迅称"其实唐室大有胡气"，宫廷音乐十之八九大都是外来的。唐诗更云："夷歌数处起渔樵。"此间，被誉为"坐集千古之智"。此际，广府文化也到了它的兴盛时期，广州的海外贸易高潮一个胜过一个，早在唐代便确立了一整套全新的市舶管理制度与经营方式，书写了中国外贸史上划时代的一页。到了宋代，广州更成了全国最大的港口城市。

宋朝积弱，游牧民族几度入主中原。在广府地区，出现了一个颇为独特、值得玩味的"珠玑巷时期"——这个时期是以一则民间传说为标志的。这个时期，可以说是由宋末元初，一直延续到了清代中后期，即鸦片战争爆发前后。关于民间传说，后面将有专文阐释。

一直不在乎自己是"粤人"还是"汉人"的广府人，此时却借这个传说，强化自身作为"汉人"的身份。而且，在两次抗击游牧民族南下（元军与清军）之际，他们比内地的汉人更为激烈，做殊死的拼搏。他们为此强调自身作为汉民族的血统，显然要捍卫的是进步的、发达的文明——沿海工商业的发展，无法容忍一个落后的游牧民族的蹂躏。中国文化科技的滞后，由宋代的领先到清代的落后，一定程度归于这两次浩劫。当然，不可以这么简单作此归结。所以，对于这个时期广府人心态的复杂性，大有探究之必要。否则，便不会有以此时期作为广府人"开基"之说了。

近代，对于中国来说，是中华文化与世界文化的又一次大交融与新的激活。这一过程，迄今仍在进行之中，其中不乏血腥和痛苦、战争与灾难。但是，没有这次激活，中国便无以取得在世界上立足的资格，从而赶超国际先进水平。无论是洪秀全的"拜上帝会"，还是孙中山的民主革命，均是从异邦引进的"舶来品"。中华文化在近代受到了严峻的挑战，经历了严格的考验，甚至到了生死存亡的时刻，它能否再造与更新，如凤凰涅槃一样。正是广大仁人志士的流血牺牲、顽强拼搏、艰苦奋斗所要叩问的……人类的历史上文明一个又一个地兴起，一个又一个地走向寂灭。中华文化，这硕果仅存的古代文明，是否也该在近现代终于走向了尽头？

也就是在这个时候，广府文化终于在中华文化的更新与再造过程中扮演起十分重要的角色。太平天国运动在它与客家文化交互之处爆发；戊戌变法，更是广府人康有为、梁启超当了主帅；孙中山亦是在广府腹地——珠江三角洲中出生的，且广州成了辛亥革命的策源地……而到了今天，广东则成了中国改革开放的前沿，成为最早的"试验田"与"经济特区"。[1]

那么，我们就沿着这一线索，去研究广府文化的形成、发展与兴旺，尤其是它对中华文化的历史性贡献。同时，也对它担当的角色予以定位，揭示其本质与特色，看它在今后的发展中独具的魅力与巨大的能量。

一、番禺时期——北方的天，南方的地

西方学者称，铜是一种专制的金属，而铁则是一种民主的金属。他们讲的是，炼铜的技术与要求都高，只有有权力者才做得到，权力便高度集中到了专制者手中。而冶铁技术，则一般人都能掌握。所以，从铜走向铁，社会权力开始分散，一般人家都可以冶铁了。由于铁器的普遍化，生产力也得到了长足的发展——在西方，城邦民主制得以产生；在中国，出现了春秋战国时期百家争鸣的局面，出现了大动荡、大变革的伟大时代。古代的思想文化第一次有了繁荣兴盛的万千气象。

据史籍记载，正是在这个时期，冶铁技术迅速得到提高。由于发明了"橐龠"（一种鼓风的皮囊），提高了炉温，质量较为上乘的铸铁得以炼就。于是，冶铁的手工业基地开始遍布中原各国——以铁器发展为推动，兵器进步了，农耕发展了，水利灌溉业也得到了促进，手工业更日趋兴盛。这样一来，商品经济活跃了，货币也加快了流通——各国均已有了铸币。其间，鲁国实行了"初税亩"[2]，也就是承认了私田的合法性，私田公田一律纳税。《墨子·贵义》称："今农夫入其税于大人。"他们不再似奴隶般被束缚于井田之上，有了一定土地与自由了。到了商鞅变法之际，秦国更"除井田，民得买卖"[3]，土地可以自由买卖了。由于经济上的变革，政治也废除了"世卿世禄"。文化上，更出现了"诸子蜂起""百家争鸣"的局面。中国文化最初的铸造便是在这关键时刻。老庄、孔孟、墨子、邹衍、公孔龙……我们可以列举出一系列几乎是与同时期古希腊的苏格拉底、柏拉图、亚

---

[1] 参见谭元亨《中国文化史观》，广东高教出版社，1994年版。
[2] 《春秋·宣公十五年》。
[3] 《汉书·食货志》。

里士多德等思想家、哲学家一样声誉卓著的文化大师。

文化的融合是这一时期的主旋律。如战国七雄相争之际，赵武灵王为富国强兵，力主变法，采取胡人的军事技术。反对者称唯有本土文化是圆满无缺，无须外求的，否则，便是"变古之教，易古之道，逆人之心"①。而赵武灵王则称，文化的主要功用是"利其民而厚其国"，"果可以利其国，不一其用；果可以便其事，不同其礼"②。凭此，赵武灵王方把赵国的疆土拓展至"北至燕、代，西至云中、九原"。

中原文化这一辉煌的激活，波及珠江流域时，已是秦统一中国之际了。当然，"禹之时，天下万国，至于汤而三千余国"，到周朝，"昔者周盖千八百国"。是否包括珠江流域，各有说法。但是，"南越"一词，始见于秦汉史籍，《史记》中称之为"南越"，《汉书》则称之为"南粤"——广东至今简称"粤"，便是由此而来的。

而在这之前，中原人对岭南民族的称谓很多，有百越、扬越、外越、陆梁、西瓯、骆越、瓯越……它们均是对聚居于珠江流域或当今两广的越人的称谓。越人"削发文身"，与中原迥异。屈大均在《广东新语·鳞语》中便有"南海，龙之都会，古时入水采珠贝者，皆绣身面为龙子，使龙以为己类不吞噬"。可见这是另一类习俗了。

百越近邻为楚。楚人"信鬼神，好淫祀"，与孔子所在的中原"子不语怪力乱神"已经有所不同。楚文化对岭南的浸润，应是在秦五十万大军下岭南之前便有的。有人认为，番人是经中原到江西而到广东的，在西周后期与越人融合，成为百越的一支。但不管被认为是"黄帝后裔"的番人，还是被楚文化浸润的后人，在秦大军南下之前，他们唯有被吸收、化合，成为百越的一部分。也就是说，百越仍保留自身的独立性与巨大的化解力，不曾完全认同于中原文化。

广府的"五羊"图腾，同样迥异于中原。相传在周朝，广州一度灾荒不绝，田地荒芜，颗粒无收，幸一日南海呈现五彩祥云。有五仙着五彩服，骑五彩仙羊而至，由羊口衔一茎六出的稻穗，降临"楚庭"——广州最早的地名。仙人把稻穗赐予这里的人民，并祝此地永无饥饿。而后仙人飞逝，留下五只仙羊化为石，留在越秀山坡。从此，这里便成了岭南最富庶的地方。"五羊衔谷，萃于楚庭"，古之神话多少可以折射出当日的文化、经济状况。③ 而"楚庭"一称，据旧志记载，则是周惠王时南海臣服于楚，作楚庭以朝，故以此得名。"五羊"是来自南海，而非中原，这也说明了当时的一种文化心态。

---

① 《史记·赵世家》。
② 《史记·赵世家》。
③ 见（明）黄佐编撰《广东通志》卷二百十六；同治年间重修《广州府志》卷八十八中《五仙观》条；屈大均《广东新语》。

我们还可以引用很多考古发现、古代典籍，以证明当时的百越文化作为珠江文化或广府文化的母体或基础，是相对独立于中原文化乃至楚文化而形成并发展起来的。其文化特征，也同中华主流文化或中原文化不完全一样。我们首先确认这一点，方可以对后来众多的论述或推断作出符合逻辑的阐释，如粤方言中至今仍有大量的口语是无法用汉字来表述的，且不说传统习俗、民间百艺等各方面了。

这是广府文化孕育或滋养的初期，它与自北方位移下来的客家文化有着不同的根源。以至于到了现代，一些著名的广东学者仍把"粤种"与"汉种"截然分开——如黄节所称，某一民系"非粤种，亦非汉种"[①] 云云。所以，真正要寻找、追溯广府文化的源头，不能不与古代百越联系在一起。甚至有人认为，哪怕是"番禺"，亦可汉译为"布越"。这是按壮语而来的，而"布"在壮语中即为村，故"番禺"可译为"越人之村"。[②] 当然，还有更进一步的阐释，这里就不赘述了。

在秦五十万大军入岭南之前，乃至其后相当长的一段时期，岭南一直盛行的是多元政治制度，有着相对独立的政治文化格局。这对于保留与形成地方文化风格无疑是有好处的。及至秦汉在岭南建立了政权，其政权色彩也非北方的大一统，南方的多元政体仍延续了下来。其时，广府地区并没有作为封建集权的中心，各个氏族或部落仍各自为政。包括"楚庭"的设立，更多意义在于其之象征性，而不存在这么一个所谓的首府。所以，广州作为广府文化的腹地，是日后历史发展形成的，并不一开始即如此。《后汉书·南蛮列传》中称："吴起相悼王，南并蛮越，遂有洞庭、苍梧。"由此可以清晰地看到，楚地在今湖北，"南并"至洞庭、苍梧——苍梧之野，也只到南岭，并未真及南岭之南的"蛮越"，故"楚庭"只具有象征意义。当然，这并不妨碍春秋战国时期有不少文化物品如青铜器类陆续流入岭南，这有不少出土文物为证。但这些青铜器更多是百越文化的产物，或是经百越文化流变后所铸造的，如三撇足的"越式鼎"等。

正当中原"诸子蜂起""百家争鸣"，从而奠定了中华文化的坚实基础之际，春秋战国的文化浪潮，并没有太多波及当今广府文化所在的"南蛮"之地，使这里的百越文化发生根本性的变化。它充其量只是或多或少、直接间接地接受了楚文化与中原文化的若干影响。这里的文化还是按照自身的模式在运行着，而遥远的中原，始终笼罩着一种神秘、迷惘的色彩。所以，中国文化的第一次大激活中，这里并没有担任过任何角色，甚至不曾厕身其间。此时它还是"化外之地"，留待后人的认识与新一轮的开发。它在中国文化第一次激活中"缺席"了。

这个时候的文化，只稍为列举一些，便可以看出与中原文化的距离。

[①] 黄节：《广东乡土史》，上海国学保存会1905年版。
[②] 莫俊卿：《试论古越人与壮侗语诸民族的渊源关系》，见《百越史研究》，贵州人民出版社1987年版，第132–171页。

首先，它是一种"水文化"。珠江三角洲也罢，沿海也罢，这里的古人无时无刻不在与江河、海洋打交道。所以，他们的经济生活以渔猎为主。广府先民，正如《淮南子·原道训》中所说的："九嶷之南，陆事寡而水事众，于是民人……短袂攘卷，以便剌舟。"又有《海内经》云："帝俊生禺号，禺号生淫梁，淫梁生番禺，是始为舟。"可以说，从一开始，"水"与"舟"便是广府先民文化中须臾不离的内容。

文身文化，也是与中原相迥异的。广府先民，抑或是南越族，断发文身，是很流行的。如前所述，学者认为，为了下水以迷惑蛟龙，故有纹鳞的需要。直到今天，某些人群，这种文身的习俗并没有完全消失。可以说，这也是"水文化"的延续。

同样，这里的建筑文化也是"水文化"的折射。秦汉时期，这里的先人盛行住"杆栏"式的建筑。这如同把水中之舟支起在陆地上一样。广州西汉前期的墓葬中，出土的陶屋、陶仓、陶等建筑模型，大多数均是杆栏建筑。连广州出土的若干汉代木椁墓，椁室同样分为上下两层，分明是仿效活人居住的杆栏建筑。从水上走到陆地居住，也就自然而然地把水上的习惯带过来，把房子搭在半空中，下边一截可以防水、防潮，也防蛇、兽的侵害。

至于饮食文化，就更明显了。迄今，广府人仍有吃鱼生的习俗，讲究生猛鲜活。过去，广府先民好食蛤贝，这不难理解，居住地便是江河湖海，水生食物居多，包括吃蛇也是如此，戏称"吃蛇一族"。出土文物中，陶器上的压纹也大都是水波状、鱼状，甚至发展至方格状、曲尺状及米字。这同北方地区出土的彩陶、黑陶有所不同，自然也是与"水文化"分不开的。

当然，还有其他方面与中原迥异。如流行"凿齿"的风俗，即拔牙，以表示成熟或婚嫁。以鸡骨占卜，而不似中原用龟牛骨占卜。部落战争中，倚重于铜鼓，以象征权力……凡此种种，无论从文化的表征与特质而言，它与中原文化均大异其趣。

所以，秦发五十万大军南下，也不可能在很短的时期内把这种已形成的文化作根本的改观。然而，这次发兵无疑是中原文化南下的一次最具规模的冲击——也就是说，岭南终于赶上了中国第一次文化激活的余波。本来，秦统一中国，"焚书坑儒"，"偶语《诗》《书》者弃市，以古非今者族"[①]，使已经承继了第一次激活的成果被扼杀了思想文化的活力，实际上结束了中国文化第一次大激活。

公元前219年，秦始皇派尉屠睢率五十万大军，兵分五路，向南方进发。其中，四支兵马都未能深入到岭南腹地，一支驻扎在江西余干，一支扼守在江西南野（今南康），一支占据了九疑要塞（今湖南宁远境内），一支把守在镡城之岭

---

① 《史记·秦始皇本纪》。

（今广西桂北越城岭）。只有一支直下湟溪，顺北江而打到了番禺。由于这里处于多元化的政治格局，各属自己的"君长"，互不统属，力量分散，因而迅速被各个击破。所以，进军可谓势如破竹，但日后却不好过——分散的、潜伏的反抗，让占领者疲于奔命。加上越人熟悉地形，也擅长水性，让北方来的"旱鸭子"无以应付，以至主帅屠睢也阵亡了。

南岭就军事而言，是个巨大的、难以逾越的屏障，秦军的后勤供应遭到了严重的挑战。于是，一次中国文化史上的壮举——当然也是经济、军事上的壮举，在此启动了。这就是开凿沟通了南北两大水系——长江与珠江水系之间，即湘江与漓江之间六十里长的水道——灵渠。舟楫可从长江入湘江，又从湘江经灵渠进入漓江，而漓江更汇入西江，可直达珠江三角洲腹地。这样，通过水运，解决了南下秦军的后勤问题，秦军被动的局面得以改变。加上新任的主帅任嚣、赵佗等不但善于用兵，也能和辑越人。于是，秦军迅速在军事上取得了胜利。从此，岭南地区纳入了大一统的中央王朝的版图之中。

岭南平定之后，秦设置了南海郡（当今广东的大部地区）、桂林郡（当今广西大部分地区）及象郡（今越南北部与广西一部分）三郡，并且把其政治文化或官方文化直接加于岭南，正所谓"并一海内，以为郡县"，把中央集权制加于岭南。在岭南设三郡后，又由南海郡来统治三郡。

但是，秦始皇也意识到"山高皇帝远"。他对岭南的控制鞭长莫及，岭南与中央王朝的联系也困难重重，当地人的反抗也此起彼伏。于是，他一方面在南海郡不设郡一级的最高长官郡守，因为这是新置郡，官制一时难以完备。另一方面，他又赋予南海尉相对独立与专断的权力，集军、政、财权于一身。这种无其名有其实的委任，也是煞费苦心，不让其自以为尊，却又给其以特殊政策，目的是加强与巩固中央王朝对岭南的统治。然而，这么做，却又埋下了分裂的伏笔，客观上为日后出现割据的南越国提供了各种有利的条件。

南海设郡后，秦王朝又采取了"屯垦戍边""筑道设关""谪戍移民、与越杂处"等一系列措施，以同化、归并这一方土地，巩固大一统的成果。于是，在五十万大军之后，岭南出现了第一次最大的移民潮，赵佗"使人上书，求女无夫家者三万，以为士卒衣补。秦皇帝可其万五千人"①。其中，仅女子便有一万五千人来为留戍的士卒补衣，可见士卒之多。而专门"谪戍移民"更有十多二十万人。无疑，这些人浩浩荡荡来到岭南，也带来了中原的文化成果。

短命的秦朝迅速陷入了战乱之中。南海郡尉任嚣，采取了"自备，待诸侯变"②的政策，从岭南的历史与地理环境出发，拿出了一个划地自守、割据南越的设想。这一设想显然与南越历来远离中央政权之外的历史文化密切相关。任嚣

---

① 《史记·淮南王列传》。
② 《史记·南越列传》。

病危，即嘱托与他一同南下的龙川令赵佗："……番禺负山险，阻南海，东西数千里，颇有中国人相辅，此亦一州之主也，可以立国。"①

赵佗在任嚣死后，接任南海尉，即把任嚣的设想付诸实际。他派兵守住了向北的关隘，阻止了战火向南蔓延，并迅速吞并了桂林郡与象郡，且趁中原楚汉相争之机，在岭南建立了南越国，定都番禺，自称为南越武王。

在这里，我们不难看到文化的双重走向。正是百越文化的多元性，促使了南越国的割据与独立，为岭南赢得了近一个世纪的和平时期——这是作为异质文化离心力而产生的结果。然而，立国保持了政权的稳定，由中原承袭来的政治文化、官制及治国思想，又在这里得以体现——从历史文献及出土文物可以看到，赵佗在南越国实行郡县制，其官职体制与秦汉中央朝廷是基本一致的。这样一来，中原文化的许多方面都渗透到了整个管辖区域。换句话说，"官文化"已是中原的了，"野文化"才是本土的，是"北方的天，南方的地"了。

可以说，这是百越文化或土著文化第一次出现了根本性的转换，也可以说是广府文化正式形成的先声，有了"汉化"的色彩。它正是在中原的礼仪文教与制度文明的直接加入下来了一次重铸与再造。

赵佗本人，一方面仿效粤俗，椎髻箕倨，自称为蛮夷大长，提倡土客通婚，以取得土著的认同——包括自立南越国。同时，他又主动传播中原的制度文化，以及操作推行中央王朝的各种礼仪。如他倡导的"三老五更"礼便是从中原引进的，即对70岁以上的长者赐杖，建立敬老尊贤的良好习性。南越王墓中出土的乐器，也大多属中原汉乐系统；另出土的6个玉雕小舞人，也是中原舞蹈的装饰与舞状。②

由于赵佗治理有方，当地经济发展也相当快。及至西汉末年，番禺成为中国19个著名的都会之一，成为海上贸易商品重要的集散地，其基础可以说是赵佗及南越国之际确立的。

可以说，这是广府文化的初创时期或称番禺期，它的底色仍然是南越的，但已绣进了中原文化与楚文化的金线银缕。它仍然是多元的——直至今天也是如此，只是各自的比重有所不同罢了。这自然是文化大激活余波中一个小小浪峰。

应当着重指出的是，南越族有自己的语言，与中原汉语完全不同，在基本语汇及语法结构上相去甚远，故有"重译乃通"一说。赵佗立国之后，促进了两种语言的交流。口头语、野语自是南越语，而书面语、官方语已是中原的了。这种语言重叠的风貌迄今在粤语中仍可以找到。至于南越族过去是否有自己的文字尚待考证，但中原汉字作为一种强势的语言符号在这里立足，自是借助于官方的能量。粤方言如今除保留相当数量的越土著口语外，亦含有中原的若干古音，这也

---

① 《史记·南越列传》。
② 参见广州文管会等编：《西汉南越王墓》，文物出版社1988年版。

是那个历史时期留下的语言痕迹。

总之,作为"番禺期"的珠江文化或广府文化之形成,是在中国春秋战国第一次文化激活之余,于中原文化南下,借助于统治手段、文化措施、国家职能诸方面,与本土文化交融的结果。它虽然滞后于中原文化的全盛期,但仍不乏自身的特色并长远地影响了这一区域文化的定型与发展。

二、广信——广府族群的"汉化定型"

汉朝的鼎盛,无疑是由春秋战国时期中原文化第一次大碰撞而激活出来的。《汉书·五行志》中称:

> 汉兴,承秦灭学之后,景、武之世,董仲舒治《公羊春秋》,始推阴阳,为儒者宗。①

寥寥几行字概括了"汉兴"的思想进程。董仲舒"罢黜百家,独尊儒术",正是这一进程的结果,由是带来了几百年的稳定与发展。此时,封建中央集权的政治大一统的局面业已形成。西汉初期之所以出现"文景之治",是因为文景二帝及其领导集团,吸取了秦王朝迅速覆灭的历史教训,奉行黄老之术,让百姓得以休养生息、经济得以恢复与发展。到公元前140年,汉武帝即位,在政治上进一步削夺诸侯王的权力,巩固中央集权;在经济上则实施盐铁官营、平准、均输等政策,使国力大大增强。汉武帝不仅取得三次反击北匈奴的胜利,还使西南疆域也得到了开拓,平了南越国,将其归入大一统中,并将府治番禺北移至了广信——当然,这是另有深意的。作为广信期的广府文化的定型与发展,不能不受这个大背景的影响。

汉武帝之所以全盘接受董仲舒提出的思想体系,正是因为它适应大一统的政治局面的需要。他提出了作为统治者的"有为"思想,强化了统一法度——这包括对边域的府治,反对放任"无为",全面总结了秦二世而亡的教训及汉初的弊政。

也可以说,到了汉武帝时期,中国才真正形成了稳固的统一大帝国,使中原文化产生了巨大的辐射,与各地域的文化走向整合与交融。这也标志着变法与统一的最后完成,使中国的历史步入了一个全新的时代。

广府的府治北移至广信长达375年之久,也正是这种稳固、统一的表现。下文将重点阐释这个历史时期的特点、影响与变迁。

375年,并不短的历史,当有很多文章可做,很多问题可探究。但是,随着社会的发展、历史的变迁,"合久必分,分久必合",一个朝代的气数毕竟不可以

---

① 《汉书·五行志》。

长久维持。于是,在汉末出现了大的动乱与分裂,社会秩序大解体,旧礼教来了个总崩溃,思想获得了解放,信仰赢得了自由,人们的创造精神在箍制瓦解后得以猛烈的勃发——正如宗白华所言,在汉末六朝"这时代以前——汉代——在艺术上过于质朴,在思想上定于一尊,统治于儒教;这时代以后——唐代——在艺术上过于成熟,在思想上又入于儒、佛、道三教的支配。"①

人们不难看到,古罗马帝国的覆灭,与汉魏六朝的大动乱,可以说是同步发生的——而且是同一个肇因,因欧亚大草原千年不遇的大旱引发的世界民族大迁徙所致。西匈奴西进的结果是古罗马寿终正寝;中国则是"五胡乱华",西晋灭亡。短短一两百年间,先后建立了20多个国家,史称"五胡十六国"。一会儿是汉人"臣服",转眼便又是胡人"汉化";一会儿是军事南下,转眼又成了文化北伐。中国大舞台上,热闹非凡,你方唱罢我登台的大融合,也由此发生。在北方,北魏孝文帝元宏与其祖母冯太后施行三长制、均田制,以中原政制为参照,改造北魏政权,又改胡姓为汉姓,改胡服为汉装。而被迫南迁的"中州士女",举族来到江南乃至岭南,人口达百万之众,对南方也是一个强有力的冲击——后边将详加叙述。汉民族在融合少数民族之际,同时也吸收了他们不少优秀的文化习俗。伦理中心主义的崩溃、历史束缚的松弛、人格与心灵的大自由、大解放,是这么个悲惨时代的生命呼喊,所以才如此"富于命运的罗曼司"②(宗白华语)。

我们大致归纳了汉代"定于一尊"到汉末及魏晋南北朝"礼崩乐坏"这么一个文化大变迁的历史背景。现在,我们再看看在这大背景下广府文化的演变。

正是汉代"定于一尊"即"独尊儒术",强调大一统或汉化之际,广府的府治由原来南越国所在的首府番禺北移到了临近灵渠的广信。广信作为府治的始终,与此是密切相关的。而随着"礼崩乐坏",三国两晋南北朝中,它几度游移。最终府治还是从广信又重新回到了广州(番禺)。而这时,南北文化的融合尤其是亚洲外来文化的登陆正方兴未艾,"大一统"局面受到了挑战。

沿着这一思路,我们不妨深入加以讨论。

广府的府治,一直是设在广州(番禺)。但是,它却有一次"脱轨",曾一度北移到如今的梧州、封开一带,史称广信,而且长达近四个世纪之久。这似乎是异乎寻常的。历来的解释是,这是权力斗争的结果。这显然是牵强附会,不符合历史发展逻辑的。府治的位移或文化重点的变迁,显然有更多的历史文化因素在内。汉武帝平定南越之际,中原也正出现一次文化格局的变迁。董仲舒"罢黜百家,独尊儒术",确立了儒家文化作为汉文化的主流地位。而被平定的南越,尽管当地的君主是当年南下的汉人,但他们为了安定岭南、取悦土著,尽可能尊重当地风俗,这一来,连他们自己也"土著化"得相当可以了。这些已有不少史料,

---

① 宗白华:《美学与意境》,人民出版社1987年版,第183-184页。
② 宗白华:《美学与意境》,人民出版社1987年版,第183-184页。

在此就不赘述。由于中原文化已"定于一尊",因此,哪怕到了岭南,其"土著化"显然是不能相容的了。所以,让府治尽可能北靠,不仅仅是有军事上的考虑和政治上的需要,同样也是文化上的必然。也就是说,广府府治的一度北移,正是为实现"汉化"的重大战略举措。换句话说,广信期,正是广府文化为中原文化所吸附、改造取得的重要成果。因此,把广信期视为广府文化的"汉化定型"的首要阶段,当是有充足理由的。

我们可以寻溯一下历史。

自赵佗开始,延续了93年的南越国,几番臣服,又几番反叛,终于在公元前111年即元鼎六年,为汉武帝的十万大军所攻破。汉武帝平南越后,将原南越故地分为了七个郡,分别为南海、郁林、苍梧、合浦、交趾、九真与日南。为了"初开粤地宜广布恩信,"在今封开梧州——即贺、漓两江入西江处,设立了其管辖岭南各郡的"交趾刺史部",并给此地命名为"广信"——取"广布恩信"之义。我们可以从地理上看出广信位置之重要——自灵渠沿漓江而下,正是在广信这个地方,进入珠江的主干之一——西江,也就进入了广府腹地。这正是秦五十万大军后勤粮草得以顺利入粤之处。汉武帝设"刺史部"于此,自是一番苦心。若再取番禺作南方的政治中心,显然危机四伏,而将其位于广信这里,则与中央政权相应接近,并易于联系得多。作为中央政权统辖岭南的首府,广信持续了300多年,一直延续到黄武五年(226年),因龙编侯、交趾太守士燮去世,孙权采纳了吕岱的意见,分交州之南海、苍梧、郁林、合浦四郡置广州,治番禺——即历337年后。但不久,吕岱诛杀了拒不成命的士徽兄弟,又撤广州,复为交州。直到永安七年(264年)才又复分交州置广州。

因此,岭南的重心,或者说,真正成为中央政权在岭南的重心,最初应是这300多年的广信。而在过去,番禺虽作为南越国都,但处于多元化状态下。在港口地位上,番禺还不如徐闻、合浦。而在汉代,史载当日的出海港口,是作为军事要塞的日南(今在越南)、合浦与徐闻。班固《汉书·地理志》上便有:"自日南障塞,徐闻、合浦船行……"因此,番禺取合浦、徐闻而代之,应是以后的事情了。

广信时期,也就成了广府文化定型与发展的一个重要阶段。大量的史实证明,当日的广信,是中原文化大规模南下,也是外来文化进入中国的一个最早最重要的交汇点。在漫长的375年间,这里始终是中外文化、南北文化碰撞的热点。这对于广府文化的定型有着相当重要的意义。我们不难看到,正是这个时期内,广信出现了开岭南经学之先的"三陈"——陈钦、陈元、陈坚卿父、子、孙三人。陈钦甚至自命其著作为《陈氏春秋》,可见当日并不以中原文化为尊的傲气。而后的士燮一度游学京师,汉献帝时任交趾太守。《三国志·吴书》中说他"体器宽厚,谦虚下士"。于是,往南方避难的士人,纷纷投奔他而去——由此可以证实,当日广信是南方的文化学术中心,当非虚言。著名学者罗香林曾撰文指出,当时的岭南已成为"中原学术文化与外来学术文化交流的重心",这是经过深思熟虑并反复考证所得出的结论。我在多年前曾撰文一再强调,对汉魏六朝岭南文化的研究,尤其是对岭南一度作为中原与外来文化交汇的重心的研究,实在是太缺乏了。虽说不是空白,但也是不够的。因为这个时期对岭南、对广府文化而言,实在是太重要了。几年后,黄伟宗教授提出并进一步证实封开是岭南最早的文化古都的说法,形成开发与建设"岭南文化古都""西江文化走廊"等构想[①],正与我的研究不谋而合。今日的封开,正是当日广信的一部分或主要部分,另含梧州的东部。广信作为岭南首府的300多年,当有很多古迹可发掘。如今所掌握的资料,与这300多年的漫长历史相比,实在是太少了。

从考古中发现,广信时期,南方墓葬的越式陶器和铜器已基本绝迹,可见受中原文化影响已经相当深了。而南方的土特产,包括外国的铜器、象牙、犀角、宝石、水果,也成批北运,促进了经济的繁荣与循环。而日南、徐闻、合浦与海外的商业贸易交往也长盛不衰,番禺工商业——即制陶业、铸铜业与造船业,亦相当繁荣,成"一都会也"。

而粤语的形成,专家们也认为在广信时期是最关键的。过去学者大都认为粤语出自广州或珠江三角洲一带。而广东语言学家叶国泉(《广东省方言志》主编)与罗康宁在《语言研究》1995年第一期上,发表《粤语源流考》一文,则提出"粤语形成于西江中部",也就是广信一带,从中原传入的古汉语文化,正是在这里作为结合部,与古百越文化结合、交融。语言也逐步发展为一种既具有古汉语特征,又有百越口语特征的语系,从而扩展到了南方各地。正由于广信作为长达300多年的岭南首府,它是完全可以有此功能的。在当时而言,湘、漓水路应是最通畅也是最主要的南北交流的通道。

在湖南马王堆出土的西汉文物中,有"广信令印"一枚。此外,在一幅地图上,又有"封中"二字标于"封水"(也就是今天的贺江)流域。由此可知广信的影响程度。这自然是与经济、文化的发达分不开的。而史料记载,广信所在的苍梧郡人口也高于南海郡近一倍。王莽篡位时,鲁国汶阳士氏也避到广信,后来成了此地的望族。

尽管上面引证的史料,只是片鳞只爪,甚至不成系统,有待日后更多予以集之,但屈大均在《广东新语·诗语》中也有不少处提到:汉武帝时,南海杨孚著《南海异物赞》;孝惠帝时,张买侍游苑池,鼓为越讴;晋时,高州冯融更吸引文华士与为诗歌;梁曲江侯安都,数招文士……"开吾粤风雅之先",可见当日文化活动之活跃了。

[①] 参见黄伟宗:《珠江文化论》,见《当代中国文艺思潮论》,广东旅游出版社1998年版。

综上所述,公元375年及其后年间,广信在岭南作为首府的地位应予以确认。它不仅是经济的中心,而且也是文化的中心。

清代经学家江藩在《炳烛室杂文》中,把广信日后的沿革做了清晰的交代,现摘录如下:

> "黄武七年,割南海、苍梧、郁林、高凉四郡为广州;交趾、日南、九南、九真、合浦为交州,俄复旧,永安七年又分立交、广二州,广州之名实始于此。所以名广州者,因刺史治在广信,乃取县名之一字为州名耳。迨及宋时分广东路、广西路,于是有广东、广西之名实,元、明、本朝因之。汉之广信,今之封川以西为广西,封川以东为广东也。吴以广名州,本于广信,宋以广名路,亦本于广信也。"①

此外,广府文化成为岭南三大民系文化中的官方文化,是与地方的行政机构的设置大有关联的。换句话来说,假若不是制度管理与行政机构的设置,广府文化就不足以成型。当然,制度文化也只能是整个文化体系的一部分。但应该说,在广信及广州设置府治,对广府文化的命名或广府文化中心的变迁,都是起决定性意义的。因此,我们把广府文化的定型期确定在广信和广州作为岭南首府这几百年间,可以说是有允足的依据的。

把首府从广信移向广州,是经过历史反复的。黄武五年(227年)的交广分治,只实行了一年就取消了,直到永安七年(264年)才又成为定制。可见其间还是有争议乃至斗争的。东吴统治者的用意,自是"绥和百越,遂用宁集"。② 番禺于是又成为分治后广州的首府。从此,番禺的地位开始上升,于六朝时超过了合浦与徐闻,成为"海上丝绸之路"的重要起点。广州市郊出土的晋墓砖铭文有记:"永嘉世,天下荒,余广州,皆平康。"于是,这里成为文化人聚居地或避难地。南北文化、中外文化在这里都得到滋养与交汇;还在两汉,南海、苍梧诸郡,已是"风序泱泱,衣冠斯盛"。吴初汝南名士程秉,亦避乱广信,博通王经,著有《周易摘》《尚书驳》《论语弼》等,蜚声杏坛;而北方名儒刘熙,更著有《孟子注》,与程秉等考论经学大义。黄武中,江东最负盛名的经师虞翻,因得罪孙权,徙居广州,"讲学不倦"十数年,"门徒常数百人,又为《老子》《论语》《国语》训注,皆传于世"。鉴于当日玄风日盛,他的学问"传孟学,亦间出道家",开创了以玄释经的风气,把交、广的经学研究推到了一个高峰,左右了南方学术的走向。及至道教创始人葛洪居留罗浮山,更开创了中国道教的历史,影响了日后的整个中国,它浩荡北伐,成为中国本土的宗教,这也是中国第二次文化激活。可以说,在南北文化交融中,如果没有广州这一稳定的南方地区作为退路,后来的

---

① (清)江藩:《炳烛室杂文》。
② 郦道元注,郭守敬疏:《水经注疏》卷37《浪水》。

文化北伐便难以形成。当然，说南方文化北伐，当时主要指江南文化对北朝的影响，因为北朝始终认南朝为"正宗"的缘故。而它在岭南的结果，则为正在逐渐形成的广府文化正式定了型。一种文化形成了基本形态后，也就有了它的边缘效应与辐射功能。所以，在这次南北文化交流、激活中，广府文化不再是消极、被动地承受，而发挥了它的作用，不可以无视它的存在了。

南越国及之前的土著文化，更多认同的是百越，包括国名亦如此。所以，在番禺时期的广府文化雏形中，中原色彩是相当淡薄的。到了广信——广州时期，它已纳入整个中央政权的相对有效的控制中，此时中原文化对广府文化的规范化、定型化无疑是起到了重要的作用。于是，广府文化在接受南来的中原文化之际，中原的社会伦理也被逐渐认同。它在某些方面也逐渐达到了作为中原文化所难企及的高度。但是，广府毕竟只是有一方与中原接壤，而另一方，则与浩渺的大海相连。它同样较容易接收来自外来文化的影响，加上长期被视作"化外之民"，对中原的保守、泥古等传统亦有所摒弃，绝不亦步亦趋，始终保住自己相对的自主性。尤其是大量移民的流入，更使其不断获得朝气与生机。这样对它在未来扮演新的更重要的角色，无疑是起着良好作用的。

因此，我们可以说，广信期的结束是在中原大一统的张力松弛的状况下，外来文化却日益增强所导致的。前边提到的外来文化不多，主要是因为在广信期，中原汉文化的影响毕竟是主流，外来文化的进入尚有一个过程。其间需提到的是东汉建和元年（147年）来到中国的、中国佛教史上第一个佛教翻译家安世高。他是经海路至岭南而后北上的。而百年后就是三国时期。建衡年间（269年），府治已至广州，海路来的僧人络绎不绝，如真喜在广州译《十二游经》等。及至两晋南北朝，广州更是名僧荟萃、寺院林立了——这方面的史实不胜枚举，这也反证了广信期的意义与影响。

如果我们确定了广信期为广府文化定型期的话，有人会问，珠玑巷又算是怎么回事？该怎么看待它流传于民间的？如何看待广府民系主要是开基或形成于珠玑巷时期，而且有相当多的谱牒可以作为证据的这一说法呢？

所谓珠玑巷开基时间已延至宋代，而且是南宋了。如果说，客家民系最终形成或定型于"葛藤坑"或稍后时期，那还说得通。因为那是一个流动的始终处于迁徙中的民系。但是，广府民系至少在主观意识上来说，很少有"移民"观念。他们大都认为自己是本地人，而且有歧视"北佬"的观念。诸如"孬狲"之说，又如顺德大学者黄节也考证了"汉人、粤人"之分一说。因此，不可以轻言广府民系是迟至"珠玑巷时期"才形成的说法，它的形成早得多了。

之所以有"珠玑巷"一说，恐怕同当时的文化思潮密切相关。宋代进入了后儒社会，实用理性风行，比汉代"定为一尊"的观念严重得多。程朱理学对人们的思想钳制也一再升级。所以，强调汉民族的文化传统，乃至于强调自身的汉族血统，就更为迫切了——这也就与"广信期"相呼应了。但广信期是汉文化南下，汉族统治者布"恩信"于岭南。但到了南宋，由于国力积弱，赵宋江山风雨飘摇，作为汉民族的王朝已面临覆灭的危险，这激发起了一个民族的文化自尊。因此，此时南方人包括广府人，反而讲究起自己的汉族血统，这就不足为奇了。

正因为上述的两个主要原因——宋代实用理性思潮以及汉民族王朝处于危亡之间，才有了"珠玑巷"作为汉民族于岭南开基的一说，为的是强调广府民系的汉族血统。

当然，任何说法都是必有一定事实依据的。珠玑巷33姓97户人家南迁珠江三角洲，也毋庸置疑。况且，南岭南麓始兴一带，自南朝起便一直有着中原南下汉人聚居之地，而且相当兴旺发达，一直是重要的城镇与治所。随着宋末的军事压迫，他们再度南下，也是必然的。因此，视广信期与珠玑巷期为广府文化两度被"汉化"定型的历史时期，当非虚言，但具体情况各有不同。后者即"珠玑巷"更多是出于一种理念，并不等同于真正的"开基"，这是应说清楚的，关于珠玑巷，当另处重点阐释。而且，珠玑巷并不似广信，曾作为府治的所在地。它只有理念上的位置或象征性的意义，不具备府治地所代表的实在的作用。

府治地的位置，无疑是代表一种文化的重大变迁，这不仅仅是地理上，而且是实质上的，正如历史上不少国家或民族的迁都一样不那么简单，与军事上、政治上、文化上的因素，以及地理环境、气候等因素，都是有重大关系的。因此，作为广府府治这一次突异的"脱轨"，有必要作全面、深入、科学的论证。其对广府文化的定型与塑造上的作用，无论是高估还是低估，都会影响到对整个广府文化的形成、流向的研究，乃至对其特质的研究。这里，我所言权作抛砖引玉吧。

三、广州——广府文化中心的战略转移

随着东汉末年中央政权日趋没落，统治松懈，岭南的地方势力"坐大"，拥兵自重，广信作为府治的地位也同样岌岌可危了。其时，交趾太守士燮羽翼丰满，朝廷已拿他无可奈何了。史载士燮"雄长一州，威尊无上，震服百蛮"，可见其在地方上的势力之大、威望之高。因此，东汉末年群雄蜂起之际，朝廷为避免割据的军阀染指交州，故特地给士燮下玺书，称：

> 交州绝域，南带江海，上恩不宣，下义壅隔，知逆贼刘表又遣赖恭窥看南土，今以燮为绥南中郎将，董督七郡，领交趾太守如故。

这种做法其实也只具象征意义，士燮又何须朝廷加官呢？况且玺书也是出于无奈，生怕刘表派遣的刺史真的要去管理交州，故需士燮正名。而正名又不放心，只给个"绥南中郎将，董督七郡"，却不敢让他当交州刺史。

三国鼎立的局面形成后，吴国也开始关注起交州的问题了。建安十五年（210

年），江东孙权加士燮左将军职，任命鄱阳（今江西鄱阳）太守步骘为交州刺史，并率大军自湘桂水道南进，击败刘表的部属，夺得苍梧郡，并建立了一支二万人的水师。这时的士燮才接受孙权任命，宣布归属东吴，保住交趾、九真、合浦三郡。第二年（211年），即迁交州治至番禺，筑立城郭，以示对地方势力的安抚。第三年（212年），孙权在建业（今南京）称帝，年号黄武，正式建立吴国。至黄武五年（226年），龙编侯交趾太守士燮病故。孙权采纳了吕岱的建议，分交州之南海、苍梧、郁林、合浦四郡置广州——这也是第一次有了"广州"之名，由"广信"而得名，治番禺。于是，府治重新回到了番禺。

病故前的士燮，的确威风无比，《三国志·士燮传》中云：

……出入鸣钟磬，备具威仪，笳箫鼓吹，车骑满道，胡人夹毂焚香者常有数十，妻妾乘辎，子弟从兵骑，当时贵重，震服百蛮，尉佗不足逾。

这里的"胡人"，当指因海上交往而来的东南亚乃至印度、阿拉伯的商人及因传教、生活而来的其他人等。他死了后，因其家族势力与地方及海外关系结合很紧，吕岱只好分而治之，从交州划出一个广州。吕岱为广州刺史，戴良为交州刺史。而一向与朝廷保持良好关系的士燮家庭，只给其儿子士徽安了个安远将军的头衔，并调去交州南部九真当太守。这一来，士燮家族便受不了。士徽自命交州太守，发兵拒戴良于境外。吕岱诱降，借安抚之机，竟出尔反尔，诛杀士徽兄弟，铲除士氏势力。这一来，另立广州已无必要，于是，又撤广州，恢复原来交州的管治范围。广州此次只存在短短不到一年的时间。士燮家被铲除，"籍累世之恩"的格局被打破，府治回到了广信，似乎又是来自内地的力量的胜利。但是，内地政权与南方地方势力之间的拉锯战，绝不因此而一了百了，尤其是来自海上丝绸之路的强大商业的、经济的影响，更不可能便由此中断。于是，在撤销广州府治的近40年后，即吴景帝永安七年（264年），又再分交州置广州——即不得不又对地方势力"分而治之"。触发这次分治的，是永安六年（263年）交趾的一次大规模的叛乱。这次叛乱，是因太守孙谞贪得无厌、暴戾无常而起的。加上征发丁壮当兵，老百姓不愿远役，故谋反作乱。这年5月，郡吏吕兴等杀了孙谞，煽动兵民，会同少数民族北上向魏国救援，弄得吴国腹背受敌——此番叛乱，后人归结于弊政，即官贪、欺民及滥征发兵丁引起的，这当然是直接的诱因，但其背后的文化动因仍不难看出来。

吴国设立广州后没多少年便亡于西晋了。然而，广州却从此确立下来，一直延续到今天。

我们可以看到，魏晋南北朝之际，南方的商贸发展尤其是与海外的联系，比在广信期要强得多。如果仍把府治设立在远离大海港口的腹地，也就无以把握住这一经济的命脉，可以说，是来自于海洋文明的一股巨大力量，把府治拉回了广州。政治是经济的集中体现，府治的位移看上去是政治的结果，是地方谋反须

"分而治之"所致，但其背后的经济大背景却是毋庸置疑的。"地方势力"本就有经济作有力后盾，否则，何以能"坐大"，而中央政权的诛求无已，正是"官逼民反"——历史的必然结局。

广府文化的中心，由广信重返番禺，称得上是伟大的战略转移。它标志着广府文化走向兴盛与繁荣，第一次在中华整体文化的再造与整合中扮演了重要的、无以替代的角色。

同时，由于中央集权统治的弱化，南北分裂，即便是南朝，对交广地区的控制也远不如前了。这使地方势力能够"坐大"，获得相应的自由发展，长盛不衰。尤其到了六朝时期，广州更成了岭南的经济中心和国内最重要的外贸口岸。无论是经济还是文化上，它在南朝乃至全国都举足轻重。

中国文化第三次大的激活，即在中国发生的整个亚洲文化的大交融，其触发地之一，正是在广州。它使中华文化更加确立了自身的多元格局，而非汉代的"定于一尊"。文化的多元格局的形成，是一种开放、向上的姿态，意味着历史的大踏步前进。

这次亚洲文化的汇聚，我们可以从如下众所周知的事实引入。作为古印度宗教的佛教，始创于公元前6世纪。中国佛教史上第一个佛经翻译家安世高，于东汉建和元年（147年）来中国，正是经海路到广州，而后北上江淮的。他是安息国王科斯老之子，来后通习汉文，20多年间译佛经数百万言，达95部之多。他在广州等地宣传过教义，讲解佛经深得信服，传译梵典，无须转解，"义理明晰，文字允正"，流传甚广，为南北朝佛教的发展打下了坚实的基础。东吴之后，自海路来广州的僧人更是络绎不绝。建衡间，外国沙门强梁娄至（真喜）到广州，译《十二游经》。及至广州确立，晋武帝太康二年（281年），西天竺僧迦摩罗赴广州，亲建三归、王仁二寺。而后，天竺僧耆域亦来到交广，北上中原。晋安帝隆安五年（401年），宾国僧昙摩耶舍亦至广州，在虞翻故居建王国寺，又在白沙寺讲法，一时门徒甚众。南朝统治者好佛信佛，于是寺院林立，广州更是名僧荟萃。外国僧人借兴旺的海外贸易之机，纷纷搭乘商舶来广州。有名的如求那罗跋陀、求那跋摩（功德铠）、求那跋陀罗（功德贤）、昙摩伽耶舍、僧伽跋陀罗、达摩菩提、智药三藏、波罗末陀（真谛）等。达摩来前，他的老师般若多罗尊者还送给他一首诗偈，预言他在其死后67年将赴中国并在广州登岸："路行跨水复逢羊，独自栖栖暗渡江……""羊"即指羊城广州。真谛更先后两次居广州光孝寺有12年之久，译了49部经，译讲《摄大乘论》《俱舍论》等，后在广州圆寂。

当然，佛教的传入，以及西域的陆路，同后来的西方宗教传入不一样。佛教完全是和平传入的。它对中国走向盛唐的发达无疑起到了重大作用。我在《中国文化史观》一书中，以《"神意"的激活》为一章，曾这么写道：

> 无疑，佛学对于中国人来说，当时是一种全新的观念。①

一位史学家甚至说，它对于中国古代社会来说，算得上是一种个性解放的思潮。这不无道理。当然，佛教最后仍归于"大公无私"。但毕竟它对一开始就约束于群体，对无任何个性自由的伦理社会是一次反叛、一次挑战。问题不在于佛学本身的教义归根结底是什么，而在于当时中国这样一个自然伦理一脉相承下来的沉滞、封闭、内窒的社会，需要一种外来文化的激活与催化，好似化学反应中的催化剂一样。它并不一定参加反应，到最后依然故我，它却起到了催化的作用。

进入中国古代社会的佛教，也就是这样一种催化剂，于是，它与诸方面的因素相配合，造就了唐代的繁荣昌盛。国内也有人认为："……我们不能不承认佛教在当时是一个代表进步的力量，而非反动势力。"（李亚农语）

人们不难看到，盛唐正是摆脱了伦理、历史的束缚，汇集了亚洲文化之百川，从而进入一个高度文明的时代。文化艺术、科学技术空前繁荣，其余波直至宋代，高度在当时世界也无法企及。而政治、经济、外交，也同样是远远超出整个中国古代社会。

"贞观之治"时期斗米值三四钱，已成历史佳话。自贞观至开元一百多年间，百姓富足，疆域广阔，国力无敌。大诗人杜甫有《忆昔》一诗，称"忆昔开元全盛日，小邑犹藏万家宝。稻米流脂粟米白，公私仓廪俱丰实。九州道路无豺虎，远行不劳吉日出。齐纨鲁缟车班班，男耕女桑不相失……"

文化的激活，使得广州这个结合部最为得益，成了国际贸易的大都会。"广货"浩浩荡荡，远销海外。所造之船舶，也称雄海内外，造船业规模空前。当时广州的远洋交通更是前所未有，成为东西方海上的交通中心之一。贞元间（785—805年），贾耽在《皇华四达记》中具体描绘了广州至南海、印度洋、波斯湾及东海沿岸各国的航程，称之为"广州通海夷道"，途经90余国之多，其时，西方学者也有同样的记载。

从城市格局也可以看到广府文化的特点。其时，广州已形成"州城三重"的格局，包括南城、子城与官城三大部分。中国城市历来是以伦理为中心，唯有官城讲究城市的中轴线。但广州却以商城格局显示出其特色，在南城外建了新南城，兴起了大片商业区，尤其是西部更是中外商贾汇聚之处。"蕃坊""列肆于市"，成了广州的商业旺角……

隋代所建的南海神庙，庙前有一黑人石像，人称"波罗使者"，说的是其在广州乐而忘返，当船队扬帆远去，独他在此等待，直至化石。隋代更有文帝的告诫："外国使人欲来京邑，所有船舶沂江河，任其载运，有司不得搜检。"② 设南海神

---

① 见《中国文化史观》第45－46页。
② 许敬宗：《文馆词林》卷664，李德林《隋文帝安边诏》。

祭祀，可见对海外贸易的重视——题匾便是"海不扬波"，祈愿各方使节，总管海路邦交外贸，迅速使"海外诸国，日以通商"，"每岁有昆仑舶以珍物与中国交市"①。而后，更有"诸蕃君长，远慕望风，宝舶荐臻，倍于恒数"。② 开元年间，蕃坊以光塔街为中心，包括如今的大德路以北、中山路以南、人民路以东、解放路以西——它几乎就是今日广州的中心地带，可见其当时的繁华与风光。

当时，长安规模极大，但广州也有相当规模了。除开佛教外，伊斯兰教等也已传入。而在对外交流之际，文教事业也同样蓬勃发展，进步甚大。州有州学，各县乡也设学校，唐代的广州也有了登进士第的人……

唐后，出现了五代十国，广州又一次如当日南越国一样，成为南汉国的国都。颇有意味的是，刘岩先自立为南越王，后称帝，国号"大越"。第二年，他遂改国号为"汉"，史称"南汉"，以别于中原的后汉，可见其与前"南越国"师承关系。

南汉国承唐制，对中原五国长期取对立的态度，刘岩甚至"有欺四方，傲中国之意，每见北人，盛夸岭海之强"。③ 这与广府历来无视所谓中原正宗有关。在外交上，它更与吴国交好，抗御中原系统的楚、闽国。南唐代吴后，它与南汉关系亦没有变。由于南汉、吴（南唐）两个南方大国长期结盟，切断了中原王朝与吴越、闽国的通道，"阻塞梯航"，它更对中原系统表现了强烈的离心倾向。

我们不难看到，中原仅在广信时期对岭南施加较有力度的影响，而在隋唐的多元格局及其后南汉国的独立，广府文化并没有再受中原"一统"的钳制，而走出自身的发展道路，从而演奏出绚丽多姿的华彩乐章。

南汉的开创者"坐拥百粤，闭关自擅，而不毒民"，令辖区内"府库充实，政事清明，辑睦四邻，边烽无警"。这无疑是恪守广府文化的传统，使其"雄藩夷之宝货，冠吴越之繁华"，令一度为战火所伤的广州外贸得到迅速的复原。广州亦兴起了规模空前的都城建设，既仿长安大兴宫殿苑囿，又扩展商业区，令蕃坊一带万间云集、宝货充盈。由于社会稳定、经济发达，更是人文蔚起、人才荟萃，文化事业盛况空前，朝廷更是以文治国，延揽人才，对外来宗教也很是"崇重"。这种繁荣一直延续到宋代。我们在讲外来文化特别是亚洲文化在广州的"登陆"之际，也应当看到，中原文化的南下始终没有完全中断过。在南汉国延揽人才之际，很注重内地知识分子的人选，让他们跻身于统治集团中。而自魏晋以降，由于中原板荡，南下的中原望族纷纷在岭南建立了自己的势力，由此，广东成了中国最重要的移民区域。

及至宋朝积弱，南宋偏安一隅，南下的中原士族也就日趋增多了。加上唐宋

---

① 刘煦等：《旧唐书》卷89，《王方庆传》。
② 《全唐文》卷515，王虔休《进岭南五馆市舶使院图表》。
③ 《五国故事》卷下《伪汉彭城》。

深知广州为其"货财之源",不能不予以重视,而这里却又多"易动难安"的少数民族,为达到治理的目的,往南移民则是完全有必要的。因此,早在唐代,便有张九龄主持大庾岭通道的开通,把过去崎岖难行的大庾岭古道路面拓宽,使自北而南的交通大大改观。从此,自中原至岭南,不仅仅能走秦代绕道灵渠的湘、漓水路,还能走陆路,大大缩短了行程,从而促进了中原向南移民的流量。被称为"有明一代文臣之宗"的著名学者丘睿曾对此说过:"兹路既开,然后五岭以南人才出矣,财货通矣,中原之声教日近矣,遐陬之风俗日变矣。"请留意,此评价是在明代作出的。

也就是在宋末开始有广府人皆出自大庾岭通道或梅关古道的珠玑巷的说法,乃至于把珠玑巷当作广府文化的近源。不少广府人的谱牒中,都有关于珠玑巷作为"开基地"的记载,其真伪自可一一考证。但是,珠玑巷的出现,却表明了自隋唐以来在广府地域中发生的文化激活行为的一个终结,表明广府文化一次辉煌乐章的中止。因此,我在这里,把这一次文化兴盛期归结为"广州或前珠玑巷时期",当否,请各位学者评判。

四、珠玑—良溪——国运衰落时汉文化自尊的强化

研究广府民系的形成,尤其是珠江文化或广府文化的"源"与"流",都不能不触及珠玑巷的传说。这不仅仅在于广府民间一讲到祖上开基之处必提到珠玑巷。甚至有的学者沿袭这一说法,去论证广府民系是直到珠玑巷时期才得以正式形成——这自然值得讨论,而且这一传说所包含的文化意蕴,在广府民系发展史中具备无可回避的重大影响。

因此,如果写广府民系与广府文化时,无视珠玑巷,甚至不知珠玑巷,那便等于对这一课题的无知。同时,如果对珠玑巷本身不加以研究,简单几笔带过,也同样不可能真正认识与了解这个民系及其文化。

无疑,广府人有太深的"珠玑巷情结"——这被他们视为自己的汉文化之"根",以此证明他们不曾自外于一部中国的整体文化史,这正是问题的症结所在。近年来,关于珠玑巷的研究沸沸扬扬,出了不少书,提出了不少新的证据,也有一些不同的见解。其间,大量的是谱牒证明——至于谱牒的真伪,不同专家各有不同的说法,这里且不加以妄断。但研究一部文化史,有时更真实可信的是那个时代的思想演变——那是从史实本身提炼出来的,不存在虚拟的可能。故史学家有思想史是唯一的信史一说。

因此,我们可以断言,珠玑巷的传说,与其说是基于大量谱牒的发现,还不如说是产生于一个非常时期作为一个民系共有的认同观念。

这点,我们在"广信期"中提到——珠玑巷传说,正是产生于中国积弱、屈

辱、开始走下坡路的南宋时期。除了宋代进入"后儒社会",实用理性占了上风,强调汉民族文化传统乃至汉族血统之外。更重要的是,汉民族王朝处于风雨飘摇之际,相对激发起了作为一个民族的文化自尊乃至血统之至贵——珠玑巷传说的内涵正是在此,以强调汉民族于岭南开基,作为广府民系的汉族血统。

而在珠玑巷传说之前,这一意识是不曾如此强烈的,哪怕在广信期!

因此,珠玑巷传说不在于故事本身如何,而在于这个故事本身所传递出的文化理念。如前所说,珠玑巷毕竟不比广信,未曾作过府治之所,那么,后人又为何如此对它念念不忘呢?

我们还是先对这一传说作一番文化与历史的阐释——这毕竟还是一个相当美丽的传说呢。当南宋偏安于江南一隅之际,首都临安照旧"隔江犹唱后庭花",小朝廷依旧是三宫六院,歌舞不绝,夜夜狂欢,不知亡国之日将至。后宫中,有一位胡妃(胡者,狐也?狐媚之美,当非虚言),或称为苏妃(似乎这更得体,因为胡姓,亦含一部分胡人归服汉族,自取姓为胡。当然,胡姓最早仍源自中原,为古汉族一支),很得皇上欢心。一夜,得皇上宠幸,却失手,所奏的乐曲竟走了调,惹得龙颜大怒,遂将她打入冷宫,不复为皇上所召。

南宋小朝廷自身难保,后宫自然管理不严。这位胡妃不甘寂寞,便悄悄逃走了,竟没人知晓。她自觉不可再度入宫了,于是"扮作游妇",在京城里漂泊,"所遇辄投"。正好,有一位富商自岭南而来,叫黄贮万,据传是南雄珠玑巷人。他亲自"运粮上京",在临安一个港湾里停泊,"备牲酬福"——看来,南方人自古就迷信不假。这就招来了一批美女,以歌舞取乐。这批美女当中,便有胡妃。她本身就美若天仙,加上有伺奉皇上的经验,一时间,技压群芳,令黄贮万为之动心。旋即,黄贮万"以意挑之",胡妃心领神会,立即下船,与黄娓娓长谈,一见钟情,一拍即合……胡妃从那"见不到人"的地方逃出来,寻得一位可以托付终身的富商,被雪藏的激情一下子便爆发出来了。于是,她不顾一切,随从这位富商不远千里,到了南雄珠玑巷。这本来也就没事了。偏偏皇上喜怒无常,一天竟又想到了这位胡妃,谁知一查,人已不知去向。皇上顿时雷霆震怒,下令追查,由兵部尚书张钦发出通缉令,于全国追捕这位胆大妄为的妃子。偌大一个中国,找一位女子,有如大海捞针。日子久了,只好"复奏圣上",说找不到了,请准许中止此案,不予追究。这又该没事了。而胡妃,也早已改名换姓,成了黄贮万的老婆,由皇妃摇身一变为商人妇,谁能猜得到呢?却没料到黄的家奴因与主人有隙,竟到了京城向张钦邀功领赏。张钦不敢如实禀告皇上,竟诈称南雄刁民作乱,并冒挟圣旨准行,准备来个焦土政策,毁灭任何证据,以免皇上怪罪。

幸而南雄有人在兵部任职——此人是后来率珠玑巷33姓97户南徙的带头人罗贵的姑夫乔辉,派人星夜前往老家密报。于是,珠玑巷"密相通透,团集商议",决定南迁。

纵然南迁并不顺利，竹排过连州水口被狂风打散，死了不少人，可还是抵达了广州及珠江三角洲一带。大家夸罗贵："今日之行，非贵公之力，无以逃生。吾等何修至此哉？今日之德，如戴天日，后见公子孙，如赡日月。"由此，散布在珠三角33姓97家，均以南雄珠玑巷为祖先"开基"的圣地。后人，也每每以一概全，扩而论之，认为整个广府民系发源于珠玑巷。

其实，自古以来，无论是番禺还是广州，抑或整个珠江三角洲及两广地面，早已有古越人休养生息，连同随秦大军五十万南下的士兵也如此——这自然是中原汉人。他们大都是广府民系的前身。在广信期，即广府民系"汉化定型"阶段，应当说这个民系业已有上千年历史了，无须推移到宋末元初如此之近。粤方言，也早于广信期前后形成了，作为一个文化的载体，是与一个民系基本形成相关联的。因此，仅以珠玑巷传说为依据，以33姓97户人家的南迁作为全部广府民系之"源"，显然有失偏颇——这将置在珠玑巷传说，即南宋之前生存于广府地区的千万百姓于何处？

平心而论，这一传说无非是强化广府民系作为汉人的血缘意义。如前所述，当游牧民族——元军大举南下之际，汉民族的尊严受到了严峻的挑战。尤其是元军横扫南方，竟然把南方的汉族定为等级最低贱的所谓"南人"，这就更激起了广府人的文化自尊了。所以，无论是元兵南下，还是清兵南下，在南方却遭到了最激烈的反抗，其中为甚者，更在广东。这也可以解释珠玑巷传说为何会成为一个民系的无法挥去的"情结"了。

正是这样，在广府民系及广府文化发展之中，产生如此特异的一个"珠玑巷时期"。如果说，广信期是"汉化定型期"的话，那珠玑巷时期则在思想上、传统上又是一个相呼应的汉化的强化时期，使得广府民系从灵魂上都深深打上汉化色彩。广信期，是由于南下的汉人带来了中原发达的文明，同化了土著。那么，到了珠玑巷时期，则是广府人以汉人自居，奋起反抗蒙古大军。

人们不难看到，正是珠玑巷事件发生之后，便是广府人与元军经过七个回合的艰苦拉锯战，在广东地面上呈现了抗元的最激烈的鏖战局面——南宋王朝到了后来，"江上列城，或降或遁，无一人坚守"。宋朝"如江河之决，日趋日下而不可挽"，一直败退到了南粤，才有了与元军决战的主战场。

第一回合，是徐直谅奉被陈宜中、张世杰、陆秀夫扶立的宋益王赵昰之檄，与元军大战于石门，未果，只得弃广州而逃。而后，流亡的宋政权派人率兵来广东，东莞人熊飞大治舟起兵抗元，新会曾逢龙亦拉起一支分兵，三军合围，元军被迫弃广州出走，广州又回到宋军手中，这是第二回合。几个月后，元军又在南雄打败熊飞、曾逢龙，再度占领广州。但不久，又被宋代岭南唯一的状元张镇孙打败，广州重新为宋军所拥有。这是第三、四个回合了。半年后，元军结束福建战事，大军直逼广州城下，张镇孙无力回天，只得投降，元军第三次占领广州。

因对广府人的顽强抗争恼火之极,元军将领竟下令毁掉广州城——这是第五个回合了。到第二年春天,宋军又趁元军将领赴京之际,举兵收回了广州。而后,益王赵昰亡,广王赵昺立。年底,元军水陆并进,直杀广州,在崖山总决战,宋朝才最后灭亡——这是第六、七个回合了。

在内地对元军的反抗日益消解之际,为何在边缘地区——广东的反抗竟如此之激烈?哪怕力量不足、以卵击石,也一样视死如归,这又是为什么呢?

无独有偶,在300多年之后,也同样在广东,又重新出现了当年抗元的激战场面——只是已不是元军,而是另一支军队清兵了。清军南下,在江南遭到了顽强的抵抗。同样,汉王朝也在广东建立了"南明"政权。广州沦陷后,南明兵部主事陈邦彦联合农军余龙,起兵于顺德;监军御史张家玉,起兵于东莞;大学士陈子壮联合增城农军,起兵于南海。一时间,全省各地纷纷响应"小者百人之奋,大者万人之斗",一度围住广州,牵制住清军……上述三人,自顺治四年(即1647年)起兵,坚持抗战近一年之久,均壮烈牺牲或英勇就义,被誉为"广东三忠"。在他们失败后五个月,由于满汉矛盾,广东又归附南明政权,再度同清军血战,直至顺治七年底,经历最惨烈的决战,南明官兵阵亡6000余人,广州方失陷。旋即遭到屠城,居民士兵数万被杀,是为广州史上最血腥的记录。

这两次反抗异族统治的战争无比激烈。为何广东远远超出内地或中原,这不能不归于广府人被强化了的汉族意识——而珠玑巷传说,正是这种强化演绎出来的证明,不少族谱都强调该姓是来自中原的汉族人,经大庾岭通道,落户于南雄珠玑巷,时间或长或短。而后,则发生了搜捕胡妃事件,由罗贵率33姓97户人家出走,来到珠江三角洲。然而,作为民间传说,它所包含的文化信息量,却不仅仅是"珠玑巷开基"这么一点。

它的外在形式或故事框架,是传统已有的,也许是汉文化或儒家文化的"元叙事":即凡是狐媚之类美丽的东西,都是靠不住的,只会带来灾祸——诸如"唯小人与女子难养也""女人皆祸水"的演化,胡妃投井而死是必然的。纵然其中包含对宋王朝声色犬马、腐败没落的讽讥,但故事的结局并不尽然为悲剧,来了个"因祸得福"。珠玑巷人来到了广州,来到了珠江三角洲地区,却获得了更加蓬勃的生机。33姓97户人家,全都兴旺发达起来,一枝生九叶,遍布了华南当今的广府人地区。

这么个故事,几乎列入了广府人所有家族的谱牒之中,并被解释为南迁的根本原因,却更耐人寻味。

对这个故事的认同,不仅仅是前述的对汉民族、汉文化的认同——当然这是根本的。由于这个缘故,方在宋末元初、明末清初,广府地区才有那么激烈的抗击游牧民族南下的斗争。应当说,在此同时,也包含有对商人挑战皇权的一种宽容与理解,而这正是广府文化中具备海洋色彩的重要一面。故事中不仅同情黄贮万——在"无商不奸"的中国传统文明中，这算是"离经叛道"了，而且也同情胡妃——美并非罪过。事实上，南宋末年，也包括明朝末年，闽粤乃至江浙的工商业已经相当发达了，有不少相当规模的作坊，科学技术也有了长足的发展，而商业与科技的发达，是新的生产方式催化剂，本身就是对封建制度的一种瓦解——这种认识，似乎不必在此多说了。因此，在这个传说中，更多的同情给予商人与美女，而不是遵奉皇命，这无疑是一种历史的进步。因此，这样美丽而又凄惨的故事，当日也只能产生于南方。这个故事的广泛流传，再换一个角度看，也意味着广府民系与汉文化整合的强度——如前所述，愈加强调了广府人的汉民族血统。通过这一变故，愈加强化了广府民系作为汉民族的自尊。所以，元灭宋，清灭明，为何在南方的抵抗与反抗竟远远猛烈于北方，除开保土的目的之外，更在于激发起了一种民族情绪。

同情南方的商人与强化南方人的汉民族色彩，在这里并没有什么矛盾。正是元、清两次武力南下，大规模地摧毁了南方的商业和处于萌芽状态的新的生产方式，拖延了中国历史的发展，这也是显而易见的。为了维系一个民族的历史发展，为了守护先进的生产方式，需要更加强烈的自立不息的精神，绝不可以在入侵的游牧民族面前俯首帖耳、唯命是从——本来，无论是元朝，还是清朝，均是由经济发展水平很低的游牧民族所建立的，带有很多后进的印记。其后果如今已经看得很清楚了。正是所谓"康乾盛世"前后，曾经落后于中国的西方，发生了"文艺复兴"，并进入启蒙时期、工业革命，一下子超过了中国，进而向中国挑衅……

当然，对"珠玑巷传说"还可以作各种不同的分析与解说，但上述两条当是最根本的，也是能触动广府人心灵深处的。所以，广府人以及海外广东籍华人，都把珠玑巷当作他们祖宗的"开基"所在或"发祥地"，不断地回到南雄珠玑巷寻根问祖。明代诗人梁维栋曾有诗云：

> 珠玑遗迹动凄其，厌说前朝有徙移。旧路人非芳草在，故园春尽落花知。

于是，传说也就成了一种强烈感情的外化，愈传愈真，愈传愈细。真，就真在一种理念，一种情感，一种可以依托的民族自尊，从而便有了无数的细节补充。真，就真在其一脉相承的思想，对历史前进的思考，对新生活的追求，从而有了更深层的文化价值。所以，无论这个传说有多大的真实性，乃至于把这传说当作广府人的"创世纪"历程，我们都仍愿意从中发掘到文化学、历史学的珍藏。

至于"细"，则值得细细考证了。罗贵所率的 33 姓 97 户人家，已经有人作了各方面的考证，肯定者有之，否定者亦有之，这里就不予以重复了。我们在此，尝试考据一下其他姓氏的族谱。

一是潘姓，一是孔姓——这均是 33 姓当中没有的。然而，其族谱中均一致称其为珠玑巷过来的，同其他在珠江三角洲落户的姓氏一样。

当然，不排除 33 姓之外，仍有人从南雄南迁。但问题是，小小一个珠玑巷，如何一下子容纳了那么多姓？潘姓的族谱称，其最早的始祖魁居公，是宋代金兵入侵、二帝被掳时南逃到广东的，抵达南雄保昌县沙水村珠玑巷。而后延续有五世，族谱到此则语焉不详，接不上了。而后，其实际始祖东莱公，开基于佛山，是元末由南海魁冈堡迁来的。而从珠玑巷到魁冈堡这一段，无论是代数、年月，也都无法算清楚——似乎只有一个解释：前边一段，是后人为接上珠玑巷一说而假托的。

珠江三角洲是广府人的主要居住地，有必要对其中有代表的族姓加以深入了解、调查分析，进而加以研究、论证。潘姓不算大姓，孔姓应属此列。

按通常的说法，岭南三大民系中，广府人是由赣南经南雄珠玑巷等地继而南下珠江三角洲才形成其民系的；客家人，则是在赣闽粤三省交界处，历石城、石壁、汀州，最后以梅州为大本营，从而遍及中国南部11个省，不以区域为界定而形成的一个民系；福佬人或潮汕人，则是由福建南部（闽南）移居而来的。它们各自有鲜明的特征，不易混淆，尤其是其方言更是千差万别。所以，确定珠江三角洲族姓考察，便具有很大的代表性与典型性。

在广州南面，番禺的"阙里南宗"就十分引人注目。众所周知，江浙已经有了一个相当出名的"阙里南宗"了，何以这里又出现了一个？它们都是孔家的正宗血脉吗？这自然是毋庸置疑的。而且，它们与南雄珠玑巷有密切关系。

原来，首次移居广东的一支孔家世系，是居于河南省开封府河阴县的。他们以三十六世孔如硅为始祖，称河南世系。三十八世即孔如硅孙孔癸戈，于唐元和十二年（817年）拜御史大夫，授广州刺史岭南节度使。孔家遗风不改，故"惠政及民"，颇有政声。所以，韩愈在广东写的名篇《南海神庙碑文》，其中的主角便是孔癸戈。三年后，孔癸戈迁吏部尚书侍郎。后以礼部尚书致仕。其死后又赐兵部尚书。故今天"阙里南宗"有"孔尚书祠"，便是他的纪念祠。

孔癸戈的长孙孔纬，为唐大中十三年（即859年）状元，官至刑部尚书。因朱温之乱，遗命其子孔昌弼，避居先祖曾"惠政及民"的岭南。孔昌弼为进士，从父遗命于光化三年（900年）随宰相徐彦入粤，定居于"韶州正昌平林村"，也就是今天的南雄油山乡平林村，创立了"孔林书院"，成为孔氏入粤的始祖。这是在珠玑巷开基之前了。

孔昌弼的孙子孔承休，生于五代的后周（951—960年）之初，先期在广州教了十余年的书，于宋太平兴国二年（977年）自"南雄珠玑巷石井头"携子迁居广州彩虹桥，成为孔氏在珠江三角洲的始祖。也就是说，孔氏一脉作为广府人，似乎也是经南雄珠玑巷而南下珠江三角洲的。

孔家的族谱，完善翔实，应是不存在伪饰成分的。所以，这"阙里南宗"一脉，则不同于宋代随皇室迁至江浙的另一"阙里南宗"。这也说明，广府民系与中原文化有着密切的关联，且随着地域的变迁，又有着文化异质，而迥异于中原文化。

孔承休定居广州后，子孙繁衍，支脉扩展到了整个珠江三角洲，形成了今日"珠三角"上的"孔氏十一房"——即小龙房、诜墩房、逻冈房、龙伏房、孔边房、南村房、叠房、罗格房、石碣房、孔村房及上涌房——这均为孔承休的后裔。此外，还有散居于高要、德庆、封开、云浮、怀集、高明、三水、惠州等地的。

"阙里南宗"为小龙房设的祖祠，建于明代中叶，由孔竹侣（五十七世）的次子孔玉涧买地建祠，由孔竹侣的父亲孔惟端（即孔希正）等建匾，迄今已有五个多世纪了。"阙里南宗"为"宋太守孔粹公之祠也，并祀南迁昌弼祖"。这里说的孔粹公，是前所提到的孔承休的五世长孙，是他率次子孔元凯从广州彩虹桥迁出，辗转于南海、番禺，最后定居于今日的小龙房所在地——番禺"河湾司之小龙"。

孔氏家谱是全世界最完整的家谱之一，编纂有两千五百年之久，具有很大的可信性。如下记录当非虚言：

> 吾族溯源洙泗，自北而南，由南雄迁居广州者承休祖也。于宋太平兴国四年始纂南迁宗谱。其由南海鼎安石番溪迁居番禺小龙者元熏祖也，于南宋绍兴二十九年续纂番禺南宗谱，盖犹合谱也。①

从以上记载可以看出，孔氏家族早在唐代便在广州声誉卓著。自此，一直有孔氏后人在岭南休养生息，并创立了"孔林书院"。也就是说，远在珠玑巷开基前很久，孔家便已到达了岭南。后来又掉转头来，走了一遭珠玑巷，才算正式携家人来到珠江三角洲繁衍生息。而这时间，宋太平兴国二年（即公元977年）即北宋初期，与后人所传的珠玑巷大规模开基及南迁的南宋末年，相距有两三百年之久。因此，孔氏家族在珠玑巷开基并南迁这一段史实，同不少他姓假托珠玑巷开基的事实，可以说是一致的。就拿学者们严谨考证的，作为珠玑巷罗贵97户人南迁史的结论，也仅有五分之一可考查出来，而其他则很难说，并发现存在不少迁徙年月上的矛盾、行文形式及手书之误。因此，不排除自南雄珠玑巷在南宋末年发生过相当规模的集体迁徙移民事件，且有组织、有领导，具有历史真实性。但如果说广府民系皆出于此，则大谬特谬，更何况33姓中并无孔家。与其说胡妃事件导致南迁，还不如说在其后几年，元兵南下，扫荡江南，临安沦陷，逼使已逃到珠玑巷的中原士族再度南下更为可靠。也就是说，当年中原士族越过南岭后，先行在珠玑巷居住。在休息了一段时间后，却没料元兵又紧追而至，不得不又再度逃亡……这倒有可能形成大规模的难民潮。

所以，从严格的意义上来说，大庾岭通道开凿之后，珠玑巷周遭，曾作为南

---

① 见番禺学宫资料。

迁汉民的中转站、栖居地。而这个时期自中原来的汉民，也构成了广府民系中的一部分。当然，就是宋末元初之后，仍有大量的中原汉民经此地而南下。

但是，并不等于说，整个广府民系是因此而形成的，甚至广府文化到此才开始形成。如果这么认为的话，珠玑巷以前广府地区辉煌的文化也便被一笔抹杀了，这恐怕绝大多数研究者都不会同意的。

那么，为什么如今珠江三角洲上广府人的大多数谱牒，均称自己的远祖是来自南雄珠玑巷呢？这又做何解释呢？

既然谱牒有不可靠之处，我们唯有求助于一部思想史的演变了，求助于活的、流动的历史——只有流变中的思想才是可靠的，才真切地反映那段历史的诉求。

只要认真分析，我们便可以发现，珠玑巷作为南下中原人在岭南的发祥地一说，与宋明以来的实用理性思潮是分不开的。或者说，它是这一实用理性的具体化。其间的理学，由自发的伦理阶段发展为实用理性、封建伦常，即"三纲五常"，上升为先验的"天理"，从而"存天理，灭人欲"——历来悖逆、反叛的南方，常常闹自主。要独立的"南越"，实在是"人欲"太多而不服"天理"，这么下去可怎么得了？

因此，要让广府人臣服于大一统的中央集权统治，不进行一番"破心中贼"的改造，使之牢牢依附于正统的中原文化，显然是不行的。于是，有意识地、大规模地对游离主流文化的种种离心力予以束缚或消除，其最好的办法，莫过于抓住某个典型的中原南徙事件加以扩充、演化，将其说成整个广府人皆是如此，于是，便从祖宗意识上将其匡正过来。时至今日，有的学者认为，珠玑巷被选中，正是弘扬一种"流徙不弱、历久弥深的重根意识"。本书在尔后思想史、文学史等章节中，也将提到正是在珠玑巷时期之后，广府人一度被深深束缚在那种后儒社会的忠义观念中，有时甚至比中原更为强烈。

在宋末元初至明清这漫长的五六百年间，让一个珠玑巷的伦理神话深入人心，时间当然是足够了的，更何况这个神话首先还依托了若干实有其事的历史记载呢？

当然，我并不反对就珠玑巷文化进行探讨。作为一种文化精神的凝聚，也不否认其也有积极的一面。其所依据的史实如张昌七世同堂等，也不可以一概否定。但是，它毕竟不可以与宁化石壁之于客家人相比，至多也就是一个象征意义——否则，珠玑巷时期之前，为何大多数假托的种姓均无一说出源自何处呢？

同样，珠玑巷是广府文化上的一个印记，但绝不可以代替整个广府文化。它只能代表中原文化在宋明间对广府文化的一次有力的渗入，把祖先崇拜等伦理意识予以了强化，对游离的广府文化做了一次主观的整合。因此，不少学者认为，其"从驾入岭""不是事实"，但"不忘榆所自"，却未可轻慢。①

---

① 参见南雄珠玑巷人南迁后裔联谊会筹委会：《南雄珠玑巷人南迁史话》，中山大学出版社1991年版。

问题在于，这种寻根意识是否已侵入广府文化并成为主干，这尚且存疑。相比之下，客家人"根在中原"的意识，要比广府人强烈得多。石壁也比珠玑巷要真切、可信得多。倒是广府人，每每不自觉把"粤种"与"汉种"相分开，甚至鄙视北方人为"孬狲"。尽管史书上也有"南蛮附姓"一说，他们对此并不怎么在意。在珠玑巷时期之后几百年间，迫于政治、经济、文化各方面的压力，不少非珠玑巷开基的原广府人，伪托谱牒，冒充珠玑移民，以融入当时的潮流之中……

于是，原汁原味的广府文化又经历了相当长的一段蛰伏期，几乎风貌顿改。但是，它的特质、它的生猛、它的开放与超脱，却始终不曾被消除掉，且随着又一次文化的碰撞与冲击，势必又再度激活起来。其实，就是在珠玑巷传说中也包容这一点，这些并不会伤害广府人对珠玑巷的情感。也许，这里对广府文化的定位与一般学者所作的不一样。我只以为，把广府文化自此说成是中原文化的附庸或一种衍生，与其说是抬举了它，毋宁说是轻蔑了它。广府文化更多特质是属于海洋文化的，而绝不是内陆文化的。如果把整个中华文化说成只是内陆文化，同黑格尔所下的断语一样，同样是片面的、武断的，也阉割了中华文化。

我们只是把实用理性思潮背景下的珠玑巷神话予以分析，同时，也确认了自珠玑巷之后中原文化对广府地域强化的影响——当然这一影响也是双向的，如一柄双刃剑，有消极的也有积极的。

事实上，自宋明至清代，中国可以说是由盛极走向衰落。西方在文艺复兴后迅猛发展，康乾盛世也只能是一个回光返照的现象而已，此时中国更加落后于世界。所以，这一段广府文化由于受中央集权的钳制，尽管也显示过多次异端色彩，终于还是蛰伏下去了。但蛰伏不是屈服，在积蓄到一定程度时，势必要爆发，冲天一啸！终于，岭南文化或广府文化走到了它的全盛期——中国近现代与世界文化大碰撞之际，它充当了完全的主角！

下面附上一篇我以前写过的文章。

附：

后珠玑巷——良溪

约八百年前，以罗贵为首的珠玑移民，历尽千辛万苦，从粤北来到珠江三角洲，落籍新会茛底，也就是今日的蓬江区良溪，是广东移民史乃至中国移民史上惊天动地的一件大事。它不仅改写了广东的历史文化版图，甚至改写了世界华人华侨的历史版图。正是罗贵们的后裔，从珠江三角洲，走向了南洋，走向了全世界。尤其是今天，这批移民的后裔们对祖居地的反哺，在经济、文化上的杰出贡献，有目共睹。这里就不赘述了。

而罗贵本人，在整个广府民系中，拥有无可替代的崇高威望，被称之为"贵祖"。他在珠江三角洲的大规模开发，垦殖拓荒，兴修水利，更是功不可没。作为一次成建制的大规模迁徙，其作为领袖人物所发动的这一伟大历史事件，将永远彪炳于史册。

"贵祖"的尊称本身即代表了他的历史地位，而民间常言小事"唔使问阿贵"的谚语，也从另一个角度证明了他的权威性。因此，他率36姓97户人家最早落籍的良溪，也就成了这些种姓乃至整个广府民系又一个祖地，当与珠玑巷等量齐观。而每年清明，来良溪并拜祭"贵祖"的均有数万人之多。这些人，也不仅仅是罗姓，甚至不仅仅是36姓，而是大部分的广府人。

于是，无论是罗贵墓，还是罗氏大宗祠，也就成了广府民系具有象征意义的历史殿堂。随着这一文化资源的进一步发掘，日后前往当地拜祭的广府人会更多，尤其是将吸引来更多地从珠江三角洲走向世界的华人华侨。这是广府民系的聚焦点，更是江门一块最为亮丽的文化品牌。如何进行保护性的开发，无疑是至关紧要的大事。而这，务必充分认识历史文化品牌的重大意义，名正则言顺，开发起来，也方可以到位，做大做强。

可以说，良溪，既是终点，又是起点。

所谓终点，是指珠玑巷人南下最具代表意义的目的地。这一条，众多的论文都有阐述，这里就不多说了。如今，据不完全统计，仅罗氏宗亲，经良溪散布到珠三角乃至两广的，便有50余万。加上海外，则有上百万。而36姓统计起来，当有千万之巨。当然，罗姓是大姓，故已占去了百万。而36姓97家到达蓢底时，这里已有谢姓、龚姓等早年广府移民。新移民与他们和衷共济，进而大兴水利，把珠江三角洲搞得风生水起。这与新老移民之间的和谐相处、团结互助是分不开的。如今，良溪的书记仍是谢氏的后裔，不知有人关注到这一点否？这应做好调研，予以彰显。

所谓起点，是指落籍良溪与珠三角的广府移民，又一次启程，走向了东南亚，走向了五大洲四大洋。从十九世纪至今，他们创造了一个又一个经济奇迹，尤其是改革开放，如没有华资的支撑，是不可想象的。这也是世界众多经济学家共同的认识。而每年回到良溪拜祭的36姓97户人家的后裔，相当一部分是来认祖归宗的华人华侨。因此，增强这一"圣地"的凝聚力，对于五邑的经济腾飞、文化复兴，其意义再怎么高估也不为过。

尽管史料上记载的是由罗贵率36姓97家自珠玑巷南下，但史料未能记载的姓氏与户数则更多。否则，不足以形成如今已达数千万人的广府民系的绝大部分。所以，罗贵之所以被誉为"贵祖"，不仅仅有史实的征信，更有广泛的象征意义。

史实与传说的交互，从精神层面而言，其功能在于，通过把自己看作是足以从整个族群或民系的巨大灾难中解救出来的部分人的后裔，即把罗贵率众南迁，与胡妃引来兵祸的传说联系到一起，从而形成"救苦避难"的神话，把整个族群或民系的生存系于一人或一次行动，并由此大大地提高共同拥有这一神话的群体的凝聚力。于是，追溯到广府民系的始祖之一"贵祖"，珠玑巷与良溪在时空中的地位也就凸显了出来。当然，从姓氏来说，它本身也起到了与同姓宗亲有严格意义上的纽带关系。加上这一"神话"，这种纽带关系也就进一步得到强化，即令整个民系产生更强烈的自我意识与团体意识。

多年前，我在《广府寻根——中国最大一个移民族群探奥》一书中便已指出：

> 珠玑巷人南迁后主要居住地是珠江三角洲，由于他们南下时正是中国积弱、外族入主中原的历史转折点，因此，也就激起了他们更强烈的汉民族的自尊。于是，珠玑巷这一祖居地，更被视为一个历史圣地，甚至带上了准宗教色彩。这也无疑影响了周遭的广府人，尤其是先后来到广东融入广府民系的中原人，让他们彼此都有了认同感，而且相当强烈，以至并非经珠玑巷而来的，他们也自觉不自觉一样认下了这个"开基"地，以证明自己汉民族的血统。其实，在这之前，"粤人"每每与"汉人"有所区别。直至近代，仍有学者在著作中把二者分开。这也说明了一个融合过程。此外，有人认为，珠玑巷是"广州士族俱发源于此"的地方，有较高的文化修养素质，尤其是宋代，其后儒社会有着很深影响，程朱理学、陆王心学，都有相当造诣，来到珠三角后，也就对当地产生辐射，如南宋以后，广州周遭的九所书院，均为珠玑巷人所兴……①

这一论断，同样适合于荫底，即良溪。

近日，读到日本学者濑川昌久的《族谱：华南汉族的宗教、风水、移居》一书，其观点也大致是一样的。他还把同是汉人的先到的广府人与后到的客家人做比较，把珠玑巷与客家人的石壁做比较，他认为：

> 这一点，在说明客家的宁化石壁传说和广东本地人的南雄珠玑巷传说所具大量相似性上也是有意义的。两处地点都位于从江西进入福建或广东的交通要道之出口处，集结在那里的祖先们不久又分散前往各地，在这些方面两个传说的内容及其类似。不管哪一个传说，之所以都选择这类场所为故事发生的舞台，也许是因为曾经有过一个时期，那里是从江西一侧的汉族"华"界，进入福建、广东一侧"夷"界的最前线。因此，这类场所就以明确的形式体现出了汉族与原住民之间的族群分界。②

由此：

---

① 谭元亨：《广府寻根——中国最大一个移民族群探奥》，广东高等教育出版社2003年版。
② 濑川昌久：《族谱：华南汉族的宗族、风水、移居》，上海书店出版社1999年版，第228页。

宁化石壁传说（客家）→黄巢之乱→避难石壁→闽西

粤东南雄珠玑巷传说（广府）→胡妃之祸→出走珠玑巷→蓢底→珠三角

两个民系的史实及传说，都在强调自身汉文化的传统。这是民系凝聚力的所在，其传说的模式也大致相近，甚至时间差距也仅几百年间。对于两大民系这一牢固的意识支撑，两个传说当不分上下，而广府这一传说，则更有史实可稽。而良溪，便是支撑这一史实的最大证明。但它的意义，珠玑巷的历史价值，在于慎终追远，寻根问祖。那么，良溪则更具现代意义，那便是海纳百川，拓殖外洋。

罗氏大宗祠大门的门联，便已包含二者不同的意义：

珠玑留厚泽

蓢底肇鸿基

另一联则更细致、全面：

发迹珠玑首领冯、黄、陈、麦、陆诸姓九十七人历险济艰尝独任

开基蓢底分居广、肇、惠、韶、潮各郡万千百世支流别派尽同源

而今，下联更可以写上欧、美、亚、非、拉了。所以，良溪不仅是广府人抵达珠三角的终点，更是走向世界的历史标志！

基于以上的分析与论述，良溪应可以分三步予以保护与开发。

第一步，罗氏大宗祠与罗贵墓的保护与开发。

考虑到罗贵这个历史人物在正史以及民间中的名望与地位，除罗氏大宗祠外，当加上罗贵墓，申报省一级的文物保护单位。这一条，我作为省府参事，业已拟有参事建议，作为直通车上报省委、省政府一级的主要负责同志。与此同时，也希望良溪—蓬江区—江门市等相应部门，一级级往上申报。这样，两方面配合，对实现目的会起到加速的作用。一旦确认，保护措施得到落实，其他工作也好展开了。

罗氏大宗祠作为古建筑修复的同时，建议将就近连在一起已腾出来的曾用于课堂的建筑"穿衣戴帽"，修葺为与宗祠风格相协调的落籍良溪的36姓97家的族谱博物馆。不妨向上杭客家谱牒馆取取经，人家搜集到了两千多种族谱，供各地来寻根问祖的人员查阅、复印，并提供复制品，产生了很大的影响。

我曾就此写过序言，称谱牒为"无形的祖宗言"，说：

族谱，乃是一个宗族的宪章，那么，一座祠堂，又当是家族的什么？

祠堂又叫祖祠，是祭祀祖先的地方，当是一个宗姓的圣地，慎终追远与光宗耀祖，自是不可分割的。前者是要记住先祖的恩泽，后者则是教后人建功立业，不负先人嘱托。

族谱，综文献、溯源流、知根本、辨主支、明世系、秩昭穆、述宗风、

敦亲情、扬先德、志现状——这些，均可以祠堂里得到弘扬，一个宗族，每到重大时刻，是必于祖祠内共商大计，其凝聚力显而易见。

族谱，更能振乩靡、匡淋漓、历人心、禅世道、隆郡望、景名贤、振家声、启后昆、轨正史、开新纪——同样，这一切均能在祠堂里实现。一个宗族，不仅恪守过去，更要开创未来。凭此，一部族谱，便是一个无声的号召，一座祖祠，更是先人登高一呼的所在。

无论族谱本身历尽多少沧桑，也无论祠堂、宗庙的形制有过怎样的演变，更无论中国历史上，先秦两汉如何讲"以孝治国"，遍寻孝子以作治国之才，而到了宋明之际，则成了"忠孝不能两全"，尤其是"先尽忠，后尽孝"，一部族谱也始终是后人心中的圣地。①

这里之所以在谱牒后加上"博物馆"，是因为良溪可以做得更大更强。除开给36姓各自几个展间外，可让各姓推出自己的历史文化名人，对其业绩与文物进行展览，进行爱国主义及科学技术方面的教育。这对于每一姓氏都是乐于这么做的。教育的形式多样，丰富多彩，对人们的吸引力就会大得多。以上两个功能，当精心组织好。

而罗贵墓所在的山地，则可以开辟一个有一定规模的广场，以每年应对数万乃至数十万（这完全有可能）各姓氏的后人。可考虑在广场中间立一罗贵的雕塑，同时，基座可以有一系列南迁移民跋山涉水的浮雕，起到励志的作用。广场还可以配置相应的纪念活动场地用的设施，包括纪念品等。

第二步，以罗氏大宗祠、罗贵墓以及颇具岭南特色的古祠堂、古建筑群等为重心，打造历史文化古村。

目前良溪的条件还是不错的，环村的水网仍相当完整，据说已经让规划部门在做整体规划了。

规划中，当抓住良溪的亮点、特色，无论是自然的，还是人文的，都不可以忽略。这也可以列入新农村建设之中，如此旖旎的自然风光，如此深厚的人文历史底蕴，良溪可谓得天独厚，当咨询更多门类的专家，拿出可行性方案来。

第三步，在条件许可并成熟之际，打造珠玑巷—良溪文化黄金走廊及旅游热线。

文化，是旅游的灵魂，我们应该未雨绸缪，认真研究良溪的历史内涵、文化特色，有一个长远的战略眼光。

无疑，华侨文化，对于侨乡江门来说是一大品牌。良溪自不在外，且是其中的一大亮点。

但目前仍停留在浅层次上。而良溪则提供了一个深化的契机。

---

① 严雅英：《客家族谱研究》，黑龙江人民出版社2007年版，第2页。

这就是如何把宗姓文化、谱牒文化结合起来。

这边是：

移民文化——华侨文化——海洋文化

那边是：

宗姓文化——谱牒文化——祠堂文化

还应强调的是广府文化，这里当是广府文化肇基地之一。

要吸引海内外广府近亿后人，这自有一篇大文章可做。需要高屋建瓴，有大视野、大胸怀、大气度，把众多的广府文化内容予以整合、展示。这一点，当可参考一下客家文化是怎么做的。

到此，打造几条广府文化之旅，如珠玑巷—良溪之旅，良溪—珠三角之旅，则是水到渠成的。

这不仅仅是做宣传，而要制订一个营销战略，适应今天的社会主义市场经济，要充分打开思路，要敢想敢干，做大做强。

是时候了！

机不可失，时不再来。

这就要韶关、清远、佛山、江门多个市的协调配合，但显然是大可有为的思路。

如出发地南雄珠玑巷；

浈江散筏地；

连江口遇险；

三水流散处；

九江破排角；

……

总之，只要精心调查研究、精心安排线路，精心做好营销策略，充分发掘人文、自然资源，这会是何等壮观的情景。

这里就不赘述了。

一切一如罗氏大宗祠的楹联所说：

> 松柏存古干，
> 兰柱发新枝。

古老的良溪，将会在改革开放的新岁月中，劲发新枝。我们完全可以相信，良溪文化资源的保护与开发，将获得非常丰硕的成果，走向未来，走向辉煌！

五、穗港——轴心期世界文化的历史碰撞

平心而论，西方文艺复兴以来，外来文化对中国的影响，是日益增大的。尽

管中国日益走向闭关自守,数度实行海禁,但也不能完全阻遏外来先进文化的传入。早在明代中叶,徐光启便在著述中多次提及,传教士带来的科学技术"多所未闻"。他更力斥反对派,称如果外来文化"苟利于国,远近何论焉"①。其他学者也称利玛窦等传教士带来的几何、物理等科学,"有中国累世发明未晰者","补开辟所未有","翼我中华岂云小补?"众所周知,利玛窦等人,正是在广府即珠江三角洲沿海登陆,经广州、肇庆而北上的。为此,徐光启怀着强烈的民族自信心,响亮地提出了"超胜"西学的口号,力主"西法不妨于兼收,诸家务取而参合"。

明代中后期,东南沿海一带,已出现了近代工商业的萌芽,广府地区经济发展迅速,且出现了农业商品化和专业化生产区域。佛山一镇有"炒铁之炉数十,铸铁之炉百余",规模可观。万历年间,"广纱甲天下",生丝运往国外的每年逾3000万担,价值100万两。及至清代,广州更出现了专业性的墟市……"工商皆本"的呼唤,也早早从这里发出,反映了新兴市民的强烈要求,也就是说,经济的发展,终于产生了这一近现代的思想。

南宋及元代,泉州作为外贸商港曾一度超过广州。到了明清,由于广州几度成为唯一对外开放的口岸,泉州衰落下去,广州便又重新复兴了,并允许与较多国家进行贸易。清初,尽管"朝野旧儒,群起非之",但西方的火器历法仍为中国逐步接受。随之是"制械练兵之法",再进一步,便是"西政"了,由君主立宪到民主共和思想。②

当然,这些"接受"已不是过去佛教文化传入的和平式的了,而是充满了血腥,形成巨大的压迫力。鸦片战争后,中国震惊于西方的"制械练兵之法",这才有了洋务运动。甲午惨败,才识"西政",要求变法。变法失败,才有君主立宪与民主共和之争,引发了辛亥革命。

人们不难看到,由于地域环境,珠江三角洲,即广府文化腹地,成为西方文化最早登陆的地方,同亚洲的佛教在此最早上岸一样,西方的宗教也最早在澳门登临。随着宗教文化的进入,加上这里的商品经济已具备近现代萌芽因素,所以,它与西方的商业文化、科技文化也产生了交融。应当说,这种交融刚开始还是和平的,广府人也以平和的心态接受着,加上广府文化独特的传统,对异域的舶来品并不采取一概排斥的态度,从而也滋养、充实更新了自身。但是,由于西方列强垂涎于这片富庶的宝地,在"自由贸易"的借口下,竟进行了肆无忌惮的军事入侵与疯狂之极的经济掠夺。这也激发了广府人的救亡图存的斗志,在抗御外来侵略之际,力求变法维新,使自身迅速强大起来。这一来,广府文化更以自身业已存在的优势,迅速接受外来的先进文化,取得了极为重要的发展。于是,在中

---

① 《辨学章疏》,《徐光启集》卷九。
② 均引自陈独秀《吾人最后之觉悟》。

国第四次文化大激活——与世界文化的大碰撞、大交融中，它由中华民族文化的边缘或非主导的地位，一跃成为中国近现代文化中的主导文化，对中国的政治、经济与文化生活产生了极大的影响。

可以说，广府文化冲天而起，并成为中国近现代文化中的主角，这不仅说明其走向成熟并对中原内陆文化产生了重大的辐射作用，同时也标志着中国由中原传统的农业文化向现代工业文明的演变，是中国文化发展的一个飞跃。广府文化这次全方位的上升，作为中华民族文化重新整合的重要动力，不仅仅在19世纪下半叶及20世纪初得以充分展示，而且在20世纪末中国又一次启动的改革开放中再度得到了历史的公认。它代表了接受了新文化的地域文化向整体文化的一次全面的冲击，由非主流文化逐步争得主流文化的势能与地位，在中国重新呈现的多元文化格局中，广府文化第一次取得了重要的、引人瞩目的高位势能的一席，并将在久远的将来，产生更加深刻的影响，谁也不可无视它的存在。

在这里，我们不能不简略地概括一下近现代广府文化崛起的具有代表性意义的种种变革——人物、事件及运动。

丘濬的经济理论反映了广府地区工商业向近现代转化的诉求；还有前边提到的利玛窦在广东的传教与科学活动；广州十三行的出现及其兴衰；鸦片战争的爆发，林则徐力主"禁烟不禁商"，香港的割让及其后康有为、梁启超与孙中山在那里的政治活动；洪秀全于广州街头得到基督教小册子《劝世良言》及至创立"拜上帝会"，并发动太平天国起义；大量的广府人出国及往返，于香港及珠江三角洲出现的由华侨投资的最早的工业、商业；康有为在广州创建"万木草堂"嗣后以康梁为首的、轰动世界的"戊戌变法"……一直到孙中山在广州及珠江三角洲发动的多次起义及辛亥革命的最后成功，当然，还应包括以广州为基地的北伐等等。

以上所随笔拈来的人物与事件，几乎每一件都对中国当时的政治格局、经济发展、文化冲击产生了巨大的影响。广府文化在中国冲天一啸，成为先锋，承担了中华文化再造与重构的伟大历史任务。

到了20世纪后期，它又再度让中外侧目。广东成为中国改革开放的前沿阵地；深圳、珠海特区的崛起；珠三角"四小虎"的"出笼"，社会主义市场经济理论的推出，广州等成为沿海开放城市，高速发展的沿海经济；小平同志来广东刮起的"南巡旋风"……一直到香港、澳门的回归。

当然还可以列举更多的人物与事件，上述一切，也无不在中国政治、经济、文化历史上，留下浓墨重彩的一章，并将继续产生深远的影响。

为什么珠江文化或广府文化在近现代能够一朝崛起，产生如此之大的效应？这是众多文化学者所苦心叩问的。

无疑，一个封闭的体系，是不易于接受外来影响的，要其接受，是必要付出巨大的努力甚至是要流血的。同样，一种太古老的文化，由于过多的沉积，是必产生固化，走向封闭——这便是中原文化在明清，甚至在宋之后的发展态势。这在近现代中国，人们已经看得比较清楚了，包括鲁迅在内一批文化大师，都举起了"改造国民性"的大纛。无数的志士仁人都为此付出了血的代价乃至生命。

而广府文化，无论是对佛学东来，还是对西学东渐，取的都是一种开放的、兼容并蓄的态势，能够吸收人家的长处，来补充、滋育自身，并不封闭自己——虽说自宋末以来，由于中央政权的钳制，它也一度呈示过一定程度的狭隘与局限，但很快便又冲破了。

也许，它没有中原文化的古老，相对要年轻一些；更没有被定于一尊，而自形成以来处于一种边缘状态。因此，它比较容易更新、发展自己，善于变通，不易偏执，如改革开放以来"排污不排外"论、"变压器"论、"红绿灯"论，皆是如此。

同时，由于处于沿海地带，与外界接触多，商业文明兴起得较早，这也使人们比较容易接受现当代文化，包括由商品流通、平等互利而同步发展起来的民主意识、科学观念、平等思想、自由精神以及独立性……

总而言之，任何同化、整合，都必须有内部相近素质作为呼应，方得以进行，否则，便只有排斥与对抗了。可以说，广府文化不仅对中原文化存在这一内应，对外来文化也具备这一内应。所以，早在19世纪末，西方学者便敏锐地发现"广东人具有干大商业与大交通业"诸方面的才干——这也正是由他们的文化素质所决定的。

因此，说广府文化具有开放性、重商性、多元性，乃至世俗的享乐性、感受性等，多少是与它形成的历史相关联的。广府人求新、求奇、求感官的刺激，这更与现代意识接壤。所以，中国的现代化改造，以这里来启动，则是历史之必然。

这里的地理与历史的因素，本身也是相互融合的。地理上的远离中心，自然环境的得天独厚，亚热带生命的蓬蓬勃勃，都给广府人带来一种生猛的气质，充满精力，乐于运动，富于自信。而历史上与中原的几度离合，两次外来文化自此的入境，移民带来的流动的、开拓的、敢于抗争的精神，使得他们具有某种爆发力与无穷的生命力。

可以说，珠江文化或广府文化自番禺期的自我衍生，至两次外来文化的吸收与滋养，使之永远保持着一种青春勃发的姿态，更具革命性与生猛的活力，于是，它不重传统、不畏权威、不受束缚，有着鲜明的文化个性。这样，它使得广府人较于保守性、正统性，敢于创新，敢于革命——积蓄一久，也就惊天动地爆发出来了。

也只有近现代，广州才在一部中国史上，须用如椽大笔来写下——因此，广府文化才在这时实至名归，可被称之为"广州—香港时期"或"穗港时期"了，不是为中原所羁绊的广信时期或珠玑巷时期。

人们可以看到交互的文化发展曲线，即番禺期，前珠玑巷期或广州期直到这个穗港时期，都是相对独立自主并取开放姿态的，均是广府文化奠基、迅速发展乃至一啸冲天的交响乐章。而广信时期乃珠玑巷时期，则是相对成型、凝聚或沉滞、内倾的。这也就使广府文化呈示出较为复杂的历史轨迹。但二者均不可以轻易割裂，彼此是有着有机联系的，作为一个完整的文化体系，这才是广府文化的本来面目。

历史一旦加速发展，提出的文化课题便成几何级数增加，在今天，对广府文化而言，它须解决的课题也是空前地增多，不一一加以解决，历史就不可能往前推进。而今，广府率先实践市场经济、转换企业机制，起到了改革开放试验的表率作用，但前边仍有很多难题、很大的雷区，它是否堪担重任，全世界都在拭目以待，已经没有退路了。广东"四小虎"的出现，尤其是产权明晰、贴身经营、小政府、大社会等尝试集中一身的顺德经验，无疑为这次悲壮的"雷区"的战役打响了前哨战。人们不难看到，随着香港的回归，香港的制度文化、市场机制诸方面的影响正日趋增强，包括顺德经验也不讳言对香港的借鉴。这意味着，香港由于其特殊的历史地位、国际自由港的身份以及近30年的飞跃发展，它有可能在中国改革开放的格局中，产生更大的推动作用——"再造几个香港"一说便是包含这一企望。同样，香港对这一时期广府文化的铸造、上升，更有不可忽视的意义。

我们不妨回顾一下广州与香港上百年之间的互动与血脉联系——首先，应看到，今日香港人，绝大多数是广府人，是在上百年间由广府地区移居而去的，是他们的筚路蓝缕，创造了香港的今日。从洪仁玕、康有为、梁启超到孙中山，无一不在香港滞留过。孙中山更直言不讳，说他的革命思想是来自香港的。通过香港或以香港为基地，发动了民主革命。而中国的现代商业，首先是在香港立足，进而向广州、上海发展，四大公司便是一个有力的证明。于是，南方以民商抗衡官商、洋务，不仅有行动，而且有理论形成，百年后广府民营企业异军突起，那正是源头。至今仍保持其"世界之最"的省港大罢工，以及20世纪30年代末及40年代初穗港难民的双向流动，都说明其间密不可分的血缘关系。共和国之初，帝国主义的封锁，只余下香港作唯一的外贸渠道，进而才有广交会的出现。20世纪60年代初，香港开始起飞，又正得益于当时大批"督卒"过去的科技人员与劳工等。而今天，香港与珠江三角洲形成的"前店后厂"的经济格局，回归后香港特区政府制订的以珠江三角洲为其经济发展后盾的大战略构想等，都在表明，广州—香港的"双城记"正有声有色地演下去，远还没到高潮。

尤其是香港，作为联系海外数千万华人的中性的都市，它的凝聚作用与辐射范围，使其能量怎么高估也不为过。香港之所以成为亚洲"四小龙"之一，主要在于海外华人经济的强劲发展，而海外华人中，广府人就占了大部分。如果说，我们作一个大广府文化的描绘的话，广州—香港便是一个"双中心"了——其实也可为同一中心，相距不过百多公里，一小时的路程。而且很快会有一天，广州的地铁便会同深圳、香港的联结在一起了。正如我在《千年国门》中预言的：

> 双城，在地铁与轻轨的联结中，在直通车与高速公路的连接下，已经在或者很快要发生历史的拥抱，从而结为一体。

亢奋的灵魂要迸发出新的呐喊。这里，再引用一段作此节的结语：

> 广府是个古老的灵魂，它已经躁动有两千多年的历史了，由于濒临大海，它不曾似内陆城市与人那么厚重，海浪的击拍使它总要踮起脚尖去眺望海那边的世界，于是便有了海上丝绸之路的诞生，更有了一度作为全中国唯一开放口岸的侥幸历史。义的束缚，对这座古城也许是最小的，而利的诱惑，则几乎没有停止过。于是，以"重义轻利"而著称的民族，到了这里却有点不那么循规蹈矩了。更由于远离皇权中心，它更多了几分自由度……

该补充一句——衍生出了一个被视为历史"怪胎"的香港，成为巨大的经济参照物——对于古老民族的一大不幸，终于演化为一大幸事。

虽然至今仍有人认为香港是"文化沙漠"、香港人是"经济动物"，这大致是很偏激的评价。至少，广州人大都不这么认为，而且还予以认同，香港文化与广州文化比较相近，同是广府文化的一脉。而且，香港电影业一直居于世界的前列，是三大电影中心之一。它怎能是"无文化"呢？——它只是另一类文化，商业气味多一点罢了，也许，正如当日英国贵族不认同美国文化一样。

至于今天在广府文化区内，出现这"一府双城"以及"一国两制"，应当说是一件大好事，也是一种历史的必然。毕竟，共同的文化传统与历史遭际，使之能长久地共生，又能以各自的差异知照对方，互相提携，互相补充，闪耀出无穷无尽的光彩来。而古老的炎黄之魂，也将在这南方炽热的阳光下，更快地剥离旧体，焕发出更旺盛的生命力来。

纵观岭南文化及其代表广府文化，从百越始，至今日止，海洋的熏风，总是在这里与吹过南岭的山风交互，各领风骚。但随着历史推移，其作为航运、商贸乃至海外移民为特征的一面，愈来愈明显与凸出。也就是说，它身上海洋文化的色彩愈加鲜明。这里，我们不同意把渔业文化与海洋文化等同起来，说中国有渔业文化便有了海洋文化；同样，也不赞成非要有殖民扩张才完全构成海洋文化，把海洋文化视为侵略性色彩，从而否认中国有海洋文化。广府人几百年前甚至上千年前，便有向南洋移民的特性，但他们一直是和平迁徙的，不是用血与火开路的。广府移民到澳洲的历史，比欧洲移民要早得多。然而，他们并没谋求什么"占领"，而是与土著交融在一起，共同开拓蛮荒之野，为文明作出贡献。关于这一点，我们后边还要讲到。

把珠江文化定位为海洋文化,并不是标新立异,更不是人云亦云,而是反复考证、论证、研究和分析而得出的符合科学的结论。

将中华文化蓝色的一面揭示出来,有如海阔天空,未来的风景将更加令人神往!

第四章 客家文化的整合与重构

当"情感轨迹"延伸到赣闽粤这里，实际上便是客家文化最后的凝聚、定型的时刻了。这里有太多的文化学、人类学、社会学的问题：

中国文化重心的南移；

传统意义上的"华夷之界"与"祖地"的确认；

一个族群形成的必要条件与相应内在成因；

地理环境与人文气候的互相作用与影响；

"老客"与"新客"的移民族群差异与融合；

神话、传说的解读及对塑造一个族群的文化意义；

岭南三大民系各自的整合与历史分界；

方言与迁徙的互证；

…… ……

凡此种种，都不是三言两语可以说得清楚的。

无疑，中国文化重心南移，对赣南的影响之大是显而易见的，但不可忽略的是，两宋的积弱，对汉民族的文化自尊更是一种刺激。客家族群在此间形成，这一情感、心理因素，却绝少人探究过，为何过去没那么强调"华夷之界"，而现在，早已形成的广府民系，却又回过头来确认一个处于华夷之界上的珠玑巷为"祖地"，从而与客家人一同"争"个中原的祖根呢？为何赣南的"老客"不及辗转闽西至粤东的"新客"有那么鲜明的客家自我认同的意识？中原移民是怎样在赣南、闽西发生裂变，形成一个新的族群，从而在那里来一个漂亮的转身，从蛰伏到崛起，最终对中华文明的转型发挥重大的作用，以至在世界上都惊呼她的存在？在"客埠惠州"最早发出的《客家宣言》，仅仅是一种回顾，还是要向未来争取什么吗？

我不可能像年轻时在《客家圣典》中一口气可以写下十几个"客家式的命题"，但上述再思考，却已经在脑际萦绕了几十个年头。而"情感历程"绝不可因历思考而吉断，其实，激情更会产生思想，激情更会激发创造与发现——这也无可避免地为客家学的升华开拓了一个新的方向。

一、赣州——孕育客家族群的摇篮

人们一般认为宋代是中国文明由盛至衰的转折点。理由是，宋代的科学技术仍在处于上升时期，超过了盛唐，像指南针、印刷术、火药等重大发明也出现在宋代，经济也相当的繁荣。尤其是这一时期大规模兴修水利工程，粮食倍增，人口也成倍增长。正是蒙古的大军，把中国的"四大发明"带到了欧洲，推动其走出中世纪并催生了"文艺复兴"。

而两宋年间，中国的文化重心南移已是不争的事实。这个重心，可以说是在江西——客家人最早形成的地方。

《宋史》的列传中，列入的江西名人有219位，居全国第一。而宋代江西的进士，达5442名，状元达122名（居全国第二）。而在唐代，江西进士65名，状元2名（居全国第十）。这可谓呈几何级数上升，翻了几十番。

宋代江西的书院，也是闻名全国，且名列前茅的。曾有过一项调查，称自唐至清，江西便有书院1017所，居全国首位。其中以宋代为最，其书院林立、学规完备，影响深远，是他处所无法相比的。学术界一致公认，书院始建于江西，且发达于江西。

其中颇为著名的书院，便有朱熹所建的白鹿洞书院、陆九渊的象山精舍（后为宋理宗赐名为象山书院）。二院名重一时，弟子数千，乃至上万。有名气的还有如濂溪书院、鹅湖书院、白鹭洲书院、道源书院、怀玉书院、东湖书院等等，成为中国古代教育史上一个奇观。欧阳修甚至惊叹："区区彼江西，其产多才贤。"这一奇迹一直影响到明代，"翰林多吉水，朝士半江西"。

正是书院，带来了宗族祠堂辟公田为"学田"、辟公禾为"学谷"的传统——这一传统则由客家人传承下来了，直至今天仍没有变化。从魏晋玄学到宋明理学，客家人身上，不难看到这一思想演变的脉络。宋明理学所强化的"齐家""治国""平天下"的儒学观念，在客家人身上得到充分的体现。濂溪先生——理学开山大师周敦颐，就是长期在赣南做官、开办学校、著书立说、培育学人的……当然，客家人传承西晋、盛唐的文化传统，也并不曾完全为后期理学所"格式化"，仍具有强烈的浪漫色彩，但儒学文化毕竟是客家文化的主干，这是毋庸置疑的。

从人口变更与建制上，亦可看到赣州，即赣南对客家民系的摇篮意义。宋神宗元丰三年（1080年），江西在册总户数为136万，其中，被列为"客户"的有50万，占36%强。及至宋徽宗崇宁元年，即1102年，全国户口为2026万，其中江西有201万，占10%，居全国之首。仅20年间，户数增加了一半，"客户"更是激增。在赣南，不只是增设县，而是从虔州（后更名赣州）析出南安军，原属虔州的大庾、南康、上犹被析出隶属于南安军。而赣州则新增了兴国、会昌两个县。这样，加上被析出的三县，即大庾、南康、上犹，原虔州地域内共有十三个县，即还有赣、虔化、兴国、信丰、宁都、会昌、瑞金、石城、安远、龙南。其设置县的密度是相当大的。

县建制的增加，说明这个地方的人口密集达到了一定的程度，这个地方的开发也达到了一定的程度。当然，开发的程度务必有相应的标准，否则不足以建立县一级的政府机构。

谭其骧先生说过："一地方至于创建县治，大致即可以表示该地区开发已臻成熟。"他还指出："所以，知道了一个地方是什么时间开设县的，就大致可以断定在那个时候该地区的开发程度已达到一定的标准。"

赣州是章、贡二水交汇之处。人说，溯章水西上，过梅关古道的宋人，进了珠玑巷，便成了广府人，这大致不差。但珠玑巷人中，也有成为客家人的，这从族谱中可以得知，只是为数不多。更多的是溯贡水而上，或下东江至龙川，或继续溯流而上，经梅江（赣南之梅江）走宁都、石城——这里便是最早形成的客家群落了。石城是赣南客家文化的重心，不说有"闽粤通衢"之誉，姓氏也最多，且与客家祖地石壁仅20里之遥。而石城重人伦、强教化的传统，则有一个几乎与葛藤坑传说同时发生的、与客家族群精神联系得更紧密的、写入典籍的史实与神话相映衬的典故，这便是与温革办学相关的文化神话。温氏族谱中所记载的，在建藏书楼掘地基时，意外地挖出了五铢钱五万枚。于是，便有了办学的资本，温革认为这是"祥瑞之兆"，于是把藏书楼取名为"青钱馆"。被视为宋代著名思想家、太学说书、有盱江先生之称的李觏，为此专门写了一篇《书楼记》，文章中亦很以此事为然，他写道：

> 温公少时求禄而莫之得，慨然自谓："不得诸外，盍求诸内；不在吾身，宜在吾子孙。"乃图山泉美好处，奠居堂，因作讲学堂房数十楹。其工始曰，获五铢钱五万于地，士友珍之，遂以青钱名其馆。①

连《赣州府志》这样郑重其事的史志中，也记录有：

> 温革石城人，累试不第。宝元中诣阙上书，愿捐家资，尽市监书以惠后学。既得，请携书归，建楼贮之。辟义馆，以来远近愿学者，仍储廪以给口食。经始之日，获五铢钱五万于地中，人咸异之，遂以青钱名其馆。

这一神话，却没有体现在温革先生墓表中，墓表中关于这一段文字仅有：

> ……屡试不第，归辟义馆，市书建楼，四方学者接踵而至，捐资给以廪粟，由是虔南风气诵诗读书，泽躬尔雅，即菜庸夏畦亦莫不知有先生其人。

---

① （宋）李觏：《书楼记》。

如细心辨识，则不难发现，墓表是以"四方学者接踵而至，捐资给以廪粟，由是……"内中独独缺了"经始之日，获五铢钱五万于地中"这一至关重要的一句。这是无意的遗漏，还是着意的回避？

恐怕是后者而非前者。

毕竟，墓表是"盖棺论定"，不可有虚拟、谬托之词，务必实事求是。因此，传说、神话之类，是不可以写入的。李觏作为一位思想家，之所以援引这一传说，自是为其思想观念所服务的，重教兴学，宜在子孙，令文化得以承传，诗书能够流播。其实，李觏出生，亦伴随有一个"棋子"的神话。"子"在古语中，与近文"学者"相近，这才有孔子、孟子之称，所以，李觏也就成了一位宋代的大学者。以神话传说为然，不独是李觏，中国过去不少学问家也都这样。这也是一种传统。毕竟，神话、传说，每每为一个民族或民系精神所系，它或直接、或曲折地反映了这个民族的心理诉求。办学如有天助，这便是中华民族尤其是汉民族孜孜以求的。"万般皆下品，唯有读书高""学而优则仕"……种种，都集中体现了汉族自古以来最稳固顽强的价值观，而这是必会上升到"神话"的高度，由理性诉求演化为近乎迷狂的状态。

客家人尊师重教，自是秉承了古汉族的历史文化传统。因此，在兴学的"客家第一人"温革身上，演绎出这一神话，无疑是顺理成章的，亦无可非议。

其实，这种"掘金"的神话，在中国古代典籍中可谓屡见不鲜。最著名的，莫过于"郭巨埋儿"。这也同样"发生"在宋代，宋代产生的《二十四孝图》当中，"郭巨埋儿"是其中之一。原文照录如下：

> 郭巨，河内温人，甚富。父没，分财二千万为两分，与两弟，己独取母供养寄住。邻有凶宅，无人居者，共推与之居，无祸患。妻产男，虑养之则妨供养，乃令妻抱儿，欲掘地埋之，于土中得金一釜，上有铁券云："赐孝子郭巨。"巨还宅主，宅主不敢受，遂以闻官，官依券题还巨，遂得兼养儿。

这显然是绝对的"道德神话"，当道德被置于至高无上的地位时，道德的神话也就应运而生了。但另一方面，故事的本身，在今天看起来，却是非常不人道的。为老人而活埋婴儿，为符合所谓道德伦理上的"孝"，竟去虐杀儿童，不遭到遣责，却可以青史留名，未免太可怕了。

不过，当是上苍见怜，最后还算保住了孩子的性命、两全其美了。但这一神话中的道德至上的价值取向，则是非常鲜明的。中国封建社会几千年可谓"道德治国"一以贯之，从汉"孝"到宋之"忠孝不可两全"，及至最后以"忠君"为最高道德，世人当是看得很明白的了，所以，道德本身也就被神化了。

"郭巨埋儿"，是一个被极端化了的道德神话，以至我们今天已无法接受。那么，温革办学掘金，当是一个怎样的神话，我们今天该怎样去认识它、理解它呢？自然，它也是道德的。办学，不仅仅拯救一个人，而且拯救一个人的灵魂，这不能不说是一个非常符合道德的壮举。

然而，它不仅仅是道德的。宗教神话，无一不宣示的是一个拯救的主题，尤其是灵魂救赎方面。道德神话，也离不开拯救与救赎，特别是中国的道德精神，"己所不欲，勿施于人""反身以诚，乐莫大焉""皇天无亲，唯德是辅""太上有立德，其次有立功，其次有立言""德者，本也；财者，末也""行德则兴，倍（通背）德则崩""德礼为先""君子怀德"……这一系列古代之道德格言，几乎完全塑造了中国自古以来仁人志士的人格形象，而离开这一些，是必招致崩坏、毁灭、万劫不复的。

于是，道德律令也便是神圣的启示，是不可以悖逆的。

那么，如温革办学掘金神话，固然有道德成分包含在内。但如果仅止于此，在今天，岂不也会如"郭巨埋儿"类的道德神话般遭到摒弃，用不着我们今天在从中发掘新的认识，并且予以发扬光大了。显然不是如此。

办学，或者说教育自身，薪火相传，绵绵无绝，传扬的自是人类文明的火炬。而人类文明，自是包括人所创造的一切，不仅仅是道德，还有智慧学问，还有科学技术。或用古代语言，内圣外王之道，内圣自是道德修养，外王则不属这一范畴，还有经世致用，更不可道德包含了……于是，教育本身的文明传承，远超于道德神化了。

汉代的"孝"，在隋唐被中断，于宋明被改造并"上升"为忠，道德在神化过程中亦受历史发展的影响，而历史与文明的进程则是超于或别于道德神化过程。这样，教育才具备有更积极的、更宏大的承传的使命。客家人"宁卖祖宗田，不卖祖宗言"，讲的正是依靠教育所进行的精神接力、文化接力，而非物质的继承。

教育，也唯有教育，方可以越过权力、地位、道德、金钱及种种名与利的东西，把人类带出愚昧、野蛮，走向文明与科学，而且会塑造出全新的人格。它永远显示出的是理想的亮色——也就是说，它本身与异化是相抗衡的。教育的价值也就大于道德的价值。古代哲人云"夫善国者莫大于劝教"，这"善国"本身也就不仅仅是道德问题。客家人的尊师重教，更有自强不息的因素在内。这里便有文化的传承与延续，更有创新与再生，保证了一个民系的永不沉沦。

我们不妨把温革的这一传说，视为"教育神话"。而李觏文章的后半部分，则正是为这一神话"正名"：

> 自古圣人之德业，举在于书。圣人者，非其智造而巧为之也。天之常道，地之常道，万物之常情也。天地万物之常，而圣人顺之，发乎言，见乎行。[①]

"举在于书"，自是文化之功。其实，当时苏辙亦说过："德与才不同，虽古人鲜能兼之。"可见，所教的，当是德才具备才是。从这一教育神话中，我们可以

---

① （宋）李觏：《书楼记》。

领悟到的，还有很多很多。可以说，以此为开端，客家人的价值观——教育至上，就这么确定下来了。

石城，作为客家文化教育之发祥地，也就这么确定下来了。后来客属地的以学田和学谷扶持、奖赏学子的传统，也就从这时发展过来的。其实，在这之前，韩愈早在《师说》中称"师者，所以传道，授业，解惑也"，其意义已超于道德范畴。其后，更称："无贵无贱，无长无少，道之所存，师之所存也。"这更将"师"的意义大大拓展。而"无贵无贱"则延伸到不仅是"师道"所存，更应荫及学子。这既是中华传统文化中发人深思的一个部分，也是一种社会协调的机制。不是神话，又胜似神话。正因为这一神话的感召与影响，后来客家人才被视为重文教、重伦理的一个高文化素质的民系。

这一神话，也就这般集中体现了近千年来凝聚在客家人身上的族群精神！

二、石壁——"创世纪"的葛藤坑神话

> 郁孤台下清江水，
> 中间多少行人泪。

相传，在郁孤台即赣江口分手的，溯章水西去，过梅关古道，进入南雄珠玑巷的，就汇入广东最大一个民系——广府人当中了。"珠玑巷传奇"，如"葛藤坑传奇"一般，也集中体现出了广府民系的种种观念。这同样是一个神话，一个开基的神话。而在郁孤台溯贡水东去，经石城，进入宁化石壁，也就是"葛藤坑"的，就演变成了一个新的民系——客家人，这更是不争的事实。所以，才有了客家人"创世纪"的神话。

不同的方向，走出了不同的民系。

"珠玑巷"在当时的全国商业城市几乎都有。于是，重商重利的广府民系，也就由此确定了其民系的品性。而"葛藤坑"，在南北的山乡也都有，已有人作过考证。这"葛藤坑"中人，重学重义，客家人的品性，也同样由此而来。

没有流亡，也就没有神话，尤其是这一类神话。

> 西北望长安，
> 可怜无数山。

要理解这十个字，就得解读这一神话。

黄巢之乱这一段历史演进，也并非不曾留下若干人类学、文化学、社会学、遗传学诸方面的重要资料。它们可以提供非常丰富的历史文化信息，证明客家民系在形成过程中，某些特质、理念、品格是如何在上千年间一脉相承，又如何在新的历史地理环境下发展或变异的，从而才有了这么个"特异的存在"。

在研究这个蛰伏、酝酿的阶段之际，我遇到了两个非常近似，且非常有意义的客家人的传说故事。

它们引发了相当绵长的思考。

最早的故事，是与其第一次大迁徙相关的，当是比较原始的，且辑录在客家人的一个族谱当中。

邓姓，是客家大姓之一，如今光邓姓的子孙，在全世界就有700万之多。邓姓源自邓州，邓州乃夏朝时的封国邓国，也就是后来的南阳。邓氏的南迁史，与华夏古国的移民史相始终。其中，不少支系成为客家人的一部分。当然，这是另一部史著所要写的。

这里引用的是与客家人相关的一个故事。

正是"五胡乱华"，二百万中原汉人大规模南徙渡江。也就是逃亡路上，发生了这么一个凄绝人寰却又感人至深的故事。

邓家的主心骨——邓攸正是在逃亡队伍中，率着一家人，扶老携幼，向南奔逃。初时，尚有车马代步，没料过泗水时，流人中传来一个可怕的消息，说石勒的胡兵马上掩杀过来了。邓攸当机立断，舍弃辎重，破毁车辆，用牛、马驮着女眷、幼儿疾走，男人则追随卫护在后。尽管他们逃脱了胡兵，却没能避得了沿途杀出的盗匪。牛马被掳，财物一空，所幸者，尚未伤及生命。

于是，邓攸挑起担子——一头是儿子，一头是侄儿，继续艰难前行。但人非车马，怎承受得起长途的肩压？加上饥饿袭来，几乎无法撑下去了。他不得不作出最后的抉择：两个孩子，只能舍弃一个。他只好哽咽着对妻子说："我的弟弟早死，只余侄儿一根独苗，绝不可让他无后。你我将来有了安身立命之地，还可以再有生养。所以，我想把儿子丢了，好保住全家。"

妻子痛心大哭，却不能不依丈夫，不然，一家人都逃不出去了。

第二天，夫妻俩趁儿子熟睡未醒，带上了侄子，狠心上了路。他们终于逃脱险境，来到了江南，有了落脚之地。后来，邓攸与他的侄儿邓绥还入了仕，当了官。可每每回忆起这一路上的骨肉分离，一辈子都有剜心之痛。后来，这个故事却演绎成为作为客家人"创世纪"的历史故事——"葛藤坑"传说。传说者，几近神话，不似前边故事那么普通、原始了。

这个神话，叫作"葛藤坑"。是葛藤坑，不是伊甸园！是苦难，不是极乐！是避难所，不是天堂！葛藤不仅仅具有象征意义，而且始终是所有逃难者，或在大灾荒中，唯一的、最后的充饥的野生"口粮"。直至20世纪60年代初，我们也大都得到过它的恩赐。

葛，植物名。学名 Pueraria Lobata。豆科。葛本，有块根。复叶，小叶三片，下面有白霜，顶小叶菱形，托叶盾形。夏季开花，蝶形花冠，紫色，总状花序，荚果带形，长达9厘米，宽9~10毫米，密生黄色粗毛，产于我国各地。

茎皮纤维可织葛布或作造纸原料；茎和叶可作牧草。块根含淀粉，供食用；中医可入药，功能为解肌退热，花可解酒毒。而葛藤坑，在此则有一个不寻常的意义：客家人在此得到最后的拯救，其意义不亚于耶稣三日后的复活。

黄巢起义，自河南西南二道进掠淮南，又转而攻入浙东，复又掉头走江西北部、中部，直抵福建西部、中部，再又转江西、出湖南，打到广西东部，又南下广州；转而退至湖南再出湖北，扰安徽，渡淮水，攻洛阳，占长安——可以说，大半个中国让他搅得天翻地覆。传说中，他竟成了"杀人魔王"，"隔山摇剑，动辄杀人"。因此，沿途百姓，亦纷纷逃亡。

然而，这个"杀人魔王"，却为一个客家女子所震慑了。

那是战乱中，这位女子也同别的人家一样，不仅家破人亡，而且背井离乡。她的兄长与嫂子，均在战争中丧身，只留下一个儿子。逃亡时，她便将这位侄子背上，牵着更年少的儿子上了路。山穷水恶，偏偏与黄巢狭路相逢——她本就是听说黄巢杀人如麻，才出来逃难的。当然，她并不知道眼前横眉怒目、大有问罪之态的人就是传说中的"杀人魔王"。黄巢愤怒地斥责她："你这妇人是怎么一回事?! 两个孩子，年纪大，身体好的反背在背上，不让他走路，年纪小、体弱的却气喘吁吁拖在后边，是不是太偏心了？"那汹汹气势，仿佛要把她立斩判罪。那妇人没想到对方便是黄巢，竟说："听说黄巢造反，见人就杀，杀了个天昏地暗，旦夕之间，也就要来到这里了，所以，才带了孩子出来逃亡。至于为什么背上大的，却让小的走路，是因为大的，是先兄的遗孤，可怜这孩子父母双亡，因为担心他被贼人抓住、杀了，他家的血脉便就此断绝了。所以，得保住他为要，便背到了背上。至于小的，是我生下的亲骨肉，可我怎么也不能放下侄子而把他背上，所以只好牵上儿子一同逃难。"

虽说妇人话里斥责他杀人如麻，不料，这黄巢竟一点也不动怒，反而喝住了左右欲问罪于妇人的部下，很是感佩地安慰这位妇人：

"你不用害怕！黄巢等人作乱，却有一怕。"

"怕什么？"

"他怕一样东西，就是葛藤。你不必逃难了，赶快回家，找到葛藤，挂到门口上。黄巢的士兵经过，便不会进去杀人了。"

"果真？"

"你快去吧，不然，就来不及了。"

那妇人赶紧背着侄子，牵上儿子，回到了自己所居住的山坑里。并且立即在所住的山坑径口上，挂满了葛藤。

果然，黄巢的兵马路过，见葛藤而不入。

原来，黄巢下了一个命令，凡是挂了葛藤的地方，禁止进入。

所以，士兵们一见葛藤，便不敢进去了。

于是一坑的人，都因这葛藤的庇护，逃过了死难。

从此，后人便把这个地方叫作"葛藤坑"。

而且后来的客家人，都称自己是原来葛藤坑的人。

不妨原文照录这个"葛藤坑"的传说：

> 在昔，黄巢造反，隔山摇剑，动辄杀人；时有贤妇，挈男孩二人，出外逃难，路遇黄巢。怪其负年长者于背，而反携幼者以并行，因叩其故。妇人不知所遇即黄巢也，对曰："闻黄造反，到处杀人，旦夕且至；长者先兄遗孤，父母双亡，惧为贼人所获，至断血食，故负于背；幼者固吾生子，不敢置侄而负之，故携行也。"巢嘉其贤，因慰之曰："毋恐！巢等邪乱，惊葛藤，速归家，取葛藤悬门首，巢兵至，不厮杀矣。"妇人归，急于所居山坑径口，盛挂葛藤，巢兵过，皆以巢曾命勿杀悬葛藤者，悉不敢入，一坑男子，因得不死。后人遂称其地 曰葛藤坑，今日各地客家，其先，皆葛藤坑居民。①

任何阐释，都会对这段文字所透露出的信息造成损耗。所以，原文照录是非常必要的。事实上，不仅此外，在后文很多地方，我们都需要从不同角度上对这个客家人"创世纪"的传说作出新的破译。到最后，尽管未能穷尽它，却已提供了相当巨大的历史与人文的内容，破译了其中众多的遗传密码。

这个"葛藤坑"是有据可考的，在众多的客家人家谱记载中，它位于福建的宁化石壁村。当然，亦有人考证，当年黄巢起义，并未经过那个地方。所以，这个传说是极无稽、极荒诞的——如果用这种传说作冬烘先生式的考证，那么，一部《圣经》也只好束之高阁，从中读不到历史了。

如同《圣经》中的神话一样，虽说每每只有一段话或者一个小故事，却掺揉有很多道不清、说不尽的文化意蕴与历史经验——由此，在神话与史实中，便有众多的文化之谜需要作出破译。毕竟，任何一个传说或故事，都在一个民系的文明发展史上具有阶段性的或里程碑式的象征意义，将其汇总起来，便是这个民系总体的文化意识。对此加以追溯、梳理与破译，便可以找出其文化意识的迥异之处，而这正是对确立这么个民系是关系重大、不可或缺的。

可惜，迄今未有人来做这个工作，客家神话与传说仍处于散逸的游离状态。这一部书也只能做个大致的勾勒。

我们不妨先将两个故事作出比较。

首先，我们梳理出二者相同的或不变的成分。

这两个故事的核心，便是保住侄儿，舍弃亲子，以免侄儿家断了血脉、绝了后。这是故事表层的东西，内里则仍是男人中心论。像葛藤坑传说中，最后，则是"一坑男子，因得不死"。中国传统文化或儒家文化中男人至上的观念，也同样没变。

---

① 罗香林：《客家源流考》，崇正总会30周年纪念特刊1950年版。

但变了的，却还有不少。

第一，是历史背景变更了。前一个故事是晋室南渡之际，而后一个则已到了唐代末年，当更接近客家民系形成时期了。

第二，是故事的主角变了。由男性主角变换为女性主角，是女性拯救了整个家族乃至整个"坑人"世界。

第三，故事直接指明了女主角所拯救的，乃是"各地客家"。在这个意义上，它成了客家人的一个创世纪神话，而不仅仅是邓氏家族恪守古训、舍生取义的道德文章。

这三条是最重要的变化。

其他的变化还有，如黄巢的见悬葛藤者不杀——这隐含对贫困者的哀悯；妇人的临危不惧；不是扔下儿子，背上侄儿，而是背着年长的侄儿却牵着年幼的儿子；还有，原只是逃亡路上，现则明确有了个归宿之地的地名——葛藤坑，等等。

无论三条大的变化还是若干小的变化，都是耐人寻味的。由此可看出传说在历史演绎中如何发生变化，补充或改变了怎样的内容，最后臻于完整或完善的。

我们首先看一脉贯穿两个故事的核心思想和基本内容。

核心思想当是中国传统文化的传宗接代、无后为大及男性中心的观念。这在第一个事故与第二个故事都是完全一致的，保住侄儿，以免他一家绝后。这种重血缘或尊尊亲亲的思想，在第一个故事中表现出普遍的家族观念，而在第二个故事中则具体化为客家人的观念。而这一观念得到首肯，成为拯救客家人整体的一个福音。正因为这样，这个观念也就成为客家人所要恪守的信条。而这一信条，则反过来证明其继承的正是传统的汉文化，他们毫无疑义是汉族的正宗后裔——这便是故事中透出的最重要一层信息。

基本内容的一致，则是整个故事的中心构架：舍亲子，救侄儿，以保住侄儿家的血脉不至于断绝。虽然前后两个故事在细节上有些变化，但大的格局并没有变，这也是为它们共同的理念服务的。不过，前边一个从性质上来说，是一个逃亡实录，一个真实故事，而后一个，则演绎成为传说，甚至可以说是一则神话，一个拯救了客家人的"创世纪"的神话。

可以说，这个神话，同其他英雄传奇、精英事迹一样，是土生土长出来的，有着自己独特的文化背景，展现自身不同的文化风貌，揭示不同的文化价值。一个民族，扩而言之，整个人类，在发展到一定的阶段，总会形成其相近的思维模式，以及相应的心理结构，从而会从自己的族群历史中演绎出英雄传奇，以证明自身存在的合理及优越性，神话就是这么诞生的。客家人，作为一个大迁徙的群体，当然也就会出现或发掘出甚至加工出（通过口耳相传而自臻完善）这样的神话来。它必须是具体、生动，而且浅显易懂的，但其后面则包含有说故事者未必意识到的大量的文化信息与历史内涵。这类神话，可以说是活生生的、具有生命力的，具有非常强的感染力，因此有其普遍性与传承的意义。

在神话的流变中，也就一步步加进去了整个族群的意识，并具体化为情节、形象及别的什么。葛藤坑传说显然比邓攸流亡的故事多了几重不同的色彩。情节的扩充、演化，无疑是交流中、传播中相互借鉴、因袭与移植的，只保留住原来的基本骨架。为此，我们对其中构成新神话的要点，当进行认真的分析、研究，加以审定与鉴别。毕竟，这绝非巧合，也非偶然编造出来的。

我们不妨一一予以文化分析，尽可能进入其更深的层面。

第一是历史背景，为何从晋末移植到了唐末？这里的解析是，证明客家人是这个时候已经存在了——这样，已相对逼近了客家人形成的真实时间：当在宋代，最终当在南宋或宋元交替间，这我们在后一章会有进一步的论证，而这个历史背景，当同已发生变化的故事情节更吻合。

第二是地理环境。前一个故事，并没有明确的地点，只说明是自北向南的逃亡路上，这是合乎情理的。但后一个故事，则很明确是在葛藤坑了，而这个地方，当在石城—石壁一线，可以说是具体一个村落，也可以泛指周遭地区。而这个地方，如众所周知，则成了客家人开基的地方，被称为"客家祖地"。客家人正是在这里形成的，或者说，是在这里"老树抽出新枝"，凤凰涅槃了。这一来，葛藤坑更带上了神圣的色彩，更为神奇——可以当作"圣地"了。如前所说，成为"伊甸园"，成了"创世纪"神话。这一地理上的位移，也就透露出了一个民系形成的特定环境所包含的众多必要因素。

第三则是主角的置换。这是非常重要的，甚至可以说是带根本性的变换，由男性主角变换为女性主角，是女人拯救了整个客家世界而非男人。

不过，这并不是说从根本上改变了男性中心的地位，只是女人拯救了男性、拯救了家族以及整个族群而已。

为何会发生这一置换？这是颇值得深究的。是因为到了南方，而南方的母系社会的遗存仍有相当大的影响——如后来融入客家的部分畲族人，还是因为整个故事情节发生的需要：黄巢更方便斥责一位女性"不近情理"些？

其实，我们当从整个客家民系中女性的地位、作用来分析。众所周知，客家女在家中承担的角色，远远超过汉族其他民系的妇女担当的责任。她们完全操持了家庭几乎的一切，包括在外谋生，如扶犁掌耙、春种秋收——这本是汉族男人的重活——成了家庭的擎天柱。这后边当有专节论及。

从历史流变上看，诸如裹足、束胸等中原女子的陋习，是在五代、两宋形成的，那可以说是变态的时代的产物。而同为汉族女人，客家女却没有这陋习，照旧放足、天体，不约束脚以及胸的正常发育。当然，这与她们承担几乎全部的农务以及生活在山区的环境密切相关。

正因为客家女在一个家庭中如此重要的位置，不说女性崇拜的话，那么，在神话中，其地位与作用自然而然便会予以强调，从而取代了原型故事中男性的位置。因此，说这是一个"女性神话"，也并非过分夸饰了。

这一点，在前几条中也已经提及了，这里不过是单列出来予以强调罢了。邓攸只是救了侄儿的命，保了侄儿家的血脉，而葛藤坑女人不仅救了侄儿命，保了侄儿家，而且救了整整一个葛藤坑的人——以她的信念及牺牲精神感化了所谓的"杀人魔王"。最终她拯救了整个客家人，整个族群或民系，这比邓攸救侄儿的意义要大得多了。

这便是整个"葛藤坑神话"的最终价值所在！

这种"弃子"神话，在世界上的不同民族的民间传说中是并不罕见的。在中国，最早有后稷的"三弃三收"，当然其内涵不是太接近的。但"弃子"神话中，亦包含有"避乱"的成分在内，这里也就不展开论说了。神话的某些类同，只是证明，人类或民族的发展中会产生很多相同的或近似的故事。换句话说，世界史也罢，民族史也罢；其中蕴含的文化本就是一个不可分割的整体，抑或"系统"。文化及其因子的多层面的"近似"乃至"趋同"，以及各种文化之间传播与交流，相互影响、甚至移植，这都是顺理成章的事，是积极的、正常的现象。所以，就在这样一个相当独特的"葛藤坑传说"之中，我们仍可以找到所有神话的共性，以及表现上相似的手法来。其实，女性拯救世界、"弃子"英雄之类，在神话的谱系中当已是见惯不惊了的。

下面，我们再在细节上做进一步的比较。

首先，关于"葛藤坑"所包含的意义。

如果说，邓攸南渡，先是有车马、有财物，只因被追杀、被抢掳，最后才一无所有，甚至连儿子也丢掉了。可到后来，仍能够再度入仕、当官。也就是说，衣冠南渡，多少还保留几分贵族气，以郡望自矜。

但葛藤坑，已纯为深山中的一个村庄了，不是城邑，亦非市镇，只能是山乡了，纯为平民百姓或农人了。经近千年的历史颠沛，当年的贵族气已荡然无存，只余下传统的民族观念以及平民身份了。本来，"葛藤坑"这个名字，就已太土气，太寻常了。也如前所述，葛藤每每是大灾年最后充饥的口粮，唯一的救命食品，它本身就具有一种象征意义。那位客家农妇，也就不曾有过车马、财物之类，无贵族身份可言。这是身份的变换，也是历史的记载。

其次，原型故事中，儿子是被奉献出去了，不可能再生了。这种骨肉分离，多少有点残忍的意味，让人心中难以承受。

而后来的神话中，儿子却仍被带在身边，只是不为母亲所背负，得自己走路，走在艰难的逃亡之路。当然，这也有点不近人情，但已不再那么残酷了。

显然，葛藤坑故事中那悲悯苍生的成分，比原型故事中要浓郁得多。这也说明已渐成民系的客家人，其人道主义色彩，要比历史上的一些民系要浓烈一些。

读一部古代史，一场战乱，几十万战俘被活埋、斩杀的非人道的惨祸，当是难以计数。甚至于可分享被烹的儿子的肉，诸如易牙烹子，以献齐桓公。那时，把儿子祭祀出去，以成美名，并没什么可谴责的，但这个传说，却没沿袭这一"传统"，其人情味要合理得多也浓得多。

其三，追杀者，已不是胡兵石勒了。背景一换，历史人物自然也换了，换成了造反的黄巢。尽管说他"隔山摇剑，动辄杀人"，可在这个传说中，也是个相当有人性的人物了。他先发火，当也是出自人之常情，本来嘛，年长的背身上，年幼的反得自己走，就已是违背人情了。

而后对妇人"嘉其贤"，正是欣赏妇人那种舍己救人的人道精神。这也如叶扬文中所说。这个传说，反而证明了黄巢此人"不是到处杀人的恶魔"，还是很有人性的。这与整个传说的基本格调当是一致的，而葛藤坑人全都"因得不死"，也同这调子是相吻合的。

至于"取葛藤悬门首"的意义，在古代本就包含有辟邪的成分，这里当为"免灾"来解。当然，黄巢称自己的队伍"惊葛藤"，未必是自以为邪乱，只是不愿暴露自己的身份而已，亦可能是一种认同或认可——这留待民俗学的专家们再做进一步的分析。

不管怎么说，这个神话在客家民系的诞生、形成的历史进程中，是极具"创世纪"意义的，不在于史实，而在于思想、观念，尤其是文化意义上。

让我们略做总结，看这个传说从根本上告诉了我们些什么，我们能够从中"还原"或"解构"出些什么，并揭示出了若干怎样的文化因子。

除开前面所分析的，证明这是客家人在大迁徙中，作为一个民系的形成，已成不争的事实。客家人从此有了自己休养生息的"飞地"，寻找到了"重生"之处。这两点：大迁徙的史实与"飞地"史实的确认外，还包含有更丰富的人文内涵——它不仅是这个民系的"创世纪"神话，也是这个民系意识的来源。

无疑，在这个"创世纪"中，母性创世纪是再伟大不过的。正是这位葛藤坑的妇女，以自己伟大的秉性，感化了黄巢，从而拯救了整个的葛藤坑或者整个的客家民系，使他们免受战乱之苦，避免了灭族之祸。没有这么位女性，葛藤坑这个"飞地"也就不复存在，客家民系便无以形成，客家文化就更不可能产生日后的辐射作用。

这正是葛藤坑传说中所包含的巨大人文意识的核心。也正是凭借这个神话，客家妇女才在这么一个民系中产生举足轻重的作用，以至如人们所说的——母仪天下！这个神话确定了客家妇女的历史地位以及所承担的"救世"的作用。

而她用以感化被世人视为"杀人魔王"的黄巢，则是一种为汉民族的传宗接代的而不惜作出自我牺牲的忘我精神。对于一位母亲而言，在逃难之中，不是将年幼的儿子背负身上，而是背上年长的侄子，牵上的却是儿子，这便有了"二悖"：一悖亲与疏——无疑，儿子要亲，亲生的骨肉，侄子却隔了一层；二悖幼与长——无疑，儿子年幼，需更多的照顾，侄子年长，走路并无妨。

然而，这个客家母亲有悖的是常理，遵循的却是更高的伦理准则：长者先兄遗孤，父母双亡，惧为贼人所获，至断血食，故负于背，幼者固吾生子，不敢置侄而负之，故携行也。一番话，竟感化了黄巢，黄巢不仅没怪罪，反而"嘉其贤"。"贤"在何处？这位客家妇女，显然是把兄长一家，也就是娘家的血脉不至于切断放在首位，不曾视自己为"嫁出去的女泼出去的水"，从而只顾夫家而不再管娘家——这里透出的是怎样的文化信息，颇值得探究。这也是与原型故事有根本不同的一条。

但不管怎样，儿子毕竟是亲生的，儿子也承担有夫家的血脉之延续。更何况儿子比侄子还小，还柔弱，更需要自己照顾呢。危难当前，顾他人而忘自我，这的确是客家妇女伟大之处。不顾自己儿子，而顾恤父母双亡的侄子，又是怎样一种人道精神、一种哀悯苍生的仁厚之心。

难怪"杀人魔王"也不得不为之动容。

至于黄巢的功罪，这里且不去评说，但多少证明黄巢也还有人性，也为客家妇女的行为而感化。

进而论之，难道不正是这种人道的、伦理的精神，拯救了客家这个民系，从而也塑造了客家这个民系吗？

所有的客家母亲，都是这么教导自己的儿女的，不要欠别人什么，也不要让别人感到欠你什么，你才会在这个世上活得坦坦荡荡。

这个传说也说明，她绝不愿欠娘家什么。所以，才先护住自己的侄子，而不会去想，这侄子一死，娘家不复有了，也就谈不上欠什么了——当然，她是绝对不会这么去想的，这么想，就变成《三国演义》中的曹操了。同样，周济受难者更是如此。客家妇女，总是把家中最好的东西拿出来，决不会把用过用旧的东西给人家，否则，会感到羞耻，对不起他人——这也有悖于一般人的救灾观念了。人们无论如何，也只是尽可能把家中不用、用过乃至用旧的东西先捐出来，而把新的、好的留给自己用。除非捐的不够，这才拿出来，这一观念，也许仍来自葛藤坑的客家妇女，她把好的——用背来负上——拿出来给侄子，而留下苦的——得自己行走——来对待自己的亲生儿子。

这是怎样一种了不起的牺牲精神？

她不仅用自己的行动，拯救了客家人生养的"飞地"，也用自己的精神，维系了客家人赖以辐射的文化因子——真正的"救世"，更在于精神而不是行为。

扩而言之，一个民族要不灭亡，一个民系要自强独立，也要靠这么一种精神，顽强去守护民系或民族的文化边界，守护其伦理传统。而这，无疑需要个体在必要的时候，牺牲自身的利益，舍小我而为大我，舍骨肉而为血统。这是一种自卫，一种群体的自卫意识。因此，我们就不难理解，世界上若干个流浪的民族，为何会比其他民族更重伦理、重教化、重传统、重善行——包括施舍与捐献，更以偏执的激情去维护自己的文化。

如果说，我们如此解读，淡化了自唐初至北宋期间连绵不断的移民的历史，却凸现了这一段时间中的思想史的进程。

正如史学家所称，思想的真实，远甚于史录的真实，因为思想已是不可以被改写了的。客家人一脉相承的传统观念，以及在大迁徙中观念的传承、变异与演进，都可以在这一口耳相传的神话中寻找到。

从历史学尤其是考据学的角度上，当可以怀疑这故事的真实性，例如，史料中从未有过黄巢起义军经过宁化石壁的记录。但我们不妨可把整个赣南、闽西视为广义的葛藤坑，那黄巢经过江西、福建则是不争的事实。同样，只要我们不死抠故事中具体的人物、地名，就无可否认，这个神话传说，却比任何史书都更真实地表现出当日平民的境遇、动乱中的心理，以及作为这个民系形成的苦难之条件。正是在这个意义上，这个传说才更具真实性、思想性与科学性；正是这么个传说，确认了一个民系的最终出现！

研究这两个传说，当是了解客家民系在发生与形成过程中，与其原生态的汉魏六朝之先民之间，究竟有什么是一脉相承下来，并且可以说是恒久不变的——如血缘观、宗族观等，又如聚族而居的生活方式。同时，又有什么是在大迁徙之中形成的，并凝结成为新的基因，如抛弃了"安土重迁"的传统观念，形成一种不安分的、漂泊的习俗，诸如开拓、冒险的人生价值观。而且，还应该包括到达每一个新的区域，又怎么融合了当地的不同的文化、习俗……最后，经过三者的重新整合，终于有了这么一个民系的凸现，由隐到显，由蛰伏到形成。

可以说，通过这两个相似却又经历了演变的故事的比较，能相当清晰地看到客家民系自晋代至唐末这一段相当漫长的历史时期中，上述三种状态的各自的显示。民系的形成，不单单是某个族群的人口数量的集聚，更重要的是共同的历史命运所形成的思想意识的认同，以及对未来的共同追求——这在前边已阐述过了的。相应的思想成熟和认同，或者说是文化上趋一，这当是民系形成最根本的因素。第一个故事，可泛指整个汉民族的观念，但第二个故事，则只能是客家民系所有了——至少在思想意识上已打上了这个民系的烙印。也只有这种认同，才最终奠定了这个民系形成的基础，并预示了一个独特民系的最终诞生。

但仍有待于进一步的激活。

三、上杭瓦子街——写在大地上的客家谱牒

当今唯一的客家族谱馆，正是在上杭，亦即瓦子街所在地。其馆长严雅英专

门有一篇论文《上杭瓦子街是客家移民史上的闪光点——瓦子街移民与瓦子街考》，谈到闽西上杭地处客家母亲河汀江中游黄金水段，是客家民系成长的摇篮。在客家民系播迁发展历史上，上杭向各地移民众多，如今这些移民的后裔已有千万之众。如在广东阳春市的106万人口中，60%～70%是客家人，而这些客家人的上祖绝大部分由上杭迁出。这已经很使人惊讶了，然而历史上上杭瓦子街的移民涉及面之广、影响力之深更达到了震撼人们心灵的程度。虽然，瓦子街移民只是上杭客家人移民赣、粤、两湖、川、桂及台湾的一部分，但它却是上杭丢失的一段珍贵历史记忆。

是什么因素促使这些瓦子街居民外迁？从上述所载瓦子街移民迁移的时间、地点、姓氏众多等情况分析，瓦子街居民移民年代相对集中在宋宝庆二年（1226年）至清乾隆年间（1736—1796年）。其中最集中的迁徙时间则是在明中叶前后的两百年间。比较集中的外迁地则在广东翁源、始兴、南雄、曲江、仁化。此外，与杨氏同迁翁源的还有李、丘、张、巫、马等姓。那么瓦子街大规模移民是否政府行为？它的历史背景是什么？带着诸多问题，严雅英查阅《中国移民史》《康熙上杭县志》及广东翁源、始兴、南雄等地方志书等资料，做如下分析：

第一，明代中央政府组织移民（不含军事移民）背景。公元1368年，朱元璋推翻元朝，建立明朝政府。为了重建或补充中心地区的人口，明中央政府严密组织进行了中国历史上最大移民运动"洪武大移民"。"洪武大移民"的移民人数达到1100万人之众，占当代全国总人口的15%。通过这次大移民，自金元以来形成的人口稀疏地带大部分得到了有效补充，大片的荒野得以垦辟，残垣断壁上冒出了炊烟。明初大移民的完成，标志着一个和平、繁荣的时代的来临。但是明代历史上还有一次最悲惨的"靖难之战"。它摧毁了洪武大移民的相当一部分成果，重新出现了一大批的新无人区。明政府在"靖难之战"后又不得不开展了新一轮移民即"永乐大移民"。查国史，在大规模的"洪武大移民""永乐大移民"中，福建就有一桩特殊的邵武移民事件。它的记载是"永乐八年（1411年）十二月，迁各地罪因于福建邵武补充当地疫死之1.2万户移民"。从明代移民大环境看，以上这些移民均无波及闽西。也就是说，当年政府移民并未涉及上杭百姓。因此，我们可以认定瓦子街移民并非政府行为。

第二，明代上杭社会环境。瓦子街杨、罗、周外迁族谱记述："翁源杨氏于明永乐年间，受盗贼打家劫舍、杀人越货之害，妻、儿分别遇难于上杭县瓦子巷"；"南雄黎口桥杨族时因遇上杭瓦子街帮会之祸，兄弟三人折秤杆为三分，各执其一，分头逃难外迁"；"南雄罗氏明正统二年（1437年）因寇乱，由上杭瓦子街迁始兴县凉源开基"；"南雄周氏乞元末明初，'宸濠之变'，兵灾频遭，由瓦子街迁南雄"。根据这些记述，她相应地查找出了上杭志书中明朝同一时期的历史事件，以研究瓦子街居民外迁的社会环境。

她列举的事件，这里就不一一引用了。

她经过反复的论证，最后作出结论："明代中央政府组织的大移民，虽说未波及闽西，但自永乐大移民之后，无论南方还是北方已人满为患，内地绝大部分适宜开发的地区已经开垦殆尽，稍具规模的移民已经无处可迁。然而，绝大多数山区依然空旷荒凉，如粤东、粤北空旷的山区和广东南雄（宋末曾因胡妃事件造成大批岭南人外逃迁家，南雄几乎成为空城）。空旷的山区始终吸引着无地或少地的农民和为避寇乱而逃生的百姓。上杭历史表明，宋、元、明三朝，寇乱不断，破城达五次，扰攘更是不息，百姓苦不堪言，以至"驻汀州巡抚绘'杭民劫难图'力请剿灭，'城中居人尽愤缨闻，乃手书牌招兵''抗贼'。根据上述资料，我们就明白，明中叶，在土地与人口均未对瓦子街百姓造成压力的情况下，瓦子街居民为何离乡背井，纷纷移迁他乡，最重要的原因之一就是寇兵征战，赋税徭役日增，导致民不聊生，百姓纷纷逃离家乡出外谋生，这就是瓦子街外迁的历史背景。"①

严雅英亦对上杭瓦子街地名作出了考证。

考查瓦子街移民背景，是因为它与考证瓦子街所在地有密切关系。她认为，能容纳众多姓氏的瓦子街，是当年上杭的文化中心与商业中心。为了支持这一观点，1998年7月15日至20日，前来寻根续谱的南雄罗氏瓦子街移民后裔，驱车前往本县的庐丰、蓝溪、丰稔、泮境、白砂、旧县、石圳潭、溪口、湖洋、临城等乡镇寻找瓦子街。经过六天调研，上述各乡镇均无"瓦子街"的历史痕迹。这样，就排除了瓦子街在乡镇的可能性，便可将瓦子街锁定在当年上杭县治所在地郭坊村，即今天的上杭县城区。

其证据如下：

第一，上杭县治的历史沿革。上杭原是场名，宋太宗淳化五年（994年）升场为县，最初县治在秋子堡（即今永定县虎岗乡北山村）。至太宗至道二年（996年），又徙县治于鳌沙。鳌沙（现今仍还是上杭白砂镇的一个自然村），山村地窄无街可言。宋真宗咸平二年（999年）又迁县治于语口市，即今旧县乡的钱坊。钱坊（今仍存有一块刻有"语口市"的小碑石），仅是旧县河上的一个渡口，大概有货运木船通航，能收河税，在此作县治28年。钱坊没见过一间像样的古民居，街道就更无从谈起。宋真宗天圣五年（1027年），县治再徙钟寮场（今才溪乡荣拓村），在山沟里"坑冶兴盛，商旅辐辏"达140年时间。钟寮场至今留有天王院遗址，但完全没有街道的痕迹。宋孝宗乾道三年（1167年）县治徙汀江中游三折回澜的风水宝地来苏里郭坊村。至此，上杭县治历经170多年前后五次搬迁，才稳定下来，一直至今。

---

① 严雅英：《客家族谱研究》，黑龙江人民出版社2007年版，第27页。

第二，上杭城市规划与瓦子街形成。县治初迁郭坊村，城中百姓仅仅是郭坊村郭氏族群再加上钟寮场迁来的官吏、衙役、生意人。这些随着县治迁到郭坊村的百姓暂无居所，只有临时住所、货摊、工棚等栖身。经过几十年经营，临时住所、货摊、工棚渐渐被百姓兴建的瓦房替代。宋绍定三年（1230年）宁化农民关胡麻暴动，攻陷上杭县城。老百姓房屋被毁，满目断壁残垣，瓦砾成堆。受此突然冲击，官方赶快增兵设防，修复衙门。据《上杭县志》所述，经过三年时间，于宋理宗端平元年（1234年）建起一座周边160步的上杭城，只是土墙盖瓦片，把县衙围起来就是了。说它是"城"，倒不如说是土围子更切合实际。围子里有官有兵，行使政权职能，有它的相对威严，因此一方有了安宁。在建上杭城的同时，房屋被毁的百姓为了生存也开始重建家园。当年的郭坊村周边山川丘陵，地域宽敞，林木丛丛，就地取材，烧砖烧瓦较有条件，吸引了一些技术工人前来建窑营生，为建房子的人提供方便。随着县衙门这个行事政权职能的地方扩大之后，四乡人有条件的逐渐迁来县衙周边，开始建简易住房到砖瓦平房，人口逐步聚集起来。年复一年，民居从稀稀落落到逐步有了通行人的巷和街，县衙范围逐步拓宽，百姓安居乐业。

然而，动荡不安的社会环境，导致定居郭坊村的上杭县治在宋、元两朝的几百年中就遭"寇贼"五次破城。历次破城，城中处处是毁于战火的房屋，于是便出现了大大小小的池塘和堆放瓦砾的场地，形成了大大小小的"瓦子坪"，而满目的碎瓦却成了不谙事态的孩子们的游戏之地，以至形成了当地百姓的风俗。即每年农历的八月十二到十五，上杭县城区的上、下岗背街的少儿各分东西，互掷瓦片，说是为了"辟邪"，并说不论瓦片怎么丢都从来不伤人，这一风俗一直保持到民国年间。破城毁房，战后建房，建房必要烧瓦。在建房的过程中，百姓将碎砖碎瓦用于铺路、杵墙，于是便出现了被百姓称为瓦子坪的地方。久而久之，瓦子街、瓦子巷或者是瓦子坪的俗称，就是在这样特定的历史战乱环境中逐渐形成。明成化二年（1466年），上杭开始有了大的整体规划设计和实施步骤，纵横县城的街、巷开始有了官方的"学名"，并载入正史。

第三，瓦子街考证。历史上的瓦子街应该在今天上杭城区的什么地方，上杭县客联会曾组织本县有关人士开展调查研究，并举行专题学术研讨。考其瓦子街遗址，主要范围有五处：①岭子头上叫"瓦子坪"。即如今大礼堂南侧，以前是荒坪，叫岭子头上，这里以前人叫"瓦子坪"，也是封建时代百姓在县衙前"喊冤"的地方。②雷坪里以前有人叫"瓦子坪"。今城关原来建筑一社（现已改建民宅）那里，原来有一大片荒坪，群众叫雷坪里，以前叫瓦子坪。当时，城内比较大的坪有4个，瓦子坪、四方坪（现在建电影公司宿舍处）、行宫坪（东门市场处），分别是城东小学、翠英小学、登俊小学（原城关镇政府旧址）的体育场。还有一个番子坪，在养成所南面，是外国传教士的果园，筑了围墙，外人进不去。③在居仁巷与杭中路之间,原建筑一社和城关畜牧社附近,有一座平房、平房前有一片平地,这里以前人叫"瓦子坪"。④"番子坪"以前叫"瓦子坪",因为被"洋人"买去筑起围墙种果树,群众就叫它"番子坪"。⑤现人民路中段瓦子街的痕迹比较明显。人民路古称岗背街,这条街分上岗背街(东段)和下岗背街(西段)。上岗背街北片基本没有什么房子,但该地段据说直到民国年间还是稀稀拉拉几栋房子,大都是池塘和菜地,或者是破屋残垣,但瓦子坪比比皆是。下岗背街开头(今水电局起往西)有民居及祠堂,并有明中叶建起的"千户所"(即今实验小学地址),是驻兵镇压"寇乱"的地方。千户所以下就跟上岗的情形没有两样。当地耄耋老人说,他的长辈曾说过这一带曾有十多处砖瓦窑遗址,后来逐年盖房填土淹没了。关于瓦子街在人民中路中段这一观点,原上杭方志办主任唐鉴荣先生,也从上杭历史名人的家族发展史这一角度来论证过。唐先生《瓦子坪考辨》一文中指出,瓦子坪应该在现人民路中段南侧原县纺织厂车间。主要依据是以爱国诗人刘坊家谱《(上杭稔田)刘氏族谱》记载瓦子街的线索来考察瓦子街的。

刘坊,祖居上杭县南湖里坝头村(现上杭县稔田镇化厚村),曾祖父刘旺富,字踽翁,迁居上杭城关下中街。父亲刘之谦,曾任南明永历朝的户部主事。永历十三年即顺治十六年(1659年),清军入云南,因拒不事清,遭炮烙酷刑,壮烈而死。全家与难者共80余人。时刘坊还不满周岁(8个月),由其母抚育成人。1679年,刘坊(22岁)回到了祖居地上杭旧宅。"馆于伯子家,临宅有榕树一枝,盖百岁物矣。每风雨良夜,予周行其下,或攀援而踞其颠,纵观丘原,俯仰八极,悠然深思,窈然遐想,更不知此身之为晋与为秦也,因取而名之曰天潮阁"。刘坊返杭后居处"天潮阁"在下中街左近的马氏巷,亦是其祖父从稔田搬往城关后的定居点。以此推断,迁往广东韶关的刘氏上祖的居址"瓦子街",亦应在马氏巷、下中街的附近,即现今的天山居委会临近。查民国二十七年(1938年)《上杭县志·上杭县街道图》,时挟持马氏巷的街道仅有下中街、岗背街两条街。又从刘坊夜游归家路线——"遂道折曾家衙而北抵予宅",而穿过曾家巷到达的是下中街即上杭下中街马氏巷内。又今人林善珂亦认为"天潮阁"在现"天山居委会"侧,可见"瓦子街"应是下中街在现天山居委会侧畔的一段。

为此,严雅英认为,古代上杭瓦子街遗址是在古代上杭县政治经济文化中心即县治区域范畴内(即今天的上杭县城关的和平路以西、解放路以北、建设路以东、人民路以南为界线的长方形区域内)。由于瓦子街是当年上杭百姓约定俗成的叫法,这一俗称伴随着上杭城市建设的规范化和街道正式学名的出现而渐渐消失,这也正是上杭志书中无瓦子街记载的原因。那么,瓦子街之所以能永远铭记在迁徙在外的客家裔子孙心中,是因为它满足了迁徙在外的上杭瓦子街移民的文化认同或求同感。正如当年的瓦子街移民为了辨真伪,人们都喜欢伸出脚丫子来相互查看脚小指甲是否多出一小块护甲，以此作为认同乡亲的标准。这就如同客家人认同宁化石壁，南迁的百姓认同北方大槐树一样。瓦子街的历史虽已远久，值得庆幸的是，这些播迁在外的瓦子街移民均有上杭始祖的祖祠、祖坟、族谱在上杭城区或乡间，不少的姓氏还可以在上杭的客家族谱馆收藏的族谱中寻觅到直线的血缘关系。

今天，我们考证瓦子街，是因为历史上瓦子街的存在和今天客观存在的瓦子街移民后裔，让我们触摸到上杭在客家民系发展史上的重要命脉，让人们看到从上杭走出的客家后裔分布在世界各地有千万。

最后，严雅英确认了瓦子街是客家迁徙中的一个重要节点。"根据现有族谱资料显示，广东南雄及其周边的始兴、翁源、乳源、曲江、河源、清远、江西信丰，以及广西陆川、钦州等县市，是上杭瓦子街移民姓氏最多、时间最早、最为集中的地方。同时，它们又是瓦子街人向赣西、两湖、川、桂、台迁移的一个中转站。"①

也就是说，客家人第四次大迁徙中，瓦子街是最重要的集散地之一。而从地理上看，瓦子街也是由闽入粤的必经之路，同时，也是迁台、返赣、上云桂川的中转站。过去，对于这一重要节点提的不多。而今，仅一个全国独一无二的客家族谱馆出现在上杭，就已经把瓦子街的重要性凸显了出来。

因此，客家人落籍闽西粤东之后，所形成的集散地，如上杭与梅县等，具有同样的地位。甚至可以说，在第四次大迁徙中，上杭迁出的客家人占了相当大的比重，对于客家人的发展史，占据着无可替代的重要位置。如果我们视石壁开基、瓦子街发展、梅州成熟为客家形成的几个阶段，其意义也就不难辨识了。

四、梅州——从文化中心到世界客都

腹地、文化中心、客都（或都会），当是三个不同的概念。

腹地，通常会理解为内地，或可退后的回旋之地。它更多的是一个自然地理上的概念，是基于所描绘地方的地理环境而言。一个地方的腹地，通常受其周遭山脉的位置、走向与高度的影响，也受所在地域的水路联系及水网覆盖的影响。客家的腹地，当指客家地域中可以退守、聚拢的重心所在。

而文化中心，这应该完全是人文历史上的概念。构成文化中心的条件有很多，其中主要指的是文化、教育集聚的程度，尤其是重大的文化条件及文化名人的影响。换句话说，是指其教化的力度是否能强于周边的地域。由于客属地文化的不平衡，这一中心当不同于地理上的腹地，是会发生转移与更替的。而造成这种转

---

① 严雅英：《客家族谱研究》，黑龙江人民出版社2007年版，第32页。

移与更替的，则有各种不同的原因，包括政治、经济、军事上的原因。

都会，都市以及客都，这些提法当有着各自相近却又相异的内容。但"都"一词，不仅仅是文化的集聚，更有广阔的范围。如都会，每每指一个地方的行政治所，都市每每指的是商业贸易的所在，不过，在使用时，也常有混淆或交互。至于"客都"之都，亦不乏首要的意思。如同一个"国际大都市"，构成其都市的要素，则有很多，不仅仅是发达的经济条件、活跃的商业流通，还须有文化上的知名度，至于金融业等第三产业，则更不用说了。当然，人们的心理认同当是最重要的条件。

"客都"一词，有太复杂的内涵，需要我们加以相应阐释的实在是太多了。它不可以简单界定为一个行政中心，同样，也不可以随意证实它为商贸中心及文化中心，"客都"远远比这要厚重得多、丰富得多。事实上，作为"都"之要素，它还要有所扩充、有所补失，而且不是一下子可以完成。但作为其基本形态，却应当承认，这已经是具备了的。

毕竟，梅州作为客家腹地，成为文化中心，这已是一百年来为人所共识的。而梅州被视为"客都"，也绝非近年来的事。如何揭示这一历史的演变过程，当认真加以考察方是。

梅州，亦古嘉应州，成为客家腹地，当是元代及明初之际。

这与梅州的地理环境是分不开的，有关描述如下：梅州地区"属五岭山脉以南丘陵山地，地势北高南低，中有阴拿山脉斜亘。全区百分之八十五的面积为海拔五百米以下的丘陵山地。土层泽厚肥沃，有五十一条河流奔流其间……全区大小盆地星罗棋布，总面积约二千平方公里。其中最大为兴宁盆地，面积约三百五十平方公里；其次为梅城平地，面积约一百平方公里；蕉岭的蕉城、新浦平地、丰顺的汤坑盆地，面积均在一百平方公里左右……"①

宋末元初，文天祥率军民抗击南下的元军，辗转于闽、粤、赣边界。文天祥又收复梅州，大批客家人自愿参加勤王，如众所周知的单姓八百壮士，一直追随到厦门全军覆没。"与宋元末之间死难者数万人"（王力《汉语言音韵学》），其中相当一部分是梅州客家人。

梅州经历兵变后，元军只顾追剿宋兵。于是，这一带由于地理上的特殊，三省顾及不到。"大埔居粤省之东，与福建之上杭、永定、平和接壤，实为粤闽交通之孔道。自宋元之际，涂氏筑城于此……三饶、程乡之地，割据二十余市，始归于元。"（转引自《梅州客家人》，所据民国之《大埔县志》）。

这期间，梅州人口有了不少增长，到嘉靖元年间即 1290 年左右，梅州户口又恢复到了 3522 户。

---

① 《梅州市志》，广东人民出版社 1999 年版，第 1 页。

被视为"客家人宣言"的《丰湖杂记》中是这么描述的:

> 当时元兵残暴,所过成墟,粤之土人,亦向海滨各县逃避,其闽、赣、湖、粤边境,毗联千数百里之地,常有十里无人烟者,于是遂相率迁该地焉。西起大庾,东至闽汀,纵横蜿蜒,山之南,山之北,皆属之。即今之福建汀州客属,江西之南安、赣州、宁都客属,广东之南雄、韶州、连州、惠州、嘉应客属,及潮州之大埔、丰顺、广州之龙门客属,是也。所居即安,各就其地,各治其事,披荆斩棘,筑室垦田,种之植之,耕之获之,兴利除害,休养生息,曾几何时,遂别成一种风气矣。①

这是从大范围而言的。

具体到梅州,一如黄遵宪所言:"客人来州,多在元时……"(《己亥杂诗》自注),而明取元而代之,"潮、梅二州归顺明朝"(引自《梅州市志》)。也就是说,它未曾有过战祸,是和平光复的。所以,百姓能安居乐业,本来,恪守汉民族道统的客家人,本就坚持着不愿臣服于元朝的。明初,这里自是大兴土木、救济灾民、屯田兴学、作堤修坝、兴水利之便,更是吸引了大批外来的客家人。

光绪《嘉应州志》称,客人来州,多在元末明初。以此为据,综合上述各种因素,可以论定,梅州作为客家大本营之"腹地",是早在元末明初形成的。成为腹地,未必便是中心,更难说是文化中心。地缘上的优势,固然对其形成文化中心有重大作用,但并不等于说,腹地之形成,也就自然而然地成为文化中心了。

宋代,赣州与汀州,即赣南与闽西,先后成为文化中心,这已是不争的事实,而这一荫庇当一直延伸到了元、明二朝乃至清初。据吴永章教授论证,此期间的客家文化中心有三处:一是赣南地区,"三魏"与"易堂九子"的古文最负盛名。理学王、湛二派在赣南皆有传人。一是汀州府,以文史成就为著,有宁化李世熊、黎士弘、上坑刘坊等人。再便是广东的惠州,是明代的理学中心,有杨传芳、叶时、叶素芳、叶天佑、叶萼、杨起元等人。惠州客家的理学,是与整个广东的理学同步的。屈大均在《广东新语·学语》中有"白沙之学"条,称"明兴,白沙氏起,以濂、雒之学为宗,于是东粤理学大昌……孔孟之学在濂溪,而濂溪之学在白沙。"② 这一说,脉络就很清晰了,濂溪之学,宋在赣南;而白沙之学,则昌于东粤。人称客家人的主流意识是儒学,当亢之不屈。所以,惠州客家人对"白沙之学"的迅速接受,是有历史因缘的。

人们不难发现,其时,梅州纵然作为客家腹地,但文化的浸润却在"客家大本营"的源发地及边缘地区,也就是赣南、闽西及惠州(位于粤东南部),还不曾向腹地渗透。所以,已经作为客家腹地的梅州,在元、明二朝不曾有较多的文

---

① 谭元亨:《客家图志》,岭南美术出版社2008年版,第67页。
② 屈大均:《广东新语·学语》,中华书局1984年版,第306页。

化上的出色表现。所以，腹地未必等于文化中心。当然，并不是说梅州当时的文化差了。其实，明代脍炙人口的李二何的故事已经流传开了，李二何即李士淳，其文章亦为时人所重。梅州的进士亦有不少。只是从总量及影响而言，仍逊色于赣南、汀州与惠州罢了。这也是合乎历史演进规律的，不可以苛求于梅州。

到了清代，梅州才逐渐成为引人注目的客家文化的中心。而这个时间段，当在康乾已降了。

明清之交，有李梗、何南风等人的诗义，廖燕的《二十七松堂集》及《曲江竹枝词》。及至清代初期，即康熙年间，有李象元，其学问文章，"为粤东最"。他本人于康熙三十年（1691年）辛未科进士，史志中称"本朝州属登第者，自象元始。"而后，则是"三代皆进士，一门四翰林"，传为佳话。李象元有诗文集《赐书堂集》。在他之后，则有黄岩，他的《岭南逸史》，当可称客家小说的开先河者，时人评其"标新领异，据实敷陈，堪与国史相表里。"

及至乾隆之后，梅州更推出了在岭南最富成名的大诗人宋湘。著名学者钱仲联有"南邦屈宋无前辈"。屈即屈大均，宋则宋湘也。钱仲联还进一步称："清初岭南诗人，屈翁山为冠，中期无有出宋芷湾上者。"可见评价之高。他被客家人视为当之无愧的"文曲星"。《清史刘传》中说他"负绝人姿，又肆力于古，为文章醇而否肆。诗沉郁顿挫，直逼少陵。粤自黎简、冯敏昌后，推湘为巨擘。"宋湘不仅诗韵上有成就，诗论也相当出名，且为官正廉明，鞠躬尽瘁，最后更劳累成疾卒于任上。至清末，更形成了岭东诗派，享誉寰中。其中最有名的，便是黄遵宪和丘逢甲。

黄遵宪不仅是一位著名诗人、学者，而且也是一位杰出的外交家、思想家。论诗方面，他被视为清末"诗界革命"的一面的旗帜。他的"我手写我口"，把客家山歌引入诗中，把现代科技及事物当作诗歌素材，他是一个创新者。作为外交家，他折冲樽俎，为维护国家和华侨的利权，为世人所称颂。他更是"湖南新政"中的领军人物，最早引入西方先进体制的先行者，并展示出他作为近代启蒙思想家的丰姿。新政夭折，他差点身陷囹圄，最后解甲归田，在家乡从事教育事业。与他并名的丘逢甲，祖籍镇平（今蕉岭县），出生于台湾苗栗县。1895年，他率领义军抗御日寇占台，失败，"奉旨回粤"，回到了祖籍地。辛亥革命胜利后，国民临时政府成立，丘逢甲作为广东代表上南京。他英年早逝，1912年死于任上，年仅48岁。他留下大量的诗文，尤其是表现其民族气节、爱国情怀的诗篇。其诗集《岭云海口楼诗钞》，寓意于"岭云"之中，心往"海日"，思念台湾。他的墓地朝向东方，一直盼望着台湾的回归。

客家大诗人中还有温仲和。他也同样钟情于教育，被丘逢甲称之为"旧学界之经济家，新学界之教育家"。他在文化上的贡献，则在于编出了"有迹可查，功不可没"的《嘉应州志》。我们还可以列举出范荑香、叶璧华等几位客家女诗人。

正因为这么一批在历史上遐迩闻名的诗人、作家及文化人的涌现，一改梅州的文化风貌，使得这个瘴疠之乡、贬谪之乡、避乱之乡，变成了文化之乡。

梅州作为客属地的文化中心，也应是在清代的中后期得以确认。也就是说，梅州文化上的成就以及其辐射力，已经越过了早年赣州、汀州、惠州等地，后来居上了。

由客家文化中心至"客都"，同样有一个相应的历史演变过程。

"都"字，在古文中一般指的城市，如通都大邑，有时则特指首都。都会，则与都市相通，乃人众及货物汇集之地。"商贾大者积贮倍息，小者坐列贩卖，操其奇赢，日游都市。"① 而客都，当有更多重的意义，不仅是通都大邑，人众、货物汇集之地，还应包括一种历史地位、文化名望。尤其是如今常称的大都市，则有更多的要素，不仅包括城市的形象格局、第三产业的比重、高新科技的积聚，还包括人口的素质、文化设施、社会保障、生态循环、能源结构等。

梅州如作为一个现代都市，当还有应该努力的地方，这是作为未来指向而言。而本文所要探究的是，在历史上，它是如何逐渐被视为客都的，这与今天的标准当然不一致。

如果说，清末的梅州，确立了其作为客家文化中心的地位，并赢得了"人文秀区"的美名，但是，除文化之外，它对整个客属地的影响，包括在客家第一大省广东的影响，毕竟还是不够的。这一情形，直到辛亥革命爆发，才发生了重大转变。

由于辛亥革命的领袖孙中山是客家人，追随他参加革命的，也就有不少客家人。这当是人才学上的"群体激发效应"吧。黄花岗七十二烈士中，有二十多位客家人，仅梅州籍的便有八位。该起义的主事之一姚雨平，就是梅州的。辛亥革命成功后，正是由他担任了北伐军总司令，亲率大军，打了固州、宿州、徐州三大战役，从而声援了武汉，巩固了南京政权，宣布千年帝制之终结。孙中山的得力军事将才邓仲元，也是梅县丙村人。当年蒋介石仅是他的手下，他被誉为"南州铁汉"，迭立奇勋。同样，历经辛亥革命、抗日战争，最后成为开国十大元帅之一的叶剑英也是梅县人。

可以说，在20世纪中国重大的历史进程中，都少不了梅州客家人。如抗日战争中，淞沪会战，便有"客家三英烈"——黄梅兴、姚子青、谢晋元；远征印缅，则有梅州人罗卓英。这就不一一列举了。

这期间，梅州文化人同样有不俗表现，在国内外称大师的，如象征派诗人李金发、中国画现代大师林风眠；还有作家黄药眠、碧野、张资平、蒲风、黑婴、丘东平、楼栖、杜埃、白危等。可以说，与军事上的表现相比，各有千秋。此外，

---

① 《汉书·食货志上》。

梅州还出了世界球王李惠堂。

对于"客家大本营"而言，这一百年间梅州的历史地位相对凸显出来了，不仅仅是在客家人中，在整个中国20世纪的演变，都有举足轻重的作用。

当我们放眼于全球，则可以看到，自19世纪中后期，也正是李鸿章惊呼"三千年未有之变局"之际，广东处于开放的"国门"当中，梅州位于客家大本营南部，更受到"西风东渐"的影响，有着比闽西、赣南客家人更多的向海外发展的机会。一个小小的松口镇的海外华侨与本地人口数不相上下。500万人口的梅州市的海外侨胞也有300万，占了海外客侨的一半还多。如今，梅州出去的华人华侨，遍及全世界上百个国家和地区。

海外客籍侨胞对梅州的"客都"地位的心理认同，与他们大部分是从梅州走出去是分不开的。客家人本就有这种大迁徙的传统，梅州成为他们外出前的聚散地，当牵挂于万里之外。

即便非梅州籍的海外客侨，也一般有对客都梅州的心理认同，其原因是他们的祖上大都也是从梅州迁徙到他们的居住地的。在客家人的第四次大迁徙中，"一枝散五叶"。正是元代明初已聚居于梅州的客家人，再度扩散到了整个广东及南方各省，包括"湖广填四川"之际，远至云贵川一带。所以，这样一批人对祖居地的认识，也大都在梅州而非其他地方。他们回到中国，也免不了有梅州一行，视梅州为海外客侨的"都"。

而在"一枝散五叶"中，也有大量的客家人，他们从梅州倒迁回了赣南，成了与"老客"相比照的"新客"。而新客之客家文化的情结，较之老客要大得多也紧密得多。这一来，连作为客家摇篮的赣南，人口占大多数的新客，也都把梅州视为原乡了。甚至我到了井冈山一带，问及那里的客家人，他们大都说自己来自梅县、兴宁等地。

因此，长期以来，中央人民广播电台对外广播采用的客语，是以梅县话为标准音的，因为这易为海外的500万客侨听懂并接受，也易为"一枝散五叶"之际遍布南方各大省的客家人所接受。

海外的认同，在当今政治、经济、文化的格局中更显得重要了。因为，海外的客家经济，由于历史的原因，成了今日"反哺"客属地的重要资源。这是一个显而易见的事实。

自南向北开放的程度，梅州当先于其他地方，这对"客都效应"毋庸置疑是一个强化，而梅州作为粤东北一个重镇，其都市要素也在日趋增加与完善。梅州在整个"客家大本营"中，能否起到龙头的作用，也就至关重要了。因为，这对整个客家大本营的经济、文化的整合，是极有意义的。可以说，在整个20世纪，作为客家大本营的重心，梅州在政治、军事、文化、经济、海外联系诸方面，都走在了前列。

客都，就是这样历史地形成了。

郭沫若于1965年考察梅州，即兴挥毫，写下了"文物由来第一流"的赞誉。当时此为契机，作为"客都"确认的时刻——"第一流"当有首要之义。

考证"客都"之名，与客都形成之实，也均在20世纪，这应是没有争议的了。

平心而论，梅州今日发展的现状，较之广东几个发达城市，还是有一定的差距。好在我国政府已经清醒看到了这一点，"四个梅州"——开放梅州、工业梅州、生态梅州、文化梅州，其意义在于完善与增强梅州作为"世界客都"的各个要素。而其中的"三馆一节"——客家博物馆、叶剑英纪念公园、黄遵宪纪念公园与客家文化旅游节，则是这些都市要素中最为重要的成分。可以预期，上述目标的实现，对强化客都的历史地位是具有积极作用的。

一句话，提升到与巩固"世界客都"的地位，擦亮客都的文化品牌，已时不我待了。

的确，作为千年宋城的赣州，近年发展势头十分喜人，世界客属第19次大会的召开，让世界上的客侨看到这么一座宋城复兴的大希望。它不仅历史悠久，而且文化上也有过相当辉煌的时刻。所以，它对于梅州地位的挑战，是显而易见的。

如何打造好"世界客都"这块品牌，当有更开阔的思路，当更具创新的锐志！

我们期盼"世界客都"在不久的将来，有更长远的发展，有更具规模的都市格局，创造出文化上、经济上更大的奇迹！

五、惠州——面向南洋的客埠

说起惠州，人们再熟悉不过的便是惠州的西湖。自然，这由来也是大文豪苏东坡留下的，如同韩愈在潮州一样，对当地历史文化产生了深远的影响。如今，整个东江流域，也少不了苏家的文化记忆，在原属惠州的东源，有著名的苏家围，当今已成为客家地区的旅游景点。而在龙川，更有他弟弟苏辙被谪留下的苏堤等名胜。所以，自古以来，这里人文蔚起，与不久便来到的客家人一拍即合，到了明代，更成了客家理学中心。可以说，在广东的客家属地，惠州是最早形成的文化中心，而后才转移到梅州的。

民族学者吴永章很早便说过：

（它是）明代客家理学中心。一时人才济济，理学发展至顶峰。代表人物有杨传芳、叶时、叶春芳、叶天佑、叶春及、叶萼、杨起元诸人。杨传芳，师事湛甘泉，深得其中奥妙。叶时，曾从南海庞嵩学，崇奉王阳明良知之学。叶春芳，受学湛甘泉，"甘泉称其学问纯正"。叶春及，理学崇陈献章。叶萼，曾从薛侃学，为惠州一郡师。杨起元，崇心性之学，其学的显著特点，是将佛学引入理学，使佛儒合一。

惠州客家地区理学，与整个广东地区理学同步发展。"明兴，白沙氏起，以濂、洛之学为宗，于是东粤理学大昌"。

换言之，明正统以后，陈献章"白沙之学"的兴起，标志着广东地区理学进入繁荣阶段。其后，出现客家、福老、广府民系的理学大师各据一方，各领风骚和互相渗透互相辉映的生机勃勃的局面。"当是时，甘泉、阳明二家弟子，各执其师之说，互有异同，自弼唐为之会通，面浙、广二宗，皆于弼唐悦面诚服，于时乡士大夫翕然和之。若何古林则讲学诃林，薛中离则于金山，黄泰泉于白云，钟叔辉于宝潭，杨肖斋（传芳）、叶允中（时）于旧善，叶斋（春及）于罗浮，王青梦于粤秀。而其在广州者，遇朔望必偕至天关，就正于弼唐"。①

就是说，这一时期惠州地区的理学家中，杨传芳、叶时、叶春芳及诸人独树一帜。其实，王阳明设学和平县，讲授心学，也应列入，因为这是广东理学的源起。

客家人与惠州，应有一篇大文章可做，可惜迄今未见。

惠州具有特殊的地理区位，这里地处东江中下游，毗邻港澳穗，靠山临海，得天独厚。东部与闽海系，即潮汕人居地毗邻。西部与广府第，即广府人居地接壤。因此，惠州是客、粤、潮三种语系交汇区域，但这里仍然是以讲客家话的为多。惠城区有种称之为"本地话"的方言，实质上是自东江源而来的较大的一个客家语种。据惠州市、县（区）各种地方志书数据比对、匡算，惠州近300万人口中，讲客家话的有200多万人，讲广府话的有40多万人，讲潮汕话的有30多万人，讲平海军话、平婆话、畲话、路溪话等独特方言的有6万多人。

2005年9月由广东人民出版社出版的《厚德载物：广东客家人的风骨》[广东人精神丛书（4）]一书写道："惠州是重要的客家人居住腹地。唐末黄巢起义后，中原先民迁入惠州城附近定居的人数达5万之多。南宋之后，大批先民涌入粤东，有20多万人定居惠州境内，由此奠定了惠州客家人居住的格局。"

谢重光所著《客家形成发展史纲》等著作则认为，客家较大规模地迁到惠州地区是从明代中叶以后开始，至清初朝廷先下令"迁海"，后下令"复界"，鼓励内陆人士前往沿海地区开垦，凡登记为客籍者均有津贴。"嘉应州一带人民响应号召，大举移民前往新安（今宝安）、归善（今惠阳、惠东、惠城区）、东莞一带。他们移民的规模巨大，自己形成社区。"

惠州市、县地方志书记载，惠州客家人多半是明朝中叶、清初从梅州、赣州、龙岩、河源、韶关等迁徙而来。如惠阳区秋长客家先民当年就是从东江及其支流

---

① 转引自谭元亨主编《梅州：世界客都论》，华南理工大学出版社2005年版，第60页。

西支江从粤东、粤北等地辗转迁来。以秋新公路为界，南面的蒋田叶氏先祖裕公是南宋末年从南雄珠玑巷迁来，其子志展建蒋田南阳世居；铁门扇叶氏是于清康熙六年（1642年）从兴宁县合水镇溪唇村迁徙而来。秋长是粤东北地区客家围屋分布最集中、保存较完整的地方，面积只有145平方公里的地方竟有各式围屋200多幢。其中保存较完整，规模较大，具有较高文化艺术价值的约有80多幢，有35幢被列为市级文物保护单位。叶挺故居被评为全国第六批重点文物保护单位。秋长的围屋既保留了传统客家建筑的精髓，又具有南洋建筑艺术的风采，形成独具一格的古建筑奇葩。

惠州尚有梅州、河源、韶关没有的沿海客家地区。惠州海岸线长133.7公里，大小海岭总面积19.08平方公里，优良海区面积相当于全市耕地面积的62%。该市沿海一带有澳头、霞涌、淡水、秋长、新圩、镇隆、水湖、良井、沙田、白花、巽寮、铁冲等20多个乡镇，人口有40多万人，客家话在当地成为强势语言。他们不仅擅长唱山歌，而且擅长唱海歌，经济发展水平和居民生活水平远远超过山区客家地区。

曾大部分为惠州府所辖的东莞客家人分布在28个镇，人口50多万，其祖先皆是明末清初从闽西、粤东、赣南迁徙而来的客家先民。尤其是清溪、凤岗、大岭山、塘厦、樟木头、谢岗等镇居民以讲客家话的占多数，这些纯客家镇不仅经济繁荣，而且文化发达。

樟木头镇面积67平方公里，自1992年以来，共吸引了30多个房地产商开发专案80多个，实际利用外资发展房地产专案超60亿港元，成为全国镇级房地产楼盘最多的镇，也是全国商品房外销业绩最好的镇。樟木头镇还被广东省文化厅命名为全省"麒麟艺术之乡"，源于450多年的麒麟舞是该镇客家传统艺术。该镇有13个麒麟表演队、5个醒狮队，参加人数600多人。

清溪镇面积143平方公里，该镇客家人一改靠山吃山的传统，坚持改革开放，科学发展，促进经济发达。2000年国内生产总值就达15.8亿元，外资企业共700多家，总投资超过16亿美元，外来劳工达15万人，三资企业出口总值11.4亿美元，连续两年位居东莞市第一。该镇当时已成为国内最大的电脑制造基地之一。清溪镇还是著名的客家山歌之乡，该镇文化站代表队在广东省委宣传部、省文联等主办的广东省首届民间歌会上，以《比翼双飞奔小康》客家山歌表演唱一举夺得金奖。2004年粤闽桂赣客家山歌表演赛又在清溪镇举行，精彩迭出，闻名遐迩。

汕尾市陆河县是原惠阳寺区管辖的，于1988年从陆丰县北训地区分出、建县，县改府驻河田镇。它是广东侨乡之一，全县面积1005平方公里，共30.2万人口。

陆河县地处崇山峻岭，是革命老区，又系潮汕地区唯一的纯客家县。位于该县河田镇桐树下村的"九厅十八井"彭氏客家围屋远近驰名。该围屋占地面积

5352.3平方米，建筑面积4365平方米，大门外尚有面积873平方米的大禾坪。禾坪外还有面积900平方米的半月形池塘，池塘外沿有三合土围墙把整套房子围定，围墙东端设一大门楼，朝东南偏东方向。围屋共有116间房，所用木料均为大杉木，至今桁桷未有丝毫腐蚀。至1979年止，居住该屋的本族子孙有37户共220人。由此可见，陆河客家建筑艺术之精湛，文化底蕴之深厚。以上大都根据惠州客促会李立德《走近东江客家》所整理的资料辩正节录。历史上，惠州是"岭南名郡"，"粤东通衢"，其地域北连江西，南临大海，东接潮州，西靠广州。所以，它应是当年最大的客家中心地（含当今河源、惠州全部及东莞、深圳、汕尾部分地区），其客家文化底蕴之深、之久远，非他处可比。

对于客家文化，惠州最值得引以为自豪的是，被誉为第一个"客家宣言"的《丰湖杂记》，就是出自惠州。如吴永章所说的：

> 与此同时，惠州文化也日益发达。惠州府与广州府相邻，并濒临大海。随着客家人势力不断由山区向平原向海外伸展，并在当地日居重要地位。宁化伊秉绶在惠州知府任上，曾创建丰湖书院，并聘请嘉应宋湘主讲于丰湖书院。一时，丰湖书院成了培育客家人才的重要摇篮。①

可以说，"客家宣言"，正是在伊秉授、宋湖等著名文化人在丰湖书院主讲时催生的，而讲述者徐旭曾也同样为大学者。

在客家人第三次与第四次大迁徙之间，如罗香林所说的："客家的自觉性，第一次在17世纪初的岭南出现，第二次是在19世纪出现。"其中第一次，讲的是清嘉庆十三年（1808年）客家学者在著名的丰湖书院留下的重要文献《丰湖杂记》。第二次则是指太平天国起义。

《丰湖杂记》作者为徐旭曾，他之所以有这么一篇慷慨激昂的文章，正是与客家人自觉性的形成密切相关。其文中表现出的自觉、自尊便是它被视为"客家宣言"的原因。

> 博罗东莞某乡，近因小故，激成土客斗案，经两县会营弹压，由绅耆调解，始息。院（按指惠州丰湖书院）内诸生，询余以客者对土而言，寄庄该地之谓也。吾祖宗以来，世居数百年，何以仍称为客？余口讲，博罗韩生，以笔记之。（五月廿日）
>
> 今日之客人，其先乃宋之中原衣冠旧族，忠义之后也。自徽钦北狩，高宗南渡，故家世胄，先后由中州山左，越淮渡江而从之，寄居各地。迨元兵大举南下，宋帝辗转播迁，南来岭表，不但故家世胄，即百姓亦多举族相随，有由浙而闽、沿海至粤者；有由湘赣逾岭至粤者，沿途据险，与元兵战，或

---

① 转引自谭元亨主编《梅州：世界客都论》，华南理工大学出版社2005年版，第60页。

徒手与元兵搏，全家覆灭，全族覆灭者，殆如恒河沙数。天不祚宋，崖门蹈海，国运遂终，其随帝南来历万死而一生之遗民，固犹到处皆是也；虽痛国亡家破，然不甘为田横岛五百人之自杀，犹存生聚教训复仇雪耻之心，一因风俗语言之不同，而烟瘴潮湿，又多生疾病，雅不欲与土人混处，欲择距内省稍近之地而居之；一因同属患难余生，不应东离西散，应同居一地，声气既无间隔，休戚始可相关，其忠义之心，可谓不因地而殊，不因时而异矣。当时元兵残暴，所过成墟，粤之土人，亦争向海滨各县逃避，其闽、赣、湘、粤边境，毗连千数百里之地，常有数十里无人烟者，于是遂相率迁居该地焉。西起大庾，东至闽汀，纵横蜿蜒，山之南，山之北，皆属之。即今之福建汀州各属，江西之南安、赣州、宁都各属，广东之南雄、韶州、连州、惠州、嘉应各属，及潮州之大埔、丰顺，广州之龙门各属，是也。所居既定，各就其他，各治其事，披荆斩棘，筑室垦田，种之植之，耕之获之，兴利除害，休养生息，曾几何时，遂别成一种风气矣。粤之土人，称该地之人为客，该地之人亦自称为客人。终元之世，客人未有出而作官者，非忠义之后，其孰能之？

客人以耕读为本，家虽贫亦必令其子弟读书，鲜有不识字不知稼穑者，日出而作，日入而息，即古人负耒横经之教也。客人多精技击，传自少林真派，每至冬日，相率练习拳脚刀矛剑挺之术，即古人农隙讲武之意也。客人妇女，其先亦缠足也，自经国变，艰苦备尝，始知缠足之害，厥后生女不论贫富，皆以缠足为戒。自幼至长，教以立身持家之道，其于归夫家，凡耕种樵、牧井臼炊爨纺织缝纫之事，皆能一身兼之。事翁姑，教儿女，经理家政，井井有条，其聪明才力，直胜于男子矣，夫岂他处之归女所可及哉。又客人之妇女，未有为娼妓者，虽曰礼教自持，亦由其勤俭足以自立也。

要之，客人之风俗俭勤朴厚，故其人崇礼让，重廉耻，习劳耐苦，质而有文。余昔在户部供职，奉派视察河工，稽查清运盐务，屡至汴、济、淮、徐各地，见其乡村市集间，冠婚丧祭，年节往来之俗，常有与客人相同者，益信客人之先，本自中原之说，为不诬也。

客人语言，虽与内地各行省小有不同，而其读书之音，则甚正，故初离乡井，行经内地，随处都可相通；唯与土人之风俗语言，至今犹未能强而同之，彼土人以吾之风俗语言，未能与彼同也，故仍称吾为客人，吾客人亦以彼之风俗语言，未能与吾同也，故仍自称为客人。客者对土而言，土与客之风俗语言之能同，则土自土，客自客，土其所土，客吾所客，恐再阅数百年，亦犹诸今日也。嘉应宋芷湾检讨、又曲江周慎轩学博，尝为余言，嘉应、汀州、韶州之客人，尚有自东晋后迁来者，但为数无多也。①

凭此，惠州在客家文化地图上，便足以彪炳千秋了。

六、百年宝安——迁海复界客人来

清朝政府，从一立国，便立下了禁海的宗旨。这一来，历史的反复在所难免，更何况一次又一次血腥的屠城，把东南沿海的市集、工商业，几乎摧毁殆尽，自然不需要海上贸易了。海商也就被视为海盗，私商也更是成了逆贼。

于是，一个个"禁海令"下达了：

> 沿海省份，应立严禁，无许片帆入海，违者立置重典。

顺治皇帝更于1656年6月正式敕谕：

> ……自今以后，各该督抚镇，申饬沿海一带文武各官，严禁商民船只私自出海，有将一切粮食货物与逆贼者，或地方官察出，或被人告发，即将贸易之人，不论官民，俱行奏闻正法，货物入官。
>
> ……处处严防，不许片帆入口，一贼登岸。

其一号"禁海令"中，更包括了严禁外国商船来华贸易。

然而，"禁海令"尽管杀气腾腾，却仍没吓倒边海的百姓，尤其是当时仍活跃在南方的反清复明势力。郑成功还于顺治十六年（1659年）团团围住了江宁（南京），令清廷惊恐万状。第二年，郑成功则成功收复了台湾，逼使当时的海上霸主荷兰殖民者投降。

顺治十八年（1661年），已经奄奄一息的顺治皇帝，又签署了"迁界令"，进一步推动了"禁海令"的执行。

海边的百姓不服海禁，船只照旧外出。那好，清廷索性不让他们住在海边了，通通内迁50里与大海隔绝开来。

顺治一命呜呼，康熙却身体力行。康熙元年（1662年）2月，清王朝命广东沿海24个州县自西向东的居民一律内迁五十里，包括新安（宝安）在内，钦州、合浦、石城、遂溪、海康、徐闻、吴川、茂名、电白、阳江、恩平、开平、新宁、新会、香山、东莞、新安、归善、海丰、惠州、惠来、潮阳、揭阳、澄海、饶平等。这五十里界外，不准居住，民房拆了个一干二净，不准下田种地，更不准出海捕鱼，违者一律格杀勿论。

禁海、迁界，不仅摧毁了明代建立的近代海上贸易以及商品经济，更让沿海百姓没了活路。一时间，哀鸿遍野、尸横道路，不妨录一段明末清初大学者屈大

---

① 引文见于谭元亨《客家经典读本》，华南理工大学出版社2010年版，第49－52页。

均的记载：

> 岁壬寅（1662年，即康熙元年）二月，忽有迁民之令。满洲科尔坤、介山二大人者，亲行边缴，令滨海民悉徙地五十里，以绝接治台湾之患。于是麾兵析界，期三日尽夷其地，空其人民。弃赀携累，仓卒奔逃，野处露栖，死亡载道者，以数十万计。

这是何等悲惨的场面，教人不忍卒读！封建统治者的残酷无以比拟。后边还有：

> 其丁壮者去为兵，老弱者辗转沟壑，或合家饮毒，或尽帑投河。有司视如蝼蚁，无安插之思；亲戚视如泥沙，无周全之遗。……民既尽迁，于是毁屋以作长城，掘坟墓而为深堑，五里一墩，十里一台，东起大虎门，西迄防城，地方三千余里，以为大界。民有阑出咫尺者，执而诛戮，而民之以误出墙外死者，又不知几何矣！自有粤东以来，生灵之祸，莫惨于此！

现居香港新界的旺族、客家族群代表之一的邓氏在其族谱中，亦有当年"迁界"的记录：

> 插旗定界，拆房屋，驱民迁归界内。设塾台、凿界埂，置兵禁守，杜民出入，越界者解官处死，归界者粮空绝生。祖孙相承之世业，一旦摈之而猿啼；死生世守之墓宅，一朝舍之而鹤唳。家家宿露，在在鸠形，初移一次尚有余粟，再移之后曾几晏然……

宝安人民面临了历史上最大的灾——不是天灾，而是人祸！

在神州大地上，中古与近代，蒙受最多的历史灾难，却又每每奋起抗争，并较早吸取西方及世界先进文化与科学技术的，客家人当是其中较为突出的。正如袁崇焕，他及时引进了"红夷大炮"，阻挡住了努尔哈赤狂傲的骑兵。却也是他，又被明朝的亡国之君处以磔刑，碎尸万段。

人说，逢山必有客，无客不住山。东南沿海的山，是庇护客家人休养生息的天然屏障，但他们并不安于"耕山"的命运，每每要走出围屋，走向海疆，从"耕山"到"耕海"。

可这一字之差，却意味着腥风血雨。

来到海边的客家人，注定要比留在山里的同胞们承受更多的磨难。他们好不容易在宝安范围内扎下了根，建立了自己的家，屋后的风水林也已枝繁叶茂了，可清朝政府却不顾他们的死活，说迁就迁。于是，辛辛苦苦上百年种好的树，建好的屋，辟出的田园，也就毁于一旦。

那时节，当是叫天天不应，叫地地不灵。

然而，哪怕十口余一，哪怕大树的主干被狂风吹倒，只要根还在那里，却还会要长出新枝。尽管瘢痕累累，尽管血泪斑斑，但生命却是永远剥夺不了的奇迹，更何况客家人呢?!

当年一度被叫作新安的宝安区域内，被迁的地界居然达到近70%，包括县治所在——南头也被迁走了。为此，康熙五年至八年，即1666年至1669年，新安都不可能作为一个县而存在——人口太少，以至再度并入了东莞。今香港东北自沙头角至西北的新田、米埔以南地区，全部迁界一空，只丁不留。包括邻近的岛屿也全都空无一人，长满了蒿草，一片荒芜。

"越界者解官处死，归界者粮空绝生"，老百姓没了活路，唯有奋起反抗。1664年9月，新安县抚目袁四都率众多士卒、百姓，发起了抗迁起义。难民们追随他到了已迁移一空的官富、沥源等地，建立了义军的主寨。他们不断向四方进击，打得清兵鬼哭狼嚎。最后，广东提督不得不派重兵镇压。袁四都喋血战阵，义军也全军覆没了。

由于反抗不断，加上迁移的百姓"死丧频闻"，清代统治者为政权的稳固，不得不面对现实，提出"展界复乡"。

《新安县志》（靳文谟）载有：

> 康熙七年正月，巡抚王（王来任）疏奏乞展界。奉旨特差大人勘展边界，设兵守海。会同平南王（尚可喜），总督周（周有德）行边，士民欢呼载道，皆远迎之。十月，总督周上疏，请先展界，而后设防。是时，迁民归志甚急，闻疏盖喜。康熙八年正月，展界许民归禁，不愿听民踊而归，如获再生。

展界后，新安县也就撤而复置了。

庄初升博士关于新界客方言的一篇论文中曾这么写道：

> （新界）所操的客家话与深圳沙头角、东莞清溪及惠阳淡水一带的客家话基本相同。新界的客家人多是清朝康熙八年（1669年）迁海复界以后陆续从广东东部等客家地区迁移而来的，至今只有三百多年的历史。客家人虽然比"本地人"（操粤方言者——作者注）较迟入住新界，但由于规模大，人数多，大有后来居上之势。今天，新界的"原居民"中乃是以客家人为大宗，他们广泛分布在西贡、大埔、沙头角、沙田、荃湾、离岛各地，而即便是"本地人"相对集中的元朗，屯门等地，也有客家人入住其中。根据我们最近的调查，在新600多个村落中，客家村落约占54%。

根据前边所引用的客家邓氏等族谱中，迁界之前已经有客家人在此定居了。复界之际不仅原定居的客家人回来了，而且还带来了粤东大批的客家人。仅新界一带，就占一半以上，而新界之外的宝安区域比重就更大了。因此，深圳特区建立之际，其原住民的主要成分，也就是客家人。

可以说，愈是艰苦的地方，愈只有客家人才去。有一篇《复界记》这么写道：

村之移也，拆房屋、荒田地、好流亡八载，饿死过半。界之复也，复田也不复海，无片瓦，无寸木盖茅屋。……新安邑抵大洋，无渡海通济，载运货物，麦粟百物皆贵，惟谷特贱，以其无通济也。

如此之困厄、艰苦，白手起家，谁可担当？

所以，客家人在老宝安的人口比例愈来愈大。而他们，也把客家人的"硬颈"精神、敢于抗御外海的勇气带到了宝安，为宝安日后的辉煌打造了坚实的基础。

毕竟，在千年迁徙、万里长旋的征途中，形成了他们坚忍不拔、万难不屈的历史品格。而迁界，20多年再度的背井离乡、妻离子散，则为这一历史品格给出更为鲜明的证明。在历经23年的迁界暴政中，复业丁口31300人（当是最后存活的人丁数）之外，究竟有多少人不复归——死亡，或者失踪。

但客家人不仅回来了，而且陆续带来了更多的同胞兄弟……在不毛之地尚可垦出良田万顷的他们，会在这曾有过稻菽、舟楫的海边，导演出如何有声有色的活剧呢？

明清几度的"禁海"，无疑是对中国近代进程的一个冷酷的挑战，而客家人却直面了这一挑战，反而从深山来到了海边。这也是近代文明对蒙昧野蛮的一个全面的应战。从此，客家人为自己赢得了客属地唯一的"出海口"，为中国的近代化、现代化的历史未雨绸缪。

在这个意义上，应战——文明的发生，每每是在面临严酷的自然、环境以及各种蛮荒、各种愚昧之际而出现的。沿海涌来的这么一支客家族群队伍，当是近代文明的生力军，而千年漂泊的命运，使这支生力军能从容应付了各种不测、灾难乃至打击。

我们不妨看看在"禁海"以降，宝安竟然"冒出"的众多铭刻了历史的建筑。

最早的是大鹏所城。《新安县志》中有：

大鹏所城，在县东一百二十里大鹏岭之麓……与东莞所城同年（洪武二十七年）奏设，广州左卫千户张斌开筑，内外砌以砖石。沿海所城，大鹏为最……

另有文字记载该所城："周围三百二十七丈六尺，高一丈八尺，广六尺，下广一丈四尺，门楼敌楼各四，警铺十六，雉堞六百五十四，东西南三面环水濠，周三百九十八丈，阔一丈五尺，深一丈……"

这里不去重复倭寇攻打、围困的历史了。

而到了清代，城堡式的围楼——作为客家建筑的一朵奇葩，则纷纷涌现在宝安的大地上，信手拈来，便可以列出十几座。每一座，都会向你诉说其诞生的历史、建筑者的意愿，以及那个时代的审美观念，一任你去触摸、感受与品味。

建筑是一部写在大地上的历史画卷。

不妨依年代列出几例：

香港锦田的泰康围，是明代中叶所建，年代在1465—1487年间。

永隆围，则是康熙年间所建，1662—1735年，最后一年当是雍正元年了。

吉庆围，几乎同年始建，但早14年落成。

勤龙围，则是乾隆九年，即1744年建成。

这些以及后边提及的现位于香港特别行政区范围内的客家围，均很早被列入了"古迹"保护。

我们再继续寻找下去——

现深圳的新乔世居，一座碉堡式围楼建成于乾隆十八年，即1753年。

鹤湖新居，建成于嘉庆二十二年，即1817年。

香港荃湾三栋屋，建成于乾隆五十一年，即1786年。

现在赫赫有名，正在修葺为客家博物馆的深圳大万世居，建成于乾隆五十六年，即1791年。

正埔岭围龙屋，建成于嘉庆年间，即1800年前后。

丰田世居，建成于嘉庆四年，即1799年。

吉坑世居，建成于道光四年，即1824年。

大田世居，建成于道光五年，即1825年。

龙田世居，建成于道光十七年，即1837年。

香港曾氏山厦围，建成于道光二十七年，即1847年。

深圳盘龙世居，梅冈世居等，也都建成于同治年间……

以上列举的围屋，大都是建成于第一次与第二次鸦片战争之前。

可以说，这种聚族而居并具有防卫功能的碉堡式围楼，正是宝安客家人在面对当时的情势而奋起自卫的举措。

上面，只是简单地写到这些客家围屋的名称与建成的年代。

然而，我们一旦踏入这些历史建筑之中，则会感受到巨大的震撼力，感佩这么一种文化，感受到当时的历史压力。

较早建成的大万世居，其规模与体量，都是令人吃惊的。这是一座三堂、二横二枕杠、内外二围楼、八碉堡、一望楼的大型客家碉堡式民居。如果将屋前的围坪、半月池算进去，占地面积达22680平方米，其中建筑面积达到15000平方米。迁入这里的，即坪山镇大万村的曾家先祖，是在康熙年间，也就是复界之后，仅仅两代人便有了这么大的一份家业。

我多次到过大万世居，在沿海的大屋里，它的规模也算得上数一数二的了。与之并列的，则还有鹤湖新居，只是年代稍晚了一点。大万世居正面的围墙有上百米，颇有气势。内中单元房，当有200来间或更多，相传的199间恐是取的吉祥数。位于中轴上的三堂端义公祠,其封檐板、梁架木构件雕刻与彩绘,为形态各异的动物、花鸟图案,刀工细腻,栩栩如生,是相当有价值的木雕艺术精品。

审视大万世居上的雕刻、彩绘,尤其是品赏端义公祠中的十多幅堂联,你可以感受到这户自称为孔子传人曾参的后裔,是如何珍重自身的历史,又如何渴待后人怎么为祖上增光添彩的。慎终思远,追根溯源,自为的是光宗耀祖、忠恕为本、仁爱处世、崇文重教的文化传统。乍一看,客家人是那么以古训为然,但是,没有鉴古,又怎可铸今呢?曾氏的一代代传人,在这样的文化氛围中成长起来,民族意识、爱国思想就这么形成并滋长的。

因此,这不仅仅是这可容纳千人的围屋,更是这一个民系无处不在的文化氛围;聚族而居不仅仅是自卫,更在于凝聚更大的面对历史挑战的力量!

七、特区深圳——当代客家文化开放的窗口

早在多年前,我便撰文称:

深圳,或原来的宝安,是闽粤赣三省边界上客家大本营向沿海的延伸,是客家人大迁徙的一个触角,也是近代形成的客家人的又一个前沿地带,更是客家民系仅有的一个经济、文化的"入海口",其重要性不可低估。

在这篇论文中,我把客家人的海洋文化、商品意识观念,划出了几大落差。作为"入海口"的深圳客家人,这方面意识自是最强的。而惠州、梅州、赣州,则相对一处又一处地淡薄一些。由海而渐山,这是显而易见的。

后来,我又在《客家与华夏文明》一书中进一步指出:深圳是客家人唯一的"入海口"。这个提法立即便引起了广泛的反响。无疑,提出这一点,其意义是重大的。因此,我们不仅仅论证了客家人承传了汉唐作为海洋大国之际所具有的海洋文化精神,而且在"物"上即地理上,论证了后来客家人拓展的海洋文化,这已是不争的事实。除了客家大本营经梅江、韩江(梅县松口是一个重要的枢纽)走出一批客家移民外,大量的客家人当是从深港一地出海,成为当今五大洲四大洋著名的客籍华人华侨,总人数有好几百万之巨。

改革开放后深圳一跃成为举世瞩目的经济特区。像深圳的中心区以及南山等地,客家文化的色彩尤为鲜明。正因为这种文化的兼容并蓄,开放豁达,所以,这些地方人才荟萃,资金集聚,令深圳以"一夜之城"而著称,其发展速度之快,迄今仍未见有他处超越。

该著作特别强调,深圳客家的发展,"具有现当代意义上的前卫性、示范性",当全面、深入加以研究,而客商在深圳的"群体激发效应",当更是重中之重。

这里需说明的是,深圳客家人,应该大致包括两大来源。第一批应是客家人第四次大迁徙中,由于清初、中期"迁海复界",从嘉应迁去的。我们从宝安,包

括香港新界不少客家人的族谱中，均可以寻溯，这一批是相当多的。当然，在这之前，也有少量客家人已到达这个地方，如新界的邓氏，但主体仍是迁海复界来的。这一部分也有两种情况：一种是一步到位，直接从龙川、嘉应而来；还有一种则是经惠州等地，第二或第三次才陆续抵达这里，这都是有族谱为证的。第二大来源，当是改革开放之初，再从河源、梅州地区迁入深圳的。这一批人的数量比上一批要多得多，他们至今仍以龙川、梅州人自称，区别于原先早几百年到达深圳的客家人，人数之巨，当在百万以上（包括河源、梅州周边的客家人），是深圳经济特区初创时的主力军！无论国家公务人员、科技人员，乃至大量的打工仔，均是如此。换句话来说，特区的起步，主要靠的是深圳原住客家人，以及最早来到的客家人——以粤东客家人为首。例如，特区最早领导人之一、蜚声中外的袁庚，便是原住的客家人；而最早发起"打工文学"的也是最早的特区打工妹安子，她便是从梅州来的，从打工起步，涉及文坛，再自己当老板。这也是来自客属地许多如安子一样的打工仔、打工妹的人生轨迹与创业路线。这与历史上不少客家创业者的经历有异曲同工之处。毫无疑义，梅州等地的客家人，不去别处，而首选深圳特区，是因为这里具有"自家人"（客家人的口头禅）的亲和力。毕竟，通用的语言、一致的生活习俗，乃至于民性、价值观等，同是客属地，自然一拍即合。不少报告文学都注意到了这一条，并且有着较详细的追述。他们与深圳客家人，只有一个先到、后到的区别。

这里有一个非常值得研究的内容：尽管其他三个特区都有自己的成功之处，也各有特色与亮点，但无论如何，最成功、最辉煌的，却是深圳特区。这并不仅仅因为它大，也不仅仅因为它紧挨着香港。其实，各大特区都有各自的考量，如厦门位于台湾海峡，珠海与澳门相邻，而最早萌动建立特区设想的却是在汕头。因为海外的潮人就有1000万之多，其中够"吨位"的比例，在华商中居首位。然而，深圳却发展得这么风生水起，由一个小渔村一跃成为中国前四位的大城市。其经济增长速度，更创世界奇迹。而这在同样的"天时"（大气候、特区政策）与"地利"（地理优势）条件下，恐怕，"人和"是最突出的因素。

深圳高速发展之"人和"集中体现在什么地方呢？追根溯源，即在于原住民与大量涌入的新移民的和谐相处，共谋进取。一般来说，原住民每每对新移民容易产生排外心理，歧视后来者，甚至处处设置障碍，需要较长一段时间的磨合。可显然，深圳却没有付出这样的磨合代价与融合的时间，本地人与新移民几乎就已鱼水相亲了。这自然与原住民及新移民同是客家人相关。原住民同样作为客家人，只是老移民罢了，没有地主或老大自居的心理。所以，他们能以开放的胸怀、豁达的心态，迎来了最早来到深圳的河源、梅州等地的"自家人"。目标与利益，也早已是一致了。他们同是"走出去"的强者，他们都需要互相扶持，互相支撑，谁也离不开谁。兼容并蓄，从来是一个大迁徙民系所形成的，也是必备的优秀品格,非此则不可以在乱云飞渡的征途中立于不败之地。

所以,深圳作为一个移民城市,无论老移民还是新移民,都对这么个"一夜之城"的崛起贡献出了全部的心血、汗水与智慧。尽管今天的深圳常住民已有千万,可作为原住民的30万,作为最早到特区淘金的、同是客家人的新移民,对奠定其经济格局、产业格局、发展趋势,却起到了极关键的作用。

谁说客家人不善经济、拙于经商呢?深圳特区,无疑对这一理念予以了有力的反驳。对比一下另外三个经济特区,在同等条件下,为何深圳特区能够如此迅速发展起来,成了四个特区之冠。如果非客属地、非客家人,能有这样大的成功吗?也许这样的反诘有些绝对或片面了。但是,确实,也只有深圳,才如此敞开胸怀,八面来风,迎来了更多非本地人、非客家人,共同来建设这样一个试验城市。荣辱与共,乃至生死与共——这同样是一种品质在起作用。人的因素第一,没有比深圳更能作出雄辩的证明了。而在人的因素作出之际,作为群体发展的效应,也就更容易发生,也更容易显示出来。所以,强调客家这样一个族群在深圳历史发展中的作用是不无意义的。

自1980年深圳建立起经济特区起,客家人又似迁海复界之际,又一次率先涌入,历史似乎又在重演已有的一幕。当年的迁海复界,是康熙在收复台湾之后,最终宣布开海的重大举措。但当日的封建贡舶体制"开海"所开的,仅仅是国门的一条门缝而已,未能改变得了这个东方大帝国走向没落的历史命运。而特区试验,刚开始也可以说是同样开的一条门缝、一个窗口,可随之而来的沿海14个开放城市、建立市场经济体制,则成了无可逆转的洞开国门的大举措,绝非康熙的四口通商可比。中国也从落后挨打走向了强国富民之路,真正屹立在世界民族之林了!

深圳经济高速的发展,得益于市场经济的实施。这也就使一大批过去寂寂无闻的升斗小民,成为腰缠万贯的商贾。而城市规模的迅速扩大,特区及其周边的城市化,实质正是市场化程度的提高,更意味着活跃在商海的实业家们有了更广阔的用武之地。在当今中国,除了港澳外,市场化程度之大,莫过于广东;而在广东,市场化程度之大,也莫过于深圳。因此,市场哺育出的当代商人,深圳自是极具代表性的。

同样,全国排在前边的大城市中,增长率较高的,也莫过于深圳。所以,这里发展快,商机也多,自由度更大,八仙过海,各显神通,人才辈出,势头日旺。客家人挟其历史人文优势,当然会在商界大显身手。仅以几个经济、人口数字,我们便能从中得到很多的感悟。

首先看看深圳的GDP(国内生产总值)。截至2005年,深圳GDP已近4000亿人民币,是特区初创时的2000倍。这使得美国纽约市长在听介绍时,甚至以为介绍人把小数点的位置点错了。

其次看看深圳的人口。它由20世纪80年代的30多万上升到2005年的1000多万，增长了30多倍。

仅仅20多年，深圳经历了人类历史上罕见的工业化、城市化与现代化的高速发展，成为中国改革开放的"排头兵"。深圳的原住民、老客家、新移民，都以历史上"客人开埠"的精神，披荆斩棘，勇往直前，走出了一条不寻常的成功之路、创业之路、富强之路。回首这短短20多年，我们可以从这里出现的众多特有的词汇，去解读其中的经济、文化内涵，看到一个城市及这个城市的不同族群成长的足迹。例如："经济特区""改革开放的窗口""试验场""孵化器""新移民""时间就是金钱，效率就是生命""深圳速度""土地拍卖""产权明晰""打工妹""外来工""股票风波""深圳精神""南方谈话""关爱行动""自主创新型城市""高新技术交流会""文博会"等，几乎无不突出经济建设这一中心，无处不渗透有现代的商品意识。几乎每一个词，都代表了一个突进，一个飞跃。

同样，"香三年，臭三年，不香不臭又三年"，却也反映了这个孤军突进的城市，以及这个城市的老百姓，尤其是早期的原住民与新移民（以客家人为主），具有怎样罕有的坚忍的毅力。他们敢开顶风船，敢为天下先，在骂声中仍不改初衷，一往无前！

而这一切的一切，无一不值得历史学家、经济学家、文化学家深入下去，仔细地加以研究分析、归纳总结，从中获得更大更多的信息，丰富我们的知识宝库。

第五章　跨文化传播

几年前，我写了《广府人与客家人》一文，发表后引起的反响出乎我意料。于是我又陆续写了好几篇，为这一章的完成打下了基础。跨文化传播对于人类学而言，当涉及其濡化、涵化与文化变迁问题。各个族群的文化认同、族群认同或身份认同，是世代相传的语言、风俗、人格、思维方式、历史传统等，从而与其他族群相区别。这一濡化（enculturation）过程也可以说是族群存在、延续与发展的描述。广府人、客家人也正是在各自的濡化过程中形成自身的文化边界，从而有着各自的身份认同。

跨文化传播引发的一方或双方的大规模文化变迁，则是涵化（acculturation）。在粤东闽南沿海地区的客家人受广府、福佬人影响，从而濡染了海洋文化、商业文明，与腹地客家人的传统观念拉开了距离，使客家人在近代迅速崛起，成为改变中国历史命运的一支生力军。而这些演化当还会继续，因此，不仅两大族群的比较是必要的，与其周边族群比较，也同样很有必要。

这么说，似乎有点出了"史"的格，虽说仍在文化的范畴内，但毕竟不那么规范。只是，在当前文化传播的格局中，如果缺少这一部分，总觉得美中不足，所以，这或许是一种新规范的确立，甚至与国际规范不相冲突。于是，我便大胆为之。

当代学术的发展，本身就趋向开放，趋向国际化，对广府与客家文化史的研究，也更是这样。何况20世纪，广府与客家本身已是国际性的话题，这我们在前边的文章中提到过了。因此，《广府寻根》与《客家文化史》也同样是一个与国际沟通的管道、一个平台。所以，从一开始，我们便强调它的国际视野，如中古的"世界民族大迁徙"，又如近现代"西风日渐"中客家民系的历史性崛起。这是以往客家研究所没有做到的，或者说没有意识到的。只有这样，在国际视野下，致力于开拓客家文化传播的空间，方可以让这一学问上档次、出水平，从而达到真正的中外学术的对话交流，没有对话，没有比较，也就谈不上交流了。广府与客家文化从一开始，便是一个开放的体系。它的流动性决定了这一点，唯有不断的开拓，方可以立足于民族之林。的确，无论是哪个国家、哪种文化的学术系统，在这个学术全球化与本土化同行的时代里，谁也不能以区域疆界来画地为牢。

学术创新，尤其在今天当是建立在多元文化、相互竞争与相互补充的基础上的，否则，当难以突破。立足广府与客家文化，放眼全球历史，以国际视野来探究广府与客家文化历史演进与传播，是本书的宗旨所在。

我们常常讲跨文化传播，而广府与客家文化，则是跨文化传播的一个典型范例。对于中国而言，客家文化跨越的是中原文化与沿海文化，或者说，跨越南北文化；对于国际而言，客家文化更是跨越了中国文化与世界不同的文化，因此，有大量的课题值得研究。即便在中国南方，这种跨越、交融也很多，如广府文化与客家文化的接壤、交互，乃至冲突是最大的；在广东，它还有与潮汕文化的共存。而在福建，与闽南文化——这与潮汕文化当是同一系统。在湖南，与湖湘文化，还有江西、广西、四川等，无疑都包含有巨大的内容，需要我们去探索、去比较。这一篇中我们把重点放在这周边文化比较上，但没有面面俱到，也只是树一个范例，起到抛砖引玉的作用。

我们曾陪同不少中外学者，深入到广府与客家腹地或边缘地带，去考察民俗风情、建筑形制、社会格局、文化承传等一系列问题。无论到何处，我们都可以感受到，广府与客家文化正是一种跨文化传播的很好的范例，从中可以体悟出很多的东西来。

例如在广州，这个广东省的省会，自是广东三大民系文化的一个集中之地。广东又是中国第一大客家省，广州市区尤其是周遭，如花都、增城、从化，更有相当大比例的客家人。而这属于客家文化的边缘地带，自东向西浸润，使这里的跨文化传播特征尤为典型。

在增城，有著名太平天国将领石达开的一个支系。而在这个支系的家乡，即增城的派潭镇，有一座很出名的客家围屋。之所以被叫作客家围屋，不仅因为石家是客家人，而是其围屋的建筑形制，如后边有风水林，前边有半月塘，整个围屋则是"聚族而居"的格局，这均为客家特征。但是，我们却不难看到，屋后一角上有高高的碉楼，屋前则是一长排的"镬耳墙"（风火墙），这却又是广府民系的特征。与此同时，这边近海，当中祠堂的屋脊，则是呈弯弯的船状，竟又有潮汕民系的式样。可以说，总体为客家，局部已融入了另外两大民系文化的元素，这是再清晰不过了的。援引这么一个范例，不仅仅为广府与客家文化作某些阐释，而且在跨文化传播上也有所探讨，作一些有益的尝试。

诚然，文化传播理论在今天还只是一种相对模糊的学科，但由于传播与社会息息相关，类似族谱、方言，也有各自不同的传播方式或传播路径，我们也就不能不把这些归入文化传播的范围。当代社会中，社会科学正面临融合与重组，这是不争的事实。因此，传播与其他人文学科，乃至科学技术的融会贯通，更是在所难免。虽说本书未曾采用太多量化的手段，但这仍是一个值得深化的研究课题。

总之，每一门学科都有自身的特点，不同的研究方式都在于逼近真理，重组历史的真实。因此，彼此间不可以相互排斥，如何找到更优化的方式，切切不可生搬硬套、移花接木、张冠李戴。任何的浅薄都源于无视自身特点而故弄玄虚。

文化价值的确立，不存在厚此薄彼的问题。我们正是遵循这一原则，去作不同文化的比较。任何一种文化，都有其存在的理由，否则，就会消失，也轮不上比较了。但任何一种文化，也都有其两面性。这在比较中也是不可避免地触及的，不可作为厚此薄彼的依据。只有公正的比较，方可以让各方扬长避短，实现好的融合，但并非要整合或统一成一种模式。如果那样，没有了文化的差异，也就没有了这个世界。甚至在某种特定的文化模式，优点与缺点是共存的，不可割裂开来，否则，二者也就一同给取消了。既往的思维模式，未必就适应今日文化传播的格局，所以，不可以定于一尊而束缚自己。

正因为广府与客家文化是一种跨文化的传播，所以，它既具有区域性亦具有跨区域性，即有本土化又有国际化。我们曾定义客家为中国汉文化唯一不以地域命名的文化，这没有错，可只就"命名"而言，像赣闽粤客家大本营自身，也还是有鲜明的区域性的。它总归是要与特定的人文地理与自然地理相耦合的，绝非无源之水、无本之木。

客家文化是一篇大文章，要做好并不容易，尤其是要有新的开拓、新的创见，更不容易。这一篇，也就算我们一次努力，愿引起更多人的关注。

一、广府人与客家人

如果说广府文化与客家文化拥有共同的中原文化渊源，那也是非常遥远的了。甚至说到汉文化渊源，亦有相当大的距离。毕竟，广府文化实在有太鲜明的地域特色，广府方言也是这样。两广，广东广西，也就是他们的故乡，名副其实，名地相宜。在华南，广府话自古以来都是官话，即两广的行政语言，客家人要到广州谋生，不懂广府话则不行——凭此，可以得知，广府文化一直是强势的文化、高势能的文化，亦即呈高位相性，对客家文化的历史影响，当比其他周边文化要大得多。

如前所述，广府来自"广信"的得名，且可从此得知，广府文化是沿西江流域东进，拓展到了整个珠江三角洲。他们自是两广的主人，这是毋庸置疑的历史事实了。

有人一直认为，广府人与客家人，都有一个共同的始发点，这便是赣州。自赣州出发，溯章水西行，过梅关古道，进入粤南雄，聚落于珠玑巷的，也就成了广府人。因为广府人是以珠玑巷为他们开基的祖地，同样从赣州出发，溯贡水东行，再南下桃江，走定南水或寻乌水，进入东江，便到了龙川，或继续往东，过石城便进入了石壁。这与龙川一样，亦是客家人开基的"祖地"。也就是说，沿赣江南下的中原人，在赣州分手后，西行的成了广府人，东行者则为客家人。这一说法不无道理，但广府人早已形成在前。这批西行者后大都到了珠江三角洲西南部的四邑（今五邑），只是广府的一个亚文化区。有人感觉四邑的广府方言，与客方言有很大程度的相近，甚至认为客家话与五邑话"难解难分"，这倒是值得研究的。当年的"土客大械斗"正是发生在那里，却又不好说了。因此，客家人与福佬人可以公认固始是他们共同的始发站，而广府人则未必会认同赣州了。毕竟，广信早于这次迁徙上千年。

但不管怎样，广府文化与客家文化的接缘，却比任何周边文化要大得多，相互的影响也大得多，共同的文化因子也不少。

广府以广信为基点，一是沿西江流域进入到珠江三角洲，二是沿当年与合浦相接的南海的路径，即从北流江、南流江、过鬼门关之商路拓展，走两广的交界线。所以，广西的东南部亦有深厚的广府文化底蕴。而客家则西进，最后在东莞、增城、从化一线与广府文化呈胶着状态。广府文化只渗润到惠州一线便止步了，但客家文化支仍有力地西进。不仅进入了粤西，而且在广西形成巨大的文化群落，仅博白县如今就有上百万客家人，号称全国第一大客县。而被誉为"客家人的革命"即太平天国起义，不爆发在广东，却在广西东部的桂平。可以说，广西已成了仅次于广东、江西的第三大客家省。他们力争主办下一届世界客属大会当是理直气壮的。

由此可见，客家文化在两广即广府人的传统属地，有着最大的关联。虽说有过"土客大械斗"的悲剧，但和谐共处，同舟同济，毕竟还是主旋律。王李英教授就专门写了一篇关于增城客家与广府人之间的珠联璧合，颇有见地。

增城正处于两大民系接缘的界面上。往下的东莞、宝安，直到香港，都呈这种胶着、交互的状态。现在香港的新界地面，一直大都是客家人居住地。而今日惠州、深圳一线，更是客家人唯一的入海口——我还专为这一定位写过一篇文章，得到同仁们的认同。只是香港成为自由港后迅速都市化，广府人才大批流入，使得广府话成了其官方语言之一。客家文化才呈弱势，客方言在那里才发生了严重的萎缩。这些都发生在清中、末叶。

而粤北情况则不一样。元代之前，粤北曾是广府的文化中心之一，唐宋年间的孔林书院等都很兴盛。严格地说，它不是因为珠玑巷事件，而是元末明初，朱元璋与陈友谅争当皇帝。由于这边拥护陈友谅（英德还有朱元璋在北江中冷箭的传说）而被朱元璋"清空"。汉代这里尚有两个县浛洸、浈阳，后又成了英州。至此，县城只余百十口人，杀的杀，跑的跑。直到明中叶，才有大批客家人迁入，却只余一个英德县了。于是，自粤北至广州的广府次区，又一度成为客家文化次区了。及至近现代，由于战乱，特别是抗日战争，省会内迁，经英德至连州，广府人才折返北上，纯客县的英德又成了广客共居了，而韶关等城市中心也又有了广府话流行——如同客属地包围下的赣州讲西南官话一样，广府话在若干中心城区亦形成了方言岛,为客方言所包围。

除开各自的核心区外(广府则是"南番顺",而非广州,广州作为省会,广客潮汇聚各有天地,客家则是龙川、梅州),两种文化都是这么相互交错、包容、并存。

这样一来,两种文化之间的相互辉映,就要强烈得多,其间折射出的亮色,也丰富得多,这自是文化人类学得天独厚之处,可以做出很漂亮的文章来。

下边的评述,权当抛砖引玉!

(一)

在中国,与客家人关系最密切,直至难解难分的,莫过于广府人。

首先,在地缘上,客家人最多的一个省份便是广东省。它有2000多万人,但这个省却名"广东",其主流文化,非广府文化莫属。而广府人,更有4000万人,比客家人多一倍。这个地区的官话,只可能是广府话。

要论广东在海外的华侨、华人,广府人与客家人,均有各自一句很接近的话。

广府人的是:

> 太阳在粤人社会上永远不落。

客家人的是:

> 凡有咸水的地方,都有客家人。

这就是说,广府人与客家人,都一样遍布全世界。当然,由于广府人濒海,外出要便捷得多,海外的广府人自然也比客家人多一倍左右。不过,仔细品味这两句话,却有不同的感受,很耐人寻思。

广府人强调的是太阳,由此可见广府人达观,有一种不可救药的乐观主义,用今天的话来说,是很阳光、很自信。

可客家人强调的却是咸水。这自然讲的是海水,又咸又涩又苦。毕竟,客家人的忧患意识要浓厚一些,千年漂泊,背井离乡,这种意识也一起带到了海外。

广府人与客家人,一样都是中原汉人南下形成的民系。客家人不说了,谁要说他不是中原汉人,没准要与谁拼命。根在河洛,情系中原,这是不可变易的"祖宗之言"。虽然也有人称他们也有畲族的成分,但他们并不苟同。至于广府人,他们是西汉时大规模南下的移民,但光这么强调还不够,到如今,又都毫不例外自称为珠玑巷移民之后,更成为地地道道的中原汉人。整个广府民系,甚至立了个"珠玑巷后裔联谊会"。

不过,如今珠玑巷所在的南雄乃至粤北,都已是客家人居住的地方,反而很少有广府人了,也许是珠玑巷事件之后,广府人都跟罗贵走光了。于是,客家人便从闽西、粤东移民过来,他们成了后到的主人,毕竟那里是山地,"无山不住客",倒是广府人到了富裕的珠江三角洲,早早扬帆出海了。

广府人与客家人,是天生的好友,是亲家,同祖同宗,同是中原移民,只是时间有先后罢了。他们共同开垦了南中国这一块"风水宝地",他们共同从这里走向世界。当年,他们一道,在文天祥等的率领下,抗击元军,使广东成了最激烈的反抗之地。后来,他们又在一起,与清兵殊死决战,血染了整个南中国。这无非是两大民系以鲜血与生命来证明自己真正的汉族身份,去捍卫汉文化的延续与承继。宋元交替,明清易朝,为何南方会节节抵抗,那么壮烈,那么悲惨,联系到当年两晋南北朝的历史,人们不难找到答案。

在客家人崛起之前,明代宣德年间,广府人中出了个"江门学派"。它的创始人是新会的陈献章,后迁居江门附近的白沙村,所以世人称他为陈白沙。他开创的江门学派,得到当时著名的启蒙思想家黄宗羲的高度评价:"有明之学,至白沙始入精微。"《明史·儒林传》则把他与王阳明并列,称"明初诸儒,皆朱子之支流余裔,师承有自,矩蠖秩然。曹端、胡居仁笃践履,谨绳墨,守先儒之正传,无敢改错",而"学术之分,则自陈献章、王守仁始"。众所周知,王阳明在赣南诸多政绩,对客家人思想形成有相当大的影响。同样,陈白沙对广东客家人的影响,更如吴永章教授所称:"……惠州府,明代客家理学中心,一时人才济济,理学发展至顶峰。代表人物有杨传芳、叶时、叶春芳、叶天佑、叶春及、叶萼、杨起元诸人。杨传芳,师承湛甘泉,深得其中奥妙。叶时,曾从南海庞嵩学,崇奉王阳明良知之学。叶春芳,受学湛甘泉,'甘泉称其学问纯正'。叶春及,理学崇陈献章……"

及至到了戊戌变法前夕,却又是客家人黄遵宪——这位大外交家、大诗人兼思想家,极力推荐年轻的广府人梁启超上湖南的时务学堂任中学总教习。他在《致汪康年书》中说:

> 宪甫径到湘,即闻浙中官绅有时务学堂之举,而中、西两院长咸属于峰琴、任公二君子,此皆报馆中极为切要之人。……任公之来,为前议之所未及,然每月作文数篇,付之公布,任公必能兼顾及此,此于报馆,亦似无损碍,并乞公熟悉而见许之。

任公,即梁启超,时任《时务报》主笔。黄遵宪是《时务报》创始人之一,颇欣赏梁启超。正是他这位湖南按察使,引进了梁启超等一批人才,与同是客家人的湖南巡抚陈宝箴,把湖南新政搞得有声有色。

仅此两例,两大民系在先进思想的交流中,可以说是相互提携、相互激励,甚至是并肩作战的。双方合作,均有坚实的思想基础。及至戊戌变法,康有为、梁启超是珠三角的广府人,而黄遵宪、陈宝箴、刘光第则分别是广东、江西、四川的客家人。变法中,彼此相依相成,缺一不可。到了辛亥革命,更是广府人、客家人精诚合作,才使广东成为这场革命的策源地、根据地。无论是两次北伐、成立护法政府,还是东征、省港大罢工,他们都亲如兄弟,同艰共苦,相互扶持,决不言败。

可他们也是"不是冤家不聚头",在客家人第五次迁徙中,就遭遇到了广府次区,即粤西的大械斗。虽说这只是广府次区的局部矛盾,内中更有清朝政府的挑拨离间,但后果却是极为惨烈的。双方死伤竟有五六十万人。这一历史重创,久久难以治愈,以至彼此间都有粗言俚语,轻薄、鄙夷对方。广府人如与客家人联姻,就会被人瞧不起,而客家人更是恪守几百年的遗训,不与外人通婚……当然,这已过去了一个多世纪了。后来的变法、革命,两大民系依旧风雨同舟、并肩作战。

说起广府人与客家人,他们有很多的同,也有很多的异。在熙熙攘攘的人流中,就算不凭方言(由于广府话是官话,所以客家人大都会说,如同福建客家人也会说闽语一样),只凭他们处事、待人接物的方式,在广东,你也大致可以判断出谁是广府人,谁是客家人。

是的,他们的性格特征太明显了,他们的形象、风度、价值取向,也太不一样。

要比较客家人与广府人,可以有很多的角度切入。例如,从各自形成的历史先后入手,或者从各自的文化观念着眼,还有地域、经济、民俗种种,其中的异同都是可以洋洋洒洒写出大块文章的。不过,在这里,我们却尝试从方言中的熟语、民谚入手。因为熟语、民谚,每每是几百上千年形成的,渗透了一个民系的文化,其价值取向、生活方式都可以从中得到体现。由此,则可导入其民性的形成、历史的演变及其他方面。

那么,两大民系方言中的"关键词"又是什么呢?哪些是代表民系性格的常用语呢?

客家民系,正如大家所熟悉的,便是"宁卖祖宗田,不卖祖宗言",关键词便是在这"祖宗言"上。祖宗言意味着历史文化的"遗训",是一种承传,是与中国传统文化中"圣贤立言"相一致的。重言者,乃是重资深的精神境界。"言"高与田,还可以找到不少相近的民谚,如"做不尽的子孙屋,买不尽的子孙田",做屋买田,还不如给子孙留"言",祖宗言强。还有"做官买田,不如子孝妻贤""好子不贪爷天地,好女不求嫁时衣""家有千金,不如藏书万卷"等,都讲究的是"言"。书的传统即文化精神的传统,而鄙薄官、田、嫁衣、金子。这种形而上的追求,当是客家人最为突出的,这已不需要多阐释了。

广府人呢?广府人中最流行的,莫过于"顶硬上"这一口头禅和"马死落地行"这一民谚。"顶硬上"还作为民歌流传,我们不妨全歌照录,从中品味这个民系的意趣:

顶硬上,鬼叫你穷!

> 铁打心肝铜打肺，
> 立实心肠去捱世。
> 捱得好，发得早，
> 老来叹番好！

那种顽强不屈、坚韧不拔的独立精神，那种对"穷"的蔑视，是出于广府人敢于冒险、崇尚勤奋、不怕捱、敢于发并敢于去"叹番"的思维模式。结合"马死落地行"，更体现出一种人的独立单行的气概，不想依附什么，也不怨天尤人，一定要拼搏一个自己的世界——这与广府地区早早"洗脚上田""弃仕从商"的传统是密切相关的。

广府人中，类似的谚语还不少。诸如"崽大崽世界"，孩子大了便是孩子的世界，让他们独立自主地去拼搏，去立世界好了。还有"山高皇帝远，海阔疍家强"。广府人中融合了靠河海为生的疍家人，如冼姓，前有冼夫人，今有冼星海，都是了不起的历史人物。

因此，广府民系民谚中的"关键词"，便是颇具独立气概的"上"与"行"，是一种行动，而不拘泥于"言"上。

（二）

从以上的关键词延伸，我们不难看到，在客家人中，无论是儿歌还是民谚，偏重于"读书郎"或"读书人"。儿歌中，关于"读书郎"的实在是太多了，这里就不重复了。从小，客家的孩子，便被灌输了唯有读书方有出路的思想，如《月光光》的童谣，两大民系都一样。客家的，则是"月光光，秀才郎"，强调的还是读书出仕。民谚里，更有"读不尽的书，走不完的路""唔读书，瞎眼珠""养子不读书，不如养头猪""秀才不怕衫破，最怕肚中无货""补漏趁天晴，读书赶少年""读书肯用功，茅寮里面出相公"……

这些都是对人的文化素质的追求，对学问的追求，并置之于至高无上的位置，恐怕比当年中原"学而优则仕"的传统，都有过之而无不及。当然，这与他们身处贫瘠的山区，过着贫困的生活相关。不读书出仕，也就无前途可言是分不开的。

而在广府人中，读书当然也很重要，且不说像一个顺德，就出了三个文状元，一个武状元。广府人的学部委员与客家人的，可谓是平分秋色，各自为11位与10位，这都同样承传了中原文化之血脉。

但广府人中所崇尚的，却不仅是读书郎，而是意蕴要广泛一些的"猛人"。这在广府语汇中大家都很熟悉的字眼，诸如"生猛"——富于活力与生气，非常强悍，又如"不是猛龙不过江"等。

这"猛人"中，虽然也包括读书有出息的人，如状元、作家之类。可其概括的，应是所有事业上有成就的人，且具备一种"行动性"在内，敢作敢为，无所畏惧，尤其是敢于出外"闯世界"的——"过江"、渡海者。"猛人"二字，读下来，颇有些咄咄逼人，很有气势，不信邪，不惧难，成得了气候！

这样说来，广府人的追求，更多在于一种行动上，更具有一种务实精神。这些年来，珠江三角洲上广府主区"四小虎"的异军突起，"顺德制造"声名远播，表现出的也是一种行动精神，敢作敢为，自我坐大，绝不旁骛。在这一意义上，他们的海洋文化色彩，自然比客家人要强一些。

不过，不少谚语，他们也是共通的，如："有状元学生，无状元先生"，强调的是一代比一代强。又如，客家人讲"不贪郎田地，只贪郎精致"，广府人也有"好仔不论爹田地，好女不论嫁时威"，讲的仍是自己实实在在的本事、学问。还有，客家人讲"近山莫枉柴，近河莫枉水"，广府人也有"近井唔好使枉水，近山唔好使枉柴"，可谓一样讲节俭、留节余……这一类的比较还可以找出很多。

其实，广府人讲"顶硬上"，客家人讲"硬颈"，固然有一些不同。前者讲进取、"上"，后者讲坚持、不动摇，同是一个"硬"字，各有千秋，却也一般相通。客家人讲"眠倒打唔跌"（睡着了也打不倒），广府人则讲"做人要有腰骨"（有气节、有原则），当是异曲同工。

以上的民谚、熟语，在比较中我们已多少看出两大民系的相近与不同的地方。而从这些谚语出发，我们再从各自的民性之对比，价值观的差异，当可以更具体、更深入地去认识同在南方这片热土上生长出的这活生生的而又各具个性的大树——支撑一方历史天空的大树！

（三）

广府人以自己的方言为骄傲，认为那是地地道道的古汉语。民国初立时差点把广府方言重新恢复为国语了。的确，广府方言中，汉代雅言比重最大，较之闽南方言、客家方言要多。客家方言一般称为"唐音"，也就是唐宋时期的国语，汉魏六朝乃至唐诗，用广府方言吟诵，平仄、押韵都很顺，但客家方言则略有出入，今天的普通话就更不顺了，变化了很多。如杜甫的《春望》："国破山河在，城春草木深。感时花溅泪，恨别鸟惊心。烽火连三月，家书抵千金。白头搔更短，浑欲不胜簪。"用广府方言吟，全押韵；用客家方言吟，前三韵一致，末韵则不行；用普通话吟，则全不押韵了。

广府民系，当是秦汉时形成的，我在《广府寻根》中已经论证过。所以，他们是南粤大地上最早生活的汉族的一个民系。由于地处对外贸易最活跃的中国南方，与古罗马、阿拉伯及东南亚的商业交往得早，商品意识成熟得也早，这便使其与中原文化拉开了距离，思维方式大不一样。远在唐代，白居易送朋友上岭南春游，便告诫道，那里"不冻贪泉暖，无霜毒草春"，视为畏途，所以不可久留，诗中更进一步说：

> 回使先传语,
> 征轩早返轮。
> 须防杯里蛊,
> 莫爱橐中珍。
> 北与南殊俗,
> 身将货孰亲。
> 尝闻君子诫,
> 忧道不忧贫。

他认为,南粤视货利重于立身,忧贫而不忧道。元稹与他一道送客,更警告道:

> 句漏沙须买,
> 贪泉货莫亲。
> 能传稚川术,
> 何患隐之贫。

这就是说,只要能得道,就不要怕贫穷,千万不可饮贪泉之水,成了见利忘义之人。

这类诗还有不少,似乎人到岭南便会变种,这自然是一种文化隔膜,难怪岑参也称:"此乡多宝玉,慎莫厌清贫。"

商品意识与当时的中原农耕文化,可谓格格不入。广府人就是这般被视为异端的。今天,包括客家人,也被列入东南沿海商品意识较强的民系。当年章太炎也这么描述过,这自然是从宏观的角度上而言的。但是,相形之下,客家人的商品意识,比起广府人还是有相当大的差距。尽管在东南亚,也出了不少客籍大实业家、大商人,但比起广府人、潮汕人来说,仍相形见绌。而在客家大本营,即粤、闽、赣三省交界之处的客家人,也不如在香港、宝安(今深圳)这些靠海边上的客家人的商品意识强。

如果仅从南方而言,客家人、潮汕人与广府人,其商品观念,由淡薄(不是没有)到浓烈,分明也形成了三大落差,这比较起来,也还是相当鲜明的。造成这一落差,与历史有关,也与地理环境有关。

从岭南三大民系而言,从中原到沿海,最早的自是广府人,如前所述,为秦汉时期;其次为潮汕人,大致为晋代;而客家人从中原来的最晚,大规模进入粤东已是宋明时期了。所以,中原的文化色彩要浓厚得多。这是就历史而言,而从地理上看,虽说都被视为东南沿海地区,可广府人就在珠江三角洲及西江流域,开发最早,且邻近海洋。潮汕人所在的潮汕平原,也同样在海边。而客家人的主要分布区域,则大都是山区,且以从事农耕为主。这一来,对他们传承的中原文化起到了一种稳固的作用，难以很快变化。所以，从时空而言，客家人的商品意识滞后于广府人是一种必然。

于是，在广东，流行的看法是"客家人嘛，重义而轻利、重学而轻商"。这大致是合乎过去的历史事实的，客家人讲义气，薄利诱，以金钱诱惑，只会被人小看；客家人重教育，重学问，大学中客家籍教授每每比别的民系的比重要大得多。至于轻商，同轻利也是一致的，所以，过去的客家商帮，当是几大商帮中最弱的。不过，这也不能太绝对，在梅州，就有这样的民谚，那便是"无梅不成衙，无兴不成市"。梅是指梅县，广东的官员出得多，这在文前已经列数过了。至于兴，是指兴宁。那里，从商的客家人比其他地方要多，跑南洋的水客也不少。它之所以能成市，成商贸之集散地，与此大有关系。这一状况至今还是一样，可见还是有传统的。

而对广府人而言，则一般认为他们重利轻义、重商而轻学。的确，广府人有点散沙一团，人际关系比较淡漠，这也是商品经济影响的。人的依附较别的民系要弱得多，他们不找靠山，不要后台，全凭个人拼搏，让每个人的才能都得到充分的展示，不至于为皇亲国戚种种关系所掩盖；就算帮人，也不似客家人，一帮到底，送佛上西天，事后还不断予以关照，仁至义尽。而广府人呢，他只会给你指一条路。当然，这路会指引得相当明确，但不会牵着你、呵护着你。把这条路走出来，是你行；走不出来，也别怪我。所谓"马死落地行"，也同样包含这样的意义在内。造血不输血，投资不捐资，你得承担你的风险。这似乎在"义"上是淡了点，却不无道理，可对于民族大义、国家利益，他们与客家人一样，丝毫不会含糊。因此，对于"义"的诠释，应该有一定的范围，不可以做过于简单的理解。至于重商轻学，前一半是没话说的，这里有海上丝绸之路两千年的滋润，更有近代一口通商及十三行的影响，中国最早的民族工商业也是萌发于此。所以，广府人几乎人人都是天生的商业行家。不然，何以改革开放才几年，一曾贫困至极的广府地域，竟一下子风生水起，市场发育得是那么迅速呢？至于轻学，也不无道理，过去弃仕从商，广府人不仅带了头，而且人最多，甚至孩子小小的，中途辍学去学做生意，过去也不乏其人。不去做官，也不去做教书先生（其谚语中更有："猪不叫不添勺，人不穷不教学"），一心去从商赚钱，日后好"叹世界"，也一度成风。不过，这也同样不可绝对化，广府人对"学"的实用性还是很看重的，诸如中国铁路之父詹天佑、中国航天之父冯如，均出生在珠江三角洲的南海、中山。广府人不当官，可当科学家的不少，当诗人、作家、学者的也不在少数，当然，大商人、大实业家更多。而现代商业亦需要学习，因此，对传统"学"的含义，也当有一个界定，不可泛指一切。更何况广府人中的学部委员及后来的院士，也为数不少。所以，他们不等于"学而优则仕"之学，那只是当官的"学"，而不包括科学记述等方面的"学"。所以，对原来"重商轻学"的本来意义，当有不同的理解才对。

从以上评价延伸下去，我们也就可以对在南洋的民谚加以进一步地阐释。这便是"客人开埠，广人旺埠"。

南洋如槟城、坤甸等，都是客家人开埠的。由于客家人吃苦耐劳，在国内也每每是在贫瘠的山地上垦殖，所以到了南洋，秉性不改，擅长于拓荒、种植、建立家园及田庄，而他们的商品意识稍弱。所以，要搞旺当地的经济、活跃市场，也还得让广府人来。凭借广府人较发达的商品意识，流通很快就能搞活，市场也会迅速扩大规模。这用得上广府人的那句话：风生水起。所谓"无农不稳，无商不富，无工不强"也应是这个道理。而广府人，善于变通，精于行商，趋利避害，又不墨守成规，把一棵树上吊死视为"义气"，是相当积极的一面。所以，在近现代，他们能迅速与国际的先进文化接轨。

（四）

关于两大民系性格的比较，还有很多方面值得深入下去。

梁启超曾评价过广府人："对内竞争力弱，对外竞争力强。"即所谓内战外行，外战内行，亦不无道理。他们大概是远离了中原，也已经不熟悉中原的"游戏规则"了。所以，在权力斗争中绝少胜算。可客家人不一样，中原传统要多一些，多少对"游戏规则"有所了解，所以在一定程度上，在国内竞争中占有相当的优势。

正是在这个意义上，中原是此岸，广府是彼岸，而两岸之间的桥梁则是由客家人所担当的。这一来，客家人在近现代中国也就相当突出，出现了那么多叱咤风云、彪炳史册的伟大人物，颇有当仁不让的气概。

客家人热情、豪爽、好客，与广府人的君子之交淡如水，也就形成了对比。客家人好大喜功，争强好胜出风头，也是这么来的。相反，广府人却比较实在，财不露白，瞒产可以，虚报却不可以，这从他们几句有名的谚语中可以看出来。

例如："若要穷，神坛社庙是英雄。"那种死要面子、摆大排场的事，广府人是不会干的，可客家人却未必。再如："执输行头，惨过败家。""执输"是指明明知道自己输定了，却非要抢风头，走在最前边。广府人认为，这会比败家还惨，犯不着。

当然，客家人也有话"宁可与人比耕田，不可与人比过年"，不能摆阔。还有，"穷人莫猎富样，不要死要面子"。但总的来说，争强好胜而不顾一切，客家人却很难改，每每头破血流也不以为悔。一个务虚，一个务实，各有所长，也未必可说长道短。而"性格即命运"，这两大民系，在近现代中国大舞台中所承担的角色，也就是各有不同，或政治，或经济，或对外，或对内，各显千秋，各有长进，而各自命运也有了不同，或升或沉，或起或落，都与中国的历史情况相关。

可以比较的还很多。这里，我们以约一个半世纪之前，一位专门来到中国考察的西方学者专为广东这两大民系写下的"印象记"作结。这位学者是德国的地质学家、人文地理学者李希霍芬。他是在19世纪中写下一部题为《中国——亲身旅行和据此所作研究的成果》的专著，在用词及评价上免不了存在时代局限性，但不无启迪。

在广东，居住和杂居着语言、相貌、肤色、社会地位千差万别的不同种族。广州市及附近的开化种族，在所有智能、企业精神、美术情趣方面优于其他中国人。广东人（即广府人——编者注）几乎掌握着中国所有的工业，其工业制品数百年前就传到了欧洲，说不定这个种族是当年海洋殖民者中有才能的人种的后裔。当地居民有客家族和土生土长的广东人。客家族有特殊的方言，客家话完全保存着太古的语言形式，除北部和东部若干地方外，省内大部分地区说客家话。客家族人是劳动人民，从事农耕，在城市和港口从事交通和劳动。省内都市、商市中，没有客家族人，或者说，处于上层的是广东人。广东人对经营大商业和大交通业有卓越的才能，他们生长在自古形成的氛围中，受其熏陶，形成了一个典型的人种。广东人活跃在其他各省，尤其是沿海诸省的大城市中……①

利希霍芬自然是以西方人观念看问题的，甚至不惜为殖民者贴金。对广府人同为移民也不了解。但是，他在这一个多世纪前的比较，多少还是有一定见地的。今天来重新解读，内中不少实质性的差别，一百多年后也仍旧没有多大的变化。除却其中的偏见，我们也能获知不少历史的信息。当然，他的所见所闻，还是很受局限的。

即便是这一节的比较，也还是不够全面的，仅仅只是列出文化的落差而已。这应是一个复杂的系统工程，有待进一步的研究，作出整体评估。

附

王李英：广东省增城市多元文化和谐相处的优良传统考察

广东省增城市地处广州东部，建县于公元140年前。据著名地理学家曾昭璇教授《增江三角洲历史地貌研究》一文所载（见《增城县志》附录），增城的古村庄在隋代有大敦、岗背（贝）、红花地；主要村落大多在宋元立村。按现存族谱记载，在宋元立村的绝大多数是广府人，最早进入增城的是单道开家族，于唐咸通年间（873年）到石滩岗贝村开居。其次是卢一先家族，于南汉大宝年间（959年）从番禺永泰乡到新塘大敦开居。广府人先到增城开居，被称为本地人（学术

---

① 转引自沙莲香主编：《中国民族性》（一），中国人民大学出版社1989年版，第301页。

界称为广府人）；客家人后到，被称为"客民"、"客户"、客家人。增城是广府人、客家人与畲族同胞共处的一个社区。据2000年人口普查全市人口822873人，广府人占60%弱，客家人占40%强。畲族有396人。从历史进程与人口比例看，广府文化是占优势的主流文化。但这里有数百年广府与客家和谐相处的历史，还有四百多年畲汉情深的史话，正引起专家们的高度重视，被认为是濒海客家的典型，是下一步研究的重点。下面试对增城多元文化和谐相处的优良传统做一番考察。请方家指正。

广府与客家兄弟相称呼宗亲看待文化习俗相融的传统

最早记载客家人进入增城开居的古籍是清康熙二十五年（1686年）《增城县志》，其卷一《舆地》记载，庆福都"径下，今英德人居；百花林，今英德人居"；金牛都"新围，英德人筑而居之"：合兰上都"钟冈，有英宁人插居"。这里提到的英德人、英宁人（英德长宁人）就是客家人。乾隆十九年（1754年）《增城县志》卷三《品族·客民》载："自明季兵荒迭起，民田多弃而不耕。——康熙初，伏莽渐消，爰谋生聚，时则有英德、长宁人来佃于增。村落之残破者，葺而居之。未几，永安、龙川等县人亦悄悄至。当清丈时，山税之占业浸广，益引嘉应州属县人杂耕其间。而杨梅、绥福、金牛三都尤多。"《区宇·里廛》记载客户居住的村庄遍布全县9个都49个村庄，其中粤客杂居村有金牛都马料，云母都乌岽沙厂，绥福都白木、古朗4个村庄。嘉庆二十五年（1820年）《增城县志》所记载的客家村庄遍布全县9个都86个村庄，其中注明"客民杂处"的村庄有金牛都大步口、流杯、勒竹、马料4村。据族谱记载，北宋之前进入增城的只有客家先民古全望家族，明代迁入的也是少数，绝大多数是康熙至乾隆年间迁入的。由上述记载可知，客家人最初进入增城开居时，大致有三种情况：一是村落之残破者葺而居之；二是"杂处"在本地村；三是另辟村场，"筑而居之"。据增城方志办公室1991年的调查统计，全县398个行政村当中，纯粤语村134个，纯客家村90个，粤客杂居村74个。

数百年来广府文化与客家文化和谐相处的突出表现是：

同祖共村共祠，按兄弟称呼，如中新镇五联行政村高车自然村本地赵与客家赵。全村600多人，客家人占三分之一。客家"炳先赵宗祠"坐东向西，另一分祠坐西向东；本地"登云赵宗祠"向北。据老人回忆，两祠建筑时间相同，约有三百年历史。本地赵由中新荷佛岭迁来，客家赵由紫金迁来。相传本地赵十一世祖赵登云到紫金请风水先生（一说到广州考试）认识了客家堪舆师赵炳先，按族谱追溯到赵匡胤时代本是兄弟，炳先属二房（一说二派），登云属三房（三派）。两人随即到高车建祠开居，数百年来以兄弟相称呼。又如正果岳村旧刘村，本是广府人石滩麻车刘姓于明万、历年间迁来此地开居。咸丰二年（1852年）村场被洪水淹毁，特请有兄弟关系而又有财力有威望的正果灯芯田刘瑞堂来重建村场。咸丰三年建成之后，分一半给本地人居住，并用抽签方式决定所占向置。本地客家刘姓同在一个祠堂的同一神主牌前祭祖。至今，村内刘姓以至麻车与灯芯田刘姓均按兄弟相称呼。

资源共享，亲如兄弟如中新合益行政村。它有17个自然村，2100人，有魏、郑、曾、伍、袁、朱、莫、李、林九姓，其中莫、李两姓是广府人。莫、李两姓先到此地开居，李姓田地多，管不过来，便把邻近郑姓客家人请来管山，在当地传为美谈，说"郑姓连尿缸都放在李姓一边"。随后，客家人陆续在周边开发，占了优势，一直和睦相处，互通婚姻，连争田水的事都少见。荔城街棠村广府王姓有2000多人，离该村西边一公里多的鹤山有个客家村，500多人，田地较少。20世纪60年代，鹤山划入棠村大队，棠村无偿划给鹤山几百亩山地。后来，鹤山划入另一大队，山地仍给鹤山，一直保持密切关系。

血脉相通，宗亲相待有族谱可查，广府与客家有血缘关系的不少。如中新镇田美广府黄姓开居祖黄日新于南宋绍定二年（1229年）从嘉应州迁至田美开居，与新塘镇荔枝园客家黄姓开居祖黄相弥同宗同源，原是客家人。但田美黄姓七代单传，到第八代没有男丁，只好到广州郊区抱一广府男孩来抚养，长大后娶一广府女子成家，从此成为广府人。至今，田美的鱼塘仍是半月形鱼塘，田美黄姓和荔枝园黄姓视为宗亲。新塘宁西百湖庄客家罗姓与派潭莲塘径广府罗姓上溯40多代，至21世祖是同宗。小楼腊圃村广府赖姓开居祖赖天齐与河源市一客家村落的开居祖赖天与本是亲兄弟。这个客家村明朝时有一位进士赖鹏清曾专程到腊圃祭祖并留下诗句，至今记载在腊圃的赖氏族谱之中。该村香火厅前的大鱼塘也是半月形的。正果合水店黄沙凼客家黎姓是明正德年间（1510年后）从荔城夏街广府黎姓迁出开居的。这些同宗同源关系，使广府人与客家人之间多了几分亲切感，素以兄弟宗亲相待。荔城棠村广府王姓素来把正果客家王姓看作宗亲，相传他们的远祖与客家王姓是兄弟。干部、老人都毫不讳言地说："我们原来是客家人。"春节期间，棠村麒麟队每隔三几年都要到正果王姓客家村拜年。棠村有喜庆活动，正果王姓客家村也前来祝贺。

信仰相通，习俗相融追根溯源，广府人、客家人都来自中原，承传的都是中华文化，当然也有各自的特色。客家人入增后，"入乡随俗"不少习俗也跟随广府人。因此，在信仰习俗方面有许多相通相融之处，如信仰何仙姑、牛仔佛（正果佛爷）、观音菩萨、洪圣王（全称为南海广利洪圣王）等。岁时节日基本是相同的，春节期间"灯庆"（客家称"吊灯"）、烧炮头（一说抢炮头）、烧烟花等，广府与客家是大致相同的，广府村更为隆重，时间不尽相同。畲族村年初一"烧顿"与抢炮头类似，只不过规模小一点。他们不采取"抢"的方式，而是用尺子量，看离谁的面前最近，或许是为避免争执。客家村落在旧社会都有打醮消灾的活动，广府小楼腊圃村、正果到蔚也有打醮活动。有的村落则是广府村与客家村联合打醮，如荔城街棠厦村打醮有小约与大约之分，小约叫荔枝约，范围是棠厦村的几个自然村，纯客家，五年一个醮期；大约叫十八约，包括棠厦、庆东、木潭、龙角四个大村，十多个自然村，大部分是客家人，也有广府人，二十年一个醮期，规模、声势大得多，形式基本相同。观音诞、何仙姑诞、浴佛节、宾佛节等神诞，在广府村更为隆重，但客家村也有人尊奉，仅是从简而已。

广府、客家各有特色，各自和谐的传统

广府村以大村居多，有一姓一村，也有多姓一村的。其中，新塘镇（原仙村）雅瑶村吴姓1万多人，石滩麻车村刘姓、新塘沙村陈姓等大村各有七八千人。村落文化内涵丰富，1949年以前多以宗族活动为主，如元宵灯庆、抢炮头、烧烟花，"做景"宴请亲朋等活动，属亲朋之间的亲密交往；但杂姓同村的也是和谐相处者居多。如荔城夏街有黎、叶、王三姓，2003年，全村2462人，470户，其中叶姓35户，169人；王姓18户，78人；黎姓400户，2133人，黎姓人口占绝对优势。各姓于600多年前先后迁入开居，一直互相关心、互相支持，代代相传，不少成为姻亲。三姓之间，从未发生过欺压、斗殴事件，只有亲家，没有冤家；只有恩人，没有仇人。彼此在同一村庄居住，同一田墩生产，同一环境生活，同一友好气氛中互助。在村内是邻里，在村外是兄弟，不管哪一姓有外人欺负，其余两姓人都出面相助解围。在村内，一视同仁，互相尊重。1949年后，村里干部全是民选，选到谁，谁上任，大家支持。叶、王两姓均先后出任村干部。1955年10月成立党支部，第一任支部书记是叶荣光，副支部书记是黎什庞。20世纪80年代后，叶华东连任副支部书记、副村长，直至退休。三姓亲戚来访，都由村委出头接待，外出观光或出访宗亲，干部不论姓氏，一律同行。外村人也都十分羡慕。

客家村相对较分散，人也较少，以行政村为单位，一村一姓的仅有荔城西瓜岭（马姓）、五一（何姓），新塘斯庄（林姓），正果黄屋（黄姓）、蒙花埔（高姓）、大冚（王姓）、白面石（王姓）7个村庄，其余均是异姓同村。一个行政村十个八个姓是很普遍的，甚至一个自然村也有几个姓。小楼竹坑行政村，在同一个山沟里，实是一个大自然村，1700多人，有张、王、郑、黄、梁、蔡六个姓（蔡姓于10年前迁往荔城西山村），其先民于康熙年间先后从梅县迁入，三百多年来和睦相处。其中张、王两姓的祠堂并排而建，共同拥有后龙山和风水鱼塘，中间只隔一堵墙，墙东是"张氏宗祠"，墙西是"王氏宗祠"，实际上是一个建筑整体。深圳大学刘丽川教授认为实际是异姓共祠。1949年前，每年于同一时间祭祖，每十年一次参加崇贤九约（含竹坑与罗坑）的打醮消灾活动，而且有不定期的"安龙"驱邪活动，两族的男青壮年于同一时间，以最快的速度赛跑，从后龙

山把长长的龙请回祖公神位前祭拜。

小楼江坳行政村仙桂自然村约1000人，有何、王、邱、夏四姓，其中何、王、邱三姓共在一个祠堂内三个不同的神主牌前祭祖。日军入侵时旧祠被日军烧毁，抗战胜利后重建仍是三姓共祠，前几年何姓才在村头独立建祠，旧的神主牌仍旧保留。这种异姓共祠的现象并不是孤例，据石滩镇四丰村史《四丰史略》（林唐高编）记载，该村有个八仙下棋自然村，清康熙年间张、李、卜、戴、温、何六姓人于同一时间到此地开居，合建一间祠堂，名为"六合堂"，后被日军烧毁，各姓都往外逃难，村子也散了。

荔城棠厦村是一个客家大村，有3000多人，潘姓占2000多人，另有成、郭、夏、吴、梁、古、温、谢等姓。除成、郭两姓各有300多人之外，其余各姓大都仅100多人，温、谢两姓只十多人。潘姓在村中有如老大哥，呵护着各姓，各姓之间互通婚姻、和睦相处。在村内，每年正月初十有游锣鼓的活动，正月初十晚上，把各自然村（含各姓氏）的锣鼓手都集中起来，男人们手执灯笼、鱼、虾、蟹等灯饰，穿街过巷，游遍每一条自然村，每到一村，各家各户都放鞭炮欢迎，声势浩大，场面壮观。其次有抢炮头、烧烟花、打醮、安龙等各种活动，这一方面是消灾，另一方面也是加强族人、村人联系的一种方式。

四百多年畲汉情深的史话

畲族村有下水、通坑、榕树下三个自然村。1956年以前称瑶族，其族谱也写的是瑶族。据通坑70岁老人来金焕回忆，1954年至1956年，广东民委与中央民委有联合调查组来调查，根据语言习俗定为畲族。小学校长盘章有回忆，1962年，中央民族学院又有调查组来调查，核实后，仍定为畲族。暨南大学陈延河教授认为，瑶族、畲族都是他称，他们自称是"ho33 le31"（山野人）。据族谱记载，畲族最早进入增城是明洪武二十九年（1396年）到杨梅都，洪武三十年到金牛都。之后，曾到处流徙，直到万历二十六年（1598年）到正果船坑。如果从洪武二十九年算起，畲族到增城已有600多年历史。

畲族与客家人历来友好，俗语说"有山必有客，有客必有畲"。畲族村民不论是给小孩起名字还是选址建房都喜欢请客家堪舆师帮忙。更值得称道的是，畲族村与广府夏街村黎姓有着400多年感人的交往历史与兄弟般的情谊关系。宣统《增城县志·卷之三·编年》载："隆庆二年，春正月十七日，从化松子寨山寇大略城下……"《卷之三·风俗》又载："隆庆间，从化松子寨寇作，峒猺（笔者注：'猺'是封建统治者对少数民族的蔑称）多从乱，邑人黎邦宁抚平之。当事委授抚猺官。宁卒，猺仍梗化，弟梦吉复能驯之。于是奉委世袭。国初（笔者注：指清初），邑中多贼，猺官黎振彩召猺分守四门，城恃无恐。左翼都督同知许尔显上其事，录功给衔，仍世袭焉。"所载对畲族同胞多有污蔑之词，但能看到黎邦宁任抚瑶官及其后代世袭的历史脉络。据夏街村委会与增城市作家协会合编的《夏街》一书所载，夏街十六世孙黎邦宁与宗弟梦吉在县城东门开设有颇具规模的中药店，是好客之人。瑶民趁圩多在他们的药店出入，邦宁兄弟必茶烟敬奉，交往日深，感情愈笃。一次，因雷电交加、大雨倾盆，瑶民无法回家，邦宁兄弟殷切留宿，并以丰盛晚餐款待。交谈中邦宁兄弟得知有一位是增城瑶民的族长，另有一位是博罗瑶民的族长之子，更是高兴，嘱咐多多来往。次年正月十五，瑶民由族长领头，一行十多人带着山珍野味、野生药材到药店拜年以回报留宿款待之恩。时值元宵灯庆，正好轮到邦宁任主理，即留下瑶民参加灯庆，与村中男丁一起饮宴。晚上，族长由邦宁陪伴，到药店住宿，年轻人到村中书房过夜，由梦吉陪伴。书房摆满了书卷，瑶民很是喜欢，梦吉教他们读《三字经》，几天时间，已有人能背诵，临别时，邦宁送给他们书籍文具，嘱他们勤奋学习。族长领着瑶民参拜黎氏宗祠，结下兄弟般的深厚情谊。此后，凡遇见汉人欺负瑶民，夏街黎姓都出头干预，瑶民视夏街黎姓为恩人。据历史资料《夏街》记载，明穆宗隆庆三年（1569年），朝廷授黎邦宁为"抚瑶官"，管辖增、龙、博三县瑶民。邦宁去世后，神宗万历十四年（1586年）诰授梦吉袭抚瑶官之职，并令世袭。清顺治七年（1650年）朝廷颁发"增、龙、博抚瑶官"铜印一枚。至光绪乙未年（1895年）修黎氏族谱时，抚瑶官世袭有九代十任。清末民初，改为黎世族尊、缙绅、有才德者担任。

畲族村与夏街村世代保持友好关系，"文革"期间曾中断过几年，但很快恢复。春节互相拜年，畲族村给夏街送山珍、特产。夏街村常从经济上支持畲族村，20世纪80年代曾送电视机，90年代曾无偿划100平方米宅基地给畲族村建两层楼房，供村委出入荔城之用。夏街村委春节到畲族村慰问，多有红包给老人或困难户。

多元文化和谐相处的社会历史缘由浅探

深圳大学客家研究所所长张卫东教授、副所长刘丽川教授，深圳大学客家研究会理事长杨宏海先生等专家们认为，增城两大民系和谐相处，是增城客家文化的一大亮点，其中，"异姓共祠"、广府与客家"共祠祭祖"等现象是他们在兴梅、深圳等地没听说过也没见过的，这与曾经历十多年"土客大械斗"、死伤数十万人的西路客家相比，更有天壤之别。在增城，多元文化为什么能和谐相处呢？究其社会历史缘由有以下几个方面。

宗族血脉的维系。不管广府村还是客家村，人们都特别重视"族谱"，喜欢追根溯源，如广府赵与客家赵，广府刘与客家刘，广府黄与客家黄，广府罗与客家罗等，都是通过族谱得知其中的兄弟关系，既然是兄弟，就要以礼相待，这是中华文化几千年的传统。

祖辈的遗训与誓言的约束。小楼竹坑村六姓能三百多年和谐相处，就是因为祖辈曾有遗训教诲：大房不能欺负小房，人多不能欺负人少，本地人不能欺负外地人，大村不能欺负小村。荔城夏街黎、王、叶三姓先祖也有过训诲：彼此不许欺凌，要和睦相亲，情同兄弟，互相关心，互相帮助。荔城棠厦村，潘姓与梁姓的先祖曾对天发誓："彼此对亲的，百子千孙；呵（欺负）人的，就哥魔绝代（断子绝孙）。"小楼江坳仙桂村，何王邱三姓共祠，他们的先祖在建祠时，就曾"拗过铜钱，呷过鸭血，斩过杆扫"，发誓："奈姓欺负人就不吉利"。这些遗训与誓言世代相传，很具约束力。

社会道德理念与精英人物的引导。在增城流传着众多的俗语，例如："你敬我一尺，我敬你一丈""你好我好""一人让一步""以礼待人""宁与千人好，勿与一人仇""要学会做人"等。在客家地区还有"同坑食水都系姊妹""人情水束长""人情长过钱"等。这些广泛流传的俗语，也就是广府、客家与畲族多元文化和谐相处的基本理念。增城客家人当中的精英人物赖际熙在他所编纂的《崇正同人系谱·序》中指出："在己无自贬之见，于人无相轻之心。不自贬则可以迈远，不相轻，则可以跻大同。"在客家民间也有"过头饭好吃，过头说话唔好讲"（盛得太满的饭可以吃，骄傲自满的话不能说）的俗语。这些都教导人们做人要虚心，切忌骄傲自满。这些纯朴的引导，是数百年社会和谐的基本理念。

最后要说的是：新中国成立半个多世纪以来，在中国共产党的领导下，各级学校进行的社会主义、共产主义、爱国主义教育与民族团结、社会和谐的教育，更起了积极、主动的引导作用。这是众所周知的，不再赘述。

二、客家人与潮汕人

与客家文化真正有亲缘关系的，当然是赣文化了，有人甚至认为客家文化便是从赣文化分化出来的，二者难分难辨。不过，如在广东，人们则认为福佬（潮汕）文化与客家文化要比广府文化接近得多，因为一般人都以为，两种文化，均是从福建过来的，而不是似广府文化，从潇贺古道及大庾岭古道过来，即从北方而来，而非东边。其实，这福佬文化，严格说，应是闽南文化，这才准确一点。

这一来，自闽南至潮汕，甚至到雷州半岛，客家文化与福佬文化直接联系之处，应仅次于广府文化了。

二者之间的紧密关系，更有一种独特的文化形态来表述，这便是粤东揭阳等地的"半山客"，他们是客家人，却通晓潮州话，且与福佬人共同生活在一起，甚至潮州人也视他们为自己人。半山客，亦有叫"半潮客"的，这就更明白不过了。可客家人与广府人之间，却没有这样的形态发生，哪怕所在地彼此之间相处几百年亦相当融洽。

两大民系的相互渗透，还可以从一句谚语看出，当年的潮州府，是包括整个粤东地区的，故才有"大埔无潮，澄海远客"。这就是说，粤东所有县份，仅有这两个县的族群相对单一，而其他所有县，都是潮客共处的。这也说明了为什么会有"半山客"的出现。

如果追溯历史，我们无疑可以找到两个民系共同出发亦即分手的一个节点，那便是光州固始，当然，福佬人更强调这一地并视其为他们的祖地，而客家人则将其当作一个中转站。八姓入闽后，在泉、漳、潮，亦刻意留下众多的河洛文化符号，福佬人亦称自己为"河洛人"，客家人同样也如此——这一条，自比广府人要亲密得多。

所以，客、福之间曾有过的冲突（不是没有过），比这两者与广府人之间的冲突，还是要少得多、轻得多。义利并重的潮州人与重义轻利的客家人，共同语言也要多一些。无论地缘上，还是价值取向上，这两大族群一起共处毕竟有基础得多。

半山客，客家人说是客家，可潮汕人也认为他们是自己的一部分，当然，谁也没争什么，你说你的，我说我的，用不着争吵。近山的潮汕人，也一样拜"三山国王"，并没视此为客家人的"专利"；同样，滨海的客家人，也一般建起了妈祖庙，这似乎也与他们息息相关，相互同样也不曾争个长短、是非。

如果就从"同饮一江水"而言，韩江上游的汀江、梅江，山区嘛，当然是客家人居住，而下游的潮汕平原，则由潮汕人即福佬人所占。这已形成一种生态群落，即便到了台湾，也是如此，闽南人是居山下的平原地带，客家人则在半山腰、原住民生活在山巅上。形成这样一种生态群落，当然还可能有历史的原因，但那也是生态的折射，归根结底仍可找到生态的原因。在广东如此，在福建如此，在台湾如此，同样，在雷州半岛，在海南岛亦如此。这与他们的生活方式、耕作方式、风俗习惯等，也都分不开，在这一点上，两大民系似乎又是界限分明。

如果说，客家文化是从山上往下推进的，那么，福佬文化则是沿海岸推进的，开始接触不多，随着人口增加，双方才有了一曲"山海经"，从而衍生出了"半山客"或"福佬客"来。当然，如从八姓入闽算起，福佬文化在广东则是后于广府文化而先于客家文化的。秦朝置龙川县治，如今福建南端的云霄、漳浦、诏安，都还是在龙川境内，属南海郡。汉武帝平南越，取的是"广布恩信"的政策，故才早早有以"广"得名的广府民系产生；而对反复无常的东越，则采取了清空的方式，整个福建，汉代期间，几乎空无一人，直到晋时才有"八姓入闽"，这才有了"福佬"这个民系。

总的来说，客家人与福佬人，有很多的共同的文化符号，却仍然界限分明。在广东，人们不仅凭方言，更凭行为方式、价值观念，甚至直觉，便立即可以把他们区分开来，哪怕他们在省会共同生活了很久，甚至好几代。同一个民族，却有如此鲜明的个性差别,这在别处恐是不多见的。

德国地质学家、人文学者李希霍芬对广东人的描绘中,唯独缺少了潮汕人,这是一种遗憾。本来,还想着从他对福建人的描绘中借鉴一点,可最后发现,他竟没有到过福建,无从谈起。本来,一般认为,潮州话是闽南方言的一个分支,对潮州人的认识,不可脱离闽南人,不过,近来也有学者反对这一说法。姑妄不论其是是非非,这里还是以潮汕人为独立的一个比较单元,得出我们自己的结论。

如果说,从民系居住区域的边界接触面而言,广府民系与客家民系的接触面可以说是最大的,不仅在广东,有从粤东至粤北漫长的边界线,而且包括广西,在桂东更是犬牙交错。相形之下,客家人与潮汕人居住地域的边界接触,当是小得多,仅是莲花山系一线,最多 200 公里。然而,从民系关系的渊源而言,二者之间的交互,则又比广府人多得多,换句话说,接触面的广度虽说远不及广府人,但接触的深度,却比广府人大得多。

于是,在这两大民系之中,便发生了相当独特的文化现象,这便是你我彼此难解难分的你中有我、我中有你的"半福客"以及"半山客"。因此,这两大民系的比较,也就有了不同的内容。

在潮汕地区,最早立足的,当然还是潮汕人,他们同客家人认祖地为石壁一样,亦认光州固始为祖地。这更多是一种心理认同,与广府人认同珠玑巷为祖先入粤的开基地一样。据历史记载,自福建入潮的移民,最早的是莆田地区的,而后则是漳州地区的。所以,入潮的福建人,开始就有新族、旧族之分,旧者来自莆田,新者来自漳州及莆田之外的泉州其他地区。几乎同时,客家人也同时从福建迁入,但他们是来自汀州等地。于是,潮州人沿袭原先的生活方式,据有平原沿海一带,而客家人则上了山区丘陵。当时大埔、丰顺仍属潮州府,却有"大埔无福,澄海无客"一说,即位于山区的大埔没有潮人而在海边的澄海无客家人。

由于同是福建移民,除大埔、澄海外,潮州府各县,则是潮客混居,且以潮人为大多数。而从人口分布看,更是北客南潮,有交互亦各有中心,且各属分明。

二者虽说同时入粤,但进入潮州府却有先后,据贝闻喜等著《半山客》称,已进入粤东北嘉应州的客家人,由于"人口增长更快,山多田少,收获多难以满足需要,于是,自明中后期起,他们逐渐向粤东南、粤中、粤北迁移。其中一部分到达饶平的元歌都(现在的上饶区)和原揭阳蓝田都(仙子阿的丰顺汤坑片)。"而后,由于明末清初的大动乱,"许多在梅州和丰顺、大埔受摧残的客家人相继来揭阳和饶平北部及凤凰山定居……"

于是,潮汕的半山区,也就有了愈来愈多的客家人,他们被称为"半山客"。当然,这些"半山客"仍旧是客家人,但由于与潮人的密切接触,尤其是市集上的交往,"半山客"与潮人的融合也日趋加速。据不完全统计,潮汕地区的"半山客",现还有 140 万人仍讲客家话,但也有 10 多万人改讲"福佬话"(即潮州话），行"福佬俗"了，甚至这比例还要高一些。特别是进入到平原地区的，"半山客"的潮化更大，如揭东县埔田镇几乎全部是从客转潮的，除开八九十岁的老人外，大多数人已不知道祖先是客家人了。

这一来，又有了"半福客"的发生。

如曾归潮州府管的丰顺县，后来又划归梅州。这里属山区，县城居山中盆地，两大民系在地理上的交互很显著，其中，约80%为客家人，20%为潮州人，从而形成二者共处的"半福客"。虽说两大民系的语言习俗有明显的差异，但二者之间，不仅经济上有往来，而且彼此都通婚，并无严格限制，不似别处。且二者同姓互认宗亲。他们在自己民系内，各操自己的方言，同时，在交往中，无论是客家话还是潮州话，彼此都会讲。各自方言里，也融入了对方的方言词汇，甚至在宗教信仰、风俗习惯上，亦兼容并蓄。他们既供奉来自福建的妈祖，亦供奉来自客家人的"三山大王"。可以说，"半福客"这种两大民系各自保持独立而又相互渗透的情形，在沿莲花山系向南山坡及山脚下的潮客居住的地区，即今潮州市、揭阳市相当大一部分地区，都是如此，梅州南边的丰顺亦如此。

较之"半山客""半福客"更进一步的，则是潮州人与客家人互为转化。上面已经提到揭东县埔田的典型范例，那是由客家人转化为潮州人，同类例子还有，像香港著名实业家李嘉诚、潮学大师饶宗颐，如往前推算，他们的祖宗都是客家人，原籍均为客属地，如果仅以血统论，他们就不是潮州人了，可如今，谁不认为他们是地地道道的潮州人呢？而揭西河婆镇，原来不少是从潮州来经商的潮人，却早已客化成为客家人……

上述事实表明，血缘、宗族的因素，固然是重要的，但未必具有决定性意义，起根本作用的，还是历史文化以及地理环境因素。我们对一个民系的评价，更多是文化上的区别，而不是血缘、宗族，后者当然可以作为一个参照，但绝不可以完全作为取决的标准，毕竟，文化的传承，要有力得多、稳固得多、顽强得多。

尽管这两大民系交融要比与广府民系深得多，然而，两大民系的民性，却仍然有着鲜明的差异，并不亚于与广府民系的差别。这自然与两大民系各自形成时所受的地理、经济、历史的制约有很大的关系。

客家民系之民性，我们已经讲得很多了，尤其是在与广府民系的比较中，更鲜明凸出。但我们还是要稍加强调，他们重文尚武，重义轻利，厚学薄商，故有"宁卖祖宗田，不卖祖宗言"的遗训，对自身的移民身份及中原原乡之根很是重视，"以郡望自矜"，在气质与风度上，更近北人，豪爽、热情、粗犷、厚重、好客、重然诺，有君子之风……这些，也就不一一列举了。

而潮人呢？

如众多学者所称，潮人民性有着二重性。其实这二重性，恐怕正在于他们同时拥有的北人与南人的特性，而不是众说纷纭的相互矛盾、错综复杂。只要仔细研析，前一断语当是更合理些。

如明代黄佐《广东通志》中称，其"风气大类八闽"。其中，"君子外鲁内慧，小人外谨内诈"——北人鲁愚谨慎，南人聪慧狡黠；又"士笃以文行，民化于礼义，穷乡陬巷，弦歌之声相闻，亦号'海滨邹鲁'……时科不乏人，文风与中州颉颃。"这与客家人重文差不多，却又"与人交，变态不恒，相时竞利"，"士矜功名，商竞刀锥，农安惰弃，而愠淫亦不能也？"这却是南人的风气。所以，"其俗尚文而趋利，流弊至于佁淫轻薄，而济之以谲诈，亦势使然也"，"劲悍难治"，"轻生健讼"，"负气好争"……

这是古人的评价。

今人则称其为"帮气十足"，是"广东犹太人，生意第一"，"得势者，必任人唯亲"，"整体素质高，秉资聪颖，手工工艺精湛"，"勤俭与奢侈、开拓与保守、务实与虚荣形成巨大的反差"……

当然，除开整体上北人与南人的二重性外，还有海滨以及岛屿民性，也应考虑在内。尽管当今评价他们的言论负面居多，但如果用北人南人二重性去看，倒是不难化负面为正面，更为全面与客观一些，包括对海盗的评述，不正是因为禁海，才逼商为盗吗？

从精神层面入手，我们当可看得更深刻一些。

客家人的就不重复了。与其"重言"的言语相比，潮汕人的言语，则有重商色彩，如"有钱脚步响"，"想一夜还是钱好"，"人欲长交，数看（应）短结"，"无赊不成商"……其核心，便是挣钱，只有钱才可靠，这与温州人的"打来兮，骂来兮，赔本生意勿来兮"有异曲同工之妙。

连敬神，也与利益密切相关，所以有谚语称"盐灶神欠拖"，以渎神的手段来敬神，以逼做功利之交易，这也是潮汕民俗的一大特色，是耶非耶，各人自有评说。

不过，潮州民谚中最具代表性，也最为流行的，当是"欲拼正会赢"。

剧作家郭启宏，在长篇小说《潮人》后记中是这样写的：

> 潮汕在中国版图上虽只小小的一角，却有着鲜明的个性。这个"省尾国脚"从蛮荒到昌黎教化，到海滨邹鲁，到红头船文明，到经济特区，是一座座已经完成和即将完成的独特博物馆。人们从博物馆里看到一页页潮汕文明。……自然，博物馆中最生动的存在是自古至今的人，是创造了潮汕文明的遍及海内外的潮人，而历经时光的磨洗犹然闪光的是他们身上的一种精神——我称为潮人精神，这种精神或许可以用一句潮汕俗语来概括："欲拼正会赢。"人们只有用这种潮人精神才能解读古往今来一座座潮汕博物馆。[①]

---

① 郭启宏：《潮人》，作家出版社1997年版，第503页。

如今，这句俗话被谱成一支以其命名的歌曲，广为流传。

的确，无论在大海，驾着红头船去"讨海"，还是在南海，凭借自己的智慧与见识，四两拨千斤，都需要一种敢拼的精神。不拼，红头船便会在风暴中沉没，不拼，商海无情，你会落个血本无归，只有拼，才会满载而归，才会获得利润，才会赢——这正是潮汕俗语"欲拼正会赢"所具有的激励的力量。

在寸土尺金的潮汕平原，没有这种向外拓展、敢拼敢干的精神，这个民系的生存空间也就会被局限住了，连呼吸也会窒息掉。潮汕人擅长做生意，正是这么逼出来的：国内潮汕人口一千万，海外潮人也是一千万，正是如此。

同样，在封建社会的大环境下，对商人的抵牾、贬抑从来就没有停止过，几千年"无商不奸"的历史偏见，同样落在"讨海"进行海上贸易的潮汕人身上，以至他们也不得不哀叹"做生意人三世无人入忠臣庙"，很明白商人在这样一个社会所处的末位。可他们不能不生存下去，宦海无情，商海亦无情，与其在无望的宦海沉浮，还不如在祖上已闯荡下来的商海中打拼，"欲拼正会赢"就这么具有多重的意蕴，积淀有上千年的历史文化意识。

在潮汕人的谚语中，亦渗透了他们的商品意识，其中包含了种种的无奈，以及特别强调的实在，例如：

九本一利，官正生理。

即指买九卖十是公正的，不能没赚头。

百赊唔好五十现，五十唔好廿五品，廿五唔好十五落腰窦。

说的是，做生意怕赊欠，拖得久，一百块还不如来现的十五块好了。

百钱四块二十五。

百钱看起来多，一分拆就少了。在他们看，钱是性命攸关的，不可亏欠。

七凶八官正九浪面。

字面上不好理解，讲的是，你买一斤人家只给九两，你就丢尽了面子——被人欺、被人骗，是最没面子的。

百货合百客，阿婆合阿伯。

有了钱，用不着怕老婆。

人是英雄钱是胆，英雄无胆寸步难。

正可谓一分钱折煞英雄好汉。

有钱钱做主，无钱身做主。

也就说，没有钱，只好当苦力或卖身。

"钱做主"的意念，在他们心目中可谓根深蒂固，重义轻利的客家人是不屑于此的，可不讳言自己重利轻义乃至见利忘义的他们，却有自己一番道理——如他们所看重的：

> 钱银人血脉。

银钱是身家性命，且愈多愈好，血脉旺。
评价标准或价值观就是这么来的：

> 钱银好惜师父贤。

钱多，师父有得做。

> 钱银如仔，酒肉兄弟。

有钱就是老婆，有酒肉就是兄弟。

> 钱银找上门——正易。

可要找钱银，倒过来，那就难了。

生活中，客家人也许凭义气、讲信誉，在钱上来往，每每显得大度，认为当面点钱，有点不信任人家，有辱情谊，可潮汕方言却是：

> 当面数钱不辱人。

也就是说，当面点清钱银，在他们那里，是不会被人瞧不起的。

一般人，尤其是客家人，哪怕是倾家荡产，也要讨个公道，要个"说法"，但潮汕人的价值标准不一样：

> 出钱买理——唔舍情。

那么，他们讲的"情"当怎么理解呢？讨了公道，落个倾家荡产，得个"讲"，到底有多少意义？还不如做"基度山伯爵"，有了钱，再去慢慢修理对手好了，所以，他们亦称：

> 赢是赢，钱银去掉一大畔。

钱银损失，才是最划不来的。

他们认为，"佛也贪财一片心"，《西游记》上也说唐僧一行历九九八十一难方到西天，佛祖却教他们用紫金钵向阿难迦叶行贿，才取得真经——连天上也如此，何况人间呢？

有了钱，方有情绪想别的事情，没钱，万事皆休，所以"有钱精灵，无钱苦情"。甚至"钱银舍落庵，甲四匠讨无碗奄"，"奄"指米汤，无论你过去给寺庵舍了多少钱财，可当你倒霉后，只怕一碗米汤也讨不回来了。正是"有钱唔食鬼榴喉，无钱想食憨浪头"，不如自己花掉吃掉的好。

这似乎对佛大不敬了。

其实，讲起功利来，无论什么神灵，也都得"归服归法"。前边提到的民谚"盐灶神欠拖"就有这么一个典故。据潮汕有关史料记载，澄海这个纯潮人县，盐灶村在每年春节后需"营老爷"，"营"者，古人注"营，谓祠之兆域也。"故以"营"称游神，"老爷"泛指众神。这一天，村中的青壮年要拖神，而轮值招神游行的壮汉却须护神，游到特定的场所，双方你抢我护，把神偶拖了下来，非要把它弄个大花脸，丢胡须，乃至断手断脚方罢休，而后推下池中浸泡，方尽兴而归。事毕，再择吉日，将神偶再捞起来，重新塑过，送回庙里供奉。这成了每年的必修课。

为何须通过亵渎神灵的方式表示对神灵的敬意呢？

原来，据说在乾隆年间，盐灶村里有一位以打鱼为生的村民，在海上打鱼时，捞到了一尊相貌威严的神像，好生害怕，顺手扔掉后又再捞了起来，并祷告道："你若能帮我捞到满满一篓子鱼虾，我就带你回去。"果然很灵验，这天他真有满满一篓的收获，于是他遵守诺言，把这神像带到村中的神庙供奉起来。谁知，这一年，这位村民依盐灶村习俗，营老爷拈阄，拈中者得宴请乡人，偏偏他拈中，可家中没钱，只好溜之大吉。心中不由得埋怨这位神爷，一气之下，把神像连夜绑了起来，拖到海滩埋到沙里。谁知，这一年盐灶村农、渔业皆大丰收，这位村民跑到南洋也发了大财。第二年，他赶在"营老爷"之前回了乡，向乡亲们说明情况，再把神像从沙中挖出抱回去，重塑后再供奉。于是，村中有见识的人认为，这位老爷一定喜欢拖，愈拖愈发达。自此以后，这里便有了"拖老爷"的习俗。

潮汕学者陈泽泓认为：

> 不管如何，此俗应反映了潮人对神明的一种逆反心理，即神明爷必受到压力和折磨，才能明了人们进奉供品的敬神心意，才能有求必应。这不过是有求于神并与神作功利交易得更为赤裸裸的表演，这些神明在潮人眼中并没有多少传统的光环和值得盲目崇拜之处，似乎更反映了潮人虔诚尊神之外强悍不驯的另一面。相信一切神都可为我所用，敬神是为了让神服务于人，这才是多神崇拜的真正底蕴，而有地方特色的神也是最为吃香的神。

此语甚是，神也须有实用价值才行。

游神之俗，在客家人及广府人中，也是有的，但是，把游神变成拖神，当是潮人特有之风俗，这种不敬，包含一个临海民系所具有的更多的功利色彩。

在这种重商色彩下，虽然潮人亦一般好学，也出了不少知名的文化人，但在民间，尤其在民谚中，"秀才"及读书人的地位，却不怎么好，下边的民谚就颇让人"咀嚼"：

教书先生，守寡打家。

指教师同寡妇一般,清贫节俭才行。

秀才担粗桶——学无用。

这指的是学问没有用。

秀才输过轿埔。

即秀才不如轿夫消息灵通。

秀才虾米——死曲曲。

对秀才的轻蔑,溢于言表。

可潮州又称"海滨邹鲁",人文传统亦很深厚,连江水也跟了当年主政潮州的大文豪韩愈的姓,韩愈虽说在潮州只待了八个月,可如今潮州却处处留下他的"圣迹",以彰显他的文治之功,同时也表现出潮州人对文化的重视。在俚言俗语中,更有深刻的印记。如其俗语中的"佛无骨",指的是韩愈因谏迎佛骨而被贬潮州,但至今仍为潮州人同情支持。所以,潮州人方用这三个字来形容无中生有之荒诞。还有,"静到祭祭鳄",分明是对当年祭鳄时严肃、静穆的怀念与称许。喻知耻可教,则有"韩文公教示——知小理""知小理——好教",这些都证明潮人的文明与开化。

因此,在文化上,他们也具有两重性,我们仍可从俗语中,读到他们对文化的看重。如称赞一个人,叫"有才情",他们也同样认为,"无书无理",即无知识者无理可讲。还有:

把戏无真,秀才无假。

玩魔术自然没有真的,可学问却是实实在在的。

官去秀才在。

乌纱帽掉了,学问与资历却掉不了。

有时,几乎走向极端,如:

书无误人。

却也有:

书橱漏风。

前者说,照书去做没错,后者又认为,总是引经据典掉书袋,实在是讨人嫌。

方言、民谚或俗语,每每是一个民族、一个地域文化长期积淀的结果,从中可以破译出所在地人们的价值观、世界观、人生观乃至更多的东西。在民系比较中,我们看重剖析了民谚这一部分,正是因为它们更有代表性与典型意义。中华传统文化中,"仁义值千斤,钱财如粪土"的观念,在过去是根深蒂固的,在客家人中也影响很深，但到了广府人、潮汕人当中，却不怎么突出了。固然，"见利思义"的演变，把仁义与功利结合到了一起，使双方都能接受。

在东南亚，在"客人开埠，广人旺埠"之后，为何"潮人占埠"？通过上述的阐述，恐怕不难找到答案。因为其两重性，义利并举，商学并重，当拥有了其他两大民系各具的优势，所以才迅速占有了市场。

客家人和潮汕人的比较，要展开讲述，还可以有很多的内容，下边，我们有必要大略地列举一些，不再细说了。

潮菜，历来比客家菜出名，且价格高得多，几可与粤菜（广州菜）匹敌。不过，它与闽菜亲缘更近一些，其特征是：刀式严谨，选材用料十分讲究，具有特色的烹饪方式，冲淡调和，制作精细。相比之下，客家菜要粗放一些，农家味要重一些。

同样，在建筑上，客家的土楼、围屋，是大家所熟悉的，规模宏大，气势非凡，粗犷豪放，与大山正好匹配。而潮汕的建筑，外表质朴粗犷，在整体上平和沉稳，然而，其装饰尤其是内里，却颇有炫耀的色彩，几乎所有建筑元素，都极其精细，几近繁缛，争奇斗巧，费尽心机。择地讲究风水，建构严守礼制，且极具文化内涵。下面民谚集中体现了湘子桥的特色与风格：

潮州湘桥好风流，
十八梭船廿四舟，
廿四楼台廿四样，
二只鉎牛一只溜。

既讲了文物风流、艺术特色，又讲到了建筑结构。

潮州还有著名的"功夫茶"，这当是茶乡福建的流韵，不赘语。

常见的一句俗语"潮州人，福建祖"，可见潮人比客家人更强调自己的福建祖源。事实上，福建几大民系中，客家人是相对晚到且由江西辗转而来的，祖地是福建，摇篮却在江西。但八成以上的潮汕人皆认定先祖乃福建莆田，且南北朝的南齐普通四年（522年）起潮州曾归福建管辖，因此，潮州的"官话"也就只能是福建话了，可见行政区域划分对文化乃至方言的影响。而那时，相当多的莆田人亦来到了当时被叫作瀛州的潮汕。过了70年，即隋开皇十一年（591年），又改为潮州。两年后，隋将其中的绥安并入福建龙溪（今漳州），从此，潮州即脱离福建。不过，在唐景云二年至开元二十二年（711—734年）又划属江南道的福建都督府，天宝元年至十年（742—751年）亦属于江南东道的福建经略使。可见其与福建之渊源很深，方言也就这么沿袭下来。

汉武帝底定东南，对南粤取怀柔政策，要"广布恩信"，故有"广信"一名。"广信"而后发展为"广州"，再析为广东、广西。但对闽越汉却采取了"三空政策"，把武夷山下所有人都逼迁到了江浙一带，所以，在两晋之前，福建几乎空无一人，直到东晋及南北朝，才有"八姓入闽"，成了八闽始祖。因此，潮人自然比客家人先到，且到了临海的平原地带。潮人称祖上为闽人，不无道理，事实也如此。由此，粤人与闽人各有各的形成与发展轨迹，及至客家人来到，彼此文化上的落差也就相当明显了。

从半山客、半福客，到客转潮、潮转客，文化的交融，始终在进行着，各自的民俗，也都相互发生渗透。拜祭"三山国王"的客家人，如今也有多处的"妈祖庙"；视妈祖为最高神灵的潮人，也拜上了"三山国王"，而各自的民谚，也都相互产生影响。然而，文化的多元并存，各自的独立性，始终不会被抹杀并消失，否则，失去了个性，千人一面，这世界也就不成为世界了。

客家文化可比较的，还很多，入赣文化、巴蜀文化、八桂文化——这都是客家人有上百乃至近千万人口的省份，我们只选择了广府、潮汕与湖湘三者，有远有近，各具代表性。而比较的角度，也各有选择，这样在层面上更丰富些。

三、客家人与湖南人

客家人重文尚武。重文，与江西人一样；尚武，则与湖南人差不多。这么说未必准确。客属地赣南，如江西兴国，也就是将军县，诞生了共产党54位将军、国民党45位将军，完全可以与湖南媲美。至于重文，当然是因为江西在两宋年间，人文蔚起，书院林立，但湖南人文亦不差，岳麓书院、濂溪书院与江西的众多书院一般闻名天下。

但文气，毕竟赣人身上体现得多一些，没那么刚烈，没那么强悍，知书识礼、温文尔雅，与客家人、湘人的大碗喝酒、大块吃肉相距甚远。到底江西中北部，紧挨江南，抑或本就是江南的一部分，所以，"南人"的特征要比客家人多得多。

显然，客家人不是"南人"，尽管赣西北如修水、铜鼓客家人不少，但他们更靠湖南一些，阴柔之气也就少了许多。

语言学家告诉我们，客方言是从赣方言中分化出来的，"方言树"上，客方言的确也是赣方言的一大分岔。可以说，赣人与客家人，赣文化与客家文化，当有更多的共同之处，这按理是不错的。更何况整个江西省，从南到北，都遍布客家人，只是疏密程度不同而已。江西中部的抚州、吉安，当是赣人与客家的过渡地带，往南则密，往北为稀，但江西的西部，沿罗霄山脉，绵延上千里，却"无客不住山"，分布了好几百万客家人。山西面是湖南，东边是江西，因此，从接壤而言，二者之间的关系要比在广东、福建简单得多，人称其"同源不同流"，是哥哥与弟弟的关系。而客家人在江西，更有"棚民"之称，其实是指回迁江西的"新客"们。

当然，赣文化与客家文化不是没有可比之处。但反复思考，还是与湖南即湘文化之间的比较更为鲜明与突出，可比性大一些。

客家文化与湘文化的接触，集中在东边，即从最北的临湘，沿罗霄山脉南下，一直到达五岭的江华、宜章。

很有意思的是，如浏阳，西边为湘方言区，西北为赣方言区，西部与西南则是客方言，三种方言共处于一县。当然，客家人将军出得最多，曾被罗香林忽略了的酃县（今炎陵县），却是湖南最大的客家县，客家人口达70%，而中华民族的始祖炎帝陵就在这个县。值得探究的是，炎帝陵的"重新发现"，正是在宋代，这却又是客家民系正式形成的历史时期，这里同样有不亚于福建宁化石壁葛藤坑的传说——关于一座帝陵的"复活"，与客家人诞生紧紧相连的故事。2002年，这里举行了首届客家人祭祀炎帝陵的活动。

客家人认炎帝为始祖，与整个中华民族认炎黄二帝是一致的，也许，炎帝更代表中原的南部。湖南客家人尚未进行完整的统计，它分布在约20个县，呈新月状环绕着湖南省，而大部分与江西接壤，仅南部几个县与粤北相连。炎陵则处在这新月的中间。

炎陵客家人，大都来自兴宁、龙川，既有从广东，也有从江西过来的，他们也同样是"棚民"，与平江、浏阳一样。

值得注意的一种现象是，正由于客家文化环湖南呈新月状，分隔开了湘、赣两大文化，赣文化未能越过客家文化而进入湘文化的区域，而湘文化亦未能越过客家文化进入到赣文化区。这一现象，无论在广东，还是在福建都不存在。客家文化如此成功地进入到湘文化区内部，并形成片、线、点，而湘文化却止步于罗霄山脉，这对于文化传播而言，当是有很多环节值得探索的。

自然，这证明了客家文化有异乎寻常的生命力，生生不息，绵延不绝。

我在炎陵县生活多年，这里舍赣文化而讲客家文化与湘文化的比较，并不仅仅因为熟悉的问题，而且是因为历史。

是的，如果没有湖南新政，20世纪的湖南能在中国近代史上异军突起，令举世瞩目吗？而湖南新政的领导者，恰恰是江西修水的陈宝箴与广东梅县的黄遵宪——他们都是客家人，而江西未能有此历史的恩宠。

其实，湖南人的"霸蛮"与客家人的"硬颈"精神，实在是有太多的共通之处了，所以，陈寅属、黄遵宪在湖南实施"新政"，才如鱼得水。在这个意义上，赣人沿袭的江南之阴柔、温婉，则缺少点可比性。

一个族群或民系本身的形象，以及其他族群与这个族群互相的印象，相当集中地体现在其历史发挥的作用之中，包括其行为、民俗、价值观诸方面。一如人类学者詹森（Wm. Uugh Jansen）教授所说的："对这些形象的分析表明：早在人类学家和社会学家之前,就已经有了'民族性格的研究'。"①

摆在我们面前的两大中国族群:客家人与湖南人的特性,也正是在这种比较中凸显了出来,这也是这一研究价值的体现。

中国的近现代史上,客家人与湖南人的历史作用,几乎可以平分秋色。他们身上表现出的那种"冲天"的历史主动精神,他们对推翻千年帝制、走向共和的历史贡献,可谓不分轩轾。19世纪中叶,湖南人魏源写出了《海国图志》,令"国人广开眼界,悟其御侮之道"(林则徐语),客家人洪仁玕则有《资治新篇》,要引入西方的先进制度;客家人陈宝箴任湖南巡抚,黄遵宪任按察使,把湖南的新政,搞得风生水起;菜市口喋血,湖南人谭嗣同写下"我自横刀向天笑",而客家人刘光第"行刑后,身挺立不仆,观者惊叹"。

湖南人坚强坚韧,"湘军"以死守著称;客家人也忠诚执着,淞沪抗战中,谢晋元率部以坚守四行仓库名扬天下。湖南人"圣贤学脉"一以贯之,前有屈子,后有王夫之,近代更有沈从文、周立波、丁玲、田汉等大师;客家人崇文重教,文天祥、黄遵宪、丘逢甲一脉相承,近代更有郭沫若、李金发等文豪,相映生辉。湖南乡下有"学谷",奖掖好学的学子,不分贵贱;客家人也有"学田",同一宗旨,旨在培育人才。湖南人犟,被叫作"湖南骡子";客家人好强,人称有"硬颈"精神。湖南人不怕死;客家人亦不怕死。

陈独秀在1920年的《新青年》中的《欢迎湖南人底精神》一文中,引用Oliver Schreiner夫人小说的几句话:"你见过蝗虫,他们怎么过河吗?第一个走下水边,被水冲去了,于是第二个又来,于是第三个,于是第四个;到后来,他们的死骸堆积起来,成了一座桥,其余的便过去了。"②从而指出:过去的人不是我们的真生命,只有"蝗虫们在河中用死骸堆积起来"的那座桥,才是我们的真生命,因为过去的人连足迹也不曾留下,只有这桥留下永远纪念的价值。

祖祖辈辈的客家先人们从黄河流域、长江流域到赣闽粤大本营,再从大本营发散出去的历程中,也同样建造了客家精神这一不朽的桥梁,从而使客家人的生命,得到真正延续,他们也似陈独秀讲的"过河蝗虫"一样,死不怕。又有谁知道或统计过,在千年大迁徙中"十口余一"的客家人中,有着多少殉难者?

这样的类比,还可以列出更多。

他们的世界观、价值观,也几乎如出一辙。他们一般热情好客、义气当先,也就是我们常说的"重义轻利";他们善于做学问,也"以天下为己任",却不大会做生意,是"重学轻商"……

因此,拿湖南人与客家人做比较,从中引发对我们整个民族的历史思考,尤其是在向现代社会转型之际,我们如何"改造国民性"(鲁迅语),在精神文化层

---

① 阿兰·邓迪斯:《世界民俗学》,陈建亨等译,上海文艺出版社1990年版,第63页。
② 周兴旺:《湖南人,凭什么》,新华出版社2002年版,第3页。

面上,去实现中华民族的伟大复兴,这是很有现实意义的。而从社会学、人类学等层面上,深入探究,也更有学术价值。少了这一比较,我们对中华民族的认识也就有所缺失。

"惟楚有材,于斯为盛"。近代有人评论说,湖南之所以名人辈出,是因为湖南是移民省。湖南古称"三苗",自古以来为南北兵家必争之地,多次遭受战火蹂躏,导致人丁锐减、十室九空,因此明初和清初有两次在中央政府鼓励和安排下进行大规模的移民,即民间所谓"江西填湖广,湖广填四川"。湖南的客家人,也大部分是这个时候来到湖湘大地的。据近年来各项研究资料,目前湖南有非纯客县(市)11 个,分别是汝城、郴州、桂东、酃县、茶陵、攸县、浏阳、平江、江永、新田、江华,总人口 200 万左右。

清初的大移民,大部分人耳熟能详,这里就不赘述了;而明初的移民,则说的不多,尤其是客家人迁入湖南,更少人说起。原来,在元亡之际,农民起义军在南方有一支劲旅,是由陈友谅率领的。元朝灭亡了,陈友谅也就在南方称帝,这自然得到南方老百姓的支持,可不能相容于已进了南京皇城的朱元璋,"天无二日",于是,朱元璋发大军平了陈友谅,由于南方老百姓支持陈友谅,大军从湘赣北一直横扫到了粤北,几千里的灭绝政策,使这片土地十室九空。如粤北的英州,本有两千多年历史,大屠杀后,城中只余百十口人了。

这些地方"清空"了之后,大量的客家人,也就自东向西,分别从赣南、闽西、粤东北过来,填补了"空白"。进入浏阳等地的,大都被称之为"棚户",他们已操一口纯正的客家话了。我在湘东酃县、粤北英德都生活过,两地的客方言,大都与梅县口音差不多。

也就是说,客家人到湖南,已有六七百年之久。我们看到今天的《浏阳县志》,其东部相当多的区域,都属"客方言区",而《酃县志》更有大部分区域也属"客方言区"。其他的县志,也一般有明确的划分。这就是说,这些明初到达的客家人,长期浸润在湖湘文化的浓厚氛围之中,在他们身上,融合了湖湘与客家这两种文化。

这便是这里所要探讨的,一旦这两种文化融合在一起,当会铸造出怎样的历史人格,而这种历史人格,又当在风云变幻的时代中,闪耀出怎样的文化光彩?

这两种文化的结合,在近现代史中,最为典型的,当是戊戌变法中在湖南推行新政,以及土地革命中的秋收起义。也就是近现代史上的三大革命运动之一的戊戌变法,以及 20 世纪民族救亡图存的几大革命之一的土地革命。

前者,如前所述,在颇具改良思想、且能放眼世界的巡抚陈宝箴、按察使黄遵宪的主持下,湖南的"新政"方如火如荼。陈宝箴是江西修水的客家人,以他的名义,为湖南新政之一时务学堂发布《招考示》,称"国家之强弱,系乎人才;人才之消长,存乎学校",并由黄遵宪推荐,延请戊戌变法的梁启超以及李维格分任中、西学总教习，而梁之下，亦延揽了一批同是康有为的学生担任中文分教习。时务学堂培养了一批新学士子，促使了他们的思想解放，使湖南各地纷纷设立学校，令书院制度发生改变。①

在陈宝箴支持下，南学会组建起来，加上《湘报》配合宣传，新政迅速在湖南推行，"民智骤开，士气大昌"。陈宝箴称《湘报》"指事类情，询足开拓心胸，为学者明体达用之助"。新政既立，即鼓励兴办实业，"整顿吏治"，"改制"变法……总而言之，陈宝箴、黄遵宪在湖南主持之际，把新政办得风生水起，湖南成为全国唯一呼应戊戌变法的地方政府。② 虽然他们二位结果均很惨烈，陈宝箴被"赐死"，黄遵宪死里逃生，罢免还乡，但是这一新政，为湖南先进历史人物脱颖而出营造了一个良好的环境。后来，无论是辛亥革命还是土地革命的领袖人物，如黄兴、陈天华等，都深受影响。可以说，这是客家人在湖南主政打下的基础。客家人敢于接受外来先进思潮，又敢于锐意革新的精神，在湖南找到了合适的土壤。

而土地革命更是如此。秋收起义主要发生地及主力人员产生之处，便是修水、铜鼓、浏阳等地，基本上都是客家人聚居的地方，这支队伍往复辗转上了井冈山，也还是在客家人的地盘内。军队在浏阳文家市集结，追随队伍而去的，有后来成为开国上将的客家人杨勇等。浏阳的客家人中，出了不少历史名人，如《永不消逝的电波》主角的原型李白，第一位共和国女将军李贞，以及在中共党史颇负盛名、抗日战争中南下支队的政委王首道等。

一般人都把井冈山根据地看成江西的，因为井冈山中心茨坪正是在江西宁冈县内。其实，井冈山根据地包括的四个县——永新、宁冈、茶陵、酃县，后两个都属于湖南，而且跟前两者一样，都是客家人的聚居地。及至井冈山会师，从南昌八一起义打下来的部队，也正是客家人朱德所率领的。

所以，从秋收起义、文家市集结到井冈山会师，土地革命一开始，就与客家人结下了不解之缘。这与中国工农红军日后在赣南客家大本营建立中央根据地，把苏维埃政府定都于纯客县瑞金，也是不无关系的。我们从毛泽东所著的《井冈山的斗争》等文章中可以看出，他对土客斗争的印象非常深刻，对客家人的艰难处境、斗争精神，也有着不同一般的认识。沿罗霄山脉一线的西部，属湖南境内，正是当年填补朱元璋"清空"后去的客家人，而这一带的客家人，也出了不少红军将领、工农领袖，这包括袁德生等一批早期红色苏区的领导人。

可以说，客家民性，也同样融入湖湘文化之中。这不仅有湖南"新政"领衔人客籍巡抚陈宝箴、按察使黄遵宪为证，更有秋收起义中一大批湘籍客家人的将领、领袖人物为证。没有他们敢为天下先的变革、起义，也就很难在湖南形成那

---

① 汤志钧：《戊戌变法史》，上海社会科学出版社2003年版，第372页。
② 汤志钧：《戊戌变法史》，上海社会科学出版社2003年版，第411页。

么大的气候。湖湘文化与客家文化的相结合，当如珠联璧合，焕现出更奇异的光彩，对后来土地革命等也有很大的影响。

周兴旺在其《湖南人，凭什么？》一书中，认为湖湘文化的特质，可以用一个"蛮"字来概括。"蛮"者，恰如陈独秀所言的那种前仆后继、视死如归的精神。"蛮"，当是一种能吃苦耐劳，而又一往无前的开拓精神。

首先，作为湖湘文化前身，楚蛮文化特质的原始层中，就是它那带有原始野性的"蛮"。这种"蛮"的特质的内涵，就包括了"筚路蓝缕"的辛勤劳作和开拓精神。

英籍华人韩素音在《客家人的起源及其迁徙经过》一文中认为："因为客家人的流动性，刚强和精力充沛，各个朝代都把他们作为有潜力的开拓者，可用人烟稀少的地区去重新定居。"的确，一部客家民系发展史，事实上就是客家先人及其后裔在中国南部广大地区拓荒、垦殖的历史。正是在他们世世代代的辛勤开拓下，历史上瘴气肆虐、人迹罕至的闽粤赣地区，变成了人烟稠密的家园；长期以来被历代统治者"以处迁客"的荒山野岭，走出了一批又一批经国济世的英才。台湾学者陈运栋更是直接地把客家人称作"垦殖的族群"，这一概括是相当确切的。可以说从客家先民的第一次南迁，再到客家人在漫长的历史时期中由大本营向南方各省，甚至海外的迁移，自始至终都是以拓荒者的面貌出现的。

另一方面，客家先民不得不在人口膨胀或天灾人祸之时，作出一次甚至多次的迁移。故而往往又具有较多的兼容性和开放性，从而有"人禀乾坤志四方，任君随处立常纲。年深异境犹吾境，身在他乡即故乡"的豁达、超脱与大度。

过去，在中国传统文化中，总是把南方人称为"南蛮"，对从中原迁到南方的客家人也不例外。如明代著名英雄袁崇焕是客家人，但在崇祯皇帝口中，还是把他称为"南蛮子"。北胡、东夷、南蛮、西狄，这是自古以来沿袭对不同方位的边缘族群的称谓，本来是带贬义的，甚至有歧视意味。

可今日之"蛮"，分明有赞赏、推崇之意味。

提到湖湘文化，不能不说岳麓书院。岳麓书院交流开放、海纳百川的精神，和湖湘文化是互相辉映的，而且这种精神是近代湖南人开放务实心态的源头。当然，湘学的学术思想又总是透露出湖南人的那种刚劲、务实的精神，而湘人的性格特质，又受到儒家道德精神的锤炼，所以能表现出一种人格的魅力和精神的升华。如曾国藩在自我人格修炼时追求"血诚""明强"，"诚"和"明"的理念来自儒家典籍和儒生对人格完善的追求，而"血"和"强"的观念则涌动着荆楚蛮民的一腔血性！曾国藩组建的湘军，成员主要是湖湘之地的山民，他既看中山民们质直、刚劲的湘人性格，又要求他们学习儒家道德和文化修养，体现了曾国藩对这种二重文化组合的自觉运用。

客家人素有质朴务实的风格。这一性格的造就，因素约略有三：一是中原古风的遗存,并受儒家思想的影响。二是历史条件所致。客家人饱经种种艰辛历程,备尝创业艰难之苦,一切从头做起,没有任何现成饭可吃,只有靠两只手才能开辟新的天地。三是与贫瘠的地理环境有关。当迟到的客家先民迁来南土时,富饶之区已为捷足先登者所踞,故只能向偏僻之区寻求立足之地。他们面对的不再是昔日较为优越的自然环境与生活条件,只有依靠"勤俭"精神,才能立于不败之地,才能适应新的生活环境。

"蛮"文化特质中,有一种自强的精神。从鬻熊立国荆山开始,楚人就具有了一种筚路蓝缕、奋发图强的精神。战国时周王分封不公,促使楚多次问鼎周室,不断开拓疆域,后来因内部矛盾让秦有机可乘,最终统一了中国。但楚人自强之心并未泯灭,楚被灭亡之后,民间便流传"楚虽三户,亡秦必楚"之俗语,而秦最终亦为楚人所亡!所以说,湖南人与生俱来的蛮劲,是一种特立独行、自强不息、虽九死而不悔的执着精神。

而作为一个不断迁徙的民族支系,客家民系之所以得以繁衍不息和发展壮大,团结互助和自强不息的精神在这一过程中亦起着极其重要的作用。概而言之,客家人团结互助精神的形成,一是由于宗族观念较深,"惟聚族而居,故无畛域之见,有友助之美";二是做客他乡,必须凝聚与协调内部力量以对外;三是受儒家思想感染,诚如民国《龙岩县志·礼俗志》卷二一所言:"孟子所谓友助扶持亲睦者,庶几近之。"而到了近现代,随着客家人的播迁,客家人更是遍布五湖四海,远在他乡,客家群体之间的团结互助更为彰显。

在客家民系中,有一种颇为强烈的自信、自立、自强、自我奋斗意识。这是客家民系在独特生活环境下的历史产物。客家先民经历了长期的迁徙生活,往往是仓皇被动的逃难(战乱或天灾),而不是有计划的、从容主动的搬迁转移。在这种情况下,只有充满自信,并有自立、自强、自我奋斗意识和能力的人,才可能在颠沛流离中坚持下去。客家民系的"自信、自立、自强、自我奋斗"意识是最基本的、最带根本性的特性,其他许多品性亦由此而生。譬如客家人重文教,认为读书才能识理、明志,才能有出息。此外,客家人的传统思想中深深地打下了"天下兴亡,匹夫有责"的烙印,使客家人遇国家、民族危难时,纷纷挺身而出,锻造了客家人威武不屈的性格。

王首道、杨勇等人,都出身于贫穷家庭,但都因为客家人重文教的这一传统,父母和族人坚决为他们创造条件,得到了宝贵的学习机会,并为他们在民族危难时的挺身而出打下了坚实的基础。正是自立、自强的意识驱使着王首道等老一辈革命者不断地追求自身的提高,而他们在革命中所经历的磨难,更充分体现了湖南人和客家人那自强不息的性格精神。

正是这一"蛮",熔铸了湖南人兼客家人这么一批共和国的开创者自强、自立的顽强精神,在勇敢奋斗、不断开拓的历史进程中,涌现出了许多既是湖南人又是客家人的出色的领袖人物、军事将领，如前所述的王首道、杨勇、李贞等，探讨他们身上所表现出的历史人格，会加深我们对两个族群优秀品质的认识，为人类学、社会学乃至文化、历史的研究，提供非常鲜明、具体而又生动的参照。

（笔者注：本节与研究生刘祥富合写）

四、客家与畲族

在广东、福建，客家人有他们在历史上的"夷蛮之地"开基的祖地。福建是石壁，距江西石城仅20里地，过一个山口便是。广东则是龙川，故有"客家古邑"之称。很清楚，石壁与龙川，都在武夷山或南岭一侧，紧挨着"华界"，这是一种文化与身份的标识，否则，就无以与"华"认同了，几千年的华夷之辨就这么沿袭下来。而广府人的珠玑巷，也是如此，一走出梅关古道，第一站便是珠玑巷了，所以，珠玑巷也承载有"祖地"的文化重量。

而广东，还有另一个族群的"祖地"，当然，这是一个少数民族，是中国56个民族中的一员，这便是畲族。

畲族的祖地，在凤凰山。

他们古老的歌谣中，最让人关注的有这么一句："广东路上有祖坟"。这祖坟便在凤凰山。

凤凰山跨梅州的丰顺，潮汕的潮安、饶平，以凤凰山主峰为中心，形成一个畲族的生态群落。它介乎于客家文化与福佬文化之间，但不曾成为明晰的界线——至少现代是这样，因为其人数已经不多，或者说，留在这里的不多了。

而"祖地"，当是这个民系形成之际，以此为出发点——"广东路上有祖坟"，便有这个含义在内。不过，他们迁徙的路线，几乎是与客家迁徙的路线逆向而行：他们从湖南武陵（其前身为武陵蛮）自西北方向而来，进入粤东，立凤凰山为祖地，又从这里出发，上福建，到浙江，如今，广东畲族人口已不多，而福建、浙江则在20万以上，基本上已离开了客家文化圈。一般认为，畲族是先于客家，生活在如今的客家大本营即赣闽粤三省交界的赣、汀、梅地区。其实，真要确认畲族形成的时间，却又分明在客家之后或者几乎同时发生，这一来就产生一个问题，如是同时发生，则是平行发展，不存在混同、你我难分的问题，更谈不上其成为客家先民。如果在客家形成之后，那就无从谈起客畲同源的问题了。客畲关系，长期以来，一直争论不休，坚持"中原纯血统论"者当然完全持否定态度，但如果推向另一个极端，说客家人主体部分是畲族，那就更是无稽之谈了。

其实，如从文化上界定，则一目了然。

畲族人认的祖地凤凰山，与石壁、龙川这类祖地有一个显著的区别，那就是石壁、龙川与"华界"几乎是咫尺之涯，从而证明客家人与汉人的血脉相连、道统贯一，这我们已经阐述得很明白了。而凤凰山，已经远离了"华夷之界"，处于"蛮夷之地"很深入的地方，他们根本不存在与中原的血统关系问题，当然，也不会在文化上认同。他们所遵奉的祖先，自然也不会是炎黄二帝了。信仰之不同，也就有了根本的界限——思想的历史，当是泾渭分明的。

畲族融合于客家的成员，当然不在少数，我们也许会留心到很有意思的现象，那就是血缘上有畲族印记的学者，每每持客畲同源一说，相反，当地无畲族史的学者，态度恰恰相反。

"畲"，在《辞海》中的注释是：烧榛种田，即在播种之前将田中的草木烧掉，以灰作肥料。这一习俗，在南方各省至今还保留，秋收后，田野上每每烟雾弥漫。所以，"畲"字从出现起，便被视为一种耕作方式。

大诗人杜甫在《戏作俳谐体遣闷二首》中就有："瓦卜传神语，畲田费火耕。"这写出了南方耕作文化传统。宋范成大在《劳畲耕》诗序中亦称："畲田，峡中刀耕火种之地也。春初斫山，众木尽蹶。至当种时，伺有雨候，则前一夕火之，偕其灰以粪。明日雨作，乘热土下种，即苗盛倍收。无雨反是。"

也正是从这种耕作方式始，才出现了"畲民"，后来更形成一个民族——畲族。

在广东，关于畲族及其族源，研究已日久，但很少把畲族视为客家民系的主要族源，这本来是一个不成问题的问题。只是由于"土著说""本地说"在20世纪90年代又再度闹得沸沸扬扬，而为了证实"土著说"、"本地说"，硬是把畲族扯了进来，一时，似乎客家人大部分都有了畲族血统，南下迁徙便成后人伪托的了。这种盲目追随西方人类学者的赶时髦却不尊重历史的做法，虽然没有多大市场，却不能不加以证伪，以免把水搅浑。

其实，最早把畲人与其他民系相混淆的，还不是客家人，而首先是粤人，即广府人。因为粤人在广东的时间最长，说其已成为土著亦不为过，毕竟与百越族中南越融合了有两千年的时间。把畲族视为土著，那就是与粤人渊源最深了，畲人的椎髻跣足，与古越人也很相近，当年赵佗也是这么学越人打扮的。当然，不少粤人居住的地方，亦有类畲人烧荒者。但是，必须指出的是，古人用"畲"字，并非对一个民族的称谓，畲者，火种也，指的是一种耕作方式，不能以此断定已形成了一个民族。所以，把百越族视为畲族先民，仅以一字为证，显然是不足为凭的。

如从地域而言，被畲族视为祖地或开基地的凤凰山，当与潮汕民系更为密切，而潮汕人中，与畲族同源同宗的，亦为不少。换句话说，有可能融入潮汕民系的畲族人，在比例上也许更大一些，这不仅仅是他们更接近，还在于潮汕人口比整个客家人口要少得多，把畲族说成是潮汕人的族源，如从比例上而言，似乎还要合理得多。但是，直到今天，并没有人认为潮汕民系的主体是土著畲族，而只认为是其多元组合中的一元。所以，视畲族为土著并成为客家主体，显然是不顾史实的夸大其词，不足为证。著名潮学家饶宗颐在《凤凰山是畲族的祖先策源地》一文中称：

> 潮州人文现象和整个国家的文化历史是分不开的。先以民族而论，潮州土著的畲族，从唐代以来，即著称于史册。陈元先开辟漳州，筚路蓝缕，以启山林，即与畲民结不解缘。华南畲民分布，据专家调查，皖浙赣粤闽五省，畲族保存了不少的祖图和族谱，无不记载着他们始祖盘瓠的传说和盘王祖坟的地点均在饶平的凤凰山，换句话说，凤凰山是该族祖先策源地。①

可以说，凤凰山对于畲族的意义，就如同石壁对于客家、珠玑巷对于广府民系的意义，都是祖地，一个民系最终形成与诞生之地。这里，我们不讨论各自的图腾崇拜——客家人并无始祖盘瓠的图腾，这本是很明显的族源依据。

有人认为——这包括客家学者谢重光在内——畲族为"武陵蛮"从湖南等地南迁而来的。不少族谱也支持着这一说法，如《盘蓝雷氏族谱》，大都称"蓝氏根源血脉传流分派族谱开烈（列）：原是湖南潭州府永康县鹅躺都东居住……"，《盆盘蓝雷黎栏族谱》也称"原是河（湖字之误）潭州永康县鹅塘都居住……"这些证据，身在福建的谢重光未能引证，他从另一方面的材料，也印证了：

> 武陵蛮南迁到荆湘最南界即五岭北麓后，确实有一支折而往东迁移，其迁移路线大致是顺着纵横的山脉，由浙南至赣中、赣南，再进至闽西、闽西南，最后达于粤东的西部地区。

这"粤东的西部地区"，当指凤凰山。他进一步指出："只有越罗霄山脉进至赣闽粤边界的一支，才继续以'畬'或'畲'的通假字作为族称。到了南宋，这种族称被广泛认同，逐渐固定下来的趋势。"

因此，他认为，最后到达"集散地"凤凰山时，这批畲民，已具备了作为一个独立民族所应具备的各种要素，即"共同的生活地域""共同的经济生活""共同的语言"（谢认为，宋代潮州的"不老"音可能专指畲语）以及"共同的社会文化心理和独特的风俗习惯"。

为此，他得出结论：

> 最迟不晚于南宋中叶，在赣闽粤边的汀、琼、潮、梅、循、赣等州郡的山区，活跃着一个新兴的民族，这就是我们现在说的畲族。

这一结论基本上是准确的。

只要留心，我们也不难发现，饶宗颐的文中，就有"畲民"与"畲族"之

---

① 饶宗颐：《凤凰山是畲族的祖先策源地》，见《潮学研究》第一辑，汕头大学出版社1993年版。

分,也就是说,当凤凰山被视为一个民族的策源地之前,"畲民"尚未成为一个民族。进而言之,由"畲"(一种耕作方式)到"畲民"(持同一种火种的耕作方式的人群),进而凝聚为"畲族"(完成了一个民族的形成过程),这其间,有着漫长的历史岁月。

这一来,简单把"畲民"视为另一个民系的族源,并且推论"畲族"成为一个民系(或潮汕民系,或客家民系乃至广府民系)的族源,这在时间上就发生了倒错。

尤其是客家民系,本身就形成于宋代,用谢重光的话说,客家民系的形成与畲族的形成,几乎是平行发展的,那么,二者之间就不存在谁是谁的族源问题,也不存在谁已是土著谁又非土著问题。因为畲族也是同时迁徙而来的,只是他们的迁徙路线与客家不一样,客家是自赣南、闽西而进入粤东的,其先民有早至汉代西晋到达,如程旻一族,又如"先有杨古卜"的三姓(他们的后人到宋后才成为客家人),而畲族先民,则是从湖南潭州,经粤北山区等处,辗转到的粤东凤凰山。

而且,畲族就视广东为其祖地,有《高皇歌》这样一支流传于整个畲族的史诗为证。其中很明确地表述有:

> 当初出朝在广东。
> 广东路上是祖坟。
> 徙入潮州凤凰山,住了潮州已多年。
> 广东路上一穴坟,进出盘蓝雷子孙。
> 广东路上已多年,蓝雷三姓去作田。
> ………………

因此,说客家即土著,土著乃畲族,从而称客家族源主要为土著即畲族,显然为牵强附会,强人就案,缺乏科学理性的态度。

直到今天,畲族村落中,仍有自己的语言,即"畲话",无论这畲话在近千年间,受周边潮州话、客家话多大影响,但有些基本词汇,还是没有变化的。即便与客家近邻与客家方言相似的畲话,其"语音、词汇、语法上都与现在汉族所说的客家话不同"(注:罗美珍《畲族所说的客家话》,《中央民族学院学报》1980年第1期)——这是一篇专门考证畲族人所说的客家话的论文得出的结论。这就是说,畲族人内部,仍有自己统一的语言,无论是过去还是现在,不可混同于潮州话或客家话。至于他们有一部分人(不是全部,如增城、博罗、惠东、海丰,即罗浮、莲花二山一带的畲族)会说客家话,也似如今客家人会说广府白话一样,是因为与外边的社会交往的需要,不可以把会说白话的客家人推断为广府人。关于语言问题,相信会有更多的语言学家作出更深入的阐释,这里就不进一步引申了。

民族的区别，最根本还是文化。而文化往前追溯，寻根究源，便会来到人类的"童年时代"，也就是图腾崇拜时期。畲族有着自己的独特文化，尤以祖图崇拜、祖杖崇拜和"招兵节"为代表。祖图崇拜，是把盘瓠故事按出生、成长、杀敌至狩猎遇难的情节分为各段，绘于白布或白绫上，视为祖图或太公图，岁时高悬厅堂，举族祭祀。祖杖崇拜，就是把刻有盘瓠头像的杖，以树根或木头加以修饰，每家族一支，岁时顶礼膜拜。"招兵节"即集祖图崇拜与宗教法事于一体，有相当复杂的仪式，这里不赘述。如果说客家族源主流是土著畲族，自然会传承下来更多的相似传统，但是，迄今没有人找出这方面的多少证据，而只是拘泥于若干生活细节，这显然是缺乏说服力的。

倒是在广东的另一个民系，也有人称之为"次民系"即"雷州人"，他们都是从福建莆田沿海迁徙来的，其语言与潮汕方言比较接近，但彼此未必认同。称其为潮汕的"次方言"也未必准确，因为莆田话并非闽南话，与潮汕话不同。可就是这个民系，到处都是"石狗"的石雕，成千上万，数不胜数，我参加评审广东申报国家级非物质文化遗产之际，石狗是名列前茅的，关于雷州文化中的狗崇拜，自有出处，与盘瓠故事有异曲同工之妙，这里不拟深究，但至少，二者之间的联系，当大大超过与客家文化的联系，这反而有深入研究的必要。有学者认为，畲族分两支，有陆上迁移的，也有海上迁移的，是有一定依据的。

至于客家文化，其最主要的最明显的特征，仍是汉文化，其图腾文化，也就是汉文化之龙。《千年圣火——客家文化之谜》一书中，专门有"龙与客家文化"一节，当是最有力的证据。一种文化主流的主要表现，每每是相当稳定，不易于变化的，盘瓠与龙，不是谁取代谁，而是各自存在于各个民族的图腾崇拜之中，凭此，我们为什么非要把不相干的事情硬扯到一起，不顾历史文化本身的演变规则呢？

还有一点，就是通婚问题。我们不是，也绝对不可能是血统论者，文化传承，每每比血统更有力量。但既然有人强调这一条，这里也不能不多说几句。

过去，客家人不与外人通婚，是众所周知的，如今，深山里的客家村落，仍保留这一习俗，且为了优生优育，也一直强调同姓不通婚。不与外人通婚与同姓不通婚二者，当是互为补充的，这里就不深入阐述了，毕竟是古人长期积累的经验与智慧。

而畲族呢？在《高皇歌》中，也很明白地写道：

蓝雷三姓好结亲，都是广东一路人。
今日三姓各处住，好事照顾莫退亲。

再看史志上的记载。
《天下郡国利病书·广东四》载：

> 其在邑（博罗）者，俱来自别境……自言为狗王后，家有画像，犬首人服，岁时视祭，其姓为盘、蓝、雷、钟、苟，自相婚姻，土人与邻者，亦不与通。

乾隆《海丰县志·杂志》载：

> ……厥姓有五：盘、蓝、雷、钟、苟，自为婚姻，土人不与通。

道光《长乐县志·经政志》载：

> ……其姓为盘、蓝、雷、钟、苟，自相婚姻，……

光绪《浮山志》卷一载：

> ……分盘、蓝、雷三姓，自相婚姻。

以上只是自远及近作一简单的列举，但至少证明，民国之前，也就是清末，畲族人亦不与外人通婚。至于姓氏，盘姓在畲已少见，钟姓与汉族钟姓相同，苟姓在其他少数民族中亦是少见。但雷姓、蓝姓，亦不全是畲族。我就收到蓝姓的有关来信：

> 就我所掌握的材料，我们蓝氏确是从河南汝阳迁来，族谱迄今十一修，大汉贵胄，不敢不辨。在我家乡大埔县湖寮镇，蓝姓是四大姓之一，每年都有祭祀活动，散居各房各派都参加。但我所在的村子有个角落叫"新土岭"，他们也姓蓝，但从来没有被邀请，因为他们和我们找不到谱系上的联系。我清楚地记得，小时候听说新土岭有个神秘的庙宇，供奉的是一个狗头，但大人不允许窥探。也许，他们是畲民后裔。我又听我们蓝氏的老人说，畲族的"蓝"，应该写作"篮"。汉族的"蓝"，虽然人口并不算多，但是，历史上有名的人物如蓝采和，明代蓝玉，清代蓝延珍，东江纵队早期的领导人蓝造，粤东起义的重要将领蓝举初，这些都是汉族的蓝氏。

> 在我们蓝氏最新的族谱序言中，严厉谴责了一个族内干部，在20世纪80年代，为了依靠党的少数民族政策获得高升的机会，利用职权自认为畲族，并把族人都归畲族。尽管被划为畲族在生育和升学上都有照顾，但我们还是努力恢复汉族身份。

> 我认识几位湖南的"兰"姓人，据称他们本来是姓"蓝"，但在20世纪80年代汉字简化过程中，写成"兰"。百家姓中有"蓝"无"兰"。但我不知道他们的"兰"是不是汉族。最近公布的十七大代表名单，也有两位姓"兰"，"兰""蓝"并存。

> 我的意见是，我们并不是"以客家人自居"，而是我们确实是客家人。

如以姓氏看，这些姓，即便有属畲族的，包括钟、雷、蓝三姓，在广东，不独是客家,归入广府,尤其是潮汕的亦不少。不过,20世纪90年代以来,申请恢复畲族的,也正是这三个姓为主,从粤北、粤东至闽西皆如此,可见其内部文化并没被"遗忘"或淹没掉。

如果说,从史志所载来看,至光绪年间即清末,畲族亦顽强地不与外族通婚,那么,他们又怎么能成为客家民系的主要族源呢?那时距今仅仅是100年,而那时客家人至少已有几千万之众了。

有的文学作品,为了赶时髦,竟写到客家人一到南方,马上就举旗招亲,怕客家南下找不到老婆,无以继嗣,实在是匪夷所思。

这里有两大谬也。一大谬,别说土著(据称是畲族)坚决抗拒,就是客家人内部,本身也一直有戒律,这明显是有违历史的,如果这样的话,客家民系从一开始就不存在了。二大谬,则是到南方,只余男丁,没有女眷。要知道,这是大迁徙,是士族连带部曲一同南下的,家眷一应齐全,而非大军南下,只有士兵,没有妻儿——这应是最起码的历史常识了。而且,从人的生命角度来说,女性的生命力、耐力,比男性强,长寿女性比男的多得多,这已是一个不用多说的事实了。大迁徙坚持到最后,当是女性的存活率高于男性,女性的比例高于男性,在这样的状况下,客家村落,犯得着再去招亲吗?反过来,招的是男性而非女性,一贯重视父辈血统的汉人,会这么做吗?因此,无论从哪个角度看,这种"举旗招亲"事情,从宋至民国,都很难发生,只能是虚构的小说罢了。但小说,也不能不讲艺术的真实!

我们从不否认中华民族的多元一体,从不否认中华民族是多民族的大融合,但是,我们也不能不顾历史,去捏造、虚构这种"形而下"的荒诞故事,这不仅侮蔑了自己,也侮蔑了整个的民族。其实,从DNA测试,我们本身就无法证明,何为纯正的汉民族的DNA,而汉民族当年本就是华、夏二族的融合,因汉朝之立而得名。而后,更在北方,也包括南方,融合了北胡、东夷、南蛮、西狄的不少部落或民族,这不是一个争议性的问题。但亦不可大而化之,把客家这么一个独特的民系,也说成是纯然的土著、为畲族。客家民系形成之际,畲族也刚刚形成,要同时融合,恐怕二者也不会存在了。

这里还有一个基本的数字常识。

如今,据不完全统计,客家人口有近亿之众,打个折扣至少也有七八千万,构成中国最大的移民族群之一。

而据正式人口统计,当今正式确认的畲族人口,约60万,主要分布在浙皖一带,均是当年烧山火种这么一步步迁移过去的,迄今,他们仍认定凤凰山为其祖先策源地。

那么,我们不妨来一个"推理",假定有相当于已被确认的整个畲族人口的"隐性"的畲人,仍包含在客家人中(不算潮汕人及广府人),也就是有60余万,没有划分出来，这一来，他们又占整个客家民系的多少比例？

很明白，不到1%，大约为0.6%～0.7%。把0.6%～0.7%当成一个民系的主要族源或主要组成部分，能成立吗？

更何况这一"推理"本身也只是推理而已，因为前边说得很清楚，至光绪年间，畲族在史志的记载中，仍不曾与外族通婚，在那种封建社会相对封闭的状态下，这一记载基本是可靠的，其真实性也很高。这一来，"隐性"的60余万畲族也只是个假设而已。就算有这么多，也不足以改变客家人的主体，其90%以上仍为汉人。

其实，畲族所采用的落后的耕作方式——畲，本身对人口的繁衍也造成很大的阻碍，所以，这么一个民族，过去在繁衍、发展的进程中，囿于山林间，其人口增长亦是相当有限的，人口统计上的误差，当不会太大。

综上所述，我们认为，有必要梳理清楚畲族与客家发展之间的联系。

其一，应把历史上记载的"畲"理解为一种耕种方式，不应当做民族理解，同样，也应把"畲民"与畲族区分开来，二者不可以划作等号。

其二，畲族的形成及其祖地凤凰山的确认与客家民系的形成及其祖地石壁的确认，可以说是并行不悖的两条历史线索。把畲族简单解释为土著而无视其本身的迁徙特征显然是一种错位，把其说成是同时平行形成与发生的客家民系的主体，也就更大错特错了。

民族的文化认同，是一个民族最重大的特征。畲族并无龙的图腾，而客家人亦无盘瓠的图腾，凭此便可以把二者明确地区分开来。进而论及血统与通婚，更应当服从这一条，更何况通婚的事情，直至近代都不曾或很少发生过，断不可以小说的虚构为依据。

其三，一个民系的人口比例也应作为重要的参照系，有些问题一量化也就一目了然，使争论失去意义。

有了以上几条，其他的细节，均变得微不足道了。民族史、迁徙史与文化史，本就是不可分割的，只有站在宏观的角度上，方可以领会"山还是山，水还是水"，上升到一个彻悟的阶段。

简单把客家民系源流的"南下说"归结为所谓"血统纯正"并加以批驳，其实未见得高明。汉民族本就融合了古代众多的民族，这已是学者乃至广大民众的共识了。而客家先民的南下，本身也是一个融合的过程。我们不可以用融合来否定南下，反过来，亦不可以用南下来否定融合，从而各自走向极端。所以，我们所坚持的"南下说"，正是立足于这一理念上。

第六章 传承与变异

　　文化人类学一个重要组成，便是民俗。民俗，是文化系统中具有较大稳定性、承继性或传统性的一个层面。所谓"相沿成风，相习成俗"，本身就包含有很深的历史内容，是在一定发展时间上显示出来的特征，甚至可以作为一个时代的特征。例如，顺德的自梳女、番禺的"不落家"的习俗，皆是广府经济发展到一定阶段，女子在某种程度上取得经济独立性，从而反抗父母包办婚姻、男尊女卑等封建礼教产生的。这只能是广府文化中独有的民俗，而在内地却不可能有。客家女也一样，仅在客家山区才有。由此，作为民俗的一个特征，这便是它的历史性。凡是标志民俗特定历史的产物，都显示有它的历史性，深入研究这种历史性，我们甚至可以得到比历史学家、经济学家、政治学家所提供的东西更多的一切。换句话说，一部民俗史可能更包罗万象，能折射出更多的历史内容。

　　民俗本身，也带有鲜明的地域文化特征，这也就是它的地方性。所谓地方性，便是指民俗发展在空间上所显示出来的特征，也有人叫作地理特征或者乡土特征。民俗的地方性具有普遍意义，无论哪种民俗，都受一定地域的经济、生产、生活条件以及地缘关系所制约，有着一定的地方色彩。为何在广府地带，南海观音会如此受崇拜，恐怕与广府地带处于沿海地区极有关系，与广府人的主要生产、生活环境密不可分。人们祈求平安、丰产（渔业方面）等，所以，"拜海"之类民俗才如此顽强，南海神庙香火才那么鼎盛。进而言之，广府迷信风俗比中原为烈，"子不语怪力乱神"在这里历来没有市场，这也与岭南的地理气候环境有很大关系。岭南人好鲜、淡的饮食习惯，也是与地域、水土相关的。总之，民俗，每每有很深的地方性的烙印。

　　民俗，是扎根于民间的，是一种文化长期的积淀，变化相对较为缓慢，在历史发展上是有传承性的。

　　同样，在地理上，民俗也有其浸润扩展的态势，并且在扩展中发生变异。这也是文化的交融、碰撞与激活。也就是说，在民俗的地方性上，也存在着变异性。

　　因此，民俗是一种传承文化，传承性是民俗的动态特征。这种传承性常常表现为某种类型的民俗在发展、流传的过程中，始终有着相同或相似的内容或形式上的联系。例如，几百年来，华南文化区内，有不少"飘色"的习俗，这同内地"迎故事"在形式上相似，同是娱神，但后者主要是避灾祛祸，前者却演变为

"人日飘色",标志人的主体精神的高扬,被高高举起的是打扮为各路英雄的幼童。如今,"教育基金百万行",在形式上与这种"飘色"活动可以说是一种传承,只是规模更大和加上现代色彩罢了,其主旨仍在于"人"的"高举"——提高人的文化素质。这也是广府文化中独有的历史传承,至于其他,如节日习俗、婚丧礼仪等等,自古以来均有非常生动的记载,让后人看到这些民俗的传承关系。

正是有了诸如此类的特征,才使我们从广府民俗继承、流传的来龙去脉中,看到作为广府民系这么一个群体的历史背景、地理风貌、社会形态以及文化的发展——它更可靠,更有力,更为稳定与恒久。同样,民俗也是一种变异的文化。变异同样是民俗的动态特征。这种变异,或许在时间上即历史上不会太显著,但在空间上即地理上都每每容易发生。所谓变异性,便是指某种民俗在流传、扩展的过程中,由于种种影响与原因,在内容与形式上发生某些变化。例如,赛龙舟,据闻一多先生考证,这一风俗可以追溯至原始图腾时代。端午节是越人,也就是土著广东人为祈求生命得到庇护而举行的图腾祭的节日,这习俗北上至荆楚,才与纪念屈原联系在一起。如今,岭南龙舟竞渡,是全国这类活动最盛大的地方之一。这里的龙舟,选材十分严格,制作更为精细,装饰得非常华丽,竟成了一种很讲究的工艺品,而不仅仅是竞渡工具了。而粽子也从祭品走向民间的食品,供百姓享用而不是祭神了。仅此一例,可以看出历史时代的差异,尤其是地方上的差异,更是文化传统上的差异了。

简单归结一下,可以这么说,各种民俗都在自身发展和传播中,有着相应的变化,要么注入了新的内容——如赛龙舟演变为纪念屈原,要么改换了一些新的形式——如"飘色"成了"百万行",等等。所以,在时空上的传承性与变异性,在其相对稳定的基础上,也是民俗文化的普遍特征。

这种稳态上的变异,是为了一种新的平衡而出现的貌似不平衡的状态,并不能否定民俗的稳定性。我们这里之所以强调稳定性,是因为它才是民俗最大的特征,没这种稳定性,历史性与地方性便是一句空话。事实上,民俗本身,在很长的历史时期内,在很明显的地理范围内,是很少有变动的。否则,就无以区分此处与彼处的民俗,对民俗文化的研究就失去了普遍的意义。民俗的变异,尤其是真正的"移风易俗",产生本质上的变化,总是需要很长的时间,以及相当艰难曲折的道路的。有时候,貌似变化很快,但细究下去,骨子里还是一回事,所谓"新瓶装老酒"。当然,民俗,总是要随历史、社会、文化以及地理、气候的变化而相应变化的,但变化每每比政治、经济等"显性文化"要慢一些、小一些。所以,我们务必在历史性、地方性基础上,先看到其稳定性,才能谈其传承性与变异性。

当然,有些恶俗,是随现代文明的发展而渐渐被淘汰的,如珠江三角洲"吃鱼生"的习惯,尽管现在还没得到根除,但总归是要被逐渐淘汰的,不可能,也不应该延续下去。

在稳定中传承，在传承中有变异，在变异里包含传承，从而又显示出其稳定性——这可以说是民俗发展中的辩证关系。离开了稳定，便离开了民俗的根本特征——它毕竟与流行音乐或某项有时效性的科学发明，有着根本的不同。

正是立足于这么一个科学的基点上，我们来研究广府与客家文化。而这一章，我们亦不仅仅限于民俗，当有更广的视野。

一、华夷之辨：祖地的解读

（一）

在中国的南方，无论哪个民系，都很在乎自己的"祖地"，或曰"开基"之地。而这些"祖地"或"开基地"并不在中原——这本可以依姓氏的源流一直追溯到中原，因为姓氏的堂号都很清晰地指明了这个姓氏在中原的相应位置，如：王氏为"三槐堂"，属太原郡望；陈姓为颍川堂，今河南许昌；张姓为清河堂；罗姓为豫章堂；周姓为汝南堂；郭姓为汾阳堂；刘姓为彭城堂；黄姓为江夏堂；韩姓为南阳堂……这里引的，都是客家的大姓，在百家姓中也都很靠前。无疑，他们根在中原，祖先是最早生息在那里的，是"地望"所在。所以，姓氏对"地望"与"祖地"的指向，是再明确不过的。中国人的姓氏源远流长，从伏羲氏开始"正姓氏，别婚姻"算起，亦有五千年的历史。诚然，客家民系的姓氏亦不例外。《左传·隐公八年》云："天子建德，因生以赐姓，胙之土而命之氏。"《通志·氏族略序》称："三代之前，姓氏分而为二，男子称氏，妇人称姓。氏所以别贵贱，贵者有氏，贱者有名无氏……姓所以别婚姻，故有同姓、异姓、庶姓之别；氏同姓不同者，婚姻可通，姓同氏不同者，婚姻不可通。三代之后，姓氏合而为一，皆所以别婚姻，而以地望明贵贱。"

因此，凭借姓氏，我们可以追溯到几千年前，这是地球上没有哪个民族可以做到的。欧美各国，其姓氏大抵源于中世纪之后，再早，也就是古罗马帝国，就二千多年，仅及我们一半时间。

客家人以郡望自矜是众所周知的，那么，他们为何不以姓氏的"地望"为最大的归属地，却非认出又一个"祖地"来，如同广府人，非找出个"珠玑巷"为整个民系的开基之地呢？

我在研究客家民系的同时，对相邻的民系，尤其是广府民系也做了深入的研究，在《广府寻根》中，我是这么阐释的：

> 研究广府民系的形成，尤其是珠江文化或广府文化的"源"与"流"，都不能不触及珠玑巷的传说，这不仅仅在于广府民间一讲到祖上开基之处，

必提到珠玑巷,甚至有的学者沿袭这一说法,去论证广府民系是直到珠玑巷时期才得以正式形成——这自然值得讨论——而且还在于这一传说所包含的文化意蕴,其在广府民系发展史中所具备的无可回避的重大影响。

因此,如果写广府民系与广府文化时,无视珠玑巷,甚至不知珠玑巷,那便等于对这一课题的无知;同时,如果对珠玑巷本身不加以研究,简单几笔带过,也同样不可能真正认识与了解这个民系及其文化。

无疑,广府人有太深的"珠玑巷情结"——这被他们视为自己的汉文化之"根",以此证明他们不曾自外于一部中国的整体文化史,这正是问题的症结所在。近年来,关于珠玑巷的研究沸沸扬扬,出了不少书,提出了不少新的证据,也有一些不同的见解。其间,大量的是谱牒证明——至于谱牒的真伪,不同专家各有不同的说法,这里且不加以妄断。但研究一部文化史,有时更真实可信的,是那个时代的思想演变——那正是史实本身提炼出来的,不存在虚拟的可能。故史学家有思想史是唯一的信史一说。

因此,我们可以断言,珠玑巷的传说,与其说是基于大量谱牒的发现,予以了进一步的证明,还不如说是产生于一个非常时期作为一个民系共有的认同观念。

这点,我们在"广信期"中提到——"珠玑巷传说",正是产生于中国积弱、屈辱、开始走下坡路的南宋时期——除了宋代进入"后儒社会",实用理性占了上风,强调汉民族文化传统乃至汉族血统之外,更重要的是,汉民族王朝处于风雨飘摇之际,相对激发起了作为一个民族的文化自尊乃至血统之至贵——"珠玑巷传说"的内涵正是在此,以强调汉民族于岭南开基,作为广府民系的汉族血统。①

这里需说明的是,广府民系萌发于汉初之广信周遭,其"广"字便源自广信,并由广信派生出广州,又由广州分出广东、广西。否则无以解释珠玑巷移民南下(宋末元初)之前,生活在两广,尤其是西江流域、珠江三角洲的百姓主体是什么人——这一点我已在《广府寻根》作了充分的论证,这里就不复述了。引用上一段文字的意义,则在于说明,正是民族危亡之际,南方人民激发自身的民族自尊,从而强化了自身汉文化的身份。

无独有偶,几乎与广府民系于珠玑巷"开基"的同时,在福建宁化之石壁,也有同一个客家民系"开基"的历史记忆。虽然对于广府民系而言,珠玑巷开基的意义主要在思想上,而非完全的历史事实。但是,对于客家民系来说,石壁作为"客家祖地"的开基,无论对思想而言,还是对历史事实而言,都具有双重真实的意义。

---

① 谭元亨:《广府寻根》,广东高等教育出版社2003年版,第180—181页。

为何这么认为？

因为，两宋积弱，经多次流徙而抵达石壁的客家先民，此时已有了形成一个独特民系的所有条件：第一，跨过了武夷山余脉进入福建，便割断了与中原紧密联系的纽带，开始了独立发展的历程；第二，民族的积弱、挨打，激发了他们更强烈的民族自尊，他们已作为一支独立的力量承担起了民族救亡的责任，有了思想上的承传及进一步成熟、提升的需要，即有了共同的文化意识；第三，客家方言也终于脱颖而出，不再为一再侵入中原古韵的其他民族语言所改变；第四，这批越过文化包括军事边界的先民，不再是零散的，而有了相当规模，彼此的认同不再有障碍……还可以列举更多的条件，包括民俗等，甚至可上升到价值观。

我们不难在石壁的姓氏上找到有力的论证。

《宁化客家姓氏源流》的作者余兆廷先生据其所能收集的现有资料，做了细致的考证，他说："据资料所载，自东汉开始，特别是在唐、宋、元之间，流迁于宁化的客家先祖姓氏相当频繁。……据现有资料统计，在宁化落籍（留居）过的姓氏近200个，其中，有谱牒依据的计129姓；未见谱牒而来自外地寻根问祖和地情书刊所载及1985年全县姓氏普查证实，确曾在宁化居留的姓氏有69个。"[1]

这么一个弹丸之地，聚集有这么多的姓氏，说明了什么？不用什么解释，大家都很清楚。如今，每年都有上万的海内外客家人到设有152姓客家先祖牌位的石壁客家公祠朝拜，寻根问祖，自是有其充足理由的——在他们的族谱上，都明确记录有这样一个"祖地"的名字，他们的祖先曾经在这里聚居，而后，才从这里走向如今的客家属地，走向世界。

那么，除开姓氏的"地望"——最早的祖地，这里又为什么同样被视为祖地，或者说，第二祖地呢？

这里，作为地理上的空间区位，便凸显了出来。

（二）

众所周知，中原自古以来，对东南西北方位上的族群，有着非常明确的"华夷"之分，所谓北狄、南蛮、东夷、西戎的称呼就是这么来的，虽然后来大部分胡人及蛮夷狄均融入了汉民族当中，但这种意识却一直很是顽固，延续到了近现代。对于东南方位而言，便是东夷、南蛮了。著名的爱国将领袁崇焕，在汉族王朝的明代，每每还被崇祯皇帝唤作"南蛮子"，虽说他本是客家人，是中原汉族的后裔。他的被杀，固然有清军反间计的原因，但与崇祯皇帝脑子里根深蒂固的"华夷之分"观念是密切相关的。崇祯皇帝认为"南蛮子"与"北胡人"互相勾结，乃"非我族类，其心必异"，则终使袁崇焕被冤杀。

---

[1] 余兆廷：《宁化客家姓氏源流》，中国华侨出版社2000年版，第10页。

我们也同样从大量的历史典籍中得知，汉民族或更早一些的华夏族的边界，在东边，当是以武夷山脉为界，过了武夷山，乃是"东夷"。其实，包括武夷山的得名，也很明显。同样，在南边，五岭，则有越城岭等，也明显为"华蛮之界"。也就是说，过了五岭，即南岭，也便是南蛮之地了，而非汉族或华夏族的地域了。

因此，从江西（古华夏族或汉族地域）进入福建（东夷）、广东（南蛮），无疑是离开汉民族的世界而进入了其他民族的世界。而这时，如何重新确认自己的汉族身份，明确显示自身的世系乃汉族世系——这一直被认为是中国（中原、中州、中县，即中华疆域，也就是当时这片土地上所能知道的整个世界的中心）——是汉民族的正朔，是炎黄子孙呢？

这就需要一个确认其炎黄子孙、汉族根系的"第二祖地"的证明。

于是，便有了广府民系珠玑巷的传说。

于是，客家人也几乎同时有了石壁葛藤坑的传说。

有了这么两个"祖地"，或在夷蛮之地重新开基的证明，无论是客家人还是广府人，也就都有了与中原、与一部华夏文明史密切相关的历史渊源，更有了新的作为汉民族一员的获得身份。否则，当你已生活在夷蛮之地，并且子子孙孙都得在这繁衍下去，你又能怎么去认同中原，认同汉族，认同一部中国的历史，并昭示后人呢？

这个观念，在民族危亡的宋代，殊为强烈。

我们可以从宋代一位学者所写的《霍山记》中得以印证。

霍山，位于古龙川的北部，站在霍山顶上，可以看到江西南部。当然，它是属于广东境内的，且是从江西寻乌、定南水进入龙川境最早看到的大山。由于地形奇特，霍山在四周平缓的丘陵中间，突兀而起，凌空而立，成了几百里内可以看到的鲜明的、具有冲击力的标志。

那么，它当在"汉境"还是在"夷境"呢？

而古龙川，则是秦始皇大军平南越东线进入的第一站，并顺理成章成为秦王朝在岭南最早设立的县治，也就是说，中县人（即秦人及其后的汉人）第一立足之地。那么，这一地域虽属蛮夷，但族源却再正统不过了。于是，这才方有宋人朱何称其"非中国、非夷狄"之说。

我们不妨引录下这段文字：

> 予尝闻天下之山矣，洛有嵩山，鲁有泰山，并有恒山，冀有岐山，斯中国也。匈奴有祁连山，西域有葱岭山，高丽有辽山，西南有文山，斯夷狄也尔。是山也，或中国，或夷狄，而传之史册，扬之天下，何也？在乎遇不遇之闻耳。幸而遇也，夷狄无不闻，不幸而不遇也，虽中国有所不闻矣。霍山者不中国，不夷狄，抱瑰奇卓异之实，而名未白于世者，此未之遇然耳，为霍山者，当益自负于杳冥磅礴之间，朝而苍烟与之俱，暮而白云与之娱，明

月清风之与室庐，列仙群灵之与游居，岂不绰绰然其自特重从深乎。有时而遇也，则撼云而为膏物之泽，巢凤凰为明时之瑞，蓄杰材为大厦之用，繁灵药为生民之会，恶肯浮取其名哉，予恐霍山予言何如。①

这段文字颇值得玩味：一是中国、夷狄之界划分得十分明显，连山的归属都再清楚不过了。山的出名，更在其"归属"，无归属难以有名。然而，处于江西、广东之边界的霍山，却"不中国，不夷狄"；二是尽管处于非中非夷之间，也得看"遇与不遇"，在乎机会，而霍山独特的地缘位置，无机遇而"益自负于杳冥磅礴之间"，有机遇则"撼云而为膏物之泽，巢凤凰为明时之瑞……"

固然，今日霍山亦已为广东七大名山之一，古人留下的诗文也有不少，但仍处于"遇与不遇"之间。

所谓"遇"，则是一个明确的定位，它处于汉界与蛮界之间，当算作什么——中县人、中州人、中国人，均为中原人在不同时期的称谓，而中县人及以后形成的客家人在此，又当视其为什么呢？

早在《龙川：客家古邑论》一文中，我就强调过，由于客家人从江西进入"蛮夷之地"，不仅仅是进入福建石壁而后辗转梅州一条线路，而且还有自江西直接沿寻乌、定南水进入东江，先期到达龙川，再沿东江散布到惠州、增城、东莞、宝安的一条线路——这有同属于客家方言的"水源音"为证，因此，对于未经过石壁而来到今日更广阔的客属地的客家人而言，龙川其实也同样承担了客家祖地即开基地的功能。

（三）

如果说，石壁是客家祖地之一，相邻的冠豸山被称为"客家神山"，那是自江西进入福建，对武夷山余脉的美称；那么，同样，龙川是自江西进入广东的客家祖地——如今已称为"客家古邑"，身份的获得与认同亦毋庸置疑了，其相邻的霍山，同样也应是"客家圣山"了。

其实，早在一千年前，苏轼便有诗云：

霍山佳气绕葱茏，
势压循州第一峰。

当时的循州，正包括自惠州至龙川、兴宁一带，也就是粤东大部分客属地。换句话说，广东是第一大客家省，而客家主要聚落在粤东，那么，"势压循州第一峰"，也就是粤东客家属地第一峰了，称之"圣山"可谓实至名归。

苏轼诗中，还有更具客家风味的一联：

---

① （宋）朱何《霍山记》。

船头昔日仙曾渡，

瓮里当年酒更浓。

自寻乌、定南水下东江，是客家人南迁的重要线路，霍山的船头石，当是纪念这一南渡的意义所在。仙者，来自中原的衣冠士族也，仙者到处，非圣山不可也。霍山著名的酒瓮凌云，乃龙川八景之一，令人联想到淌出甜甜的霍山水，可是米酒所化……

总之，霍山所具有的客家文化的元素，还有很多，如吊谷上棚，与客家人南来的稻作文化相关。甚至于远远看去，有人称是"一船中原人，撑篙下东江"，形态毕肖——这分明是大迁徙的历史大场景。台湾的龙川客家人，更在上面立了"思乡亭"。

可以说的，还有很多，但更重要的一点，还在于，古邑龙川作为客家祖地，它所拥有的姓氏，丝毫不比石壁少。

仅仅佗城，就有138个姓，而整个龙川，则超过140个姓了，佗城只是过去的县治所在地而已。

我把佗城的138姓与宁化的129姓（有谱牒的）做了比较。其中重合的有100来个，双方各自仅有的，有数十个之多。龙川古四大姓，赵韦官任，除赵（这是大姓）外，韦、官、任石壁均没有，还有如文、顾、麦、关、劳、祝、白、书、向、练等姓，石壁也没有；而石壁的上官、贝、危、阴、滕、虞等姓，龙川则无。客家姓氏，当为互补。

无疑，于福建的石壁，于广东的龙川，当为客家人进入"蛮夷之地"的通衢，所以，这两个地方，姓氏之多，族谱之多，不难解释。反过来，这也证明"第二祖地"的历史意义与文化价值。

综上所述，无论是广府人的珠玑巷，还是客家人的石壁、龙川，其身份认同的文化意义，往往大过历史真实的意义，虽然石壁、龙川有更多更可信的历史考证——而这，正是"祖地"的深层内涵所在。中国传统文化的"华夷之辨"，正是这一"祖地"的催生剂。而祖地也是客家人以郡望自矜、不忘自己为炎黄子孙的历史证明。

这当是对祖地最根本的解读。

当然，这也是客家人同为炎黄子孙的力证。

二、自梳女与客家女

（一）

不少学者，都把出现在广府族群中的自梳女，以及客家族群中的客家女，视为妇女解放的先声，两类女性研究的论文乃至专著亦出了不少，其中不乏真知灼见。确实，处于华南这片得风气之先的土地上，妇女解放走在前边亦不足为怪，然而，自梳女与客家女各自的产生、形成及归宿，却又是千差万别的。所形成的背景、演变的轨迹，更是大相迥异，因此，将二者加以比较，不仅仅是文化人类学上的重要课题，而且涉及更多的学术领域，如人文历史地理、社会经济诸方面。这里虽不可能全面展开，但抓住若干要旨，加以阐发，却是很有必要的。

20年前，我在北美讲学时，与著名思维科学家、教育家哈利·加芬克有过多次对话，其中，在讲到思维演进的历史进程时，就涉及妇女的解放，我曾记录在《断裂与重构——中西思维方式演进比较》一书中。哈利是这么说的：

> 可以说，在1800年之后人类的意识便上了一个新台阶，达尔文的进化论及其思维方式本来就是一种解放，思维上的解放，开始以悟觉代表了思想自身。这种变化我们该说，伴随着或带来了我们社会上各种各样不同的解放。从1800年到1875年，是被压迫的工人阶级的解放运动；从1875年到1950年，则是大多数的殖民地国家获得了独立与解放。1950年到2025年，我们正处于摆脱男人的支配的妇女解放运动阶段当中。这一解放运动实质，便是提高妇女的自我意识，一直都是如此。对于人类来说，机会平等与待遇平等的变化不会真正造成妇女的平等，除非她们的自我意识得到强化。①

这一段文字，算是本篇的一个提纲吧，我们就沿这一思路去探讨自梳女与客家女的现象。

可以说，无论是自梳女出现，还是客家女引起国际的关注，均是在19世纪，即哈利说的1800年之后，或许再往后一点，在19世纪的中后叶。

据历史记载，女子群体相约不嫁"自梳"的习俗，正是从1800年即19世纪初开始，在广府族群的中心地区南（海）、番（禺）、顺（德）及中山、三水等地兴起，以顺德为烈。顺德乡村中甚至流传有"十女九不嫁"的传说。及至19世纪中后叶，更是蔚然成风。与之相符的，则还有"不落夫家"之俗。"自梳"是通过不定期的俗式自行把头发盘起，以表达永不婚嫁的决心，"自梳女"之名正由此而来。而"不落夫家"则是在被迫出嫁后，又重新回到娘家，"视夫如仇敌"，"久羁不肯归夫家，甚或自缢、自溺"。清人张心泰在《粤游小志》中还写道：

> 广州女子多以拜盟结姐妹，名"金兰契"。女子出嫁后归宁恒不返夫家，至有未成夫妇礼，必俟同盟姐妹嫁毕，然后返回夫家。若促之过甚，则众姐妹相约而自禁……此风起自顺德村落，后传染至番禺、沙茭一带，效之更甚，即省会中亦不能免。②

---

① 谭元亨：《断裂与重构——中西思维方式演进比较》，广东高等教育出版社2007年版，第147页。
② 李宁利：《顺德自梳女文化解读》，人民出版社2007年版，第15页。

无疑，顺德自梳女的这种自尊、自重、自强、自立，对抗包办婚姻、争取自由与独立的行为，其评价已愈趋正面与积极。在当时，自梳女去世之后，在其"冰玉堂"（一个颇有深意的命名）中，更可以与神祇同席，逢年过节还会得到村民们的拜祭，自梳女与众神祇均成了保佑大家平安的偶像。至于各种斋堂，亦供有自梳女之姑婆神，她们与众神同享拜祭，亦有同样的庇护众生的功能。

而从"神"再回复到妇女解放之先声，自梳女的文化评价，堪可回味。毕竟，从人上升为神，当是对当时严酷的封建礼俗一个无奈的反抗，对一种理性反抗赋予神化色彩，也是一种自我保护的方式。那么，当自梳女获得积极评价之际，这一神的光环是否会渐渐褪去？或者，作为一种民俗、一份非物质的文化遗产，是否当受到保护并志之纪念呢？

与此同时，客家女在19世纪中叶的声名鹊起，与自梳女相比，却是另一番风景。

那是在太平天国起义中，客家妇女在中国女性中异军突起，参与了这场翻天覆地的革命。一如太平天国研究专家钟文典所说：

> 金田誓师起义以后，母子从军，夫妻赴战，兄弟姊妹、全家老少同时入营的大有人在。洪秀全、萧朝贵、韦昌辉和石达开等主要首脑人物，都是"携眷而行"的。桂平县古林社的曾天养，不但妻子、姊妹同去，凡是出嫁在外的亲属，也都接回来一道入营。胡以晃在平南竖旗聚众，"当地群众，凡愿跟去的，不论男女，一律带去"。鹏化里雷庙村的陈瓒偕妻刘氏，接到团营命令，即率子宗苍、宗泰、宗扬以及全家男女"共戍洪军"。博白县的黄益诚、益谅等兄弟十人，金田起义时同"奉母随洪杨革命去"更有天地会党女首领苏三娘率领的女军，参加金田起义以后成为太平天国的一支巾帼劲旅。①

而当日更有诗文咏之：

> 绿旗黄幌女元戎，珠帽盘龙结束工；八百女兵都赤脚，蛮袊扎裤走如风。②

而从敌方的描绘，更可印证客家女的风采：

> 贼妇入城，皆大脚高髻，力能任重，可胜二百斤……贼妇亦有伪职，与伪官相等，间尝出战，红绡抹额，著芒鞋，颇娇健。③

> 贼素有女军，皆伪王亲属……生长洞穴，赤足裹足，攀援岩谷，勇健过

---

① 谢重光：《客家文化与妇女生活》，上海古籍出版社2005年版，第215—216页。
② 谢重光：《客家文化与妇女生活》，上海古籍出版社2005年版，第217页。
③ 谢重光：《客家文化与妇女生活》，上海古籍出版社2005年版，第219页。

于男子,临阵皆持械接杖,官军或受其魁。①

其间,涌现了一批著名的客家女将,如萧朝贵的妻子洪宣娇,前边提到的苏三娘,还有卞三娘、胡九妹、陈叶氏等。

太平天国如此之多客家女将的涌现,当与其妇女政策密切相关。经济上,"凡分田,照人口,不论男妇";教育上,更"分别男行女行,讲听道理";礼俗上,更严禁妇女缠足、禁嫖娼与卖淫;婚姻上,不得"论财",提倡"夫死再嫁";尤其是在科举、选官、赏罚、黜陟方面,男女平等,更设女科取士,使中国有了有史以来的第一位女状元傅善祥——这一切,都源自起义前的纲领《原道醒世训》中所倡:

> 天下多男人,尽是兄弟之辈;
> 天下多女子,尽是姊妹之群。

当时一位英国作家呤唎,在到过天京后写道:

> 太平天国社会制度中最值得称赞的就是妇女地位的改善,她们已经由亚洲国家妇女所处的卑贱地位提高到文明国家妇女所处的地位。太平天国革除了两千年来妇女所受到的被愚昧和被玩弄的待遇,充分地证明了他们的道德品质的进步性。
>
> 太平天国妇女的社会地位大大地超越了她们的姊妹,那些束缚在清朝的家庭制度中的妇女的社会地位,这是太平天国的辉煌标志之一。②

虽然在太平天国后期,由于封建意识死灰复燃,颇具理想色彩的客家女的形象复又遭到了扼杀,更由于太平天国最终的失败,这仅仅十来年客家女的光彩,也同时遭到了抹杀。她们甚至未能像自梳女一样升格为神或"伴福享福",但是,她们罕有的反抗精神、自由意志,在一度沉寂下,仍在客家族群中得以延续,一直到土地革命时期,再度勃发起来——而这离太平天国失败,也就半个多世纪。

(二)

前边,我们是从自梳女讲到客家女,现在,我们换个角度,从客家女再讲到自梳女,这也便于与前一节相衔接。

客家女之所以在太平天国中有如此出色的表现,敢于承担起男人所负有的天下兴亡的重任,当与客家族群形成之际一个女性拯救的"创世纪"神话相关。

无论神话还是传说,每每都集中体现了发生这样的神话传说的族群的精神,是思想史之真实表述。这个神话也不例外。在这个葛藤坑传说中,一位客家妇女

---

① 谢重光:《客家文化与妇女生活》,上海古籍出版社2005年版,第220页。
② 谢重光:《客家文化与妇女生活》,上海古籍出版社2005年版,第227-228页。

背着一位年长的孩子,牵着另一位年幼的孩子,有悖常理,故遭到被称为"杀人魔王"的黄巢怒斥,可当她解释说牵的是亲儿子,背的却是侄儿,为的是让娘家血脉不至中断,这一下子感动了黄巢。黄巢告诉她,别再逃难了,回家在门上挂葛藤,黄巢的队伍经过就不会杀人了。这位妇人回家通知全坑人,于是一坑人都得以幸存,而他们,则成了客家人的祖先。

不厌其烦陈述这个故事,其深层意义在于:客家人重血缘、重孝悌,以德感化了"恶魔"。正是拥有这贤德,客家女才得以拯救了整个客家族群——以她的勇敢与智慧。

所以,后来才又有了客家妇女拯救了宋帝昺的传说,还有刘三姐的传说。

正是神话与传说,才在精神上滋育了太平天国女将的成长,把神话化作了现实,一个形而上的族群,理想主义哺育出的当是真实的英雄。当然,即便是葛藤坑传说,也很平实,表面并没多少神化的色彩。

而在广府族群中,在世俗化或者市民化色彩上则与客家民系拉开了相当的距离。与客家女"创世纪"神话不同,自梳女的传说,充满了世俗的意味。

这同样是来自民间传说"五女拒嫁":

> 女子自梳俗始自顺德。传说很久以前,容奇有一户胡姓人家,养了五个女儿,大姐嫁给有钱人"守墓清"(嫁给已死的男人);二姐嫁给富商做妾,过门不到一年,不堪大婆、丈夫的打骂、家公的调戏而跳井自尽;三姐嫁给一个穷石匠,丈夫采石跌断了脚,家无生计,被迫拖儿带女上街乞食;四姐嫁给穷耕仔(雇家),生活重担压得她未及30岁便面黄鬓白。五姐长到26岁不愿相亲,她想到四个姐姐的悲惨命运将要落到自己头上,思前想后,决定永不嫁人。她禀明父母,父母无奈只得含泪答允,依族规,已嫁或终身不嫁的女子不得在娘家过世。于是父母卖掉一亩桑基,在村头置了间小屋让女儿独居。从此,五姐自梳发誓,日间帮人采摘桑叶,晚上帮人做针线活,勤俭度日,从不肯接受家里或别人的接济。后来村中几个姊妹也仿效她自梳不嫁,来到五姐的小屋共同生活,奉她为大姐。姊妹们做帮工,做佣,辛勤劳动,互相照顾,生活虽清苦,但倒也自由。后来,顺德缫丝业发展,缫丝女工自食其力,经济可以独立,"自梳"姊妹便逐渐多了起来,形成了女子反抗封建婚姻的"自梳"习俗。①

对这样一个传说,似乎已经不用过多的阐释,因为明白如话、条理清晰、逻辑分明,是一段很寻常的家事。之所以形成"自梳女"这一现象:一是"守墓清",所谓"贞节妇"的凄楚;二是做妾的悲凉,没有了人格,更莫谈平等;三是贫穷无望。这三条,在当时社会都是很具典型意义的,民间艺人通过这个故事,

---

① 李宁利:《顺德自梳女文化解读》,人民出版社2007年版,第55—56页。

高度概括了自梳女出现的社会根源，她们走投无路，唯有"自梳"。不过，正是在这个故事中，触及我们前边未曾注意的最根本的原因——经济。

我们也就从这里切入。

（三）

这一节，又得从自梳女讲起，也算是一种文章的结构方式，古诗词中把这叫"顶真"，作为一种修辞方式。

的确，自梳女所在的经济环境，与客家女是截然不同的。客家人"无客不住山，无山不住客"，仅以广东为例，粤东、粤北山区均为客属地，而广府人则据有珠江三角洲及西江流域。珠江三角洲是海上丝绸之路的发祥地，自古以来，商品经济相当发达。历代均是"一船生丝去，一船白银回"。而这是唐宋以降，珠江三角洲腹地桑基鱼塘格局的形成所致。

得天独厚的地理环境，由此所形成的自然经济；得天独厚的河港交互，由此形成的海上贸易……我们可以归纳出众多的因素，来揭示自梳女得以自立的依据。

正因为有了工资，经济上独立，缫丝女工中才出了那么多的"自梳女"，使历史上对包办婚姻的反抗，有了经济上的支撑，进而得以正名。而且，独有的工艺，更只有女性的灵巧手法方可以承担。据一项调查，在容奇与桂洲的 15 家缫丝厂中，每家工厂平均有 525 名女工，而男工只有 15 人，女性的是男性的 35 倍之多。可见，女性为自身可争得多少经济上的独立？

如果没有珠三角的地理、气候，没有桑基鱼塘的格局，没有迅速布局的缫丝工厂，"自梳女"的出现与"壮大"，就不可思议了。

对于客家女而言，其"等郎妹""童养媳"的处境，与顺德女子的"守墓清"可谓异曲同工，可是，她们生活在山区，近代化的工业生产一时还波及不到那里，她们经济上的独立几乎无从提起。

然而，由于客家男人秉承"出门一条龙，在屋一条虫"的宗旨，每每不顾家庭外出闯世界，也就留下女性独撑家门了。所以，客家女不仅主内，所谓"针头线尾"，"灶头锅尾"，以及"家头教尾"，还得主外，即"田头地尾"，承担起种田耕地的男人重活，所以，她们天足、放胸，适应山区艰苦的劳作以及教养下一代的需要。正因为所承担的责任大，她们的"话事权"也就比一般妇女多，相应获得一些自主与独立，虽然客家地区男尊女卑的思想仍很严重。正因为这样，我们不难解释太平天国早期客家女脱颖而出，而到后来却又寂寂无闻了。

所以，"客家妇女的生活是劳动的，她们的职业是生产的。她们的经营力甚大，而自然的享取却非常菲薄。她们不但自己有经济独立的能力，而且在家庭经济上占着重要的地位。常见一家男子远出海外，十年八载不回，而她却仍安然度日。她们自己有田的耕自己的田,自己没有的,则向人租种几亩,以供一年全家的米粮……由此可见,经济上不仅自主,而且独立撑持了全家"。①

无论为人女,为人妇,为人母,当人太母,操作亦与少幼等。举史籍所称纯德懿行,人人优为之而习安之。……吾行天下者多矣,五洲游其四,二十二省历其九,来见其有妇女劳动如此者。②

自梳女与客家女这么一比,差异也就更明显了。前者,对"家"的观念,有了彻底的颠覆,姑婆屋、冰玉堂成了她们归宿之地;而后者,则是对"家"的执着的维护,纵然千难万险也不在话下。而她们各自不同的选择,究竟是"命定"还是个性使然、文化使然,自然会有不同的理解。

有的学者引经据典,把自梳女、客家女,全部归于南方古越族的遗存,即母系社会的遗存,并以此来否定这两个族群的古汉族身份,这显然以某种偏见为主导,且以偏概全,脱离了整个历史文化的演变进程,穿凿附会。例如顺德的"不落夫家"的传统,分明是受儒家传统礼教的严厉约束,要求女性"守贞""从一而终"。顺德龙江还专门有一座贞妇桥,一如李宁利在《顺德自梳女文化解读》一书中称:"顺德地区'不落夫家'者是真正的终生不返夫家,她们和自梳女一样,都是一辈子独居的独身者。这种特殊的'不落夫家'婚俗的存在为'自梳女'的出现提供生存土壤。"由此可见,作为自梳女的前身,"不落夫家"之俗,恰恰是严格的儒家礼教造成的,而非古越族"不落家"类较开放、自由的性生活的延续。

同样,客家女的天足、放胸,也非畲族遗传,其实历史已经呈示得非常清楚,汉民族在唐代仍是不缠足、不束胸的,这可以从当时留下的壁画等看出来。缠足之习,始于五代,但未完全普及,而客家族群,恰巧是在唐宋年间,在赣闽地区脱离了汉民族的主体,这才得以在相对封闭、独立的环境下形成。因此,其族群所保持的,恰巧是"脱轨"之前的历史习俗与记忆,这一来,汉族后来形成的缠足、束胸的陋习,对客家这个族群几乎就没有什么影响。所以,不可以牵强附会,牵扯到南方少数民族的习俗上,牵扯到原始的"母系社会"上。

客家女在土地革命中更有出色的表现,由于生活的环境,在"等郎妹""童养媳"等不幸婚姻形成的压迫下,她们勃发出来的,正是生命本能的强烈反抗精神。

令人寻味的是,无论是客家女还是自梳女,其作为一个群体,平均寿命都很长,明显高于现代人。

---

① 心根:《值得注意的广东客家"女子"》,载《妇女共鸣》1993 年第 2 卷第 2 期。
② 晚清著名大学者黄遵宪语。

当然,第一个因素是她们共同的勤劳。郭沫若就写诗夸赞过客家女:

　　健妇把犁同铁汉
　　山歌入夜唱丰收

这两句诗也可分两层解释,前一句自然是勤劳方可健壮,身体不弱于铁汉。而后一句,也应理解为心理健康、豁达开朗、敢说敢唱、无拘无束。有身体加心理上的健康,焉能不长寿呢?

转而讲自梳女,按一般生理健康而言,长期的性压抑不利于健康,可她们却偏偏长寿,为何?也许,正是心境的淡泊、生活的自得,使之心理健康弥补了生理的欠缺,从而得以长寿。当然,这还得有医学上的验证。

随着历史的进步、社会的宽容,自梳女现象已经不再有了,但单身现象以及同性恋情况,日趋增加,虽然这不可与自梳女相比较,但作为一种文化的延续,却不是三言两语可以道尽的。

倒是客家女的发展,诸如胡仙一类的女强人,迄今仍为人欣赏,这也许正是传统与现代相衔接中的题中之义,而非自梳女这样的"例外"。

其实,二者所体现出来的自立、自强与自尊,正是女性冲出男性社会罗网而表现出来的可贵的勇气,不管其表现方式如何,都是应该得到肯定的。

三、试论十三行精神与广府文化的双向度建构

史册上,十三行人似乎是幸运的。

他们时来运转,迎来了中华历史上从未呈现的繁华的局面——"一口通商"、越洋经贸,一次崭新的商业实验让这个原来不起眼的弹丸之地在朝夕间从名不见经传的南蛮荒地变成了商业天堂。随之而来的,是"香珠银钱堆满市"[①]的纷繁夺目,是"洋货如山"的乱眼迷离,是"天子南库"的独尊美誉。

所有的这些,都是那么惹人艳羡!

或许,十三行人从未想过,在经商往来间要承接着这些特殊的历史名衔,在单纯的营利商贸中要缚上家国命运的绳索。但事实上,他们已身不由己地被历史的漩涡卷入繁复的斗争中,不止关涉经济,更有着政治、外交与民族的意义。

可以说,十三行人也是不幸的。

他们原本琐碎而平凡的生活经历中被添加了太多的"意料之外",有着太深重的责任,这已然是一种任何时代与群体都难以承担的历史负荷。在清末那个朝晖夕阴、风影摇曳的时间片段,他们历史性地见证着中外经贸交往的新生,但也不忍地目睹在这场经济风暴中民族如何一步一步地遭遇劫难。这里,充斥着不安与惊栗。

[①] 刘正刚:《话说粤商》,中华工商联合出版社2007年版,第37页。

正是这种时空偶合所带来的历史特殊性，铸就了十三行人的精神，也让这种精神倒映在广府文化的生成过程中，与之产生了一种跨越时空的重叠。

在广府文化的许多特征中，其实我们不难看到作为粤商业文化典型的十三行经贸活动圈的某些精神或理念在其身上的影响。广府文化与其他地域文化之差异，在很大程度上在于其独特的商业文化内核，它具备在中国"黄色文明"泛生态圈中少有的"蓝色"因子。很多学者曾把中华文明定性为黄色农耕文明的典型，海洋文化的暖风似乎从未吹拂在这片土地上。但实际上，广府在中国诸多地域中却占了奇特的一席，其地理特征及人文精神发展都印证着它正不断地把自我与海洋牵连在一起，历史性地、潜移默化地。这当然不仅仅是指空间位置上的接壤，更是一种文化思维的融合。我们通常所说的海洋文化有两个最主要的特征，一个是冒险拼搏，一个是商业意识。无可否认，这也是广府文化的基本特征。但我认为，这种基本特征的形成实际上也有十三行这个商业典型的影响因素。十三行人在承受深重劫难洗礼中所表达的那种精神、那种文化魅力，已经成为广府文化中不可磨灭的印记。

而另一方面，十三行从诞生之日开始就不可避免地接受着广府文化的熏染。首先，从主体本身来看，十三行行商多为久居岭南之人，其思想文化意识不可否认地肯定沾染了浓重的岭南色彩。他们处理问题的方式、风格，思考问题的方向等各方面都会带有文化影响的作用力。其次，从地域而言，十三行地处广府文化的一个核心地区——广州老西关一带，他们所接触的人和事物都会让其身上的这种广府文化色彩不断加深。本来，地域与文化之间就从不应该分以看之，任何地域都会由于其本身的独特性而对处于其内的事物产生影响。钱穆曾经说"各地文化精神之不同，究其根源，最先还是由于自然环境有区别，进而影响其生活方式，再由生活方式影响到文化精神，它和政治、经济、文化、历史、地理等等诸多因素密切相关，具有掌控力和制约力。"① 梁启超也就地域对文化的影响作出过详细而独特的论述，其《地理与文明之关系》曾言道"凡天然景物过于伟大者，使人生恐怖之念，想象力过敏，而理性因以减缩，其妨碍人心之发达，阻文明之进步者实多。苟天然景物得其中和，则人类不被天然所压服，而自信力乃生，非直不怖之，反爱其美，而为种种之试验，思制天然力以为人利用。"② 地域差异不是也不可能仅仅是地理空间位置上的划分，在更大意义上，它应该是文化特征的一种标识。所以，十三行在影响着广府文化生成的同时，也在岁月中默默地接受着广府文化的打磨熏染。文化就是这样，总在不断沉积，不断衍生、流变与发展。

以下，我将尝试从几个方面论述十三行精神与广府文化之间的这种双向度建构关系。

---

① 钱穆：《中国文化史导论》，商务印书馆1994年版，第2页。
② 梁启超：《饮冰室合集》，中华书局1988年版，第106页。

冒险拼搏，开拓创新

十三行行商们的生存从一开始就不是一件轻而易举的事情。尽管一口通商格局的形成他们的发展带来了前所未有的机遇，但他们也肩负着朝廷与洋商的双重压力。可以说，他们是在夹缝中生存着的一群人。"红顶商人"的风光耀眼其实只是一波又一波经济政治厄运的外壳包装，"宁为一只狗，不做洋商首"[①] 或许才是他们真正的心灵表达。行商的连坐制度、对外商犯事处理的分寸把握、对朝廷奢侈需求的满足……所有的这些，都足够让这个群体生存得噤若寒蝉。但正如广东民谚所说的"有危才有机"，正是在这样空前复杂的营商气候中，十三行人有着独特的生存之道。他们意识到，这种困境是时代的产物，是整个政治环境与人的构成精神所导向的，并不是几个行商，或几个名衔就能改变。天下太平的和乐气象能让商人们把自己的经贸活动放置在一个平稳的大环境中从而得到不惊不乍的坦途式光明前路，在当时惊涛骇浪、晴晦不明的氛围中，十三行人却也能以冒险家的心态去拼搏一番，带着满身伤痕闯出荆棘丛中的一条血路。

就像十三行行商中最具代表性的伍秉鉴，这位被现代人誉为当时世界首富的传奇人物，其执掌怡和行的生命历程时时刻刻都表现出一种大无畏的冒险拼搏精神。当然，这其实也是客观现实的一种需要。如果他不去拼、不去闯，莫说世界首富只是泡影，就连在洋商遍布、官僚横行的十三行立足，也是一件不可能的事情。作为当时叱咤风云的人物，伍秉鉴深谙此理，这其实也是一个商业怪圈——他地位和财富的提升，是因为那种拼搏的狠劲，但当其真正高处不胜寒，想沉静下来收敛行事时，实际上又成为一种奢望。现实要求站在整个商行上层的他更要拼，更要放手去做。这也许也是后来怡和行逐渐衰败的一个不可忽视的因素：他们已经控制不了商行前行的航舵了。据史料记载：

> 伍家成为东印度公司的最大债权人。1831 年公司欠行商款总额约 75 万两，其中欠伍秉鉴约 55 万两，占 73%；1823 年为 76 万两，1824 年为 85 万两等。大班每年离开广州前往澳门居住，都将公司的存款和金银移交给伍家保管。1816 年 3 月，伍家被委托保管现款将近 40 万元，还有新运到的金银 46 箱，约 15 万元。[②]

可以想象，当时的怡和行是何等风光，但这风光背后又是何等的危险。债台高筑对于当时处于弱势的商人群体而言并不是一件美事，因为这牵涉到的，不仅仅是如何收回款项的问题，还有当时政府的态度和政策问题。在对洋贸易上，清政府一向要表现的是一种"招徕远人，宣扬圣德"的光辉形象，他们要树立大国

---

① 刘正刚：《话说粤商》，中华工商联合出版社 2007 年版，第 47 页。
② 刘正刚：《话说粤商》，中华工商联合出版社 2007 年版，第 53 页。

的威信，建立高高在上的形象。由此，统治者们都认为商贸中的"锱铢必较"是有失国体的，应该以大国的慷慨对他们给予"施舍""赐予"。所以，"清帝在中外纠纷中，往往喜欢扮演一种'朕统万方，天下一统'的裁判角色，为体现出怀柔政策，甚至多偏向于外方"。① 这种态度实在让十三行行商们吃尽了哑巴亏。很多时候巨额的欠款就在一道批旨间消失得无影无踪。《中华帝国对外关系史》里面曾经记载了当时的一些情况，"公行的行商们自然是惨受敲诈，1771年已经发现其中有很多家破产，此外还拖欠了应付给官方的款项；于是公行被解散。据说这是为了外商们的利益而作。"②

在当时这种情况下，怡和行这种大批款项外借确实是冒险之举，但这又是不得不为的事情。如果不是步如此险途，他们根本不可能与洋商们建立一种信任关系，也就不能把自身在商贸活动中的地位与之放置在一个水平上。十三行商人们的所谓"对等贸易"，其实是一种以消耗自己资本和冒极大风险为前提所营造的商业氛围。这种状态在当时的十三行商人中已经成为一种行业习惯，无差别地体现于每个人身上，"封建王朝统治下，商人社会地位低微，无法与官府抗衡，迫于无奈，潘启只能采用消极的反抗方式，以求助于权钱交易来换取'公行'制度搁置。"③ 可想而知，这种冒险精神在这个艰难生存着的群体中是起着何其重要的作用。

后来清政府所实行的保商连坐制度，又让十三行商人们陷入了另一个险境。这种方便政府管理、保证外国利益的举措，实际上是让整个十三行的商业群体变成了连环船，每个商行在经济活动中所要面对的风险都同样地投置到其他商行的身上。这样，他们要顾虑的和面临的灾难也更深重了。他们甚至不知道什么时候突然身边的一个商行就倒闭了，然后自己又无缘无故地要把他们的欠债背负起来。就像在嘉庆元年（1796年）蔡世文由于欠50万两巨债而自尽，其欠款最终还是落到了广利行卢观恒的肩上。像这样的例子比比皆是，不胜枚举，这似乎已经成为当时十三行人身上一颗不知名的定时炸弹。在这种情况下，他们的经济活动更不能畏首畏尾，只能以"豁出去"的冒险精神延续着商行的生命。十三行人的冒险创新，是一种主观精神意志，但也是一种客观的"为势所逼"。

当然，"为势所逼"并不妨碍这种冒险创新精神在广府文化中的承传与衍化。十三行作为广府商贸文化中重要的一页，它所牵领的，其实不仅仅是一个时代的风云沧桑，更是一种地域文化的精神内核。文化是形而上的建筑，它的积累不是一砖一瓦的实体式堆叠，而更应该是无意识的岁月沉淀。十三行人的这种冒险精

---

① 李国荣主编：《广州十三行——帝国商行》，九州出版社2007年版，第226页。
② [美] 马士：《中华帝国对外关系史》，张汇文等译，上海书店出版社2000年版，第77页。
③ 潘刚儿、黄启臣、陈国栋：《广州十三行之一：潘同文（孚）行》，华南理工大学出版社2006年版，第15页。

神对广府文化的影响当然不是立竿见影式的,也不是从无到有的,而是有着一种强化的、沉积的意味。十三行深刻的商海记忆,包括他们的商业精神,那种冒险进取、敢于直闯、开拓创新的精神,其实萦绕的,不仅仅是那几个商行家族,更是整个南粤大地。

十三行人为什么能具备如此特殊的商业气质?为什么在全国的商业群体中能独树一帜地表现出敢为天下先的冒险精神?这又是由于广府文化本身的引导和感染。

梁启超曾经说:"海也者,能发人进取之雄心者也……彼航海者,其所求固在利也,然求之之始,却不可不先置利害以度外,以性命财产为孤注,冒万险而一掷也。故久于海上者,能使其精神日以勇猛,日以高尚,此古来濒海之民,所以比于陆居者活气较胜,进取较锐,虽同一种族而能忽成独立之国民也。"① 这段评述濒海居民共性的话语,其实在一定程度上可以看作是从地理环境角度对岭南民性冒险精神形成因由的一种解释。而林语堂在论及广东人时,也曾作过一番很有滋味的评价:"复南下而至广东,则人民又别具一种风格,那里种族意识之浓郁,显而易见,其人民饮食不愧为一男子,工作亦不愧为一男子;富事业精神,少挂虑,豪爽好斗,不顾情面,挥金如土,冒险而进取。"② 在这里,两位大家都不约而同地点出了岭南民性的一个突出特征——冒险进取。事实上,这种与大海相持而养成的精神,也是岭南人与中华大地上其他内陆民族相异的核心点。广东人善于冒险创新,"搏一搏,单车变摩托"的粤民谚充分体现出他们那种为达到目标不惜一切的拼搏探胜精神。这是在几百年间与大海对话中磨炼出来的自主个性,是在面对广阔浩渺的海洋时主体心态的一种营造——在海的凶险面前,你必须拼搏,必须冒险,才能与之相处,而争朝夕。身处粤地的十三行行商们在营商活动中所表现出来的冒险创新精神、大无畏的气度,正是广府人的特殊品格。他们虽深受清廷和洋人的压迫,顶着连坐的商行制度,背着随时会由于经济案件入狱流放的危险,明知道前路渺茫艰险,仍勇往直前。凭着"兵来将挡,水来土掩"的拼劲,横扫商界。这里面当然也有着客观环境的要求,但除此之外,主观意识的萌发还是有着很深刻的广府文化影响因子的。

而在冒险勇闯精神之外,十三行人身上那种善于变通、不拘一格的性情也反映了广府文化对他们的深刻影响。岭南人在与海洋搏斗的生存空间中,"如无一种随机应变、灵活敏锐的个性,避险趋易,化险为夷,则很可能时刻葬身鱼腹"③。环境决定民性,世代延续的"生活圣经"让他们养成了一种"变"的思维习惯。

---

① 梁启超:《饮冰室合集》,中华书局1988年版,第10页。
② 林语堂:《吾国与吾民》,陕西师范大学出版社2003年版,第4页。
③ 谭元亨:《广府寻根:中国最大的一个移民族群探奥》,广东高等教育出版社2003年版,第54页。

郦道元《水经注》里曾有"水德含和,变通在我"①之语,老子五千言中亦有"上善若水"②之谈,能居于任何形态而不断修葺自我,以浩渺深广之态藏污纳垢于五色无形之中,水这种以"变"为形的大德,亦成为岭南民性之德。而这种民性德行,在十三行后人们弃商从文,远离祖上所经营的事业而觅寻属于自己道路的选择上,有着典型的表现。对于十三行后人而言,"弃商从文"里的"弃",其实就是一种改变、一种变通。《易传》强调"易穷则变,变则通,通则久"③,变通,才能使事物迎立于不断变迁的外部环境之中,在物质世界里保持自我的生存力量,不至于使存在价值在滞后中失落。十三行行商们深谙这个最简单却又最艰深的哲学道理,在发展道路上让后代不再封锁自己,而是"变",变商为仕,弃商从文,总之不再涉足于自己曾经饱受冤屈折磨的商道。曾经叫响天下的十三行行商们,面对着这个自己一手打造的商业帝国,改变,其实是一个很困难的选择。人的思维总有着一种固定性,当自己在某个领域取得非凡成就时,总希望子孙后代延绵不绝,继承自己所得到的一切。但这些行商们没有这样做,甚至"不约而同"地让后人皆放弃商途。在这个艰难决定的背后,我们看到的一方面是十三行先人们当初经营这个商业帝国时,在表面风光的粉饰下,一直承受着的那种无奈与痛苦;另一方面也是广府人生命流溯出的一种特殊地域文化品质——变通。

海纳百川,兼容并蓄

"海上丝路"在广府的形成,使这里的文化有了一个与西方对话交流的重要机遇,也让广府人兼容开阔、海纳百川的气度在中西文化碰撞所激起的重重火花中更为凸显。十三行是"海上丝路"延展的基点,亦是清末中西文化经纬交叉的交融点。

十三行作为清朝对洋贸易的唯一通途,其面临的西方文化冲击无疑是前所未有的巨大,这不仅表现在洋货物对本土物资的打击上,更表现在思想意识形态方面的直接碰撞。在清康熙帝开通海上贸易大门以后,清廷刚开始对教会文化并没有采取太严厉的打压政策,使很多的传教士在这个时候能够走入中国的大门。就像天主教的汤若望、张诚、南怀仁、戴进贤、郎世宁等,他们把西方的文化带进了中国人的视野,让长期处于闭关锁国而变得妄自尊大的国人开始意识到除了清朝廷之外世界上还有许许多多不同的国家;除了黑眼睛黄皮肤的中国人外地球上还有其他不同种族肤色的人;除了长期在中国思想领域占据统治地位的儒释道外,人类还是可以有其他不同的人生观和世界观。睁眼看世界,是从经济领域的开放,走向文化意义的兼蓄包容。

---

① 郦道元:《水经注》(上),华夏出版社 2006 年版,第 261 页。
② 奚侗集解:《老子》,上海古籍出版社 2007 年版,第 18 页。
③ 黄寿祺、张善文译著:《周易译注》(下),上海古籍出版社 2007 年版,第 402 页。

无疑，处于对外接壤浪尖上的十三行，是最早也是最深刻地感受到这种外来文化碰撞力度的。夷馆林立和洋商常驻，使广州这个弹丸之地同时容纳了中西两种迥异的文化形态，也使这里的人有更多的机会去接触外来事物，琐碎可至日常生活的点滴小事，大可至思想层面、家国层面的交融沟通。在当时，由于十三行贸易往来的需要，外国货币在岭南地区大量使用。虽然期间两广总督吴熊光曾上奏朝廷要求洋货币熔制为银锭才可以流通，但清廷为免生事端，最终不了了之，没有予以批准。因而乾隆年间便出现了"银钱堆满十三行"的景象。

而至于外教传来之热，这时候风气更甚。中国第一历史档案馆藏的雍正十年七月初二广东总督鄂弥达上奏朝廷的奏折中，清楚地记录了当时广东传教的"热闹程度"。他在奏折里称：

> 广州城有八处设天主堂，正堂主由外国人充任，副堂主都是中国人，负责招收信徒。西门外杨仁里东约堂1400余人，杨仁里南约堂1000余人，濠畔街堂1200余人，卢排行堂1100令人，天马巷堂1300人，清水濠堂2000余人，小南门内堂1400余人，花塔街堂300余人，八堂诱入男子万余人；又女天主教堂八处，……八堂入教2000多人。①

当然，鄂弥达上报这份奏折的目的是希望清朝廷加强对天主教的防范措施，禁止传教者继续在广东进行传教活动。但从另一个侧面，我们不难看到当时传教在十三行以至整个广州城的盛行。根据历史经验，外国传教士在传教活动中带来的往往不仅仅是教义、道德方面的宣扬，更有着许多自然、科学、医学等知识的传播。这极大地开阔了岭南人的视野，也拓宽了科学认知的领域。事实证明，岭南人在后来的发展中比全国许多地方更早也更好地接纳了西方文化因素，像郑观应、康有为、梁启超等一大批有志之士都致力于在中国传统文化中加入西方某些值得参照的观念知识，希望以此挽救积弱的国家；广府地区西式学堂的林立、各宗教教堂的并存、科学知识的普及等现象，都表明了在这片土地上，人们对外来文化不是敌对抗拒的姿态，而是以海纳百川的量度去容纳所有的"异己"，并使之为己所用。

在这种状况下，十三行商贸带来的就已经不是物质意义上的中外交流，而是文化意义上的融汇，这也促使广府文化中兼容并蓄的品格更进一步提升。在对外交流开放之前，广府文化的开放性更多地表现在它对其他地域文化的接纳与认同之中，"其兼容性表现为各种地方文化的共存共生现象。特别要指出的是，广府文化的兼容性表现在对立异质文化的共生上。"② 就像广东人习惯于清淡饮食，但他们对川菜、湘菜等其他地域饮食文化从来不拒绝，而是收为己用，甚至作出适当

---

① 李国荣、林伟森主编：《清代广州十三行纪略》，广东人民出版社2006年版，第33页。
② 李权时主编：《岭南文化》，广东人民出版社1993年版，第25页。

的调和，演化为具有粤特色的地方菜系。而十三行商人们却在经济活动中对广府文化兼容并包的特性作出了一次新的诠释，这次的包容不仅仅是国家内部地域文化之间的，更是国与国、东方与西方之间的一次对话。十三行，就为这个新的尝试提供了平台和机会，也促使了岭南文化这种品质的进一步深化、内在化。

广府文化本身开放包容、兼收并蓄的特征，也让十三行人比中华大地上的其他商群更容易接受外来文化，更积极主动地在中西文化交流中扮演重要的角色。

广府地区临近大海，是中华大地上海岸线最长的地域。海洋一方面赋予这里居民以丰厚的海上资源，另一方面也让他们的生命中具备了一种与生俱来的海洋性格。在自然界中，大海唯不择溪流，广纳百川，才能成其浩渺深阔之势；唯藏污纳垢，不拘于物，才能展现最大容量的纯净。而海洋赋予广府人的，也正是这样一种兼容并蓄、包容万物的人生哲学。"它处于与不同文化相互对流和沟通的状态，不存在严重冲突和对抗的局面……它表现了开阔的胸襟、博大的气魄。"①

清代以来，随着外来文化的输入，西方国家开始走入清廷的视野，中西文明也开始在这里得到了一次磨合与交融的机会。在此过程中，广府人表现出对外来事物的非凡包容力，不但允许多元文化并存，更主动摒弃传统封建文化的糟粕，吸收西方文化的精华。这种宽容，不仅仅是道德意义上的，它更是广府人的一种心理状态和文化情绪，是广府民性中根存性的东西。

就像在1810年，十三行行商们伍敦元、潘致祥、卢观恒等人集资在洋行商馆聘请邱喜、谭国等人为广州人接种牛痘。② 在这之前，天花在中国是一种极为高危的疾病，基本上无药可治，每年由于这个病而失去生命的人不计其数，其中皇室成员也大有人在。可以说，这种疾病在那时长期消息闭塞的中国人看来已经是一种如洪水猛兽般的绝症，大家都觉得不可能有预防或医治的方法。但当十三行商人们集资请外国医生为人们种痘时，广府的人们竟然又乐于尝试，并越来越接受，以至这种医术推至全国。这件事情其实也反映了岭南民性中本质地存在着的那种乐于接纳、兼容万物的品格。这，就是一种海洋的性格。

而十三行行商们在"商"与"仕"与"文"的道路选择中，实际上表现出来的也是这样一种宽容的品性。没有对商道的盲目固执，没有把自己乃至后代的发展狭隘到仅此一个行业中，而是兼蓄并容，让他们自己去发展，自己走不同的道路，选择不同的行业。或走入仕途，感受"学而优则仕"的传统关怀；或走入学术研究领域，在笔迹墨痕中度过平淡而雅致的人生。任何事情，任何选择都是有可能的，都不会受到打压和制止，在此，他们表现出一种经历大风浪后所具有的开放气度和海纳胸襟。这是广府民性在其身上的投影，而他们的行为也让岭南文化得到了一次深化与洗礼。

---

① 广州市海珠区区志编辑室：《海上明珠集》，广州海珠区人民政府编印1990年版，第24－25页。
② 李国荣、林伟森：《清代广州十三行纪略》，广东人民出版社2006年版，第82页。

重商传统，儒商气度

十三行商业圈是岭南经贸文化发展史上最光辉的一页。

我这里所评价的"光辉"，并不是指行商们富甲天下，"家家金珠论斗量"[①]的气势，也不是指十三行"百货通洋舶，诸夷接海天"的盛况，因为这些都只是表面现象。红顶商人的风光旖旎其实只是对他们深受双重压迫的生存境遇的一种掩饰和安慰，外表看来繁华喧嚣的十三行也处处潜伏着中西矛盾可能带来的危机。但这一切，并不影响十三行商业圈在岭南经贸史上的地位。从历史的目光来看，无论十三行人所遭遇的劫难是如何深刻凝重，这都只是一个时间片段的事情，对十三行的评价，更应该放眼于整个历史长河，放眼于中国，乃至世界发展格局，而不单是以一个个零碎的时间段。

清朝廷一口通商的政令让十三行行商们成为天下之先，也凝聚了整个十三行商业文化圈。他们具有开拓意义的对外经贸活动创造了粤商历史上的一个奇迹，其光辉之处正在于他们以群体形式跨出了中华经济史上对外经贸活动的第一步，缔造出十三行商贸圈的繁华，使对外贸易从零星之举变成平常之事，与洋商往来从小心翼翼的稀奇变为从容不惊的平常。这一崭新的历史状态，为十三行的发展提供了新的机遇与平台，从而上升至一个更成熟的运作圈。

十三行人以世界视野观照经济商贸，贯穿其活动的，正是一种大商业文化意识、一种睿智者的风度与气魄，而不是市侩小商人那种只能看到眼前的短浅狭隘。德国地质学家李希霍芬对广东人的评价中就曾经说过："（广东人）在所有的智能、企业精神、美术情趣方面优于其他所有的中国人。……广东人对经营大商业和大交通业有卓越的才能，他们生长在自古形成的氛围中，受其熏陶，形成了一个典型的人种。"[②] 这里所提到的"大商业"气度，在十三行人的经商活动间有着集中反映。一改传统商人那种"重利轻义"的价值判断模式，十三行人做生意讲求诚信、坚守原则，不屑为那些赚钱但埋没良心之事。甚至可以说，他们的行商模式是以广交朋友为前提的，而绝对不是"穷得只剩下钱"的商人。在1775年，英国东印度公司职员就曾经做过这样的记录：

> 这时我们见到一种新现象即我们已经发现高级商人，他们善于经营，坚持要获得好的价钱，但当价钱已达到极限时，他们立即让步，尊重他们的对手大班，而大班亦尊重他们。从这个时期起，双方不断冲突，但在整个过程又是亲密的朋友。

像这样的例子在他们的日常经贸活动中俯拾皆是。潘启的茶叶对外销售活动

[①] 刘正刚：《话说粤商》，中华工商联合出版社2007年版，第45页。
[②] 陈云：《陈云文选》（第二卷），人民出版社1995年版，第336页。

就凸显了这一点。茶叶的储藏是极为注重通风干爽的，但海上运输又不免遭受"水"的冲击。海上湿润的环境对茶叶而言是极具风险的。而潘启一直经营茶叶贸易都对货物的品质作百分百保证，即便货物已经到达大洋彼岸，如果出现霉变等问题，一样照单赔款或换货。1783年，潘启对东印度公司退回来的1402箱武夷茶进行了全额赔偿，这种在很多现在商人看来不可思议的亏本行为，当时他们做起来却是眉也不皱一下，因为他们认为这是"应该的"。这种"应该的"价值判断，根源正是那种开阔的大商业气概。而这种胸襟与理念，在后来整个十三行"逆流而行"共同坚持抵制鸦片倾销中得到了一次最光辉的验证。可以看到，实际上十三行人已经建构起一个成熟运作的商业圈了。他们不是为钱而商的一群，而是有着自己的一份坚持与理念，是以商贸活动实现自己价值的人。

十三行经贸活动的开创与坚持，极大影响到广府商业文化，促使这里的商业传统基奠更厚重，重商意识也进一步加深。当然，十三行人对广府商业文化的影响，不单在于重商意识的深化，更在于他们延续性地发展了一种"儒商传统"。

十三行行商们虽然饱经商海沉浮，在商场上冒险拼搏、奋勇无畏，但其实他们之中是不乏儒雅之士的，有些本身就是来自书香门第，捐资购买书法字画、开设学堂等筹办文化建设之事甚为平常。黄任恒就在《番禺河南小志》里记录道："200年来，粤东巨室，称潘、卢、伍、叶。伍氏喜刻书，叶氏喜刻帖，潘氏独以著作传。"① 的确，在十三行浓郁的商海风影中，我们感觉到的，不是由金钱物货转换带来的浮躁与愚昧，而是一股淡淡的书香流溢。就像这里曾经提到的潘启家，其次子潘有为善书画，醉心收藏艺术品，首开清代羊城鉴藏文物珍品之风，并在嘉庆年间刊刻了《看篆楼古铜印谱》《汲古斋印谱》和《古泉目录》，并且还有《南雪巢诗抄》。而四子潘有度著有《义松堂遗稿》，其时以诗才著称商界，居处名为漱石山房，极具雅致情愫。潘有度四子潘正炜的听帆楼藏书与文物极为丰富，他也热心与文化人交往，当时广州著名的文化人吴荣光、张维屏等都与他有交情。② 潘家的这些文化史迹在十三行人中其实并不是一个偶然，而是一个普遍现象。如当时的十三行行商伍怡和、卢广利、刘东生、梁天宝、关福隆、谢东裕、李万源、潘丽泉、麦同泰等共同投资文澜书院的建设。可见，这些行商们其实都有着一种对文化的倾向性，不是传统意义上那种满身铜臭、重利轻义的商人，而是有着一种特殊的文化睿智与气质。

这一点，我们可以在梁经国对子弟的严管中得到某种印证："经国严于教子，宾礼塾师使磨砺灌溉，自是黄埔梁氏乃屡有掇科登仕者矣。"③ 而事实证明，梁家的后人们的确在文化事业上多有建树，鉴赏收藏之事自不在话下，能吟诵诗词、

---

① 广州市海珠区区志编辑室：《海上明珠集》，广州海珠区人民政府编印，1990年版，第249页。
② 刘正刚：《话说粤商》，中华工商联合出版社2007年版，第175页。
③ 黄启臣、梁承邺：《广东十三行之一：梁经国天宝行史迹》，广东高等教育出版社2003年版，第17页。

撰写流彩华章、考取功名的也不是少数。这与从祖上传承下来的深刻庭训和叮咛教导是不能分开的。由此可见，在十三行狂风骤雨般的商战背后，其实有着一种浓浓的文化情怀。用"诗礼传家"这个极富象征性的语汇去形容这些商行家族一点也不过分。"诗礼传家"在他们身上不仅仅是一种深情的期盼，更是现实意义上的记载与撰写。

当然，在另一方面，为什么十三行能够在广府地区创造如此多的奇迹，甚至结成整个商业文化圈，这也有着广府文化本身重商意识的思想渊薮。

广府地区与海洋的天然相接，使蓝色文明在这片古老土地上踏出了深浅足迹。在世界文明史上，大海让古希腊惊人早熟地建筑起自己独特的商业文化，并以此为根基创造出政治城邦制度的繁华。而在中国，海洋亦让广府人早早地就建立了交流互换的思想，而表现出与其他内陆地域不同的文化姿态。在中国传统的儒家思想中，"士农工商"，"商"永远是遭人唾弃的末流。从战国的商鞅开始，重农抑商的治国理念便从未在统治者脑海里消失。他们认为，"农"是一切之本，是满足生存需要的第一要务，而"商"则是末，只是多余消费品的一个交换过程。没有农业发展，没有剩余物，根本就不可能交换。为了防止人们本末倒置，就必须重农抑商，打压商业和商人。而广府人却不同，他们很早就意识到商品交换的重要性，社会分工的细致化让这里的人在坚守自己的分工岗位的同时，亦注重在商业往来中完成生活的全部需要。"必须通过商品交换，才能换取生活的其他必需品以及扩大再生产的资源——这样，便卷入了商品经济的大循环中，产生愈来愈强烈的商品意识"。[①] 重农抑商"这种封建社会小农经济条件下萌生的价值观念，在广府地区并无突出的反映。"[②]

由此，十三行商业文化圈的建立便有了地域文化基础依据。十三行商人们能够在这个远离天子的地方建造起自己的商业帝国，打造出当时世界商贸格局中的品牌，其实也是由于广府地域本身已有的商业传统。在这里，人们并不抗御商业文化，甚至对之有一种由熟悉而致的热衷。在千百年的商贸间，他们早已掌握了一套属于自己的"商业经"，十三行对外经贸格局的打开，无疑让他们有了一个施展拳脚的机会。这种地域性的大众心理，让十三行顺理成章地在这里生存着、发展着。

房龙曾经说，"中国，与其说是一个国名，还不如说是一种文化"[③]。对于他而言，"中国"所代表的已不仅仅是地图上某一个刻点，而是一度遥远而神秘的思想蕴藏。这是一种由地理差异而衍生的思考距离。实际上，这种差异不仅表现在中西方的文化鸿沟中，更表现在同一国度的不同地域上。任何一个由地理特征而

[①] 谭元亨：《广府寻根：中国最大的一个移民族群探奥》，广东高等教育出版社2003年版，第57页。
[②] 李权时：《岭南文化》，广东人民出版社1993年版，第22页。
[③] 亨德里克·威廉·房龙：《艺术》，北京出版社2001年版，第359页。

进行界定命名的地域称谓，在某种意义上说，本身也是一种文化代表性的名字划分。广府文化的独特性，让十三行商业文化圈得以挺立出自己的姿态，谱写出中华商贸史上具有开创性意义的一页。同时，十三行在广府的发展，也深深地影响了这里的文化与传统。这种影响，不会是雪泥鸿爪、雁过留声式的稍纵即逝，更有着点滴沉积的文化意义。对十三行精神与广府文化之间这种微妙的双向度建构关系的解剖，其实正是对文化生成之于地域的一次特例解读，也是在一个新的角度对广府传统形成过程的一次叩问。

（笔者注：本节与研究生宋韵琪合写）

第七章 方言地图

不同民族的思维，均是以其不同的语言为载体或工具，通过语言表达出来。二者是不可或缺的。因此，语言对于思维方式起到了极为重要的决定作用。换句话说，语言本身是思维方式中最稳固也是最直接的因素。

不同的国家、民族，社会演进的快速、缓慢与停滞，历史发展的跌宕、起伏与平缓，文化传承的肇始、转换与融会，心理上的封闭、麻木与开放，都对其思维方式产生重大影响。它们本身就是思维方式凝练、继承与发展的机制，反过来，亦是思维方式所必然导致的结果。所以，思维方式亦是民族精神的核心，对民族心理与民族性格的塑造起决定性的作用，是形成不同民族性格，显示不同民族形象的内在因素。①

进一步说，方言也就更凸显了这一种因素。

不仅仅是民族，甚至在一个民族的不同族群，其思维方式，价值取向也同样有不同。在广东，广府人、客家人、潮汕人，用不着专门去介绍，我们可以从方言的不同，乃至思维方式、价值取向上的不同（当他们同说一种方言时），就完全可以辨析出来。所以，即便共处一省，三大族群的差别也很是明显。

这一章，我们从方言切入，因为这要更具"情感历程"的色彩。

可以说，语言与世界之间存在着先天的同构关系，我们只能透过语言去看世界，通过对语言的分析达到对世界的分析。而语言或思想能够成为现实的构象，是由于二者之间存在着逻辑的同构。"留声机唱片、音乐构思、乐谱、声波，彼此之间均具有语言与世界间所有的那种表象的内在关系。对于这一切，逻辑结构都是共通的。"（维特根斯坦语）

因此，语言就是一切，语言也是世界。汉语有汉语的世界，这个世界自有自身的逻辑、情感与边界，包括汉语的节奏与韵律。维特根斯坦在《文化和价值》中说过："有时，一个句子如果只在适当的速度上来读，可能会被理解。我的句子完全应该慢慢地来读。"中国国学大师陈寅恪也说过类似的话，"凡中国之韵文，诗赋词曲无论矣，即美术性之散文，亦必有适当之声调。若读者不能分平仄，则不能完全欣赏与了解，竟与不读相去无几，遑论仿作与转译。"他举例以"听猿实

---

① 谭元亨：《断裂与重构——中西思维方式演进比较》，广东高等教育出版社2007年版，第8页。

下三声泪"与"听猿三声实下泪"做比较，前者有平仄之分，后者无，"讲授文学，而遇此类情形，真有思维路绝、言语道断之感。"

为什么陈寅恪称"我们的母语，远胜于我们自己"？因为母语，是整个民族的思维方式、世界观与价值观所系，是我们的整个世界。你要理解别人的语言，你才可能掌握别人的思维方式，方可以进入到另一个世界。中国传统强调的是"安土重迁"，而中古形成的客家民系，却一反传统，讲"宁卖祖宗田，不卖祖宗言"，把语言看得高于田土，无疑正是思维方式上一锱裂变，这也与他们的世界分不开。[①]

中国传统中，士农工商，商为末，几千年定位不移，重农轻商，重义轻利，不患贫而患不均。然而，在中国南部广东，由于海上丝绸之路两千年的影响，在唐代，白居易便告诫南下的官员，说广州是"忧贫不忧道"，到了广州，可千万别迷失了本性，失去了"道"。广府人也有客家人一样的格言"顶硬上，鬼叫你穷"，以致被北方人视为"笑贫不笑娼"，其重商观念与生俱来，早早有弃士经商者，士、商地位发生倒置。

可见，即便是用同一种文字——汉字，由于各自历史、地理上的不同，方言不同，思维方式也有很大的差别。同一民族、同一语言中还如此呢。

而不同语言，则更有不同的思维方式。这与一个民族或族群的形成、发展是密切相关的，语言中蕴含的历史文化，本身就是非常丰富的，可以说，语言从一开始，便深深地打上了民族文化的烙印，语言的历史与文化的历史每每是同步的，一如摄像机，摄下了民族历史、文化、心理素质各方面的特色；也如摄像机的镜头，框定、规范了一个民族看世界的思维模式，规范了文化的深层结构。因此，语言左右了不同民族的思维模式，是毋庸置疑的。

话似乎说得太长了，这里不妨把方言暂时放下，重复讲一下三大族群关于"粥"的一种习俗。

广府人煲粥，最上等的是"有米粥"，即把米熬得看不到任何微粒，呈糊状，喝起来幻滑，口感好。

而潮州人的粥，则近似江浙一带的"烫饭"，水是水，饭是饭，可他们吃起来，却别有一种甘甜的味道。

至于客家人呢？他们的粥，不会熬到见不到米粒，也不会是水是水，饭是饭，而是居于二者中间，一般吃得很香。

同处一个省内，连喝粥也有这么大差别，更不用说粤菜、潮菜、东江菜的不同了。

那么，从方言去看文化，我们也就会看到更多的异同，体察到各自不同的情

[①] 谭元亨：《断裂与重构——中西思维方式演进比较》，广东高等教育出版社2007年版，第11-12页。

感、意识、思维方式。

这个语言世界，依照情感轨迹走出去，也就会更丰富多彩，下面，我们就按这三种方言，去构筑一个别样的天地吧！

一、客家方言与"祖宗言"

（一）

客方言的研究，这几十年间，可谓方兴未艾。语言是一门大学问，永远也难以穷尽，包括世界著名的麻省理工学院，其世界语言中心，调动了众多先进的科技手段，对语言进行各种破译，成果颇丰，却仍有做不完的课题。客家方言，在世界不少语言机构中也是热门课题，在客家学中，亦为重中之重。客方言之谜，远还没有到破解之时，它承载着整个客家文化，也揭示着客家的历史，保持有客家的记忆，那永难磨灭的颠沛流离、艰难苦恨的历史记忆。

同样，语言也是一种思维方式，不同的语言，自有不同的思维方式。客方言也代表了客家人的思维方式。千年漂泊、千年的流离失所，自让客家人产生不同的心态，有不同于"安土重迁"的传统中原人的价值取向。语言表述方式不同，每每凸显出思维上的巨大差异，在行为上甚至出现格格不入的表现。所以，对客方言深入的研究，当是大有用武之地，也是在所必然。尤其是在思维方式与语言上。

这方面的材料，当以熟语、民谚最为突出，因为它们是通过长期的积淀而形成的。"谚"字从言、从彦。在《说文》中有注："'谚'，传言也。"也就是说，同熟语一样，谚语更是长期流传下来的文辞稳定的常用俗语。

我们也就以它们作为研究的思想材料，来层层揭示出这个民系的历史品格与价值观念，以及其他。

被视为客家立身格言，且广为人知，最具代表性的谚语，便是：

宁卖祖宗田，不卖祖宗言。

"田"与"言"，可以说分别代表物质与精神、功利与文化、实与虚种种。在农耕文明中，"田"是心肝尖，是全部的生命，客家人亦不能不看重，"宁卖"本身也是逼不得已的意思，但是，"言"却有更重的分量、更高的价值。

传统中国，近三千年前，便有"太上立德，其次立功，其次立言"之说，视"立言"为不朽之盛事，立言与立德、立功并列，故后来更有"代圣贤立言，为生民立命"一说，这"立言"就更了不起了。所以，一个"祖宗言"，不仅仅是话语，而是整个文化传统、祖上的遗训，而这，包含了客家人整个人生观、价值观。言如同真理，须臾不可忘却，更不可以变卖与背叛！

客家人视"言"这一精神财富为最大的宝藏,更表明了他们千年来所追求、所奋斗的是什么。"祖宗言",可以说意味着历史,历史是出卖不了的,所以,这更意味着从历史中获得的正气。被视为客家第一人的文天祥,便有不朽的《正气歌》:"风檐展书读,古道照颜色。"从历史中吸取智慧、经验与教诲,尤其是人性——只有人类,方有"言"可立,有言者方有历史,知道历史,也就知道了人性是什么了。一个重视"言"的人,重视自身精神生活的人,无疑是一位令人景仰的"精神贵族"。

关于"宁卖祖宗田,不卖祖宗言"还可以说很多,它比另一个民系的"爱拼才会赢"不仅有更深广的文化内涵,且更有意志的力度。

在客家方言中,我们还可以听到相近的谚语,各自表述的方式不一样。

例如,"做不尽子孙屋,买不尽子孙田"——又讲到了田,显然,这话的意义在于,与其留下物质财富给自己的后代,还不如留下"言",让他们终生受用。

与"田"有关的还有:"不贪郎田地,只贪郎精致"。精致,指的当是人品、学问,客家人看这个,比看田地要重得多。而"做官买田,不如子孝妻贤","好子不贪爷田地,好女不求嫁时衣","家有千金,不如藏书万卷",这都很明白地表现出客家人的价值取向。各地的客家方言,类似的还有不少,又如"宁卖祖宗坑,不卖祖宗声",也是一个意思,不过更直观一些。

(二)

一个重视"言",以"言"高于田、高于生命的民系,毫无疑义,会很在乎"言"的传承——而这一传承方式,就只有教育。

客家人重伦理、强教化,在中华民族之中,是很出名的。客都梅州,早在清代便被称为"人文秀区",外国传教士亦惊叹,这里的学校之密度,比欧洲的发达国家还有过之而无不及。

客家人讲究教育,并不停留在传承上,而是要求青出于蓝而胜于蓝,没有这一条,教育对历史进步的作用就无从提起。

所以,客家民族中有一条谚语是其他地方所没有的,那便是:

有状元学生,无状元先生。

这一谚语正是说,学生肯定是会超过先生,这是一个必然规律,不可以改变的,这也代表一个民系对教育的自信。虽然客家民系形成较晚,而且偏于南方,所以,中状元的并不多,且对整个民系日后出的历史名人、文化大师不起什么作用,但这一谚语早早出现,正是证明客家人所期盼、所坚信的。

客家民谚中关于教育的很多,随手拈来,就有:"茅寮出状元"——这说明他们不在乎出身、门第,坚信苦读必会有出息;"不识字怨爹娘"——这是明确了父母最大的责任;"读不尽的书,走不完的路"——同"行万里路,读万卷书"是一个意义,而且加以了强化;"唔读书,瞎眼珠"——不读书形同睁眼瞎,生死攸关;"养子不读书,不如养头猪"——够"刻薄"的了;"胡椒细细辣过姜",当是青出于蓝之义。还有:

> 耕田爱养猪,养子要读书。
> 学勤三年,学懒三日,
> 刀不磨生锈,人不学鲁钝,
> 秀才不怕衫破,最怕肚中无货。
> 补漏趁天晴,读书赶少年。
> 读书肯用功,茅寮里面出相公。
> ……　……

教育,是人类文明之圣火,客家人在其生存状况中,当是最了解这一意义的。"夫善国者莫大于劝教",我们用不着在这里对客家关于教育的谚语层层剖析,他们当比我们更为理解透彻得多。

(三)

中国的教育,历来强调的是教书育人。落在"育人"上,人格教育,理所当然是第一位的。客家人对那种世风日下、人欲横流、道德沦丧、拜金主义的现象是痛心疾首的,这当与他们漂泊的历史相关。堡垒是最容易从内部攻破的,纵观一个个赫赫然的大皇朝,最后不都崩溃于内部的腐败、荒淫与相互攻讦吗?人品,重于一切,这一点也不可以动摇。

而客家人在长期的流离中,对人格的要求,也自有不同。

他们特立卓行,自强自信;他们重义轻利,讲然诺,薄小人;他们以郡望自矜,更渴望建功立业,光宗耀祖;他们敢于开拓,前仆后继……有人用"硬颈"精神,来概括客家人的个性与品格,这显然是中肯的,没有这种"硬颈"精神,客家人无以在近现代的历史大事件中成大气候。

所以,客家人的谚语中,处处强调这种独立的人格,"硬颈"的精神。

"眠倒打唔(不)跌"——就算是睡着了,也打不倒,瞌着了,也得挺立不仆,像个人样。

"人怕人打落,火爱人烧着",愈是磨难,火只会愈烧愈旺,愈有挑战,就愈显出色——客家人不正是在一个个的历史挑战前挺身而出、奋发图强的吗?

"一正压千邪""同理不同亲"——正气总是要压倒无论怎么嚣张的邪气的,客家人首先讲的是正气,是真理,而绝不为别的所左右,哪怕是皇亲国戚。这认死理的犟劲,在客家人身上表现得最为明显。"聋子唔怕铳",哪怕耳边怎么呶呶,威胁如何凶狠,他都"千磨万击还坚劲,任尔东西南北风"。

"树身生得正,哪怕风来摇。"人是要有自己的骨头的,不可轻易弯曲、折损。

"敢唱山歌敢放声",敢作敢为,真理在手,无所畏惧。这无论客家男女,都是如此,既然敢说,又怎么不敢"放声"呢?

人得讲自尊,民族有自尊,个人也有自尊,自古皆然,所以,客家谚语中尤为强调这种自尊,常在耳边的就有:

> 为老不尊,教坏子孙。
> 父正子不邪,母勤女不懒。
> 宁可人负我,不可我负人。
> 命长食的饭多。
> 命长不怕家乡远。

人的一生,最高的要求,便是做到问心无愧,有自尊地活着,饭多,家乡远,便包含这一意思,无愧于生命,无愧于衣食父母,也无愧于家乡与国家。

极富个性的还有:

> 矮凳子梗跌人。
> 铁槌不硬不打钉。

其义自明。

> 敢食三斤姜,敢顶三下枪。
> 铁打担竿——硬程。

这自是胆魄与毅力。

凭这些,我们当可以看得出一个顶天立地的"客家人"来。

(四)

客家人节俭近乎吝啬,坚忍几乎无性,这在外人来看,都有悖常理。可这是他们独有的命运、生活所造成的,未必就都是负面的东西。

尽管很早就有人就"风吹鸡蛋壳,财破人安乐"一语,讽刺客家人的小气,连一个鸡蛋壳的家当也没有,且还自我安慰、自得其乐。但是,我们每每可从有悖常理中,看到客家人的艰难以及由艰难而形成的勤俭持家的本色。

通常人们都说"油多不坏菜",对于重油、重味的客家菜也当如此,可客家谚语中却是另一相反的句子"油多煮坏菜",强调的是少放油,显然是从节约出发的。

通常应该是隆冬厚衣,这再正常不过了。可在客家谚语中,却有俗语"多衣多寒,无衣自暖",强调的是人的体魄,似乎更有哲理一些。

千年迁徙,万里长旋,物质的享受无论如何是谈不上的,一滴油、一颗盐,都得精打细算才行。所以,客家人的勤劳、俭朴,在南方几大民系中是最为凸显

的。这一类的谚语,自然有很多很多:

> 食不穷着不穷,无生计才是一生穷。
> 田螺只知食,不知背上生柳苔。
> 人生不知足,冬要屋矮,夏要屋高。
> 有油莫点双盏灯,免得无油打"暗摸"。
> 一餐省一口,一年省一斗。
> …… ……

这些,无疑都是一种美德,尤其是开始富裕起来的今天,更当要牢记,骄奢淫逸是很容易的,但俭朴勤恳却不那么好坚持。

从客家谚语中,我们还可要读到很多书本上读不到的东西。

它教育人们要团结互助:

> 相骂莫帮言,相打莫帮拳。
> 亏众莫亏一。

要敢于创新、不要故步自封:

> 死田螺唔晓过山丘。
> 不怕慢,只怕站。

要自律、自洁:

> 行得夜路多,必有遇鬼时,
> 恶人自有恶人磨。

切不可耍心计、自以为是:

> 人会算,天会断。

要孝敬老人:

> 还生食四两,当过死了祭猪羊。
> 千跪万拜一炉香,不如生前一碗汤。

要自重、自持:

> 穷人莫猎富样。
> 冤枉钱,水流田;血汗钱,万万年。
> 勤快之人汗水多,贪食之人口水多。
> 宁可与人比耕田,不可与人比过年。
> 近河莫枉水,近山莫枉柴。

谚语中,还可以了解到民俗民情,不同地域的风气,如两大民系中:

> 福佬好食粥，客人好起居。

客家人一有钱，便攒起来造房子，视它为头等大事；福佬人却好品味粥，尤其是清粥，越吃越有味。

就算是客家人，不同地方的，也都不一样，如五华打石匠，大埔烧瓷器，还有：

> 无梅不成衙，无兴不成市。

梅县人"学而优则仕"，所以衙门中当官的多；兴宁当年是旺墟，所以做生意的不少。

（五）

上边所引的谚语不算多，但客家人的思维方式、价值取向、人生观念，却可以从中了然在目。一个族群的人文特征、历史品格、个性风貌，也同样袒露无遗。可以说，在全世界人们的心目中，客家人正是这么一个坦坦荡荡、个性鲜明、一无遮掩的族群。光风霁月、磊落直率、敢作敢为——这难道不正是一个上升时代的题中之义吗？

二、广府方言与自立自强

顺德历来在广府中心之地，早在唐代，龙山乡"乃四方商贾之地"；宋代的逢简，亦"市集辐辏"。后来就更不用说了，人们的商品意识，因海上丝绸之路的繁荣，早早便萌发起来，这就带来了另一种文化：尽管文字还是一样的文字，但表述所用的语言却已迥然不同，形成了自己的系统。为此，仅以顺德方言为代表论述之。

当代著名的语言学家德·索绪尔，便视语言为一种独立存在的社会现象。他甚至称之为"一种社会制度"，其背后揭示的是整个的社会系统、价值观、思维方式，等等。当然，这一"社会制度"是约定俗成的，与政治、法律等社会制度不同。但它却在无形中制约着人的行为方式、价值取向。

这里，挑出广东三大民系最具代表性的谚语加以对比，以说明不同方言所生成的思维上的差异。

广府人的口头禅是："马死落地行"。

客家人是："宁卖祖宗田，不卖祖宗言"。

潮汕人是："爱拼才会赢"。

顺德人是广府民系中的佼佼者，这里，仅就"马死落地行"一语加以阐释，以引入顺德人更多足以体现其文化品格的格言或谚语。

"马死落地行"讲的是,马死了,自己下来走自己的路。这五个字,非常鲜明地体现出广府民系的个性,这便是一种独立不羁、豪迈豁达的男子汉的气概。不需要什么人救助,也无须什么靠山,更不用依附后台,而且,绝对没有与"马"一同去死的"义气",更不会赖在死马旁鞭打死马当活马来骑;亦无马死了,连自己也不知道怎么走路的死板、无奈、无知乃至无能。马一死,立即"落地",照行不误!这自然与早早"洗脚上田""弃官经商""弃仕经商"的广府腹地珠江三角洲的传统有关。广府人,正是在这种"马死落地行"的精神下,自己打出一个天地,开拓世界广阔的市场,在商品社会中如鱼得水!

好一个"地"!

这里的"地气",足以滋养这样自立、自强、自信的英雄好汉。

顺德是水乡,人们衣食住行,都离不开水,"宁欺山,莫欺水",这是一句顺德人的谚语,我们不妨沿着这一思路,思索下去。

小时候,在家乡便听人讲过这么句:"鱼唔过塘唔得大。"

后来回老家,又听到一句:"唔系猛龙唔过江。"

这两句,都与水有关。

这两句谚语所表明的是顺德人的一种人才观,说的是,人必须走出去,经风雨、见世面、闯荡江湖,方可能长得大,成得了气候,井底之蛙,绝对是不会有出息的。走出去,是得有一种不信邪的冒险精神,还得有一股子不怕苦的韧劲,患得患失,左顾右盼,前怕狼后怕虎,注定是干不了大事的,而这,须是"猛龙"才行——"不是猛龙不过江"。在内地,"猛"字多有贬义,如湖南人称不知天高地厚、有几分不清醒者为"猛子""臆猛子",可在广东,这"猛"字绝对是褒不是贬,诸如"生猛""猛龙"乃至"猛人"——有本事、有名望者,才叫得上"猛人"。所以,"猛龙",务必是有本领、有气魄的,方可能"过江"。过塘为大鱼,过江为猛龙,这当是一种文化崇尚的风气。

鱼也好,龙也好,都与"水"是分不开的,这便是水文化的价值取向。

大凡敢于外出谋生者,进京城的,如罗瘿公、黄节等,多为文化大师;到香港及南洋的,如薛广森、郑裕彤、李兆基等,多为著名实业家——无怪乎海外"顺德餐馆"那么多,当年南非淘金,中国去的就两种人:顺德人和客家人。难怪两个世纪前,德国的大学者来中国考察几天后便惊呼,广东人有经营大商业、大交通业的才干,有出色的企业精神。困守一隅,不求发展,"大"又从何而来?没有"大鱼""猛龙"的架势,凭什么干大商业、大交通业?近二十年顺德出了那么多的大企业,如美的、科龙等,当为两个世纪前的德国学者所言中了。

而顺德人能做大,更在于自古以来的那种求实、求变、求新的传统。

顺德有句谚语:"若要穷,神坛社庙逞英雄。"

死要面子,摆大排场,却不顾自己的家底子,在神坛社庙前大大出一回风头,当一回英雄，到最后是穷到尽、输到尾，这号事，顺德人是绝对不干的。顺德人不露富，恐怕就是这种传统，并不存心要什么瞒产低报，凡事留有余地，这才心里踏实。

为此，顺德人还有另一句谚语："执输行头，惨过败家。"

这一句比前一句还更有分量、更为辛辣。

"执输"即明明知道要输掉了，却偏偏要"行头"，要走有前面，想出一回风头、逞一回勇，这种心态、这种表现，在顺德人看来，"惨过败家"，也就是比败家还惨。败家只是败的财产，而这么做，不仅败了财产，连精神也败彻底了。这样的事，顺德人是最看不起的。

这两句谚语，与中原的文化传统，可以说是大相径庭。在中原文化看来，饿死事小，失节事大，面子是第一要紧的，别的都不在乎，所以才闹出那么多贞节牌坊的人间悲剧来。只有哗众取宠之好，无实事求是之心，才会干这号"惨过败家"、得不偿失的蠢事。

当然，顺德人的求实，并不等于如今人们所讲的"现实"这一点，只盯住眼皮底下的一丁点儿利益，而是讲究长远的目光，这也有很多的谚语为证。

这一句很实在，也很有远见："好仔不论爹田地，好女不论嫁时威。"出嫁时热热闹闹、八面威风，嫁后却凄凄戚戚、度日如年，那有什么好？岳父不在乎出嫁时女儿风光，当在乎女婿日后的本事才对。这便是顺德人的眼光。

类似的，还有："宁欺白须公，莫欺少年穷"。这听起来似乎不大合道义，白须公自是长者，有威望者，怎么可以欺呢？少年人，穷得叮当响，欺了又何妨——这是一般人的想法。但顺德人不这么认为，"少年穷"是万万欺不得的，别看人家今日穷，可来日方长，没准更有出息、更有造化呢，积怨于后，报应不爽矣。千万不可以因为穷而看低人家，甚至去欺负人家，这才是真正缺德也缺心眼。

同一意思的顺德谚语还有："做人唔好恃，后尾三年先正（方才）知"。这是说，做人不要有恃无恐、欺行霸市，一些事过去三年之后才知道报应。所以，做人要宽厚一些，不要得意忘形，要多想想后路，不然，后悔都来不及。这几句话，很平实、很普通，却意味深长，不是讲什么大道理，也没用大字眼，可掂量起来亦非轻。

顺德人的务实，还可以从很多谚语看出来。

小心驾得万年船。
近井唔好使枉水，近山唔好烧枉柴。
牡丹虽好，都要绿叶扶持。
家有千金，不好薄艺在身。
有麝自然香，何须当风扬。
拳头在近，官府在远。

> 唔怕无能，最怕无恒。
> 入乡随俗，入水随弯。
> 有风唔好使尽悝
> …… ……

这些，大都只出自顺德这个地方，一条条阐释起来，也颇有哲理。

顺德人对那种不实在的抨击，也是颇有机锋的。他们对那种"憎人富贵嫌人穷"，心里总是不平衡却又不努力者，当不屑一顾。"穷佬暴富，周身可恶；富佬暴穷，一刻难容"，说得非常形象，也非常到位。静下心来仔细想一想，对照生活中曾见过的这类人物，谁不会开怀一笑呢！

其实，上面引用的顺德人的谚语，几乎都充满情趣、富于机锋、别有深意，也从另一个侧面表现出顺德人的智慧、品味，也包括生活的艺术。

这些谚语，很务实。实者，世俗也，表达一般老百姓的人生态度、价值取向、情感好恶，绝不高高在上评头论足，更不故作风雅卖弄辞藻，这恐怕同珠江三角洲的市民社会早早形成，海上贸易西风日渐息息相关。市民社会有自己的闲逸、自己的潇洒、自己的风流，以俗为雅，大俗便成大雅——这些谚语，如用于纯文学作品中，不一样雅得很吗？

是的，顺德人在大气之余，很务实，在务实之余，也很风趣——有着自己独特的审美追求。他们一样很会享受生活，再从顺德谚语说起吧。

像"有情饮水饱，无情食饭饥""宁食开眉粥，唔食皱眉饭"。这似乎就不"务实"了，饮水怎可饱肚，食粥岂能开眉？不过，有一个"情"字，便可以化腐朽为神奇，毕竟，顺德人是重情的，情是最高的审美层次。称情直往，独钟于情，从来是审美的最高境界，以这种审美态度生活，才是人生的至乐，看来，顺德人是颇得其中三昧了。试想中国典籍《诗经》，不也因情而传吗？虽然编修过程中儒家正统之士力图削弱这一部分，强加上教化色彩，可千古传诵的，却是这一"情"的生机，这毕竟不是道德律令可以抑灭的生命之火！

我很欣赏的还有这么一句："崽大崽世界"，孩子大了就是孩子的世界了，放他们飞，给他们自由，不要老唠唠叨叨不放心——这正是一种放达的审美境界，本来，自由便是最高的美。所以，顺德人为何一代比一代有出息，我想，与这种宽松的家庭环境、宽松的社会舆论是分不开的。

顺德人是很懂得"叹世界"的——不会休息的人就不会工作，拼命地工作拼命地玩，这不独是西方的现代生活方式，顺德人早就如此了。

以上所引的谚语，均是历经上百年，乃至上千年淘沥而沉积下来的。作为文化积淀或思维模式的顺德独有的流行语或者格言，它们体现的是一个地域的人文品格以及历史风采，从中可以认识顺德，认识顺德人，认识顺德文化与历史。

三、潮汕人与生意经

讲完广府人,上文是以顺德人为代表,当讲讲潮汕人了。

"爱拼才会赢",当是潮汕人的人生信条,在大海的惊涛骇浪中讨生活,没这样的信条,只怕一天也挨不过去。

类似的谚语还有:

> 吞钉食铁

这是比喻专门打硬仗。

> 汗家目汁少。

靠自己勤劳发达起来,落泪就少。

> 骨头会生肉。

这不仅是硬气,而且有信心。

这些,都反映了潮汕人的气性:硬气、敢拼、达观、充满自信。潮汕人耕海的成功,离不开这份品格。

正如人们所说的,潮汕人不仅敢干,而且精明,这与他们生活的潮汕平原比较狭小、寸土寸金有关,什么都得精打细算,把活儿做得精致。所以,他们口头语上的"雕花割鸟",就包含这一层意思,而且,也已成为习惯。

潮州人经商,用他们的话说:

> 三个城内硕,当无个庵埠憨。

这里说的是,在庵埠里的,亦多计多智,亦能从商——这还有什么可说的呢?他们的精明,从如下谚语中也可看出来:

> 百赊唔如五十现,
> 五十唔如廿五品,
> 廿五唔如十五落腰窦。

"窦",亦即口袋,现钱不如落在腰袋,生意怕的是赊得太久。

同广府人一样,他们不好张扬:

> 头日新开张,
> 二日五味香,
> 三日卖豆腐,
> 四日铺倒帐。

潮汕人的团队精神也是显而易见的：

　　单柴孬邢（烧）火，单人孬沫（讲）话。

这已不用多说了。

同广府人"笑贫不笑娼"一样，他们也有"笑贫无笑骚"一语，更认定"护富无护贫"——这自然与中原文化讲"义"拉开了距离，与客家人也不同了。

在利益与情谊冲突时，他们当更务实：

　　人情通，米瓮空。

弄到自己也没饭吃了，舍命陪君子，能干吗。

　　十披八接接到无。

到头来，只能由亲变疏，什么都没有了。所以——

　　看戏无了局，去钱参落肉。

贪娱乐，既伤了身子又失去了钱，何苦来哉。

在这点上，他们似乎更看重钱的作用：

　　有钱脚步响。
　　佛也贪财一片心。
　　金用火试，人用财试。
　　亲生仔唔如胶己钱。
　　…………

不用再引了。这自然是他们的生存环境所启迪的，用到了唐僧取经须贿赂阿难与迦叶的典故了。无疑，一个重商的族群，就是这么走出来的。有人说他们吝啬，"咸过潮阳人"，可历史就是这么把他们逼出来的。今日的商品意识，在中国日益强烈起来，不也是过去落后挨打给逼出来的吗？

四、不卖祖宗言

我们再回过头来说客家话。

语言学家、客方言专家谢栋元提出，人们常说的客家人的格言"宁卖祖宗田，不忘祖宗言"，是以讹传讹，正确的说法是，"宁卖祖宗田，不卖祖宗言"。这个"卖"字，包含有毁弃丢掉，以及忘却等多重意思。

这自然不会有误。

别看是一字之差，却分明是两种截然不同的语境。仅仅是"忘"的话，是一种自然而然发生的现象，需要与遗忘作出顽强的抗御，拒绝遗忘。但不管怎样，这不存在强力的压迫。但"不卖",则完全不一样,有舍生取义的气概,有面临千钧重压而凛然不屈的骨气。田——物质的一切都可舍弃,言——精神的记录却不可以叛卖!不可毁弃!不可丢弃!

言者,记录下的是人的历史,凝聚的是人的思想,因此,它才丰富,它才瑰丽,它才庄严与神圣。这里用"神圣"一词,与宗教无关。中国自古以来,老人总是教诲孩子要"敬惜字纸",因为字是圣人所创造的,字本身包含有说不尽的神奇。

而言,还在"字"之先,先有言方有字,不少方言,都是不可以字来表达的,只是口耳相传,它饱含有更多的内涵或意义。禅宗的"不立文字"说,应该是看到了文字的局限性。言,是无形而有声的,如风如水一样飘忽,可它也如风如水一样柔韧,甚至像大山一样坚实,像大海一般浩瀚,它顽强地锻造着一个民族或一个族群(如客家民系)的历史记忆与文化记忆——正因为这样,它不仅要对抗遗忘,也同样要对抗虐杀与困厄。因此,从"言"的诞生开始,它便具有一种悲剧性的特质,演绎着其悲壮的历程。

而它顽强地以无形的形态生存至今。

言,虽然无形,却有分量,而且是沉甸甸的分量。

早在《论语·先进》中,便有:"夫人不言,言必有中。"一开始,便可以掂出其有如金子般贵重的分量。

《孟子·尽心下》则有:"言近旨远。"指者,旨也,就是意义深远的意思,可见言听起来"近",可其包含的意义有多么的"远"。

可见中国古代的哲人,对言是何等的看重,及至有"言为心声""言之成理""言而有信"等等,言与心,言与理,言与信,都是密不可分的。言代表了思想、道理、信誉,或者说,代表了真理——"言必有中",务必讲在真理上,绝不可戏言、虚言、巧言、伪言。言的价值、分量、品格,是无法估量的。

因此,《左传·襄公二十四年》中便有:

> 太上有立德,其次有立功,其次有立言,虽久不废,此之谓不朽。

孔颖达疏:"立言,谓言得其要,理足可传。"

仅此,可见立言摆在了怎样崇高的位置,与立德、立功并列,而且须传之不朽。故后来有称文章乃"经国之大业,不朽之盛事"。

立言,成了古之圣人、哲人立身之必需。其实,立言本身也包含有立德与立功。

立言,不可以是虚的——虽言者无形,但不可为虚,虚言不属立言之列,亦不足为言。真正是立言,无形,却可传之不朽,让后人效法,具有巨大的精神能量。

中国古人之所以如此重视立言,是因为我们毕竟是一个古老的、文明的国度,我们所传下来的"言",包含所有历史文明的信息。正是在这个意义上,言代表了先进的、正义的、文明(或科学)的一切,更代表了智慧与真理。

而"祖宗言",便是指祖先们的遗训,祖先们从所获得的道理中提炼出的所有遗训,不仅仅教后人怎么立德、立功,更包括怎么立人——做人。这便是立言的力量,无论怎么高估也不为过!

立言,不是任何人都能做到的。自古以来,唯有仁人志士,才有资格以自己的鲜血与生命,代圣贤立言,为生民立命,为宇宙立心,为万世开太平——这样的言,方称为言,惊天地,泣鬼神,垂千古!

言,在这东方古国,就这么获得永恒的声誉、超拔的位置。

其实,并不只有中华民族如此,而是所有的古老民族,都一般看重自己的立言。

克娄巴特拉,被史学家们称为埃及艳后,更甚者,叫作妖后,看来,这位女皇的惊艳绝非虚言。她的爱情,也同样惊天动地。无论后人怎么诋毁她,丑化她,可至少她在保护古埃及的历史文化上感人至深。

公元前31年,那时她已经到了个人生命及王国的最后关头,却仍忘不了要保住亚历山大的图书馆,说保住了这个图书馆,便保住了古埃及的整部历史,不至于让埃及在未来湮没。一位被视为骄奢淫逸的女皇,临死前仍有这般见识,可见古埃及的文化底蕴有多么地深。

图书馆能有什么?当然是古人的立言了!

而在这之后,即公元70年前后,罗马人即将进入圣城耶路撒冷,城破后,免不了会有一场大屠杀。犹太人面对这么一场空前的民族浩劫,在无力抵抗之际,只提出一个似乎是微不足道的要求,那便是:只留下一个能容纳10个拉比的学校,请决不要破坏它。

罗马皇帝攻破圣城之后,遵守诺言,向军队下了一条命令:"只留下一所小小的学校。"

全城几近灭绝了。然而,就留下这一所学校,有能"言"的地方,其知识留下来了,历史留下来了,传统文化也留下来了,这样一来,犹太人也因此在地球上存在下来了。

客家人也没有了自己的故乡,他们拥有的,只是纸上的故土,只是作为精神圣殿的"祖宗言"。祖上的"敬惜字纸"成了一种神圣的仪式,是绝不可以悖逆的。"言"对于他们而言,是一个无形的,却又无所不在的家园。哪里能听到熟稔的客家话,哪里便是可以安身立命的地方。所以,才"处处无家处处家""日久他乡是吾乡"。言,是其民系精神的故土,也是一个民系品格的外化。因此,客家人所到之处,也就有"人文秀区"的美称。

"不卖祖宗言",既是一种固守,也是一种自觉。哪怕这种"言"被视为异端，被称为"鸟语"，他们也要顽强地加以捍卫，万死不辞，万难不屈。

言从来就不是保守的，它在不断地坚持与开拓中丰富自己，埃及女皇看到了这一点，犹太人在灭顶之灾前夕看到了这一点，客家人当然也看到了这一点。

在中国的南方，在这片视为让海洋文化浸润的土地，拥有汉语最多种类的七大方言，广府方言、客家方言与潮汕方言（闽方言）又是其中的三大方言。

一种语言，每每代表了一种不同的思维，这已是语言学家与思想家们共同揭示的。英语式的思维与汉语思维有着巨大差别。由于作为思维的载体——语言形式的不同，思维也就各有千秋了。

虽然南方三大方言同属汉语，但三大方言所反映出的思维上的差异，却是相当的明显。每种方言最具代表性的格言或谚语，一拎出来，便可知其千差万别。

早早"洗脚上田""弃官经商""弃仕经商"的广府人，正是在这种"马死落地行"的精神下，自己闯出了一个天地、一个广阔的市场，在商品社会中如鱼得水。

潮汕民系的名言及口头禅是："欲拼正会赢"。潮汕人敢作敢为，而且能抱团是出了名的，他们有一种拼命精神，这也是大海赋予的品格，每逢汛季，不是满载而归，便是葬身鱼腹。人生能有几回搏，不拼，便什么也没有，别提赢了。所以他们什么都敢做，如果说广府人争利，客家人好名，那他们无论是名还是利都敢争——这也是"拼"！因此，潮汕人的能量，每每大过其人口的比例。

平心而论，这两大民系，对"言"，与视文化为性命攸关的客家人相比，似乎没那么"看重"。

因此，"宁卖祖宗田，不卖祖宗言"一语，只可能出在客家。

而他们，都有自己的地域，并且是以地域来为民系命名。马死，有落"地"之处，欲拼也有会赢之所，可客家呢？

他们的"地"，他们的生存场所，只有无形之"言"——老乡的认同，不是故土，而只余下乡音，客方言。除此之外，没有任何事物可以作为认同的依据。

"言"，成了其生存的维系，唯一的维系。

客家方言，从一形成，便具有这么一种悲剧的色彩。

"言"的本身，凝聚有一个民族或民系的历史、气性、品格，而且，更重要的是，熔铸有这个民系的整个精神，并形成其独有的思维方式。

一个民系珍贵的文化遗产，就在这无形的"言"中，使得他们在千年迁徙、万里长旋的苦难征途中，成为一个风雨不动的精神共同体。

语言——思维方式——精神。

这便是整个民系的内驱力，是其不断自我更新的内省力。

没有了田——失去了安身立命的物质家园，精神的重要性才格外凸现出来，并由此得到飞升，于是，这样的一个民系，才被称之为"形而上"的民系，言与精神，永远是峻拔的、永远在高扬着！

　　失去了"田"或物质，这固然是一种不幸。可对于客家人来说，这未必就是不幸。当精神更高地飞扬起来之际，他们得到的是更为广阔的自由空间。这正如庄子说过的，不再让形为物役，不再物物于物，从而"精骛八极，心游万仞"，或"乘云气，御飞龙，而游乎四海之外"，"得至美而游乎至乐"——这样一种精神境界，不正是几千年来中华民族的精英们孜孜以求的吗？

　　言的天地，比物的天地宏大、广阔得多，更加无拘无束！

　　而当一座城池，甚至一个国家被毁灭之后，只要"言"不被毁掉，那么，在火烬之中，这个民族便能在言之上更高地挺立！而"言"，每每比物质上的城池、制度上的国家，要难以被摧毁，因为它是属于精神领域的。

　　不卖祖宗言！

第八章　文学地图

多年来，我一直关注着文化人类学界如何努力使艺术、使美学，作为文化产品，作为社会过程以及人类经验，与其他任何形式的社会行为等量齐观，同样成为人类学描绘的对象，以及理论系统化的研究材料。

文化人类学如何方可以令学术界重新思考异化问题，思考社会构建，从而使之成为救赎、扶助、宽容即实施人文关怀，是一个值得深思的问题。正如本书开篇中提到的，当人类学在强调过程、历史、结构之际，如果仅仅是过程研究，没有意义上的阐释，没有人文关怀，那就是浅薄的、苍白的，这么下去，也就窒息了这门学科的发展。

威纳·达斯（Veena Das）认为，人类学过去给自身惹来了不少麻烦，"如何让苦难变得有意义，这依然是放在社会人类学与社会学面前艰难而又巨大的任务。问题的部分根源在于，从某种程度上衡量，社会务必隐瞒自身将归属权给予某个人之际，又将多大的苦难强行归于他们身上，这一来，社会科学也就可能面临顺从社会对苦难保持沉默的风险。"

对此，人类学研究者们是应该认真反思的。

文学，是人类苦难的历史遗嘱，当然，它更是文化艺术中的一部分，而且是相当重要的一部分。当国际人类学界努力让艺术进入人类学研究的对象之际，也应该努力让文学也一般进入人类学研究的对象，这不仅仅指民间文学，或者曾流行的文化小说，而是整个的文学，包括被视为高雅的、纯文学的作品。为此，独辟出这一章，正是这个努力的一部分。

研究城市文化，当今可谓热门，城市人类学，也早已有人涉及。帕克在《城市社会学》这部颇有影响力的研究著作中指出：

> 以人类为研究对象的人类学，迄今为止基本上只注重了原始人群的研究，而文明人类其实是更引人入胜的研究课题……城市生活和城市文化固然比较活泼多变，比较微隐，比较复杂，但就其基本动因而言，二者却大体相同。从方法论来看，人类学家保斯和洛威考察北美印第安人生活方式时所采用的细致方法，若应用于现代人的研究定会更有成果：例如用于考察芝加哥北区的"小意大利"区里的民俗、信仰、社会实践和一般生活观念；或者，考察

纽约市华盛顿广场周围的邻里关系等等……①

那么，作为市民化的广府人，理所当然要进入这一系列，无论写广府的作品持怎样的态度，是批判的、反讽的、怀疑的还是褒扬的，都当一视同仁地列入这一研究系列；对都市化进程，无论是拍手叫好，还是忧心忡忡，都应该关注。哪怕理想化的"城市消失了"，归真返璞，重回大自然，寻找否定之否定的"天人合一"，我们也同样不应该漠视，这难道不正是文化人类学的题中之义吗？

那么，对客属地的文化，对"无山不住客，无客不住山"的客家文化，对其在现代化进程中受到的冲击，所发生的种种变异，就更是文化人类学关心的内容，所以，自20世纪90年代始兴起的客家文化学热，更值得学术界的高度关注，尤其是"民系小说"这样的新品种，在文学界引起的震动，恐怕还会进一步延伸，也许，这会比城市文学写得精彩一些、深沉一些，因为历史文化的底蕴颇为厚重，研究它们，文化人类学目前也许还力不从心。

但无论如何，推动文学作品成为人类学研究、描述的对象，始终是我一个不竭的努力。那么，在这里，始妄"以身试法"，在重绘广府、客家文化地图之际，对其文学地图，也试图加以勾勒。

所以，以下两部分，当是努力的结果。

末了，当重复一下著名史学家怀特的文章《话语的比喻：文化批评文集》中的一段话：

不过一般不愿把历史叙述看作它们最简明表示出来的：言语虚构，历史叙述中的言语虚构十分丰富，其形式与其说与科学中的，不如说与文学中的有更多的共同之处。②

对于人类学而言，这种共同之处，不也更多吗？

一、广府文学的地图

都市是现代精神的滋养地。都市将人性无情地放在急骤的竞争与演变中予以曝光。都市把一个令人眼花缭乱、无所适从的世界一下子推到了人们面前。都市的大气与小气每每让人们迷失了自己。书写都市景观的各类文字滋生、膨胀、蔓延起来，并被冠以"当代都市文学"之称。当代都市文学是什么？是夜夜笙歌中红男绿女欲望化生存的写照？是陋巷杂院里凡庸小民贫嘴穷侃的记述？是孤独幽闭者逃离市井喧嚣的呓语？还是那些涉"市"未深者俯视万家灯火时对之发出的

---

① ［美］R. E. 帕克：《城市：对于开展城市环境中人类行为研究的几点意见》，见《城市社会学》，华夏出版社1987年版，第3页。

② ［美］伊曼纽尔·沃勒斯坦：《书写历史》，王建娥译，上海三联书店2003年版，第7页。

宣战，或枕着市声梦魂却仍留在乡村的感伤？在急速商业化的时代，经济的力量正使得权力化的社会变得多元化，应该说，对当代都市多元化生存景观的艺术描述都可视为都市文学。不过，只有体现了都市现代精神特征、具有社会良知的作品，才能代表都市文学健康积极的走向，而那些充斥着陈腐、伪饰、浅浮泡沫的所谓"都市题材"作品，不仅糟蹋了文学，也败坏了都市。

在改革开放"先行一步"的广东，多年来作家们切切实实地感受着现代都市脉搏的跳动，写出了不少反映城市生活的小说。然而，在一些作品中，场景、细节的描写，传奇性、地域性的表现确乎精彩纷呈，但对都市本质与走向的思考却似欠深刻和博大。近几年来，与京沪等地都市文学的热闹相呼应，广东都市文学也十分兴盛，特别是几位作家推出的长篇小说，挑战了"伪都市文学"的苍白与浅薄，开拓与发掘了现代都市题材，体现出南国文坛在都市文学创作上的整体实力。

这一组长篇，先有对既往"伪都市文学"加以反讽、并对伪都市辛辣调侃的《赝城》（谭元亨著，为其《十三行遗嘱》三部曲之一）。这部颇有点黑色幽默味道的小说被《小说选刊·长篇小说增刊》选介，并被冠以"现代都市启示录"之称。无疑，它表现的是人们进入现代都市的艰难历程。而后，则有表现都市里金钱与权力的绞杀、封建家长制与市场经济的较量、人性的沉沦与苏醒的《风流时代》三部曲（洪三泰著）。这三部曲一面世就引起关注，评论誉之为"现代都市文学的翘楚之作"，它们展现的已是现代都市的全景。接着，出现了反映回归前夕香港风云变幻的《风中灯》（朱崇山著，为其《深港澳》三部曲之一），这部小说展示了一个相当成熟的现代国际大都市在面临政治格局变更时表现出的丰姿，体现了大都市的实质、本色以及历史的走向。

三位作家的长篇，表现了位于不同时态下的现代都市的历史风貌，对真正的现代都市作了全新的形象阐释。它们与已有的某些"都市文学"远远地拉开了距离，告诉了读者都市文学的真实内涵，让人们在比较中学会识别赝品，看出在都市华丽外衣下掩藏的封建意识的粗大尾巴。他们被称作南国长篇小说的"三驾马车"，以群体的方式为当代都市文学奉献了硕果，表明中国21世纪文学已呈示出一种汲取与激扬现代精神的强势。

（一）《赝城》：对伪都市的反讽与批判

《赝城》一反谭元亨创作的套路。此前，在其代表作《客家魂》三部曲中，作家以带有史诗气势与理想主义色彩的笔触，谱写了一曲人类理性精神的赞歌。小说通篇洋溢着赤子之情，显然，这与其重点刻画的对象是分不开的——三代矢志教育救国、虽九死而不悔的"园丁之家"，一个千年来崇义重教的客家民系。

而《赝城》却自始至终采用反讽的艺术手法，不少章节缀上了黑色幽默的妙笔。所谓"赝城",是指伪饰的都市。小说在"建设现代化大都市"的高亢入云的口号下,在南都市实施"东进战略""东区开发"等规划的轰轰烈烈的背景下展开了。可是,该市的"一家之长"满脑子都是小农意识、小生产者的观念,在实施这一战略开发时缺乏现代都市意识,导演了一幕幕令人啼笑皆非的闹剧,最后,更成了让人慨叹不已的悲剧。"东进战略"草草收场,粉墨登场的各色人物,成了"赝城"的匆匆过客。小说深刻地揭示出以传统的小农意识来运作大都市的建设与管理,自然只能得到一座"赝城"的道理。的确,许副市长"报喜不报忧"的理解与正名,正是"上天言好事"的封建理念的"现代阐释";而夏南风强行推平丰收在望的农田以实施其"跑马圈地"的"宏图大略",靠的是长官意志而不是市场机制;至于秘书长包二奶、携小秘去海外,这哪是什么"思想解放",完全是腐朽没落的做派;夏南风的"智囊"、一到周末便乘飞机南下的女博士之流,足以让过去的官妓相形见绌;一个街边烂仔,只是因熟悉官场运作方式,便可摇身变成港商,招摇过市,哄得市长作保、银行贷款,一夜之间成了亿万富翁,最后却债台高筑,成了"国宝"!

要多荒诞就有多荒诞,一个"东方曼哈顿计划",一个似乎可以调动千军万马、百十个亿资金的"壮举",到头来建成的只是一座"娘娘庙"!而苦心考察、勘探、设计的建筑大师下司成最后不但被"雪藏",而且"戴罪在身",一病不起,成了植物人——"赝人",他的天才设计也只能是电脑中的虚拟世界了。

是的,这里有现代都市所拥有的大量设施,包括电脑、高速公路、波音767等,但却无法靠他们建设成一个真正意义上的现代都市来。这是为什么?因为南都市的经济模式、南都决策层的思想意识,以及所谓"东区开发"的运作方式,还有整个南都社会所呈现的精神状态,都与现代格格不入。小生产者观念、官本位、不学无术的附庸风雅,还有养"小蜜"……在这里,几乎没有现代商业文明意义上的平等竞争,只有权钱交易、尔虞我诈、钩心斗角与攀龙附凤,而这些正是封建时代的深刻印证。东区的决策层竟认为"思想解放已到了头,再解放,只有开放'红灯区'了",可见他们的思想观念是怎么一回事,靠这些腐朽没落的玩意,怎么能"玩"出一个现代都市!他们只可能得到现代都市的虚名,却永远得不到现代都市的真韵。在这个"赝城"中,从物质到精神,一切都被"赝化"了,而赝品是不可能长久地蒙混他人、欺骗历史的,自欺欺人者最终只会成为笑料与垃圾。

《赝城》的深刻之处在于,它揭示了在中国现代化进程中,一种令人痛心的"赝化"现象,既急功近利又夜郎自大,最后不得不走向自我欺骗的闹剧与悲剧。而这种好"赝化"的劣根性,恐怕将长时间存在,并作为顽症而难以根治。但是,如果不认真、及时地予以治疗,我们的现代化进程势必会发生断裂,说不定什么时候现代化会因"赝"而被阉割得面目全非,而浑然不觉。这是最为可怕的也最危险的事。

但是，无论如何，这部作品所持的批判精神表现了它的现代性。它形象地揭示出：进入现代都市的艰难历程不仅在于物质的现代化，更在于精神的现代化；不仅在于所面对着的沉重大山、落后乡村，更在于自己头脑中未曾被察觉到的蒙昧意识，在于"心魔"。

正因为反映了进入现代都市的这一真实、痛苦，甚至是荒诞的艰难历程，我们才可能说，《赝城》从批判的角度反映了真正的都市现代意识。虽然作品没有正面描写现代都市精神的获得，可它却宣布了决不能用都市的麒麟皮去包裹枯朽的躯体和恶臭的腐肉，必须以全新的、进步的方式来创建都市、管理都市。真正的现代都市应该代表未来，而不是在伪装下重演过去；应该有真实的希望，而不是搞坑蒙拐骗；应该体现出文明的走向、历史的走向，而决不能拖后腿、开倒车。

一句话，不应是"赝城"！

（二）《风流时代》：现代都市人格的塑造

《风流时代》呈示了整个现代都市发展进程中的"历史阵痛"，同时，也一一展现了现代都市中的"众生相"，尤其表现出在历史的剧变中、在尚未来得及有所准备之际，人性是如何扭曲、断裂、沉沦与艰难再造的，人性之"恶"是如何被迅速释放出来的。

洪三泰的笔下，有着今日都市各个层次的各色人物：低贱的有无人关心的"街边仔"、沦落市井的"垃圾女"、"土得掉渣"而刚刚进入都市的"搏佬"（广州话讥称进城"博彩"的农民）以及"女人街"上小小的档口主，还有高贵的有一掷千金的房地产巨商、一言九鼎的政治权贵、高智商的"智囊团"、国有大企业的老总等等。为了小说创作，作者不辞辛劳不怕危险，深入到都市所有可能忽略的各个角落去"交百种人"，从千万大亨、淘金矿主直到地痞、马仔，这正是作者"行万里路"的重大收获。

洪三泰本是诗人，他在后记中以诗的笔触写出他的创作直觉："……我听到呐喊声和狂呼声穿过钱眼，忽地凝成大理石，被自身或别的什么力量雕塑成巨商富豪，……随之而至的是疯狂的突进，种种塑像碎落成泥。平地忽然展现的海市蜃楼，黯然化成古典。有跳楼者，有堕落者，泡沫闪烁，时空变幻无穷；有力拔山之英雄，有把舵力挽狂澜者，喊声雷动；有独避一隅，指点街市，运筹风花雪月的时代骄子；有歌，有哭，有情，有爱，有怒，有骂，有眠，有醒，都野得很，野得近似疯狂。我在寻觅着，呼唤着，风里雨里，我的街边仔、街边女、巨商富豪、总裁老板、浪子流民——喜怒哀乐无常，却总是有形有款……"

解读诗人的自白，我们看到了一个置身于都市，以其敏锐、犀利的目光直刺入摩天大楼以及聚集流民的工棚区的"历史书记员"匆匆的身影，他是那么紧紧地把住都市的脉搏，捕捉都市的现代之魂，以清醒的史识，去观照都市由传统跃入现代的急骤却又痛楚的历程，与在其间沉浮的大亨、大腕、思想文化大家，以及小商、报贩、打工仔等芸芸众生同呼吸、共进退，从中发掘出真正属于现代都市闪光的东西，摒弃那些早已锈颓了的残渣。

正是这样，他才获得了真正的现代都市意识———一种由商品交换带来的平等、自由、民主的意识，以市场为准星，而非以权力为中心，以商品交换的流通为准则，而不是以领导意志作标志，从而确立以"物的依附性为基础的人的独立性"（马克思语）。

《风流时代》的第一主人公魏巨兵，是国营房地产部门的老总，由于他投身于市场经济的汪洋大海，利用市场杠杆，运用知识智慧，如鱼得水，把房地产业搞得风生水起。自然，他也历尽风险、吃够了苦头，没想到，最后在权力干预下，在"隐私"上"翻了船"，而他的"隐私"，无非是挺身而出护卫一位弱女子罢了，从男女授受不亲的封建道德来看，这自然是罪莫大焉！卷末，他痛心疾首地称："我的隐私价值连城。"这八个字，包含有双重的含义。首先是表层意义：由于"隐私"被其他人当作把柄，魏巨兵面临被撤职，而他一下台，他所经手的"连城"之巨大的房地产业很可能毁于一旦，因为人们只认他的信用——在商业运作中，信用是最大的无形资产。深层意义则是，在现代社会中，个人隐私是不可侵犯的，这是人的基本权利，侵犯一个人的隐私权，会使人的尊严丧失殆尽。这意味着现代社会将由开放倒退。

正如一位著名的国际经济学者所称，权力干预企业，比老百姓抨击国家事务，更加不可容忍，因为这实质上是摧毁国家的根基——经济。企业的自主性，最集中体现现代社会的自由度。魏巨兵的结局，有力地证明了权力干预对于市场经济规律的不科学性。在《风流时代》中，权力与市场的对峙与较量，较之《赝城》要更加清晰、更加白热化，同时，市场的力度也大得多，未来的曙光也明亮了许多。

当然，《风流时代》所展现的历史画面，要惨烈、残酷乃至血腥得多，似乎不少地方都有悖人伦和礼义，太无情、太冷血了。然而，没有无情的竞争，又怎么能有现代都市蓬蓬勃勃的生机？又怎有历经血与火洗礼而成长起来的新一代企业家、实业家与金融家呢？正是在这一血火刀光的搏杀中，在剧烈的几欲无法忍受的阵痛背后，我们分明听到了历史前进的足音。

早在20世纪30年代，一些海派作家已经非常强调经济的力量，甚至将其作为现代市民所具有的价值观与精神特质，真是"物化"得相当可以了。金钱与权力之间的搏杀、对峙、交换、平分秋色或一个压倒一个，这正是社会转型期的特征之一。现代都市文学是简单地谴责金钱的无所不能的腐蚀作用，抗议权力的非法干预，重返道德判断的陷阱，还是坚持清醒的现实主义与历史观，不为沉没的封建岁月唱挽歌，深刻、有力地去表现历史巨大的转折与痛苦的挺进，这的确是有相当的难度和重大的责任的。20世纪30年代的都市意识或市民文学，当然与今天不尽一样，却也有不少相通之处，尤其是与今天的私小说、新写实相当近似。

当然，我们这里评述的广东"三驾马车"的都市文学，较之要大气得多也深刻得多，是作为今日主流的现代都市文学。如果30年代的市民文学是都市文化的一个侧面，那么，今天的都市文学，则是整个历史的俯瞰——尤其是中国于20世纪末的改革开放首先在广东获得成功，正因为上千年的商品交易实践的滋养，使之有了相当厚重的历史底气，这才一触即发，一发不可收。因此，真正的现代都市文学，在这个地方成长壮大并走向成熟。洪三泰这部作品，其特色在于放得开，敢写，哪怕涉及性，却绝无有些小说那样以此作卖点的用心。而这种放得开、不拘束、不死板，又正是对正统文学的一种反驳和挑战，更具现代特色。对人性无遮无掩、淋漓尽致的揭示，正是这部作品最大的成功之处，封建人格的自我萎缩在这里是找不到任何市场的。

从《赝城》到《风流时代》，都市文学迈出了历史性的一步！

（三）《风中灯》：揭示成熟都市的"经济心态"

有一位作家曾经指出，平心而论，在所有反映香港回归的作品中，朱崇山的《风中灯》不仅是第一部，而且是极好的一部，没有谁敢抓住中英谈判期间香港金融动荡的历史瞬间动笔，从而折射出"过眼百年如风灯"的香港一部社会史、经济史、文化史——这无疑是对这部力作的很好的解读。

而对一部优秀作品的解读，是可以从多角度、多层面来切入的。对《风中灯》而言，"回归"是一个角度，都市文学也可以是一个角度。而从后一个角度切入，更可以发掘出其共时性的、更有底蕴及美学意味的内涵来，从而不受其在历时性（回归）层面上造成可能的遮蔽，使之展现出更加开阔而绵长的时空画卷。

毫无疑义，香港是极具现代意义和特征的国际大都市，它比谭元亨笔下的"赝城"南都和洪三泰笔下的广州，都更"超前"，有更成熟、完备的现代都市形态。无论其作为国际金融中心、商贸中心，还是作为最大的自由港的地位，都表明了这一点。

如同20世纪30年代上海的英、法租界地，香港全面移植了现代社会的商品生产、经营管理、城市建设、生活方式，乃至于社会机制、法律等，包括严格的公务员制度。当然，世纪末回归前后的香港，较之20世纪30年代上海的英、法租界，要先进得多也现代得多。因此，20世纪30年代在上海产生的"海派"文学，在现代都市意识上虽说已有长足的发展，但与今天香港这样一个国际大都市所形成的都市意识相比，还是相形见绌的。

《风中灯》从整个国际大背景下刻画香港金融大亨们的众生相，在某种意义上说，比当年的《子夜》要大气得多，也比今天的《大上海人》所描写的刚刚重新呼吸到市场气息的场景更现代、更阔大得多。朱崇山敢于抓住金融动荡下笔，没有厚实的经济、金融方面的知识是难以设想的。如他自己所说："概括这香港百多年的历史，描绘这国际金融中心的经济生态，难度很大。几经构筑，皆不称心。"可他终于"动真格"地下笔了，而且写得很成功。

好一个"经济生态"，四个字抓住了现代都市的核心与真经，较之30年代海派作家的看重"经济力量"，更是高出一筹：他透视到了现代大都市中经济对人类心灵的最终的塑造。都市文学，不正是直指都市人的心灵，去雕塑出都市人的灵魂吗？《风中灯》落笔于今日之香港，落笔于这大都市中第五代孔、杜两大公司，也就是英资泰和洋行与华商顺泰公司之间的激烈竞争——这都是拥有亿万资产的大公司在更高层次上的竞争，其经济实力等级远胜于《风流时代》中几位房地产老总的竞争。后者的竞争，多少还是低层次的，挖墙脚、播流言都用上了，而前者，则是在相当文明的程度上的斗智、斗识，并且发生在金融业上，更为惊心动魄、波诡云谲、发人深省。

作为一个有着相当成熟的市场经济机制的自由港，权力干预的非法性已被确认并且已经成为过去，然而，它却面临更大的考验：政治风云的变幻莫测。由于市民对中国政府"一国两制"大计缺乏认识，加上老殖民者某种阴暗心理，当然还有一些其他因素，泰和洋行迁册百慕大，引发了香港金融的大动荡。然而，华资却坚如磐石，中资更冲破来自种种规定而设置的"禁区"，坚信"资金的投入、流动、放宽与收紧，对任何国际市场都是个重要的基因"，从而一举投入金融地产业……这一来，泰和洋行失算了，而一个史无前例的、没有英资参与的香港联合交易所却应运而生，成了"香港金融证券界的一件大事"，并成了"港人治港"成功的先声！

作者把这一变化写得有声有色、波澜起伏、悬念迭起，情场、商场乃至坟场，都交互在一起，各有哀感顽艳的故事；历史、现实以及对未来的展望，也都在恩怨、爱憎中联结在一起，迸发出感情、思想乃至哲理的火花——没有比这样一幕现代大都市生活更令人目不暇接、百感交集的了。这一切都在证明，作为相当成熟的大都市的市场机制，具有怎样一种潜力，它化解了政治变化可能带来的危机，保持并发展了已有的繁荣安定。成熟的市场机制，保证了"一国两制"在香港的顺利实施，同时，也保证了十年后亚洲金融危机不会对香港造成严重伤害——这已是《风中灯》之后的故事了。

以现代都市文学的视角来重新解读《风中灯》，这里只是点到即止，应当有专门的论文乃至论著来充分展开加以评述。毫无疑义，作为都市文学《风中灯》立足更高、看得更远，也更有历史内涵，这代表了都市文学的发展方向。也许作家当时只关注"回归"的主题，并无意于都市本身，然而，这却是一部正宗的、原汁原味的现代都市文学的杰作。

可以说，南国这三部力作，是当代中国都市文学发展的"三部曲"，它们构筑了一道丰富多彩、辉煌亮丽的现代都市风景线，汇合成为一部震撼人心的"现代都市启示录"。这也是广东作家对当代都市文学的重大贡献，它们在都市文学发展史上，成为无法漠视的里程碑。它们不囿于传统而对现实所作的大胆揭示与勇敢反叛，代表了都市文学真正的未来，同时，它们各自呈示的艺术个性，也预示了都市文学的绚丽多姿。

（笔者注：本节与黄鹤合写）

二、客家文学的地图

有一部反映客家生活的影视作品，被命名为"乡音"。这个命名，对很多人而言，包括非客家人，都是非常亲切的，谁不怀念故乡，谁不在乡音中辨识乡人、缅怀乡情呢？而把"乡音"用在这么个族群上，当别有深意，有别于喧嚣的都会中杂沓"市声"。前边一章，我们对《赝城》等若干部广府文学所构筑的文化地图予以了展示，作者们辛辣的反讽，言犹在耳。的确，现代都市的搏杀，把人的神经都紧绷到随时可断裂的程度，人的异化亦可谓无以复加了，甚至无法加以恢复与再造，人性之"恶"更加加速地释放了出来——即便是已具成熟形态的百年港岛亦如此。因此，"市声"引起的不是温情、怀旧或哀婉，而只是紧张、恐惧与慌乱，几欲教人逃离。正是在这样"市声喧哗"中，让人无所适从，无比焦虑，才会去寻找"乡音"的慰藉与安抚——于是，在"市声"之后，我们又来寻找"乡音"了。

下面，我们同样挑选了三部客家文学的长篇作品。第一部是项小米的《英雄无语》；第二部是谭元亨的《客家魂》；第三部则是韩素音的《我的根要在中国》。

这三部作品，在某种意义上，也同样展示了"乡音"的三个不同的历史时态。三部作品的影响，也同样不同寻常。《英雄无语》一版再版，入围茅盾文学奖，并改编成了电影；《客家魂》也一版再版，推举茅盾奖，并获世界20世纪最具影响力的客家的名著奖，部分章节亦改编为长篇电视连续剧；《我的根要在中国》则在国内外享有盛誉，甚至进入了西方的大学课堂，广阔的国际视野，使书中的主人公——客家后裔女子的命运格外扣人心弦。无疑，前两部的"乡音"之乡，是闽西、粤北、湘东的客家乡音，而后一部的"乡音"，当是一位国际上的华裔作家怀念故国的"乡音"，这个"乡"，当是指整个祖国而不单指客家属地。

这样一幅文学地图，也许更合乎人类学所要描绘的文化印痕，更贴近于原生态的历史画面，让人们听到来自遥远的山乡岁月的悠长的回声，那是浑厚而又清亮、粗犷而又细腻的"人间天籁"（黄遵宪语），超越理性而脱口而出的直抒胸臆,是激情的喷溅,是梦境的再现……

所以,我们也不惜大段大段地引用那些文不加点、激情四溢的句子,而尽量少一些"他者"的评述。

(一)

项小米是福建省改革开放之际,有"开荒牛"之誉的省委第一书记项南的女儿。而项南的父亲,则是当年中央苏区极富传奇色彩的项与年,是他出生入死,把绝密情报带回瑞金,让红军在蒋介石的铁壁合围的前夕跳了出来,开始了万里长征——《英雄无语》当中,亦极为生动地、颇具震撼力地再现了历史。

但是,她并不曾似过去写革命战争题材那样,不假思索、一味讴歌,而是进入到人性的深处,提出了一系列的诘问,其实,仅这一书名《英雄无语》,便可以体察到她的良苦用心。在我与研究生共同撰写的评论中,我们亦试图揭示出其苦心孤诣来。

小说在近代中国革命这样一个宏大而动荡的历史背景之下,再现了走出闽西连城莽莽群山参加革命的客家子弟"我爷爷"惊险而奇特但异常真实的战斗经历,以及他与"我奶奶"纠缠一生的情感历程。它可以归于传奇文学,也可以划归军事题材,甚至干脆称它为家族小说。我想,其实这些都不重要,重要的是这部小说本身带给读者的那种震撼与冲击,是它在众多客家文学中切入历史的独特视角与所展示出的思想深度,是它逼迫你不由自主陷入沉思的那种人性的力量。当然,它那富于魅力和特色的客家风情之引人入胜,同样也是本书的价值所在。

作为一个20世纪50年代出生的共和国的同龄人,书中的"我"和申建等人有着这一代人独特的曲折人生。他们生在新中国,长在红旗下,革命英雄的光辉形象以及对英雄的无限崇拜,伴随着爱国主义教育深深扎根在他们的幼小的心灵。然而他们青春时期在特殊年代里的特殊遭遇,在他们的心灵上造成第一次猛烈的冲击,近于而立之年赶上的改革开放以及西方文化潮流又给了他们第二次的冲击。复杂的经历、长期的思索,以及时代的高度,使他们的思考具有了更深沉的价值。因此,在《英雄无语》里,作者并不是为了高唱一曲英雄主义的赞歌,她展示英雄缺陷也并不是为了说明人性的复杂性,更不是照搬人格分裂的时髦理论,她要告诉读者的是她对英雄和英雄主义的理解,特别是作为一个英雄的后代,一个当代客家人,她对英雄和英雄主义的深层次的反思。正是随着小说情节在"我们"这些人对英雄往事的追寻中的展现,作者的思考也顺理成章地深入下去。

我们的社会和文化在一步步地越发重视个体微弱的呼声了,但还远远不够,因为个体首先得有自己的呼声,然后才谈得上发出声音,而这谈何容易!像小说中所展示的某些"当代青年"那样,完全摒弃传统,完全放纵自我的欲望,一切从自己的立场去考虑,这,就是我们找回的"自我"吗?我们到底应该怎样摆正传统与现代、社会与自我的位置？作者在思考，读者也在思考，或许，小说还远远不能给予读者肯定的回答，但是，"我"和申建等当代青年在探究"爷爷"的往事与破译《迁徙诗》、追寻客家传统文化的过程中的种种疑惑、思考、理解、领悟，也许就是答案吧。一个民系的千年迁徙，恐怕也没思想上的跋涉漫长。客家传统与土地革命在历史上的耦合，也未能结束这一思想的长旅。

尽管这么一个家族，无论是爷爷还是奶奶，还是现实生活中她的父亲，遭遇了迥异的打击、冤屈或不测，她却始终未曾减弱对客家故土那种虔诚的、深情的怀念，那是永远不可磨灭的，历久弥新的人类至贵的记忆。

一如她在书中针对土楼所写的："……有许多的东西，随着岁月的消逝，它们剩下的功能最后就只有一件，那便是展示一种精神。"

除开土楼外，还有冠豸山。

冠豸山被叫作"客家神山"，对于这么一个大迁徙的族群，迁徙是必在一种理想主义的驱使，方可以永远进行下去。而理想主义，则每每会神化自己的追求，尤其是目的地，这当是冠豸山成为"客家神山"最深层的原因之一。我一直认为，客家这个族群，其摇篮当然是在赣南，面向北方张开臂膀，迎接南下的汉人，沉积在南岭之北、武夷以东。但是，唯有越过武夷山，这个族群才有了独立发展的可能，才会脱离民族的主体而形成自己的特色，所以，闽西，正因为在武夷山的余脉冠豸山周遭，才被视为"客家祖地"，成为这么一个巨大族群开基的地方。

所以，冠豸山才在客家人心中那么高大、那么神圣，在项小米的笔下，才那么神奇，而又那么亲切。冠豸，固然是古代神话中的公正之神，可这座山之神圣，却远远超出这一公正之神之上。

《英雄无语》还用专门的篇章写到中古汉语的活化石——客方言，还写到那流传在民间的《迁徙诗》，更以浓墨重彩，写到了负有先人骨骸的"金斗罂"，以及凭风水学选"阴宅"——这当是客家族群中最为"原始"，也最具文化人类学意义的"宝库"。

（二）

与《赝城》是同一作者的《客家魂》中，我们却从中读不到那种辛辣、冷峻与黑色幽默来，更看不到犀利近乎刻薄、无奈几近绝望的笔触，似乎是完全换了一个人。如果不见署名，没有谁会认为两部风格截然不同的长篇，会出自一人之手。评论家雷达针对《客家魂》，曾这么说过：

> 该书对当代文学的精神格局、文化层面、思想观念都提供了新东西。这部书时代主题非常鲜明，客家魂便是中华文化魂。中华文化是多元的，由一到多，又由多到一，吸纳了很多其他民族文化，包括民系。是理性与感性很好的结合，比较宏大时代精神主题与普通人命运的有机结合，这种结合上下

了很大功夫，这里有理性的观照，有个人自传体的感性的命运，大跨度的百年中国历史思考，立足点是教育兴国。这书中看到中华文化深入的、全新角度的发掘，对民族精神的发展，写出了独具特色的男人、女人，女人贤劳，男人奋斗，不断上升的民族魂。

一位作家，面对城市，是那么冷峻无情，可转头面对乡村，却这般温情脉脉，甚至连文笔都那么清美亮丽，这又是怎样一种情感在起作用。从理性的角度上，中国的城市化进程，无疑是一种历史的高歌猛进，与现代化、全球化是同步的，带来了前所未有的物质文明。然而，城市分明也有消解着昔日乡村中的祥和、温馨与古朴，带来了竞争、搏杀与异化，尤其是生态失衡、环境污染，一度到了几乎无以挽回的地步。于是，才有"森林城市""花园城市""山水城市"的呼唤。

但城市所消解的，更是传统的美德，如谦让与和衷共济，带来了人类精神上更深重的危机，当我们重温马克思的名言："社会是人同自然界完成了的本质的统一，是自然界的真正复活，是人的实现了的自然主义和自然界的实现的人道主义"，当怎么扼腕长叹?!

因此，当《客家魂》的作者从城市回到了山里熟悉的"乡音"中，才在笔下流淌出那么活泼、生动、鲜亮如溪水一样的文字，才在书中体现出博大的胸怀、崇高的愿望与美好的情感，才对他曾生活过的炎帝陵周遭、南岭山区怀有那么深厚的感情……

书中的主题是教育兴国，这也是客家族群千年不易的历史主题。薪尽火传，绵绵不绝，远处可立足的漂泊者们，不正是凭借教育，来培育出心灵中的种子，让思想、文化在这上面生根吗？对此，张炯更说道：

> 书的立意高。现在长篇多，一年几百部，读作品很疲劳，有的读了不知所言，有的没意思，可也得读。这一部书确实歌颂了客家魂，这么个民系从北方到南方，从中国到五洲四洋，这种坚忍不拔的开拓精神……正是"魂"所在，而且歌颂了正直的品格。从取材的独特性来说，对我们文坛提供了新的东西，过去没人这么写过，他是第一个。

如果说，《英雄无语》聚焦在冠豸山、客家祖地，是历史上的一段革命战争故事，那么，《客家魂》则写到了客家整个腹地，乃至边缘及炎帝陵一侧，更把教育视为超于一切功利之上的塑造人类灵魂的神圣的事业。而这一视角，当更能揭示出客家人"宁卖祖宗田，不卖祖宗言"的崇高的精神追求，并将其作为一个族群维系生命的不灭薪火。

（三）

作为客家人的后裔，客家女韩素音，是当今世界上一位著名的英籍作家、社会活动家。她的五卷本自传体小说《我的根在中国》，其视野又比《客家魂》更为辽阔，从四川一个客家山乡写起，写到成都，写到重庆，写到香港，写到北京，直到写到整个欧亚大陆——因此，在她而言，"乡音"，不仅仅是客家话，而是所有的中国话；整个中国，都是她梦萦千回的家乡。

在全书的开头，她就这么写道：

> 我一直想写本关于我父母、关于中国的书，终于有一天我这个想法化成了具体的行动。我如一颗种子那样滋长发芽，成长壮大，丫杈丛生，具备了大树的形态。正因为我自己也已是久经沧桑，曾经生活在革命的年代，我就必须回过头，向后看，回顾在生我养我的地方所发生的一切，才能把我们这一代人改天换地的时代写出来。我真不知道该从哪儿写起，如何动笔，对我来说，中国自然就意味着我的父亲和母亲，意味着我所知道的一切有关中国的事情。如果将这些同我个人割裂开来，我的故事也就变成一个光秃秃的空壳子。我这本书的树杆长得盘根错节，是一棵怪树，可它所反映的情况比任何一本关于中国的理想主义的作品都是显得更加真实。
>
> 我不可能把我的父亲或母亲同历史、同他们待在中国时期的那段历史分割开来，正如普鲁斯特在写他自己时不能把他自己，以及他作品中的人物同他们生活的时代和经历过的事情分割开来一样。因为任何人都是时代的产物，受历史的影响。我之所以出生在这个世界上是由于1900年爆发了西方所谓的"拳匪"之乱的中国，正是由于这场动乱（中国人称之为"义和团起义"），我父亲才没有成为一名儒学家，去当一名翰林，却和我那比利时的母亲成了亲。要了解一棵树必得要追到它的根，所以我的故事要从根上说起。

就这样，她一直追溯到这个家族的根：如何在"湖广填四川"之际，从著名的客家山乡梅县，再度大迁徙到了四川的郫县，并从此在那里繁衍生息，经历了中国近现代的风风雨雨。而她，更投向整个世界，去搏击当代的惊雷疾闪……一直到改革开放后，几度重返故国，从而惹发了绵长的追思。

我曾写过这部书的评论，不想有过多的重复，还是让她自己来说话吧，书末，她称：

> 在我面前有整整一代新人，这是中国的新生。将来有一天，我的这些书会给他们很大的帮助，帮助他们如何既相信又不相信，既忠于个人的信念，又能以坦荡的胸怀为人类的事业效力。我愿意帮助别人把他们的经历写下来，年轻人应该知道这些经历。从这些经历中可以看出勇敢、忠诚、坚贞不渝的品质。因为我对世界不采取黑白分明、非善即恶的看法，我就赢得了全世界。我已经建起了一些桥梁，许多人通过这些桥梁可以从一种文明进入另一种文明，从一种文化进入另一种文化，从一种思维方式进入另一种思维方式。这

些桥梁是善意的桥梁。

　　现在一切都已经过去了。我解放了，他们也都解放了。他们正在拼命写作，以弥补失去的岁月。我已经积攒起大量的表现钟爱与关怀的素材，要写下来，二十年都不够。这里所说的爱，不是对我这样一个瘦弱如薄纱的人的爱，而是有各种表现形式的爱，从人的心里抒发出来的无限多样化的爱。不只是一个人对另一个的爱，也不只是人们常常描写的那种两腿之间的情爱，包括这一切，但又不止于此。是真正的爱，现实的爱。

当然，读完这五卷本之后，我们再回过头去读她的序言，自然"山还是山，水还是水"了：

　　西哲有言，人而无知一己民族的历史，终将在劫难逃。民族文化的幸存有赖于民族自觉及热爱这一文化的过去，有赖于有意识地确认其不断做出的努力与成就。这些努力与成就在时间的流逝中逐渐孕育了文化。

　　中国文明的源远流长，至今还如此强劲有力，能够适应生存于历史长河中的迭次变革，因为它能坚守历史的延续性。虽然这种对于过去时代的依恋，有时遭到批评和指责，因为它对新形势的适应过于迟缓。可是从时间递增的眼光看来，在过去一百五十年中，中国较其他国家（除日本），其变化是远为迅速的。

　　整个人类既是历史重大事件的产物，又造就了我们社会行动和我们的意识。作为一个欧亚人，介乎两种文化之间，我在数十年生活中比多数人更深感其相互的汇合与促进。这两种文化，对我个人性格的形成显示了巨大的历史性力量。

我想，这是怀旧，但却不再是挽歌。因为，我们从中看到了历史的力量。

同样，在这三大部"乡音"中，我们体会到的，也同样潜藏在这么一个族群中的主动的历史精神——这在过去已经充分地显示了出来，在未来，也同样会得到迸发！

没有理由去认定"客家人有过去，广府人叹（享受）现在"这样一个民谚，虽然它或多或少揭示了某些情状。

而当城乡失却了边界、艺术与自然也分不出彼此之际，作为"大音"的乡音，也应该压倒那些不和谐的"市声"，使人类社会回归到"天人合一"绿色世界之中。记得，一位朋友在十多年前到达澳大利亚的堪培拉，这是一个很出名的大都市，可当主人驱车在市区"游车河"时，我这位朋友所见的，却是大片的原野、茂密的树林、盛开的鲜花、欢唱的鸟雀，天空一碧万顷，白云雪一般莹洁，主人意味深长地对他说："城市在哪里？城市消失了。"

这对我是一个极具震撼力的场面。

传统意义上的城市消失了，喧嚣的"市声"也没有了，未来的客家城市与乡村，是否这样不再有边界了呢？

我们企盼着。

时下，流行构筑文学版图。而文学本身，当更具备"情感历程"，也就是说，文学当排在这一类学问的最前列。既然我这里重绘的是客家文化地图，那么，我就没理由不专门辟出这么一章，来构筑一幅客家文学的地图。当然，也同样沿袭时下的方式，把具有代表性的客家文学作品中所描写的客家属地的人文风光选出来。我曾经说过，文学是历史的未尽之言，优秀的文学作品，可以比正史读出更多、更深刻的历史内容来，这已有《红楼梦》《战争与和平》《百年孤独》来证明了。其实，20世纪八九十年代客家学的兴起，当托庇于客家文学在那样一个一度称得上是狂飙突进年代的异军崛起。最早的便是老作家白危的《沙河坝风情》、谭元亨的《抓来的老师》，到了20世纪90年代，更有其150万字的《客家魂》三部曲、项小米的《英雄无语》等。这里应特地指出的是，20世纪80年代译出的英籍客家作家韩素音的《我的根在中国》五卷本，即《残树》《寂夏》《凡花》《吾宅双门》《再生凤凰》，对内地客家文学的勃兴起到的作用是不言而喻的，尤其是书中的文化寻根的强烈意识。一如她在序中说的："我的目的是要使读者注意到我们这些人，浮沉在历史的宏伟长河之中，巨浪时起时伏，我们既是它的组成部分，也是主体和活跃于其间的主要力量"。

这里，她似乎不是谈文学，而是在讲历史。

文学与历史就这么难分难解。

其实，谭元亨的第一部客家学著作《客家圣典》，就是在《客家魂》这部大河小说竣笔之际，突然灵光一闪，喷薄而出，一挥而就的，事先并没有任何的预计。学术上，如果说文学比历史研究低那么一档，或者不算什么正宗，这在国际上是贻笑大方的，反过来，历史也同样不会为文学所贬抑，丘吉尔的历史著作，获得的是诺贝尔文学奖。奇怪，目前在客家研究领域中，竟有人抛出文学研究不及历史研究正宗的奇谈怪论，希望这一倾向就此打住。

言归正传。上述作品中对客家的描绘，自然有较学术研究更多的"未尽之言"，对客家文化的普及与传播，也更有力度及广度。由于篇幅所限，我们只能精选几位作家，精选其一两部作品，看客地风光如何在他们的情感笔触下大放异彩。理论研究留下的或许只是一个结论，可文学描写却是足以让人们传诵的美丽的篇章——其实，《史记》中让人没齿不忘的文字，不也同样是文学描写吗？如《鸿门宴》，如《霸王别姬》……

米兰·昆德拉笔下有他的故乡布尔诺，他的故国之都布拉格，他的精神故乡巴黎。

韩素音亦有她在四川的客属地成都，她的祖籍地梅州，以及她曾待过的香港——那里的新界，同样是客家人聚居地。

项小米有她的"客家神山"——冠豸山。

谭元亨有他的炎帝陵——湖南第一大客家县炎陵。

而他们所拥有的，更是整个的客家精神的故乡……

三位有客家血缘的中外作家的文学版图，我们只能较为简洁地加以展示，但这已几乎包含了整个的客家地图，除开赣闽粤湘之外，还远至四川成都及香港新界。这几部作品，有不少彼此之间相互关联的地方，例如《客家魂》与《英雄无语》中，都出现了国共史中一个神秘的历史人物，那便是莫雄，相信二位作家为创作，都涉猎过这样一位与他们父辈们有过密切关系的人物专题或传记，当然，郭玉祠（即郭宝慈）是作为辛亥革命的元戎与莫雄交厚，而项"爷爷"（项与年）则是因共产党的关系与莫雄成生死之交的。又如《我的根在中国》《瑰宝》在历史跨度上又与《客家魂》《英雄无语》是那么一致。

也许，作家笔下的城市、山乡、海港均会消逝，但却都会如项小米所说的：有许多的东西，随着岁月的消逝，它们剩下的功能最后就只有一件，那便是展示一种精神。

只有精神的版图，才是永恒的。

这本书所重绘的，说到底，正是这样一种精神地图。

文学的审美评价，无疑也是深深地植根于文化价值之中。尤其是20世纪初，唯美主义落寂，美学向文化靠拢或转移，已经成为不可逆转的历史趋势。因此，我们这才把美学也纳入人类学的研究对象，并使之成为人类学的一个相应的范畴，成为人类学"承传"这样的社会过程的一部分。

文学，是历史的未尽之言。

同样，它更是人类学最鲜活最丰富的研究材料，有着比历史的未尽之言更深厚的蕴藏。所以，文学也就对拓展与丰富人类学研究，有着无可比拟的优势。

结束语

族群与族群的比较，不仅仅是文化人类学的单纯理论问题，它关涉到历史、哲学、认知、情感、经验或信仰以及文化结构问题，也可以说，更是一个实践性的问题。对于我们国家而言，新中国成立后的民族识别，长期形成的族群概念，在今天的改革开放中，都已经有了更多、更深的认识。改革开放之前，在大陆，族群的身份认同被视为"山头主义"而一直被排斥，同样，在台湾，"解严"之前，连族群方言也被钳制，这才有"解严"之后兴起的"还我客语"运动。虽然海峡两岸意识形态不同，但对待族群问题的认识，亦可谓异曲同工，这是颇值得深思的。

我也算是一匹文化人类学上的黑马，近年来一下子出版与发表了相关书籍与文章不下千万言。我更被人视为"多栖"动物，文史哲乃至美学、建筑学均有涉猎，小说、散文写得颇为顺畅，学术文章做起来也得心应手，偶尔还设计起了仿古建筑，塔呀、禅院呀什么的，但绝对不敢说自己博学，大都只能算浅尝辄止。我只是记住当年在武大时的老校长教诲，人生，不妨改变一下后天的身份，天赋身份是改不了的，但后天的身份却可以改，这样，多一点人生体验只有好处。于是，我从专业作家，变换成了大学教授，还当上了建筑师，差点还到一个民办大学当校长，而今，还是省府参事。连族群认同也一样，父亲是广府人，母亲是客家人，所以，两大族群的研究，在我都责无旁贷。

历史与文化，为族群的认同赋予了不同寻常的可塑性、包容性、象征性及相应的稳恒，族群甚至可与家庭及遗传基因有着隐喻性的关联，与民族，乃至国家产生认同，这些，已无须过多地阐释了，毕竟这是结束语，前面已说得很多了。

只是我一直痛感的是，这么多年来，像费老那样，把人类学的理论与中国的实践紧密地结合在一起、理论上能高瞻远瞩、实践中更身体力行的人实在是太少了。介绍、翻译或撰写的文化人类学理论的专著一本一本在出，可大都是从理论到理论，甚至仅止于译介而已。高高在上，空对空，似乎有了大理论便足以吓唬人了，如何让这门学问，从理论到实践，由"舶来品"变成"自家人"（姑且借用客家人的口头禅），真正具有"中国特色"，成为东方的文化人类学，在费老夯实的基础上更上一层楼，却是让人为之扼腕的。

而另一种倾向，也一般叫人担忧。文化人类学的一门专业操作方式，即田野作业，亦有不少人在做。但由于过分受早期人类学影响，每每去寻找的，仅是"孤证"，而不注意与周边的有机联系，还以为这样才是"正宗"，以至于若干重大的历史文化的节点，都被长期"忽略"掉。例如广信之"发现"、良溪即葫底的"发现"，明明就在身边，却无人问津，更不说调研与论证了。要么，则急功近利，为开发旅游服务，甚至不顾历史事实，制造伪民俗、假文化的地标或节点。而这部分人，却又无心钻研相关理论，从而使田野调查变得狭隘、粗浅，失去人类学的意义。

其次，我之所以在本书中引入了"文学地图"一章，正是由于我们在这方面运用的材料太少、太粗糙，涉及面更狭窄，所以，才力求拓展文化人类学的研究范围。一如陈寅恪的"以诗证史"，不妨亦可以文学来征信人类学的研究。我想，我做这方面的努力，相信会给中国的文化人类学开拓一条新路，毕竟，我们是个诗歌大国、文学大国。当西方在批判涂尔干创造的两个重要亲属关系理论即血统论与姻亲论时，殊不知，这一理论恰巧与中国的历史情况有着密切的关系。同样，广府人与客家人同样强调小脚趾的重甲是古汉族的遗传学特征，认为是大迁徙艰苦跋涉的印记，不妨理解为一种痛苦记忆的特殊符号——这更是不少关于客家的文学作品所刻意描述的。

因此，这部关于华南两大族群的文化人类学的建构，当是一个新的尝试，力求解决上面提出的三大问题，并且作出新的探索，提出新的见解，从而达到"重绘"两大族群文化地图的目的。当然，如无新的发现，"重绘"是不可能实现的，使之成为完整的文化地图，也更不可能。当这"地图"得以成立，我们方可真正诠释其文化的内涵。

自然，任何努力都不等于终结，我相信今后还会有人做得更好、更强，因此，本书权充一块小小的路基石，我也就心满意足了。

参考文献

1. 阿兰·邓迪斯. 世界民俗学 [M]. 陈建宪, 等, 译. 上海: 上海文艺出版社, 1990.
2. 阿兰·佩雷菲特. 停滞的帝国: 两个世界的撞击 [M]. 王国卿, 等译. 北京: 生活·读书·新知三联书店, 1993.
3. 安德鲁·斯特拉森, 帕梅拉·斯图瓦德. 人类学的四个讲座: 谣言、想象、身体、历史 [M]. 梁永佳, 阿嘎佐诗译. 北京: 中国人民大学出版社, 2005.
4. 阿兰·巴纳德. 人类学历史与理论 [M]. 王建民, 等, 译. 北京: 华夏出版社, 2006.
5. 班固. 汉书 [M]. 北京: 中华书局, 1997.
6. 百越民族史研究会. 百越民族史论集 [M]. 北京: 中国社会科学出版社, 1982.
7. 本尼迪克特. 菊与刀 [M]. 吕万和, 等, 译. 北京: 商务印书馆, 1992.
8. 本尼迪克特. 文化模式 [M]. 王炜, 等, 译. 北京: 三联书店, 1988.
9. 陈乃刚. 岭南文化 [M]. 上海: 同济大学出版社, 1990.
10. 陈胜舞. 客家传统文化概说 [M]. 北京: 广西教育出版社, 2000.
11. 陈运栋. 客家人 [M]. 台北: 东门出版社, 1978.
12. 陈支平. 客家源流新论 [M]. 南宁: 广西教育出版社, 1997.
13. 道光《广东通志》, 卷231《宦绩一·茨允传》.
14. 道光《南海县志》, 卷13.
15. 丹纳. 艺术哲学 [M]. 傅雷译. 合肥: 安徽文艺出版社, 1998.
16. 恩格斯. 家庭、私有制和国家的起源 [M]. 北京: 人民出版社, 1972.
17. 费孝通. 江村经济 [M]. 南京: 江苏人民出版社, 1986.
18. 费孝通. 论人类学与文化自觉 [M]. 北京: 华夏出版社, 2004.
19. 州府志, 同治年间重修.
20. 广东省志·方言志 [M]. 广州: 广东人民出版社, 2004.
21. 广东省志·华侨志 [M]. 广州: 广东人民出版社, 1996.
22. 葛剑雄, 吴松弟, 曹树基. 中国移民史: 1-6卷 [M]. 福州: 福建人民出版社，1997.

23. 葛剑雄. 中国人口史：第1卷［M］. 上海：复旦大学出版社，2002.

24. 郭启宏. 潮人［M］. 北京：作家出版社，1997.

25. 汉书·西南夷两粤朝鲜传.

26. 黑格尔. 历史哲学［M］. 王造时，译. 上海：上海世纪出版集团，2001.

27. 韩素音. 残树［M］. 北京：中国华侨出版公司，1995.

28. 亨德里克·威廉·房龙. 艺术［M］. 北京出版社，2001.

29. 洪三泰. 风流时代［M］. 三部曲. 广州：花城出版社，1998.

30. 黄启臣. 广东海上丝绸之路史［M］. 广州：广东经济出版社，2003.

31. 黄佐.（嘉靖）广东通志［Z］. 广东省地方志办公室1997年誊印本.

32. 蒋祖缘，方志钦. 简明广东史［M］. 广州：广东人民出版社，1993.

33. 罗勇. 客家文化特质与客家精神研究［M］. 哈尔滨：黑龙江人民出版社，2006.

34. 乐史. 太平寰宇记. 金陵书局光绪八年（1882）.

35. 刘恂. 岭表录异［M］. 鲁迅，辑本. 广州：广东人民出版社，1983.

36. 赖际熙. 崇正同人系谱. 香港崇正总会，1995.

37. 李国荣，林伟森. 清代广州十三行纪略［M］. 广州：广东人民出版社，2006.

38. 李国荣. 广州十三行：帝国商行［M］. 北京：九州出版社，2007.

39. 李宁利. 顺德自梳女文化解读［M］. 北京：人民出版社，2007.

40. 李权时. 岭南文化［M］. 广州：广东人民出版社，1993.

41. 李世熊. 宁化县志［M］. 广州：同治八年.

42. 梁方仲. 中国历代户口、田地、田赋统计［M］. 上海：上海人民出版社，1980.

43. 梁启超. 论中国学术思想变迁之大势［J］. 新民丛报，1907.

44. 梁启超. 饮冰室合集［M］. 北京：中华书局，1988.

45. 梁漱溟. 东西文化及其哲学［M］. 北京：商务印书馆，1987.

46. 列维-施特劳斯. 野性的思维［M］. 李幼蒸，译. 北京：商务印书馆，1987.

47. 林语堂. 吾国与吾民［M］. 西安：陕西师范大学出版社，2003.

48. 刘正刚. 闽粤客家人在四川［M］. 南宁：广西教育出版社，1997.

49. 路易斯·亨利·摩尔根. 古代社会［M］. 杨东莼，等，译. 北京：商务印书馆，1977.

50. 南雄珠玑巷人南迁后裔联谊会筹委会. 南雄珠玑巷人南迁史话［M］. 广

州：中山大学出版社，1991.

51. 罗常培. 临川音系 [M]. 北京：中国科学出版社，1958.

52. 罗常培. 语言与文化 [M]. 北京：北京出版社，2004.

53. 罗香林. 客家研究导论 [M]. 台北：南天书局，1992.

54. 罗香林. 客家源流考 [M]. 北京：中国华侨出版公司，1989.

55. 罗勇. "赣南与客家世界"国际学术研讨会论文集 [M]. 北京：人民日报出版社，2004.

56. 罗伯特·C. 尤林. 理解文化：从人类学和社会理论视角 [M]. 何国强，译. 北京：北京大学出版社，2005.

57. 罗伯特·莱顿. 他者的眼光：人类学理论入门 [M]. 蒙养山人，译. 北京：华夏出版社，2005.

58. 马克思. 经济学—哲学手稿 [M]. 上海：上海文艺出版社，1980.

59. 马克思. 人类学笔记 [M] // 马克思恩格斯全集：第45卷. 北京：人民出版社，1985.

60. 马林诺夫斯基. 文化论 [M]. 费孝通，译. 北京：中国民间文艺出版社，1987.

61. 马林诺夫斯基. 巫术、科学、宗教与神话 [M]. 李安宅，等，译. 北京：中国民间文艺出版社，1987.

62. 马士. 中华帝国对外关系史 [M]. 张汇文，等，译. 上海：上海书店出版社，2000.

63. 马歇尔·萨林斯. 文化与实践理性 [M]. 赵丙祥，译. 上海：上海人民出版社，2002.

64. M. 凡艾布拉姆斯. 镜与灯 [M]. 北京大学出版社，1989.

65. M. 布洛克. 马克思主义与人类学 [M]. 冯利，等，译. 北京：华夏出版社，1988.

66. 黄佐. 广东通志（卷二百十六）.

67. 潘刚儿，黄启臣，陈国栋. 广州十三行之一：潘同文（孚）行 [M]. 广州：华南理工大学出版社，2006.

68. 钱穆. 中国文化史导论 [M]. 北京：商务印书馆，1994.

69. 屈大均. 广东新语 [M]. 北京：中华书局，1985.

70. R. G. 柯林武德. 历史的观念 [M]. 何兆武，等，译. 北京：中国社会科学出版社，1986.

71. 司马迁. 史记 [M]. 北京：中华书局，1997.

72. 司马光. 资治通鉴 [M]. 北京：中华书局，1997.

73. 苏辙. 龙川志略 [M]. 中华书局，1983.

74. 沙莲香. 中国民族性［M］. 北京：中国人民大学出版社，1989.

75. 舒懋官. 新安县志嘉庆二十四年. 香港 1979 年重印.

76. 司徒尚纪. 岭南历史人文地理：广府、客家、福佬民系比较研究［M］. 广州：中山大学出版社，2001.

77. 司徒尚纪. 珠江文化与史地研究［M］. 香港：中国评论文化有限公司，2003.

78. 斯塔夫里阿诺斯. 全球通史［M］. 吴象婴，等，译. 上海：上海社会科学院出版社，1988.

79. 苏珊·朗格. 情感与形式［M］. 刘大基. 等，译. 北京：中国社会科学出版社，1986.

80. 太平御览. 文渊阁四库全书本.

81. 谭其骧. 中国历史地图集［M］. 北京：中国地图出版社，1982.

82. 谭元亨. 断裂与重构：中西思维方式演进比较［M］. 广州：广东高等教育出版社，2007.

83. 谭元亨. 广府寻根：中国最大的一个移民族群探奥［M］. 广州：广东高等教育出版社，2003.

84. 谭元亨. 客家魂［M］. 广州：花城出版社，1994.

85. 谭元亨. 客家圣典：一个大迁徙民系的文化史［M］. 广州：广东高等教育出版社，2012.

86. 谭元亨. 客家文化史［M］. 广州：华南理工大学出版社，2009.

87. 谭元亨. 南方城市美学意象［M］. 广州：华南理工大学出版社，2003.

88. 谭元亨. 赝城：十三行遗嘱之一［M］. 广州：岭南美术出版社，2009.

89. 谭元亨. 中国文化史观［M］. 广州：广东高等教育出版社，1994.

90. 汪廷奎. 广东通史［M］. 广州：广东高等教育出版社，1996.

91. 王象之. 舆地纪胜. 道光二十九年（1849）刊本.

92. 王东. 客家学导论［M］. 上海：上海人民出版社，1996.

93. 王李英. 增城方言志［M］. 广州：广东人民出版社，1998.

94. （咸丰）顺德县志（卷5）.

95. 项小米. 英雄无语［M］. 北京：解放军文艺出版社，2001.

96. 谢永昌. 梅县客家方言志［M］. 广州：暨南大学出版社，1994.

97. 谢重光. 客家文化与妇女生活［M］. 上海：上海古籍出版社，2005.

98. 广东省地方志编纂委员会. 广东省志·地理志［M］. 广州：广东人民出版社，1999.

99. 徐杰舜. 雪球：汉民族的人类学分析［M］. 上海：上海人民出版社，1999.

100. 徐俊鸣. 岭南历史地理论集［J］. 中山大学学报，1990.

101. 艺文类聚. 文渊阁四库全书本.

102. 严雅英. 客家族谱研究［M］. 哈尔滨：黑龙江人民出版社，2007.

103. 叶春生. 广府民俗［M］. 广州：广东人民出版社，2000.

104. 余兆廷. 宁化客家姓氏源流［M］. 北京：中国华侨出版社，2000.

105. 伊曼钮尔·沃勒斯坦. 书写历史［M］. 王建娥，译. 上海：上海三联书店，2003.

106. 周去非. 岭外代答. 文渊阁四库全书本.

107. 岭南文库编辑委员会，广东中华民族文化促进会. 张九龄诗文选［M］. 广州：广东人民出版社，1994.

108. 张守常. 中国近世谣谚［M］. 北京：北京出版社，1998.

109. 张荣芳，黄淼章. 南越国史［M］. 广州：广东人民出版社，1995.

110. 张文杰，等. 现代西方历史哲学译文集［M］. 上海：上海译文出版社，1984.

111. 周日健. 新丰方言志［M］. 广州：广东高等教育出版社，1990.

112. 周振鹤. 方言与中国文化［M］. 上海：上海人民出版社，1997.

113. 周振鹤. 中国历史文化区域研究［M］. 上海：复旦大学出版社，1997.

114. 周之贞，等. 顺德县志民国十八年刻本.

115. 朱崇山. 深港澳小说系列［M］. 上海：上海文艺出版社，1997—2005.

116. 宗白华. 美学与意境［M］. 北京：人民出版社，1987.

117. 曾□瑛，等. 汀州府志. 同治六年（1867）.

118. 曾昭璇. 广州历史地理［M］. 广州：广东人民出版社，1991.

119. 曾昭璇，等. 人类学概论［M］. 北京：科学出版社，1999.

后　记

也许，在导言中，读者会看出，我是在力求写一部纯学术的著作。但读到最后，却似乎又回到了我原来的风格，把严谨的学术写得激情澎湃。

无须为自己辩护。

既然是属于"情感历程"类型的学问，又怎么可以让烦琐的考证、冷酷的剖析取而代之呢？人是活生生的，学问为什么不能是活生生的呢？

这似乎可以说成是一个族群的"自传"——这与史传毕竟是不一样的，所以，才允许有个人的见解、个人的视界、个人的情愫、个性的色彩，这正是自传区别于第三人称的史传的地方。但是，这又不仅仅记录这个族群的来龙去脉及其形成种种精神风貌、品性的历史环境，更要紧的是"我"被置于整个中国乃至世界的大背景、历史大洪流之中。这样一种"个人色彩"，应该让读者更易于接受，从而在无形之间对历史的演变有一个清晰的了解，使之如一览无余的地图一样。它不仅仅是历史著作，也同样是哲学箴言与文学作品，既可以获得教益，增长知识，也可以作为消遣，最后气定神闲而释然。

无论客家文化地图上有多少血腥、泪水，它更多的是意志的决断，是灵魂的飞升，因为构成这一地图的，是一种永不停息的，在精神领域中大迁徙的历史轨迹与情感足音！

是的，激情是不会随着岁月的消逝而消退的，这部著作亦不会较之《客家圣典》要冷静，虽然表层的浪涛不再那么汹涌，可潜流中的暗涌仍旧强劲！

因此，我仍寄望，这么一部新著，亦如同我已有的一样，将为客家学的研究开拓一条更宽阔的道路，更具"形而上"的品格，融文、史、哲与人类学、传播学等于一体，拥有更多的读者与研究者。

谭元亨
2009 年 5 月 4 日